北京启真馆

中国经济学年会策划丛书

主编：海闻　副主编：巫和懋

本力　曹毅　编

经济学之路

ZHEJIANG UNIVERSITY PRESS
浙江大学出版社

图书在版编目（CIP）数据

经济学之路/本力，曹毅编. —杭州：浙江大学
出版社，2011.9
ISBN 978 – 7 – 308 – 09134 – 3

Ⅰ.①经…　Ⅱ.①本…②曹…　Ⅲ.①经济学 – 文集
Ⅳ.①F0 – 53

中国版本图书馆 CIP 数据核字（2011）第 193964 号

经济学之路

本　力　曹　毅　编

策　划	中国经济学年会秘书处
责任编辑	楼伟珊　叶　敏
装帧设计	王小阳
出版发行	浙江大学出版社
	（杭州天目山路 148 号　邮政编码 310007）
	（网址：http：//www.zjupress.com）
排　版	北京京鲁创业科贸有限公司
印　刷	北京中科印刷有限公司
开　本	710mm × 1000mm　1/16
印　张	25.5
字　数	431 千
版 印 次	2011 年 12 月第 1 版　2011 年 12 月第 1 次印刷
书　号	ISBN 978 – 7 – 308 – 09134 – 3
定　价	49.00 元

序一

中国经济学教育科研的现代化之路

海闻　北京大学副校长　中国经济学年会理事长

三十多年前，在邓小平领导下，中国开始了"摸着石头过河"的改革开放历程。经过几十年的发展，中国社会发生了剧烈的变化，经济总量和贸易总量均已跃居世界第二位，经济体制也从中央集权的计划经济逐步向具有中国特色的市场经济转变。

经济变革需要新的经济思想来指导，经济发展过程中出现的新的现象和问题需要新的经济学理论来解释。几乎在中国经济社会变革的同时，中国的经济学也经历了转轨和发展的过程，踏上了现代化之路。一方面，以市场为基础的现代经济学教育科研在中国得到迅速发展，大批海外留学归国的经济学博士充实了中国经济学教育的师资队伍，高校经济与管理学科的培养方案中也增加了大量现代经济学的课程。"西方经济学"不再只是被借鉴和批判的学科，而是逐渐成为分析研究中国问题的主要理论基础之一。当然，所谓的"西方经济学"，实际上主要是研究市场的经济学。虽然许多经济学名著和教科书出于西方学者之手，研究的是西方国家的问题，但他们归纳出来的许多经济学理论反映的是人类社会的普遍行为。这些理论是全人类的共同财富。学习和借鉴世界各国包括西方国家在内的先进经济学理论，是中国改革发展的需要。

另一方面，对中国具体经济问题的研究也日益深入。作为一门社会科学，经济学的研究不能脱离一个国家不同发展阶段特有的政治、经济、文化和历史条件。经济学的每一个结论都是在一定的假设条件下推导出来的。离开了这些特有的条件或假设，许多结论就不能成立。现代经济学的绝大多理论都是建立在完全市场经济条件下的，而中国仍处在一个从计划经济向市场经济转化的过程之中，许多情况跟理论中的假设条件不同。因此，如何根据中国的现实情况，运用现代经济学的方法来分析研究中国问题，是成功指导中国经济改革发展的需要。不研究现代经济学，改革没有方向；不考虑中国现状，无法成功指导改革。事实上，"摸着石头过河"正是体现了这种既要创建市场经济（"过河"）又要根据中国国情探索（"摸着石头"一步一步往前走）的改革哲学。而中国经济学的教育科研也正处在这样一种传统与现代，中国与世界，计划与市场的双轨并行和逐渐转轨之中。

为了更好地推动中国经济学教育科研的现代化，更好地用现代经济学理论方法来分析研究中国经济问题，推动中国经济的改革和发展，十几年来，我们依托北京大学中国经济研究中心的平台，先后推动了当代经济学教科书系列的翻译和写作（1996年开始出版的《经济科学译丛》和1997年开始编写出版的《现代经济学管理学教科书系列》），启动了暑期经济学师资培训项目（1997年），建立了"中国经济学教育科研网"（1999年），召开了一年一度的"中国经济学年会"并成立了年会的理事会和秘书处（2001年开始）。通过努力，尤其是通过"中国经济学教育科研网（CENET）"和"中国经济学年会（CEAC）"，大大促进学者之间的交流和沟通，也大大推进了中国经济学教学科研的国际化和现代化进程。

特别值得一提的是"中国经济学教育科研网"对中国经济学现代化探索的作用。创办十余年来，无数大专院校经济学院系的学生和青年经济学者在这一平台上交流讨论，遐思畅谈。在这样一个纯学术的网站上，最多时一天会有十几万次的访问量，三万多人同时在线。很多青年学生学者通过这一平台发表了自己的财经评论或工作论文，很多著名经济学家如林毅夫、杨小凯、樊纲、周其仁、易纲、陈志武、田国强等都先后应邀做客网站，与各地学子在线交谈。他们的研究方法和学术观点引起了许多经济学网友的讨论。这本《经济学之路》中收集的是网友们关注讨论最多的一些论文和随笔。这些文章反映了在过去几十年中，经济学者对于如何认识现代经济学、如何认识中国的发展与现代经济学之间的关系、如何运用现代经济学理论工具分析经济现象和从事经济研究的思考。这些学者的绝大部分具体参与了改革开放以来中国经济学教育现代化的探索过程，他们是其中的先行者。一方面，他们对于现代经济学都有着深刻的理解，长期从事着现代经济学的教育科研工作；另一方面，他们对于中国改革开放的实践、中国社会的快速转变都有着切身的体会，深切理解现代经济学对于中国社会发展的重要性。我们之所以将这些文章汇编成册，希望能为初入经济学之门的读者提供一个对现代经济学准确和全面的描述，其目的仍然是为了进一步推动中国经济学教学研究的发展。

毫无疑问，中国的经济学教育科研在短短十几年内得到了迅速发展，现代经济学分析方法被广泛掌握应用，越来越多的中国经济学家活跃于国际学术舞台，国际顶级经济学期刊上不断出现国内经济学者的论文。然而，我们还必须看到，中国的经济体制仍在改革和发展之中，中国经济学也仍然处在探索、转型和发展之中，中国学者对现代经济学理论的贡献和在世界经济学界的影响力仍然有限，中国经济学的现代化和国际化之路仍然漫长。为此，我们需要不断努力。正如马克思所说，"在科学上是没有平坦的大道可走的，只有在崎岖攀登的小路上不畏劳苦的人，才有希望达到光辉的顶点"。自然科学如此，经济学也如此。只有一代又一代人坚持不懈的艰苦奋斗，中国经济学的教育科研才能真正跻身世界一流，为中国和世界经济的发展作出贡献。

序二

经济学之路

巫和懋　北京大学国家发展研究院常务副院长
中国经济学年会秘书长

我成为经济学教授以来，时常遇到同学问我："您为什么想成为一位经济学者？我们怎样能成为一个好的经济学者？"面对着他们渴望的眼神，我时常因为一时不能给出一个完整的答案而深感歉疚。

过去几年来，我又担任了中国经济学年会秘书长，推动经济学在中国的普及与规范化。我们推出丛书的第一本，就是想协助全国广大的年轻学子来共同思考这两个重要的问题。作为本书序言，我也趁机整理下我个人的思绪，谈谈自己研究经济学几年来的体会。

一、我为什么想读经济学？

作为"社会科学之皇后"，经济学有其特别迷人之处，一方面是因为它理论的深沉与美丽，另一方面是因为它对群体命运影响之深远。

我在年轻时候也曾沉醉于各门学科，难以取舍。直到在图书馆读到了阿罗（Kenneth J. Arrow）教授的《社会选择与个人价值》（*Social Choice and Individual Values*）和德布鲁（Gerard Debreu）教授的《价值理论：对经济均衡的公理分析》（*Theory of Value : An Axiomatic Analysis of Economic Equilibrium*）两本书，苦读之余感到震惊不已，我发现了经济理论的无远弗届与简洁美丽，那种感动的心情到今天依然清晰如昔。

就是因为这份感动，让我下定决心转入经济系，后来也到斯坦福大学追随阿罗教授作学术研究。虽然几年下来自己学术成就不多，虽然当代经济理论也跨越了阿罗和德布鲁教授的理性框架，但经济理论结构的严谨和完美，给年轻的我带来的那份震撼与感动，是这些年来我坚持走学术道路的一份最重要的动力。

在转入经济系的同时，我也开始研读经济思想史，体会到经济思想与社会变迁之间有着无比密切的关系。造成西方国家崛起的工业革命，深刻改变了人类生产关系与社会结构，也促成了亚当　斯密的《国富论》的诞生；而《国富论》促成现代经济学的兴起，又反过来左右了二百多年来各国经济政策的走向。

像这样理论与现实互相影响的例子不胜枚举，海尔布罗纳（Robert L. Heilbroner）教授的《几位著名经济思想家的生平、时代和思想》（*The Worldly Philosophers*）就强调了这些研究"世俗经济生活"理论家的重要性，他们提出的经济思想塑造并改变了人们的心灵与观念，对人类社会发展轨迹产生既深且巨的影响。

第二个例子是发生在20世纪30年代的经济大萧条。生活在经济大萧条阴影中的个人，其实是某些错误经济学说与政策的受害者，群体命运所受影响之深远也是难以衡量。这样重大的危机也促成了现代宏观经济学的发展，由此导出的政策思想又反过来影响了二战后六十余年的宏观经济形势。

再回来看我们中国的经济发展，改革开放的思想和"摸着石头过河"的务实政策给中国带来三十多年飞跃式的进步，让约两亿三千万中国人民脱离贫困（国务院2007年数据），让中国跻身中等收入国家。这段成功的经验反过来又强化了中国经济政策的务实倾向，成为各国学习的对象，又见理论与现实的互相影响。

我举的这三个例子，分别代表现代经济学、宏观经济学和中国经济发展理论三门学问的兴起，就是想说明经济思想对群体命运影响之深远，正如卢卡斯（Robert E. Lucas）教授谈到经济成长问题时说的："涉及这些问题相关的人类福祉后果非常重大，一旦我们开始思考它，就很难去思考其他事情了！"

作为一位知识分子，我们总有一些抱负，虽不敢说要"为生民立命"，但也想为这社会尽一份绵薄之力。因为感受到经济理论的深沉与美丽，体会到经济思想对群体命运影响之深远，所以我选择经济学研究作为一生的道路，至今不悔。

二、怎样能成为一位好的经济学者？

这本书收集了多篇介绍经济学研究心得的好文章，从如何理解经济学到论文写作，每篇都有很高的参考价值，能帮助大家成为一位好的经济学者。所谓的"经济学者"，我是指受过现代经济学训练，具有硕士或博士学位，并且以经济学的研究与应用作为职业规划核心的学者。至于对"好"经济学者的定义则人言各殊，因此教科书上或一般文献中没有任何讨论，成名经济学者也不愿多谈。

为了回答同学们殷切的询问，我觉得有责任谈谈我个人的主观感受，提出三个原则，供青年学子参考。当然，我讲的是我"理想"中"好"经济学者的状态，而我自己未必能做得到，只是常以此为目标来砥砺自己。我希望"取乎其上，得乎其中"，不期待立刻做到，只望"滴水穿石"，有天能够达到这些要求。

我觉得要想做个好的经济学者，首先要经常留意并思索经济理论与真实世界的关联。真实世界中的制度安排与人际关系都很复杂，要形成理论就必须经过简化的过程，抽离出最重要的外在因素，作为经济决策诸项推论的前提。在错综复杂的现象面前，如何能抽离出最贴切最重要的因素，作为经济推论的前提，是一种"艺术"，也是作为一位经济学者必须日夜寻思的重中之重。

给定同样的前提，经过微观或宏观经济理论训练的学者都能推导出相同的结论，这是经济理论隶属于"科学"的那部分：经济学者都会同意这类"若A则B"的命题。但是，不同的经济学者可能想采用不同的前提描述同一个真实世界，采用不同的假设必然导致结论的差异，造成"两个经济学者，常有三种意见"的现象。

一旦成为一个经济学者，就需要提出经济理论来解释真实世界中的现象，因此也经常要通过抽离、推导、验证三个阶段来构建和修改自己所相信的理论。确立理论就是世界观，对经济学者而言，居于首要地位。凯恩斯说过："经济学家与政治哲学家的想法，无论是对是错，其影响力均超过一般人的理解。自认能够完全不受知识影响而偏重实务之人，其实经常是某些已故经济学家的奴隶。比起观念的深入人心，对既得利益者的影响力未免过于高估。"

一位好的经济学者，必须经常检视自己采用的理论，熟习抽离和推论，并用各种计量或调查方法把推得的结论与真实世界比对验证，再回头修改原先的假设。在不断的"大胆假设，小心求证"尝试中，让经济理论逐渐贴近复杂世界，就会真正体会到经济理论的美丽和经济理论与真实世界关联之密切。

经济学虽然是一门社会"科学"，但要成为一位好的经济学者，必须要能掌握这种抽离和验证的"艺术"。而且这种艺术在课堂上并未传授，要靠自己去揣摩。从前提到结论这部分，可以依靠逻辑思维推得，在这方面数学家要比经济学家更有其优势。至于如何选取适当的前提假设来描述真实世界，并不断进行验证，则是一种艺术，必须经过长年的反复思索，并融合对真实世界的洞察，才能逐渐掌握。我认为这是一个好的经济学者应该具备的比较优势，也是他应该最优先培养的能力。

其次，我认为一位好的经济学者必须经常留意并思索市场与政府的关系。延续前面提到的三个例子，先看亚当•斯密的《国富论》，他论证经过"一只看不见的手"调节，私人利益与社会秩序可以并行不悖。在了解市场如何使社会凝聚在一起之后，亚当•斯密才讨论政府应该发挥的功能。第二个例子是经济大萧条之后出现的现代宏观经济学，更是以市场与政府的关系为其争论的焦点，从凯恩斯的论证市场不能自动调节，到新古典学派论证可预期的政策必然无效，到各方争论当前的金融大海啸后各国政策得失，这样的辩论到今天仍在继续之中。再看中国经济改革开放的历程，政策与市场都扮演了重要的角色，可能因为外在条件和制度演变等复杂因素，而分别有其特殊贡献。中国经验被视为二十世纪经济奇迹，想要解释这个奇迹，就必须了解其中市场机制贡献的分量有多大，这是每一位研究中国的经济学者必须经常思索的问题。

从这三个例子可以看到：如何总结和预测中外社会重大变迁经验中市场与政府对经济的影响，是掌握经济理论很重要的一个关键点，也是作为一位经济学者必须日夜寻思的重中之重。

这边所谈的"对经济的影响"，尚未涉及价值判断。经济学者要研究市场所发挥的功能，也要研究加入政府后对资源配置的影响，目标在解释经济现象的各种因果关系，讨论实际发生的情况（what is），属于经济学的"事实层面"（positive aspect）。至于评估政策对社会整体福祉的影响，是否满足某些公平或福利的判断标准，就牵涉到价值判断（value judgment）。讨论应该达到的状态（what ought to be），属于经济学的"规范层面"（normative aspect），我们会在下一个原则里进一步讨论。

一般而言，在"市场失灵"（market failure）的情形下，我们才会找到政府发挥功能的空间。但是在这种情况下，政府也可能没有效率或滋生腐败，产生"政府失灵"（government failure）。我们必须依据外在环境或依据产业条件，就事论事探索市场机制与政府对经济的影响，不宜"一刀切"或抱着极端立场，未曾查验真实世界就断定市场一定失灵（可称为极左派）或政府一定失灵（可称为极右派）。其实，真理可能在这两个极端立场之间。我们应该要求自己进行诚恳的思考，不受某些固定观念的影响，而丧失了求真的机会。

目前提出前两个原则都属于经济学的"事实层面"：一位好的经济学者必须经常思考所持理论能否说明真实世界，也必须思索市场与政府的关系，并随着所处制度或环境的不同而进行修正。因为尚未涉及价值判断，对相关事实的分析希望能够做到越客观越好。

最后，我认为一位好的经济学者必须经常留意并思索自己形成判断所依据的价值标准。当有经济学者提出"市场功能导致供需平衡"时属于"事实层面"分析；但如果提出"市场应该扮演更重要角色"这样的命题时，就牵涉到价值判断，属于"规范层面"分析。

一旦牵涉到"规范层面"分析，经济学者就必须使用某种价值标准。如果一个政策能使得所有人受益，那是属于帕累托改进（Pareto improvement）：不需要提出很明确的价值标准，大家就能支持这样的政策。如果一个政策使某群人受益，但伤害了另一群人，牵涉到人际比较（interpersonal comparison），经济学者就必须对这些不同的群体分别赋予"权重"，衡量受损方与得益方之损益，再判断对社会整体是否有益。这时采用的"权重"就是我所说的"形成判断所依据的价值标准"。

我们可以应用"帕累托标准"（Pareto criterion）来衡量社会资源配置的"效率"（efficiency），甚少争论。但是只要牵涉到有关"公平"（equity）或"分配正义"（distributive justice），就不存在能为所有学者都接受的价值标准。古典经济学家曾经采用"功利主义"（Utilitarianism），相当于赋予每个人同样的"权重"，把个人效用直接加总当成社会福利，而公共政策就在于求取社会福利的最大。它的特色是强调每个人，无论贫富，在社会福利衡量中均有其权重，但也难以说服所有经济学者。批评者认为不同个体之间的效用不好比较，难以加总，而且功利主义主张所得分配的完全均等也会抹杀个人工作的诱因。

在社会选择理论与福利经济学中，对公共政策目标存在各种看法，其实就代表对不同群体选取各种的"权重"。像罗尔斯（John Rawls）提出"无知之幕"（Veil of ignorance），其实就会对未来可能较低所得的群体给予较高的权重。当然，这也引发各种批评。也有学者像诺齐克（Robert Nozick）提出要重视程序的公平与机会的平等，而不重视结果的公平。我鼓励大家应该花些时间研读阿罗教授、阿马蒂亚·森（Amartya Sen，1998年诺贝尔奖得主）和布坎南（James Buchanan，1986年诺贝尔奖得主）等诸位大师在社会选择与福利经济学方面的著作。

作为一位好的经济学者，在价值判断上至少要避免落入某些利益团体的观点，或只为某些特定群体争取利益。这点做起来并不容易，必须以"人文关怀"的善心与"统观全局"的视野作为基础。所以，一位好的经济学者也要多体察各阶层人民生活，多涉猎社会、政治、历史等人文社会学科。更重要的是，应该经常诚实地检视："自己形成判断所依据的价值标准是什么？"

《论语》有言："吾日三省吾身。为人谋，而不忠乎？与朋友交，而不信乎？传，不习乎？"这种自省的功夫是中国知识分子特有的传统。我们经济学者如果能用上列三个原则来"吾日三省吾身"，在思考的深度上必有所得；经年累月下来，在经济学的造诣上也必有所成。

三、结语

我平常不愿意多谈个人的理想，我觉得那是属于自己最私密的一部分。但是，面对全国青年学子，我还是愿意与大家分享一些自己"敝帚自珍"的主观想法。

回顾我提出的三个原则，其实要求还蛮高的，想做一位好的经济学者并不容易。可能有人要问我：做个经济学者，何必对自己作出如此苛刻的要求？我想我是有幸观察到多位伟大学者的言行，在他们身上看到了一种坚持：他们对自己都有相当高的要求，目的在坚守一个知识分子对社会应尽的责任。

在罗曼·罗兰所著《约翰·克利斯朵夫》里，有这样一段话："克利斯朵夫在逆流中行走，肩上顶着个孩子。当到达彼岸时，他对孩子说：'孩子，你多么沉重！你究竟是谁啊？'孩子回答说：'我是即将到来的日子！'"

我也以此寄盼各位青年学子，作为结语。

目　录
CONTENTS

第一篇

如何理解经济学

学问之道

林毅夫 [*]

韩愈在《师说》中说："师者，所以传道、授业、解惑也。""授业"指教授专业知识，如经济学、法学、社会学、物理学、化学等；"解惑"指回答学生的疑问。专业知识的传授和对专业知识的疑问，有各个院系专门的课程和负责的老师，不是元培班导师的主要责任。所以，今天我想主要和各位谈谈《师说》中所提的"传道"。

"道"是什么呢？"道"是指做人、做事、做学问的目标、准则及方法。做人、做事和做学问各有侧重点，但是根据我自己的体验，其背后有许多相通的地方。作为元培班的导师，最自然地是从做学问之道开始讲起。

学问究竟怎么学？怎么问？在《论语·为政篇》中，孔子提出："学而不思则罔，思而不学则殆。"字面的意思是，"如果只学习不思考就会很迷茫，而只思考不学习就会很疑惑"。孔子"四十而不惑，五十而知天命"。我今年五十岁，已经到了知天命之年，经过在北大的学习及多年的教学、研究工作，才慢慢地对这句话里的两个"学"和两个"思"的内涵有所理解。《中庸》里主张的"博学、审问、慎思、明辨"，是对《为政篇》里这几个字的最好的注脚。

---

* 林毅夫，芝加哥大学经济学博士，原北京大学中国经济研究中心主任，现为世界银行副行长兼首席经济学家。

"学而不思则罔"，这个"学"字指的是学习现有的各种理论。"学"应该做到"博学"。理论是用来解释现象的。同一个现象，从不同的角度观察，就会有不同的理论。解释同一现象的各种理论，有共同的地方，也会有不同的侧重。所以，我们学习不能只听一家之言，而应该是"博学"。

但是，单单"博学"还不行，学了还需要会思考。如果光学不思考，顶多也只能达到一部百科全书的水平。博览群籍，看书过目不忘，这在古代可能还有一定的功能。现在有电脑，一张光碟就能储存一整套《大英百科全书》，敲几下键，各种知识都能查到，百科全书式学者的功能已经今不如昔。更重要的是，现有的许多理论有真有假，各种理论、学说之间经常相互矛盾。如果全部记下来，照单接受，可能会使一个人越学越迷糊，成了"学而不思则罔"。

"博学"后要怎么思考才能做到"不罔"？这就是"审问"的功夫了。"审问"时要遵循两个原则。首先，任何理论的功用都是在解释现象。解释现象要讲因果关系，是什么因导致什么样的果。只有内部逻辑自洽的理论才能告诉我们因为什么样的因，经过怎样的作用，导致什么样的果，而这个果就是我们要解释的现象。学习理论时，对于一个现有的理论是接受还是不接受，第一要看这个理论内部的逻辑是不是自洽。所以，元培班的导师有个共识，就是元培班的同学要加强逻辑学的训练。学自然科学的同学，数学的训练较好，数学是特别严谨的逻辑，在这方面的问题较少；学社会科学的同学就一定要注意培养逻辑思维能力。学习理论时不能只满足于新奇的观点，即使一些观点很新，如果内部逻辑不自洽，我们也不能接受。其次，理论的作用在于解释现象。因此，在"审问"时除了要求一个理论必须内部逻辑自洽外，还要求根据理论的逻辑，所得到的推论跟我们所要解释的现象是一致的。如果和现象不一致，这个理论就是被证伪了，必须放弃，只有不被证伪的理论才能暂时接受。一个现象经常会同时有许多理论的推论和这个现象一致，也就是这个现象可以被几个不同的理论解释。出现这种情形时，我们还要进一步弄清楚这些理论中哪些是互补的，哪些是竞争性的。互补的理论可以同时是真的，也就是这个现象可能同时由这些理论所阐述的不同的因造成，这时我们要从经验中去验证到底哪个因是最重要的因或是真正发生作用的因。竞争性的理论则不能同时成立，在竞争性理论中，到底哪个理论应该暂时被接受，哪个理论应该放弃，则要靠检验各个理论的各种推论来决定。一个理论只有各种推论都不被已知的经验现象证伪时，才可以暂时接受。

博学的人特别要有孟子的"尽信书不如无书"的批判精神，在"审问"上下工夫，不仅要重视一个理论观点的新颖、内部逻辑的自洽，而且要重视理论的推论和现象的一致。

同时，我们不仅要学习现有的理论去解释现有的理论所赖以产生的过去的现象，而且还要能够解释不断新出现的现象，以推动社会的变革和发展。但是，社会是不断在变动的，学习了根据过去的现象归纳总结出来的理论是否就可以解释新出现的现象？有一个成语叫"刻舟求剑"：有一个人搭船过河，不小心剑从船上掉了下去，他就在剑掉下去的船边刻了一道痕迹，希望沿着这个痕迹找到自己的剑。这样的做法对不对？答案取决于许多客观的条件，船到底动不动，水到底流不流。如果船已经靠在码头，码头内的水不动或水流很缓，搭船过河的乘客有急事，先离开去办事，等办完事回来再按刻的地方下去找，应该是能找到剑的。如果船在河中间行驶，船在动，水在流，按刻舟的地方找剑就找不到了。从本质来讲，任何理论都是一种刻舟的行为，在给定的前提不变的条件下，理论是可以解释、预测现象的，但社会是像流水般变动不居的，所以任何理论都不是真理。老子《道德经》开篇之言"道可道，非常道"，就是提醒我们任何已经被提出来的理论，都不是"放诸四海而皆准，百世以俟圣人而不惑"的常道。佛教《金刚经》里说"如来所说法，皆不可取、不可说，非法、非非法"表述的也是同一个道理。

如何才能"知新"呢？功夫就在"思而不学则殆"的"思"字上。不过，"思"在这里和"学而不思则罔"的"思"内涵不尽相同。前面谈到的"思"是"审问"的功夫，此处则是"慎思"的功夫。这里的"思"是直接观察现象、洞悉现象背后逻辑的思维活动。为何在这里的"思"需要"慎"？这是因为知识分子特别容易从所学到的现有理论出发来观察现象，但社会是在发展、变动的，即使新出现的现象和现有理论的逻辑推论一致，也并不一定证明这个现象就是由现有理论所揭示的因造成的果，如果不"慎"很可能就会犯下错误。"慎"要从两方面下手：第一要仔细观察，不要粗心大意，要见微知著；第二，更重要的是，在观察我们周遭现象时，要时刻提醒自己，不要受到现有理论的制约。如果一切从现有理论出发来观察问题，就成了现有理论的奴隶，必须时时谨记"道可道，非常道"，抛开各种现有理论的束缚，直接分析、了解现象背后的道理。经由"慎思"所得到的解释和现有理论的解释很可能一样，但这种解释是我们经过和提出这个现有理论的学者同样的心路历程而再构得到的，而不是简单地接受过来的知识，因而对这个现象和理论的理解都会深入一层。更何况，经过这番剥离现有理论的影响、直接认识现象的功夫，很可能会发现同样的表面现象背后的形成逻辑是不同的，只有这样才能做到"知新"。

从表面现象直接看到现象背后的因果关系是每一位想成为有创见的学者所必须培养的一种能力。每一个社会总有许许多多社会、经济因素，但是一个重要的社会经济现象通常只是由少数几个重要因素的作用产生。而且，理论是一个信息节约的工具，作为理论总是必须相当简约的，保留在理论模型中的"因"是越少越好。在成千上百的社会、经济因素中，和所要解释的现象的产生没有直接关系或是关系不大的因素，为了使理论简约必须抽象掉。在有关系的变量中，其作用也不是完全相同的：有些是外生的因，有些则是由外生的因内生产生作为中间变量作用于所要解释的现象的因；另外，有些是由外生的因内生产生伴随所要解释的现象出现的果。作为一个理论，应该建立在最根本的外生的因之上，才会最有解释力，各种推论才能经得起各种经验现象的检验。但是在错综复杂的众多社会、经济因素中，哪个是最根本的、外生的因？如果没有《中庸》所说的"明辨"的能力，那么抛开现有理论去观察现象、思考现象背后的因果逻辑，可能会越思考越迷茫，所以还要有"学"的功夫。不过，"思而不学则殆"的"学"和"学而不思则罔"的"学"侧重点有所不同，在这里的"学"，依我的体会有两层意思。第一层是"学会观察现象、揭示现象背后因果关系的方法"。有些观察现象以提出理论的方法在各个学科都适用，比如《大学》里说"物有本末，事有终始，知所先后，则近道矣"，这在任何学科里都是共通的。在解释一个现象时，不变的因素可以抽象掉；在发生变动的因素中，要分清楚哪个因素是先变的，哪个是后变的。先于现象发生前变动的因素，虽然不见得就必然是产生这个现象的最根本的因，但时间先后是一个重要的线索、思路、思考问题的切入点。另外，有些方法则是因学科而不同的，就经济学而言，其方法通常是从一个理性人的角度出发，研究在一定限制条件下所作的选择。所以构建经济学理论的方法定式是：第一，弄清楚谁是决策者，可能的决策者有政府官员、企业经理、员工或是消费者；第二，弄清楚决策者的目标为何，总的来讲是效用的最大化，具体表现则可以是收入、财富的最大化，风险的最小化，社会地位的提高，或是内心的最大满足等；第三，要弄清楚决策者可以作出选择来实现其目标最大化的变量为何；第四，则是作选择时所面对的机会成本。一个经济学的理论是由上述四个构件组成，一个经济现象通常是某一个或某一类决策者，在面对其他三个构件的不同组合或变动所作出的选择的结果。一个有洞察力的经济学家也是以这四个构件作为参考框架来观察问题的。"学"的第二层含义则是"学习现有文献中有关这一现象的各种理论"，这时的"学"不是为了用现有理论来解释所观察到的现象，而是为了了解自己所提出来的理论解释和现有的理论解释有何异同之处。如果自己的解释和现有的理论有所不同，那么必须再作一番"慎思"的功夫，检查自己提出的理论是否逻辑上自洽，理论的推论是否和已知的各种经验现象一致。如果这两方面都没有问题，那么还要进一步分析自己的理论和现有的理论的关系是互补还是竞争。这些工作都通过了，就可以了解自己提出的解释新在何处，对理论文献有何贡献。如果现有的理论解释和自己的解释完全相同，那么就不能自认为自己是有新的理论发明，但是这样至少自己不会越思考越迷糊。

各位同学如果在学习期间就能够勤于"思"，并且打下扎实的"学"的功夫，那么各位在各自的学科上会有非常多的机会对理论的发展作出开创性的贡献。因为新的理论必然来自新的现象，而中国正处于旷古未有之巨变，不论在哪个学科里都会有无数多的新现象。这些变化，一方面是中国正从计划经济向市场经济过渡；另一方面则源于中国正快速从一个发展中的、以农业为主的经济向现代化的经济转型，而且这些变化是在很短的时间里完成的。根据世界银行1991年《世界发展报告》上对从工业革命以后经济发展的成功案例的研究，人均产出翻一番的时间，英国从1780年开始用了58年，美国从1839年开始用了47年，日本从1885年开始用了34年，巴西从1961年开始用了18年，韩国从1966开始用了11年，中国则从1977年开始用了10年。在20世纪80年代后期和90年代，中国的人均收入提高的速度更为加快。我们知道现有的理论大部分都是发达国家的学者提出来的。每个学者提出的理论，都是对他所观察到的现象的解释，发达国家的学者提出的理论，主要是在解释发达国家的现象。由于发展的阶段不一样，所处的社会、经济环境不同，制约条件的差异，相同的现象背后的原因很可能是不一样的。如果发达国家的学者用他们提出的理论来解释发展中、转型中国家的现象，不能说他们必然都是错的，但大部分可能是"隔靴搔痒"的。在理论创新上不会是"远来的和尚会念经"，而会是"近水楼台先得月"。这是由理论本身的特性决定的，因为如前所述，理论是抽象的，理论模型中仅能保留很少的几个社会、经济变量。在众多的社会、经济变量中，到底哪些该抽象掉，哪些该保留，通常只有在那个社会长大、生活的学者才会有较好的把握。一位不在中国长大、生活的外国学者要洞悉中国社会经济现象背后的逻辑很难，就像在中国长大的许多经济学系的学生，到国外留学，拿到博士学位后留在国外工作，在要涉及国外社会经济现象的领域取得显著的成就很难一样。所以到目前为止，国内学完本科到国外留学，留在国外工作的经济学家很多，但能在研究上取得突出成绩、产生影响的，通常是在不涉及社会经济现象的数理经济学和计量经济学。

中国的学者在研究中国的社会经济现象上，不仅具有"近水楼台先得月"

的优势，而且任何理论都是内部自洽的逻辑体系，一个理论的贡献不能从逻辑上来分辨其贡献的大小。一个理论贡献的大小，取决于这个理论所解释的现象的重要性，现象越重要，解释现象的理论就越重要。18、19世纪，引导世界哲学、社会科学思潮的大师多数出现在欧洲；第一次世界大战以后，大师则大多出现在美国。这是因为经济是上层建筑的基础，工业革命以后直到第一次世界大战前，欧洲是全世界的经济中心，发生在欧洲的社会经济现象也就是全世界最重要的社会经济现象，解释欧洲社会经济现象的理论，也就是最重要的理论。由于近水楼台之故，哲学、社会科学的大师也就大多出在欧洲。到了第一次世界大战以后，美国崛起，成为世界经济的中心，所以哲学、社会科学的大师，也大多转而出现在美国。随着中国经济地位在21世纪的复兴，中华文明再次由衰而盛，中国有可能逐渐取代美国成为世界的经济中心，同时成为世界的学术中心，中国将会迎来世界级大师辈出的时代。

大师和一般有成就的学者差别何在？一位大师必须有他自己的一套理论体系，这个体系会涉及很多方面。真正的大师的理论体系虽然包含方方面面，可是这个理论体系并不是一些不相联系、相互矛盾的个别观点的拼凑，而是有一个一以贯之的根本的道理将它们联系成一个完美的整体。孔子与子贡在《论语·卫灵公篇》上的问答，生动地反映了这点认识："子曰：'赐也，女（汝）以予为多学而识之者与？'对曰：'然，非与？'曰：'非也，予一以贯之。'"什么思想贯穿了孔子的理论体系？《论语·里仁篇》里作了回答："子曰：'参乎，吾道一以贯之。'曾子曰：'唯！'子出，门人问曰：'何谓也？'曾子曰：'夫子之道，忠恕而已矣。'"孔子对自己思想的这一总结和老子《道德经》上所说的"博者不知，知者不博"是有异曲同工之妙的。老子这里所指的"知"是对人类社会、对宇宙本体之"道"的体悟，而"博"则是孔子所说的"多学而识"。真正的大师的理论体系虽然对许许多多的现象都有解释力，但是这个体系的核心思想却是相当简单的。以这个简单的核心思想作为他的理论体系的出发点，也就是他的理论体系所要解释的各种现象的最根本的因，然后说明这个最根本的因如何作用于其他社会经济变量而导致所观察到的诸多现象。孔子、老子、释迦牟尼等圣人的思想对人生、社会、政治的事事物物无所不涉，但是孔子以"忠恕"贯穿其思想体系，老子以"无为"贯穿其思想体系，释迦牟尼以"空"贯穿其思想体系，他们确实是做到了"一以贯之"、"知者不博"。

但社会、经济现象是错综复杂的，而且是变动不居的，一个学者在致力于"思"的努力时，应从何处下工夫才有可能认识到各种现象背后的根本原因，形成一个"一以贯之"的理论体系？答案在于《中庸》所讲的"道不远人，人之为道而远人，不可以为道"。如果没有人的存在，这个宇宙只是一个寂然的自然之体，因为有了人的存在和人的主观能动而成就了各种社会经济现象，所以"道不远人"。要成为大师，必须从内心里关心人、关心社会，"家事、国事、天下事，事事关心"，从对人、对社会的关心中去思索他所处的时代的诸多现象背后根本的因。如果是一个关在书斋中或是只关心自己利害得失的自了汉，即使读破万卷，顶多达到"多学而识"而不会成为大师。但是在关心人、关心社会时，不能只见树木，不见森林。王阳明有首诗："山近月远觉月小，便道此山大于月。若人有眼大如天，当道山高月更阔。"必须具有"大如天"的法眼，才有能力不被事物的表面属性所迷惑。所以一位想成为大师的学者除了要有孟子所说的"当今天下舍我其谁"的自信心，而且还要有"以天下兴亡为己任"的使命感。只有具有这样大的使命感的学者才会有纵的历史观和横的全局观，才有可能培养出王阳明所形容的"大如天"的洞悉事物本质的能力。同时，要成为一位大师，也要有孟子所说的"自反而缩，虽千万人吾往矣"的道德勇气。因为一位大师提出一个新的思想、理论体系时，不免会与已经存在、大家接受的思想、理论体系有所冲突，而不容易被人理解、被人接受，甚至会招人非议。这时必须要有去和现有的大师争论，去一点一滴地教化社会的芸芸众生的"虽千万人吾往矣"的勇气。所以说做学问和做人的道理是相通的，要成为一位大师同样必须有孟子所讲的"浩然之气"。"浩然之气"不是与生俱来的，而是需要一个人自己时时刻刻精心"善养"的。

我在前面探讨的学问之道，主要是从人文、社会科学的角度来谈的。自然科学的理论适用于任何性质、发展阶段的社会，理论创新的贡献大小有一个客观的标准，而不是像社会科学理论那样，取决于产生这个理论的社会在整个国际政治经济中的重要性。但是上述关于21世纪中国会成为世界学术研究中心的判断以及做学问的道理，在自然科学上也应该同样适用。自然科学理论的研究需要大量的经费投入，当中国成为全世界最大最强的经济体时，可以用来支持自然科学理论研究的经费投入也就会在全世界各国中居于首位，加上中国人的聪明才智，在自然科学理论上的创新也应该在世界各国中居于首位。在自然科学的研究上要做出成绩，也同样要在"学"与"思"上下功夫，所不同的是，"思"的对象是自然现象而不是社会现象。要成为自然科学界的大师，提出的理论也应该对许多领域都有贡献，像爱因斯坦，有人说他应该可以拿十个、八个诺贝尔奖，因为他的相对论对物理学的各个分支都有很大的贡献。按上述的学问之道，在21世纪的中国，我们也会迎来自然科学界大师辈出的时代。

元培班是以蔡元培先生的名字命名的，所以元培班的学生要对得起蔡元培先生的名字。蔡先生的那个时代与我们这个时代有许多相同的特点：首先，都是处在一个巨大的时代变革中；其次，都是处于一个从封闭到开放的过程之中。但是我们所处的时代比蔡先生的时代更好，从鸦片战争到"五四"前后，中国不断遭受列强侵凌，被迫打开国门，民族处于存亡危急之秋。当时，学术界工作的重点在于对传统文化的深刻反思和批判，以及引进国外先进的文化、制度和理论，全国上下包括学术界都忙于救亡图强，也就不可能有信心认为可以总结中国的经验，以开创人类文化的新潮。全世界的学术界也不会有学者认为中国的学者可以根据中国的经验作出这样的贡献。过去这二十多年，中国虽然也是从封闭到开放，但这次的开放是我们自主的选择，主动权掌握在自己的手里。而且改革开放以来，中国成为全世界经济发展最快的国家，中华民族的伟大复兴这个几代仁人志士为之抛头颅洒热血孜孜以求的目标，已不再是一个遥不可及的梦。经济是基础，经济基础变化了，上层建筑跟着变，经济基础和上层建筑合起来叫文化。随着我们的经济基础的提高，一方面，我们的社会组织、价值体系、生活方式等，都会发生变化；另一方面，经济基础强的文化就是世界的强势文化，所以我们的社会组织、价值体系、生活方式都会成为其他弱势文化学习、模仿的对象。世界上大部分的国家都还是发展中国家，如何实现现代化、提高人民的生活水平，是这些发展中国家的共同愿望，因此，中国经济快速发展的经验对发展中国家来说，有许多借鉴的意义。而且中华民族很有可能在21世纪成为人类历史上第一个拥有由盛而衰、再由衰而盛的文明的民族。这是一个全新的文化现象，这样的文化经验使许多过去认为人类文明也像人类自身的生命一样，会经历生、老、病、死阶段的人文、社会科学理论不再适用。这样的文化经验对正处于文化高峰、很可能会进入衰退期的民族来说也是重要的，我们应该利用近水楼台之便把这个全新的文化现象研究清楚，理解透彻。这是21世纪的中国学人，比蔡先生所处时代的学人更为幸运的地方，也是21世纪的学人对中国、对人类文化发展的责任。

（本文原为作者在北京大学元培实验班上的讲演，后刊于《CCER 简报》2003 年第 12 期，收入本书时有删节）

现代经济学的基本分析框架与研究方法

田国强[*]

近些年来，不时看到有人从研究方法到结论对现代经济学大肆进行批判，否认现代经济学及其研究方法，并宣称要创造出自己的经济学。但这些所谓的"经济学"往往只给出了观点，既没有明确的前提假设条件和分析框架，也没有逻辑推理和严格证明；既拿不出周密可靠的数据作依据，又不引用基本的经济理论，随随便便就得出了自己的结论，并将所谓"自己创新的观点"的作用无限放大。另外，我们还不时听到有人耸人听闻地宣称：自己或某人的理论对现代经济学造成了冲击，他们往往用中国问题的特殊性来否定现代经济学。这些在很大程度上误导了大众以及学生。

不少人还以为现代经济学的分析框架和研究方法只能用来研究规范市场制度安排下的经济问题，从而对现代经济学及其分析框架和适用范围持怀疑、批判甚至否定的态度，认为不能用现代经济学来研究中国经济及其转型问题。这也就是为什么直到现在"西方经济学"一直是"现代经济学"最流行的代名词。许多人直观地认为，现代经济学的理论仅适用于"西方"社会，中国的经济学家应该研究适用于发展中国家的"东方"经济学，甚至

11

*　田国强，明尼苏达大学经济学博士，美国得克萨斯州A&M大学终身教授，现任上海财经大学经济学院院长。

"中国特色"的经济学。持有这些观点和说法的学者中还有一些著名的"海归"经济学家，由于他们的海外留学背景，使得他们的观点更具有误导性。笔者认为，其实是这些人对现代经济学最基本的分析框架和研究方法还没有弄清楚，不知道现代经济学的分析框架和研究方法具有非常的普遍性、高度的规范性和逻辑的一致性。这些观点和说法误导了不少人，特别是对现代经济学还不太了解的人。并且，由于相对于其他学科，经济学与经济社会更休戚相关，这些误导甚至会影响到经济政策的制定，因而非常有必要正本清源，讨论清楚。

当然，产生这些现象的原因，可能是由于现代经济学主要研究现代市场制度，而大多外文教科书的作者和读者都生活在市场经济制度相对完善的发达国家，这些教科书一般也不讨论现代经济学的分析框架和研究方法。另外，由于现代经济学存在着各式各样的理论，许多理论似乎导致了截然不同的结论，其中不少理论还用到了高深的数学，这些让不少人感到现代经济学的基本的分析框架和研究方法难以把握，从而对现代经济学产生了误解或畏惧。在他们看来，现代经济学似乎高深莫测，难以理解其中许多似乎不一致的理论结论。

笔者作为二十多年来一直学习、讲授以及研究现代经济学的一名学者，经历了对现代经济学从无知到有所悟的过程。写作本文的动机就是为了澄清对现代经济学及其研究方法的一些误解，帮助读者理解现代经济学最基本的分析框架和研究方法，并讨论它们在学习、研究、乃至日常工作中所起的现实作用。它们看似简单，但人们对现代经济学的误解，往往正是因为没有弄清楚这些最基本的分析框架和研究方法。需要指出的是，近年来已有一些学者，包括钱颖一、林毅夫（1995，2001）及笔者本人，对经济学的研究方法作过一些讨论。但谈及分析框架的，笔者只见到钱颖一教授（2002）的《理解现代经济学》一文，这是一篇非常值得一读的文章。尽管本文所讨论的问题与钱文所讨论的问题基本相同，但侧重点不太一样，分析框架的划分也不太一样。本文特别对现代经济学中每一个理论基本上所共有的分析框架作了较详细介绍，并且讨论了其基本分析框架和研究方法的现实作用。钱颖一教授和笔者的两篇文章具有一定的互补性，可结合起来看。另外，文中有些内容在笔者的讲义、书和一些文章中也零散地讨论过，见田国强和张帆（1993）、田国强（1996）及Tian（2004）。

本文结构如下：第一节讨论掌握现代经济学基本分析框架和研究方法的重要性；第二节介绍现代经济学分析框架的基本组成部分；第三节讨论现代经济学的基本研究方法和所要注意的要点；第四节讨论现代经济学基本研究方法和分析框架的具体现实作用；第五节总结本文，并给出结束语。

一、掌握现代经济学基本分析框架和研究方法的重要性

经济学是一门研究人类经济行为和经济现象以及人们如何进行权衡取舍的学问。正是由于资源的稀缺性与人的欲望的无止境性这一对基本冲突才产生了经济学，逼迫人们作出权衡取舍的选择，尽可能有效地利用资源，用有限的资源最大限度地满足人们的欲望。而现代经济学则按照科学的方法并运用分析工具——通过观察、理论和再观察——来系统地探索人类经济行为和社会经济现象，从而它是一门科学，代表了科学的分析框架和研究方法。这种系统探索，既涉及到理论的形式，也为经济数据的考察提供了分析工具。现代经济学主要是在第二次世界大战以后发展起来的，通过六十多年的蓬勃发展，现已成为一门规模庞大、分支众多、体系严谨、模型化的社会科学领域，在社会科学中占有重要地位。

了解并掌握现代经济学的基本分析框架和研究方法，对正确理解和学好现代经济学以及对现代经济学的创新和应用都十分重要。它能帮助人们正确地运用经济学的基本原理和分析方法来研究不同经济环境、不同经济人行为及不同制度安排下的各类经济问题。经常听到有人批评现代经济学存在着太多不同的经济理论，觉得经济学流派观点各异，不知道孰对孰错，甚至有人借此讽刺经济学家，"100个经济学家会有101种不同的观点和说法"，从而否认现代经济学及其科学性。其实他们没有弄清楚，正是由于不同的经济、社会、政治环境，才需要发展出不同的经济理论模型和经济制度安排。经济学家之所以对于一个问题会有不同的观点，恰恰说明经济学的严谨和完善，因为前提变了，环境变了，结论自然就要相应地变。很少有放之四海而皆准的一般性的"好"结论，否则就不需要因时制宜，因地制宜，具体情况具体分析了。（在这里请读者注意：不同的经济、政治、社会环境可以发展出不同的经济理论或经济模型，但决不是不同的"经济学"；创建不同的经济理论或经济模型所使用的都是现代经济学的基本分析框架和研究方法。）

现代经济学中的不同学派、不同理论本身就说明了现代经济学的分析框架和研究方法的普遍性和一般性。由于不同理论采用了不同的假设和不同的具体模型设定，它们可用来解释不同的经济现象，并能在接近理论假设的各类经济环境下，给出合乎逻辑的结论或进行科学的预测与推断。因此，要批评现代经

13

济学中某个理论，就需要指出理论中所刻画的经济环境和人的行为假设中哪些地方不合实际，模型设置中有哪些地方不甚合理，所实施的经济机制或经济制度安排存在什么问题，逻辑推理又有什么问题。即使如此，这样的批评也不能导致对现代经济学基本分析框架和研究方法的否定，至多只是需要修正对制度环境的刻画和行为假设条件的设定以及理论模型的设置，而仍然可以使用现代经济学的基本分析框架，并得出新的合理结果或经济理论。

现代经济学的基本框架、分析原理和研究方法是无地域和国家界限的，可以用来研究任何经济环境和经济制度安排下的各种经济问题，因而中国实际经济环境下的各种经济问题也可通过现代经济学的分析框架来研究。从现代经济学分析框架和研究方法的角度来看，并不存在独立于他国的经济分析框架和研究方法，现代经济学的某些基本原理、研究方法和分析框架可用来研究特定地区在特定时间内的经济行为和现象。事实上，这正是现代经济学分析框架的威力和魅力所在：它的精髓是要人们在作研究时必须考虑到，并界定清楚某时某地具体的经济、政治和社会环境条件。现代经济学不仅可以用来研究不同国家和地区、不同风俗和文化的人类行为（无论自私自利与否）下的经济问题和现象，它的基本分析框架和研究方法甚至也可用于研究其他社会现象和人类行为决策，特别是人们的日常生活、待人接物与管理方面的决策。事实证明：由于现代经济学分析框架和研究方法的一般性和规范性，在过去二十多年，现代经济学的许多分析方法和理论已被延伸到政治学、社会学、人文学科等学科。

本文不想对经济学中的某个具体理论作出讨论和价值判断（这并不代表笔者个人没有这样的判断），只是想指出几乎所有的经济现象和问题都可以通过下面要介绍的基本分析框架和研究方法来进行研究和比较。[1]

二、现代经济学的基本分析框架

现代经济学所研究的问题和解决问题的方法类似于人们处理个人、家庭、经济、政治、社会各类事务时所采用的方式。大家知道，要做好一件事情，与人打交道，首先要了解国情和民风，也就是要知道现实环境和所要打交道人的品行和性格；在此基础上，决定相应的待人处事规则，从而在权衡利弊后作出激励反应，争取达到尽可能最佳的结果；最后对所选择的结果及所采用的规则

---

[1]　当然，许多经济问题也可以通过经验性的定量分析来进行研究，下面在讨论数学在现代经济学的作用时将简要地讨论一下，但这不是本文的重点。本文主要讨论对一个经济问题进行理论分析时所用到的基本框架。

进行价值判断和评估比较。

现代经济学的基本分析框架和研究方法完全是按照这种方式来研究经济现象和人类行为的。这种分析框架具有高度的规范性和一致性。它首先给出想要研究的问题，或想要解释的某种经济现象，即经济学家首先需要确定研究目标，然后试图回答所要研究或所要解释的问题。比如，下列问题是现代经济学直到现在仍试图研究或回答的一些问题：为什么会出现经济周期和经济衰退？面对经济周期和经济衰退，政府应采用什么样的宏观经济政策？为什么一些国家非常富裕，同时另外一些国家却非常贫穷，而不是整个世界同时富裕起来？人们生活在其中的市场制度安排是如何运作的，它有什么样的优越性？市场在什么时候会失灵，如何解决？如何解决经济外部性问题，是通过政府干预，通过明晰产权的办法来解决，还是通过其他办法来解决？如何在信息不对称的情况下解决经济人的激励问题？中国经济学家所面临的问题是，如何解决经济制度转型过程中所面临的各种问题，比如：如何改革金融体系和国有企业，如何解决经济效率与公平的两难，以及国有资产流失等问题。

以上这些问题看起来非常不一样，但研究这些问题的基本分析框架却可以是一样的。一个规范经济理论的分析框架基本上由以下五个部分或步骤组成：（1）界定经济环境，（2）设定行为假设，（3）给出制度安排，（4）选择均衡结果及（5）进行评估比较。可以这样认为，任何一篇逻辑清楚、层次分明、论证合理的经济学论文，无论结论如何或是否作者意识到，都基本上由这五部分组成，特别是前四部分。可以说，写经济学方面的论文，就是对这些部分进行具有内在逻辑结构的填空式写作。掌握了这些组成部分，就掌握了现代经济学论文的基本写作方式，更容易学习和研究现代经济学。

在对这五个部分逐一进行讨论之前，先对制度（institution）这一术语进行界定。制度通常被定义为一组行事规则的集合，这些规则与社会、政治和经济活动有关，支配和约束社会各阶层的行为（Schultz，1968；Ruttan，1978；North，1990）。由于人们在考虑问题时，总是把一部分因素作为外生变量或参数给定，另外一部分则作为内生变量或因变量，这些内生变量是由外生变量所导致的，从而是这些外生变量的函数。于是按照 Davis 和 North（1971：6-7）的划分方法，根据所要研究的问题，又可以将制度划分成两个范畴：制度环境（institutional environment）和制度安排（institutional arrangement）。制度环境是一系列基本的经济、政治、社会及法律规则的集合，它是制定生产、交换以及分配规则的基础。在这些规则中，支配经济活动、产权与合约权利的基本法则和政策构成了经济制度环境。制度安排是支配经济单位之间可能合作和竞争的规则的集合。制度安排可以理解为人们通常所说的游戏规则，不同的游戏规则导致人们不同的激励反应。尽管从长远看，制度环境和制度安排会互相影响和发生变化，但如Davis和North明确指出的那样，在大多数情况下，人们通常将经济制度环境作为外生变量给定，而经济制度安排（如市场制度安排）则根据所要研究或讨论的问题，可以看成外生给定也可内生决定。[1]

1. 界定经济环境

现代经济学分析框架中的首要组成部分，就是对所要研究的问题或对象所处的经济环境（economic environment）作出界定。如前所述，要做好任何一件事，首先要了解国情、所处的周围环境或现实背景。现代经济学在研究问题时也完全如此。在作经济问题研究时要从实际出发，对经济环境进行界定。经济环境通常由经济人、经济人的特征、经济社会制度环境以及信息结构等组成。对经济环境的界定可分为两个层次：（1）客观描述经济环境及（2）精炼刻画经济环境特征。要做好这两点，前者是科学，后者是艺术。对经济环境描述得越清楚、准确，理论结论就会越正确；对经济环境刻画得越精练和深刻，论证起来就越简单，理论结论也越能让人理解和接受。界定好一个经济环境，就是要将这两个层次有机地结合起来。在现代经济学大多数问题的研究中，经济环境都假定为外生给定的，而不是由理论模型延伸出来的，否则就无法讨论问题，因为总需要将一些经济因素或变量当做参数给定。

描述经济环境：现代经济学中任何一个经济理论，首先需要做的就是，对所要研究的对象或问题所处的经济环境作近似地描述。一个合理、有用的经济理论应正确、恰当地描述其研究对象所处的具体经济环境。尽管不同国家和不同地区的经济环境往往存在着差异，从而所得到的理论结论多半会不同，但是所采用的基本分析框架和研究方法却是一样。经济问题研究的一个基本共同点就是要对经济环境进行描述。对经济环境描述地越清楚、准确，理论结论就会越正确。

刻画经济环境：在描述经济环境时，一个同等重要的问题是如何做到既清楚、准确地描述经济环境，又精练、深刻地刻画经济环境的特征，使之能抓住

---

[1]　制度环境和制度安排的区分要根据具体情况具体区分，没有严格的界定。当制度安排作为外生给定时，它实质上就退化为制度环境。比如，当考虑经济制度的选择时，市场制度可看成经济制度安排。但当将市场制度作为给定来研究人们的行为和经济现象时，市场制度可看成经济制度环境。

所要研究问题的本质。一个现实经济环境包括众多方面，非常复杂。比如，作为经济学主要研究的对象——人类，就有高矮、胖瘦、老少、男女、贫富之分，人的智力有高低，嗜好有差异，品行有好坏，等等。又比如，不同企业可能采用不同的生产技术、不同的生产要素组合，生产出不同的商品。如果把所有这些情况都统统描述出来，当然可以说是非常准确而真实地描述了现状或经济环境，但是如果只是将环境的所有要素简单罗列，就抓不住重点。或者说，不知道哪些方面对所要研究的问题最重要，就会无法看清问题的本质，而让大量繁杂的事实弄晕了头脑。[1]

因此，为了避开细枝末节，把注意力引向最关键、核心的问题，我们需要根据所考虑的问题，对经济环境进行特征化的刻画。例如，在现代微观经济理论中，为了研究经济人的选择问题，一个消费者的经济特征（characteristic）就简单地假定由经济人的消费集、偏好关系（或效用函数）、初始禀赋和信息结构（如考虑不确定性）来描述[2]；一个厂商的经济特征则由它的生产可能性集或生产函数来表示；所有经济人的经济特征便组成了经济环境。同样，在研究区域经济的时候，需要描述经济区域环境和刻画其经济特征；在研究转型国家，如中国经济转型问题时，人们也需要刻画不规范经济制度环境下的经济环境特征。这样，对经济制度环境不规范的转型国家，我们就不能简单地照搬在规范经济环境下所得出的理论结果，而是需要刻画出转型经济的具体特征，并且仍然是采用现代经济学的基本分析框架和研究方法来研究转型经济问题。有人将钱颖一教授所研究的转型经济学和现代经济学对立起来，其原因就是这些人没有理解现代经济学的基本分析框架和研究方法。

人们也许比较容易理解，不同的经济环境可能导致不同的经济理论。但不少人难以理解的是，为什么即使现实经济环境相同，所要研究的问题相同，还会得出不同的经济理论呢？有些人因此导致了对现代经济学及其研究方法持怀疑甚至否定的态度。其实，许多经济理论间的结论差异往往是经济学家对经济环境界定的差异所造成的。这种差异不仅可能是客观经济环境上的差异所造成的，而且还可能是由经济学家对经济环境界定的主观判断差别所造成的。如上

---

[1] 完全准确的描述甚至也可能是没有价值的。比如，将这个世界看成是一幅世界地图应该是完全精确的，但它却毫无价值。

[2] 由于每个人都对商品的消费具有偏好，每个厂商都采用一定的生产技术进行生产，偏好关系和生产可能性集应属于个人的经济特征。然而，它们在某种程度上也同时决定了经济人的行为方式。例如，假定偏好关系关于自己的消费是单调递增的，这就意味着人是利己的，这个利己性假设就是行为假设。这样，行为假设和经济特征的区分就不是那么明确。不过，如果更进一步假定经济人追求效用最大化或利润最大化，那么在现代经济的研究中，就可以将它们看做典型的行为假设。

所述，由于经济环境十分复杂，在许多情况下，经济学不能像自然科学那样只进行描述性分析，还需要对经济环境、行为方式进行抽象式的精练特征化，找出最主要的特征，这往往会让经济学家带有一定程度上的主观判断。不同的主观判断，就会导致对经济环境的不同界定，从而导致不同的经济理论、经济学派或理论结果。现举两个例子来加以说明。

第一个例子是关于宏观经济学的。宏观经济学中有众多的学派：凯恩斯学派、后凯恩斯学派、理性预期学派（或称为新古典主义学派）、货币主义学派、供给学派和新制度学派等。其实，这些学派之间的对立并不像非经济学家或媒体所渲染的那么大，它们有许多共同之处：基本分析框架相同、研究方法相同（采用经济模型和市场均衡来分析市场）及对象相同（在市场制度安排下研究宏观经济变量的相互作用关系和变化规律）。它们都相信市场制度，相信从经济运作的长期或总的趋势来说，都会趋向最优的市场均衡。这些理论之间的差异，主要是刻画经济环境时的差异所造成的，特别是对经济系统的冲击或干扰是来自需求方面还是供给方面、对关于经济波动的信息是充分的还是不充分的，以及对干扰的时间效应是滞后的还是瞬间的等诸多假设的差异所造成的。

比如，在回答为什么会出现经济周期和经济衰退及应指定什么样的宏观经济政策问题时，凯恩斯学派认为关于经济或非经济因素波动的信息是完全的，这种波动主要是来自于需求方面，并且价格在短期内变化极慢，使得这种波动会破坏"最优"市场均衡。为了避免或减轻经济周期给整个社会带来的损失，政府应对经济施行干预，使用经济政策，特别是财政政策，对社会总需求进行刺激或控制，从而抵消各种干扰的影响。

而1976年诺贝尔经济学奖得主弗里德曼（M. Friedman）认为，现实经济中对波动存在"信息不充分"及"时间滞后"效应，使得自身趋于稳定的经济在经过政策调节之后，反而变得更加振荡了，因而政府应对经济尽量减少施行干预，只对货币实行控制，保持不变的货币增长率。而以卢卡斯（R. Lucas）和萨金特（T. Sargent）为代表的新古典宏观经济学派在定义经济环境时却假定：波动的"时间滞后"效应只是瞬时现象；并在经济环境中添加了具有代表性的基本经济单位（厂商和家庭），从而使得整个理论建立在坚实的微观经济理论基础之上；经济活动中基本经济单位所需要的经济信息是不充分的。基于对经济环境的这种界定，并在理性假设下，理性预期学派于是认为，凯恩斯理论没有把公众对政府政策以及其他经济信息的反应考虑进去，人们往往会通过"理性预期"的行为方式，使得政府的经济政策的效果往往事倍功半。因此，政府应该尽量不干预经济，即使在不得不使用政策去干预经济活动时，也要注意政策的信誉，即政策的连贯性。卢卡斯于1995年获得诺贝尔经济学奖，新古典现已成为当今宏观经济学的主流。

而刚刚获得2004年诺贝尔经济学奖的基德兰德（F. E. Kydland）和普雷斯科特（E. C. Prescott），也是属于新古典宏观经济学派中的重要人物。他们在20世纪80年代初期提出了真实经济周期理论，他们对经济环境的界定又有些不同，他们假定：宏观经济的波动主要是供给方面引起的，价格和工资在短期也是瞬间发生变化。他们进而认为，经济周期或经济波动是经济对生产技术及生产率变动的自然且有效的反应，正的技术冲击引起劳动生产率提高，就业、投资和产出也随之提高，总供给曲线上移，经济上涨，反之亦然。他们由此认为，经济周期不是对市场均衡的偏离，而是市场均衡本身暂时的波动。既然是市场均衡，便具有帕累托效率，所以不存在市场失灵，因而政府没有干预经济的必要，货币政策与财政政策尤其是赤字政策一样无效。

这个例子说明了，在一个领域中，即使研究的问题基本相同，但由于对经济环境的界定不同，也会产生不同的经济理论和经济学派。像自然科学对自然不断地加深认识一样，经济理论的发展在许多时候也是如此，并基于人们对经济环境的不断认识和重新刻画而不断改进，在前人工作的基础上不断改进原有理论或提出新的理论。所以不像国内有些人认为的那样，经济理论应全部推倒重新再来。他们今天创造一个理论，明天又创造一个理论，而这些理论根本没有基于前人的工作，请问当今世界上其他学科有这样认可的理论吗？其实，这些理论根本没有生命力，过不了几天人们就会将它们忘记。

第二个例子是当今流行的委托代理理论、最优合同理论、拍卖理论及信息经济学。这些理论都认为，在信息不对称的情况下，市场一般会失灵，因而需要设计某种激励机制诱导经济人显示真实信息，从而达到次优结果（second best）。这些理论中关于经济人的行为假设相同（收益最大化），所研究的问题相同（信息不对称情况下的激励机制设计问题），分析框架基本相同，研究方法相同（提供研究平台，建立参照系：给出完全信息情况下所得到的最佳结果 [first best]）。但由于对经济环境中参与者的经济特征及信息结构界定的不同，导致了不同的理论结果。这些理论中的各种不同结果主要是对经济环境刻画的差异所造成，特别是关于经济人的特征及信息结构界定的差异所造成。比如，关于经济人的行动是信息不对称（称之为隐蔽的行动 [hidden action]），还是关于经济人的特征是信息不对称（称之为隐蔽的信息 [hidden information]）；经济人是风险中性，还是风险厌恶；契约或机制是在经济人了解信息之前制定（ex ante），之间制定（interim），还是之后制定（expost）；允许共谋（collusion），

19

还是不允许共谋；允许重新谈判（renegotiation），还是不允许重新谈判；从经济活动中所得结果的价值是私人价值、共同价值，还是关联价值等方面的差异。[1]

这种研究的好处是，针对经济环境各种特征的刻画，给出不同的最优合同或激励机制等制度安排。这样，根据现实选择恰当的激励机制。在许多情况下，如何界定和刻画一个经济环境，都是给出一个经济理论或决定经济制度安排最重要的一个步骤和环节。由于米尔利斯（J. Mirrlees）、维克瑞（W. Vickrey）、阿克洛夫（G. Akerlof）、斯宾塞（M. Spence）以及斯蒂格利茨（J. Stiglitz）在这些领域中作出了开创性的工作，他们分别在1996年和2001年获得了诺贝尔经济学奖。

这两个例子说明，即使只对经济环境的刻画作出一些改进或变动，也可能产生出重要的经济理论或学派。当今现代经济学中大多数的研究结果主要就是对经济环境给出不同的界定而得到的。总之，由于经济环境的不同或刻画的不同，所得出的理论结果往往会不同。如何清楚、精练而又客观地刻画所要研究问题的经济现状或经济环境，并建立一个高度概括的理论经济模型，这不仅仅是科学，也是艺术。

20

2. 设定行为假设

现代经济学分析框架中的第二个基本组成部分是对经济人的行为方式作出假设。这个假设至关重要，是经济学的根基。一个经济理论有没有说服力和实用价值，一个经济制度安排或经济政策能不能让经济持续快速地发展，关键看所假定的个人行为是不是真实地反映了大多数人的行为方式，看制度安排和人们的行为方式是不是激励相容，即人们对激励是不是作出了对他人或社会也有利的反应。

一般来说，在给定现实环境和游戏规则下，人们将会根据自己的行为方式作出权衡取舍的选择。这样，在决定游戏规则、政策、规章或制度安排时，要考虑到参与者的行为方式并给出正确的判断，看他们是自私自利还是无私利他，是忠厚老实还是老奸巨猾，是讲究诚信还是谎话连篇。面对不同行为方式

---

[1]　这里，私人价值（private value）指的是：每人知道自己所得结果的价值。共同价值（common value）指的是：所有人的结果有一个共同的价值，但他们都不知道价值的大小，只有一个估价。关联价值（affiliated value）指的是：所得结果的价值依赖于经济人的私人信息及某些共同的不确定因素。

的参与者，所采用的游戏规则往往也是不同的。如果你所面对的人是一个老实、做事讲诚信的人，你和他处事的方式或者说你针对他的游戏规则多半会相对简单。如果你所面对的人是一个雷锋式的"傻子"，你和他打交道的规则也许更加简单，不需要有什么防备心，不需费什么精力（设计游戏规则）和他处事，游戏规则也许显得不是那么重要。但如果要打交道的人是一个难缠、狡猾、无诚信可言的人，你和他打交道的方式可能会非常地不同，与他相处的游戏规则可能会复杂得多，需要小心对付，并需要花费很大的精力。这样，为了研究人们是如何作出激励反应和权衡取舍的选择，对所涉及人的行为作出正确判断和界定是非常重要的一环。在研究经济问题时，如研究经济选择、经济变量间的相互作用及其变化规律时，确定经济人的行为方式也非常重要。

一个比较合理和现实而又通常被经济学家所采用的人类行为假设是，人是自利的，即人主要追求自己的利益。"人是自利的"这一人类行为假设是现代经济学中的一个基本假设。从某种意义上可以说，如果人不是"自利"的，也许就不会有经济学。因为经济学主要是研究如何用有限的资源来最有效地满足人们无限欲望的学问，而世界上的资源是有限的，只要有一个人是自利的，并且他的物欲是无穷的，就不可能实现按需分配，就需要解决如何用有限的资源满足需要的问题，也就需要经济学。利己性假设即使对一个国家、一个民族、一个集体、一个家庭或者一个政治家也是适用的，人们通常所说的，国家有国家的利益，民族有民族的利益，集体有集体的利益，家庭有家庭的利益，讲的就是这个道理。举例来说，政治家也有他们自己的利益。我们当然希望政治家总是追求整个社会的福利，真正成为人民公仆，但这往往不现实。许多政治家和政府官员也像消费者和企业所有者一样追求着自己的利益，希望长久掌握权力，以此得到好处。如果对此有什么疑问，只要看看现实中官员以权谋私，甚至贪污腐败、行贿受贿的例子何其之多就可明白。

对人类的利己行为假设不仅必要，符合基本现实，并且更重要的是：即使这一自利行为假设有误，也不会造成严重后果；而相反，如果采用利他性假设，一旦假设有误，所造成的后果要比前者大得多。正如本节开头所指出的那样，现代经济学分析框架并不排除在利他行为假设下讨论制度安排和个人的权衡取舍选择问题。事实上，在利己行为假设下所采用的游戏规则多半同时也适用于利他的人，并且在利他行为假设下，所采用的制度安排或游戏规则以及个人的权衡取舍选择问题要简单得多。但是一旦利他行为假设有误的话，所造成的后果比利己行为假设有误所造成的后果要严重得多，甚至可能是灾难性的。例如，改革开放前所采用的计划经济体制，强调"一大二公"，否认个人利益，在"文革"期间甚至宣称要跑步进入共产主义。到"文革"结束时，中国经济几乎处在崩溃的边缘。之所以出现这种结果，是因为当时的制度安排是基于人是利他无私的假设之上。其实，对人的行为作出正确判断在日常生活中也是非常重要的，俗话说，"明枪易躲，暗箭难防"，伤害你最深的人往往是欺骗性最强的人——你相信他，他却欺骗你；你认为他老实，他其实非常狡猾。只要想一想在现实中将一个行事自私、狡猾的人看做是一个行事简单、一心为公的"老实人"来和他行事处世，将会对你造成什么样的后果就会明白这种假设错误的严重性。

在现实中，那些经常唱着高调、宣称一心为公但实质上却是非常自私的人，一旦他们有机可乘，相对于不具有欺骗性的自利人，无论是给国家还是给他人往往会带来更加灾难性的后果。如果将人基本上都假定为"雷锋式"的一心为公的大好人，来决定制度安排或游戏规则、给出经济政策建议或作出经济政策，那么你所给出的制度安排、政策或建议多半不会成功。之所以原有的计划经济体制搞不好，大多数的国营企业效益低下，就是因为大多数厂长、经理和他们的上级并不是"雷锋式"的人物，他们有着自己的个人利益，他们中大多数的行为方式往往与这些制度安排是激励不相容的，即使能做到激励相容，所付出的代价也太大。这就是为什么笔者不能同意郎咸平（2004a）等人认为只要解决公平的竞争环境或让政府监管，国营企业就可搞好的观点。之所以在现实中我们需要"党纪"、"国法"，需要各种法律和规章制度，比如严格的财务制度，实质上是为了预防个人私利膨胀！由于不知道什么样的人有私欲，没有严格的财务制度，这些人就会任意拿走公家的财产。总之，尽管现代经济学不排除利他性假设，但利己性假设不仅现实、合理，并且假设有误所造成的风险要小得多。

在经济学中，比利己更强的行为假设是人的理性假设，也就是最优化假设。什么是"理性"？理性意味着：每个人、每个企业都会在给定的约束条件下争取自身的最大利益。对于消费者而言，理性行为就是用自己有限的收入最大限度地满足个人的欲望。对于企业而言，理性行为就是在给定的生产技术条件下，选择最佳的投入产出组合以取得最大的利润或经济效益。尽管理性假设不完全真实，但与现实基本接近，至少从长远来看是如此。比如，作为一个竞争性企业，如果总是不追求利润最大化，终究它就会被淘汰。另外，前面谈到的卢卡斯所开创的新古典宏观经济学派对经济人行为所作出的理性预期假设：经济人会有意识地搜集一切与自己经济活动有关的经济信息，并对此作出最合理的反应。这一假设意味着大众会有意识地了解经济环境的变化，并根据这种变化随时调整自己的经济行为。这也就是中国老百姓所说的，"上有政策，下有对策"，人们往往会通过这种博弈行为方式，将政策的效应抹除或减轻。理性预期假设看来在当前中国也是比较合乎现实的。博弈论就是一门专门研究在各种不同行为假设（如纳什均衡行为假设、占优均衡假设等）下人们如何互动，并作出最佳决策的理论。需要指出的是，由1980年诺贝尔经济学奖获得者西蒙（Herbert Simon）所提出的有限理性假设并不是对理性假设作完全否定，而只是说明人们有时是健忘的、冲动的、混乱的、有感情的和目光短浅的，不能真正地总是追求其最优目标。尽管如此，有限理性假设仍然是指人的行为接近理性，是较弱的一种利己性假设，在面对这样的主观局限性约束时，人们仍然是权衡取舍，选择尽可能好的结果。当然，由于有限理性假设与理性假设的差异，经济学家会得出一些不同的理论结果。以前看到国内一些学者，如汪丁丁教授（1998），用有限理性这个假设来否定现代经济学，将有限理性假设与理性假设对立起来，认为有限理性假设对现代经济学造成了冲击。其实这是误解，这些人没有弄懂理性和有限理性的真正差别。就像前面谈到的宏观经济学派的例子，由于经济环境假设的差异，导致了许多不同的宏观经济学派，但人们并不认为新的宏观经济学派的产生会对现代经济学造成冲击。科学总是不断地进步和发展。和理性行为假设一样，有限理性假设也是自利行为假设的一种，只是后者是前者的推广和延拓，后者比前者更一般化，它包括了前者作为一个特殊情况，根本谈不上有限理性否定或者推翻了现代经济学。这就如同爱因斯坦的相对论是牛顿力学的推广和延拓一样，前者比后者更一般化，但不能说爱因斯坦的相对论否定或推翻了牛顿力学。

此外，在假设消费者的行为时，不是所有的经济学家都是从最基本的偏好或效用最大化出发。比如，传统的芝加哥学派就假定消费者行为是由向下倾斜的需求曲线来表示。这也许是为什么张五常教授不承认存在着向上倾斜的需求曲线的原因。不过，在理论上至少存在着满足所有基本公理（假设）的偏好关系和效用函数（如单调性、凸性及连续性），使效用最大化所导出的需求曲线是向上倾斜的，并且这些公理假设也比较合乎现实地描述了经济人的消费行为。Mofatt（2002）在最近就给出这样的效用函数。这样，从理论上来说，偏好关系的基本行为假设并不排除会导出向上倾斜的需求曲线。事实上，只要商品是劣质品（即收入上升，消费量反而下降）并且收入效应大于替代效应（这在现实中是可能发生的），就会得出需求曲线在某个部分是向上倾斜的。

3. 给出制度安排

现代经济学分析框架中的第三个基本组成部分是给出制度安排，也即游戏规则。对不同的情况、不同的环境，面对不同行为方式的人们，往往需要采取不同的因应对策或游戏规则。当情况及环境发生变化时，所采用的对策或游戏规则多半也会相应地发生变化。游戏规则的决定对做任何事情都非常重要。不同的游戏规则将导致人们不同的激励反应、不同的权衡取舍结果，从而可能导致非常不同的结果。这对经济学的研究也同样成立，当经济环境确定后，人们需要决定经济上的游戏规则，在经济学中称之为经济制度安排。现代经济学的任何一个理论都要涉及到经济制度安排。现代经济学，特别是最近三十年来发展起来的经济机制设计理论、信息经济学、最优合同理论和拍卖理论等，根据不同的经济环境和行为假设，研究并给出大到整个国家、小到二人经济世界的各式各样的经济制度安排，也即经济机制。[1]依赖于所讨论的问题，一个经济的制度安排，也即游戏规则，可以是外生给定，也可以是内生决定的。[2]

从对整个国家经济制度安排的选择来看，经济制度安排可以是市场经济制度、指令性计划经济制度、混合经济制度、转轨经济制度或任何其他经济制度安排。标准的现代经济学主要是研究市场制度安排的，研究在市场制度下人们的权衡取舍选择问题（如消费者理论、厂商理论及一般均衡理论）以及研究在什么样的经济环境下市场均衡存在，并对各种市场结构下的配置结果作出价值判断（判断的标准基于资源配置是否最优、公平等）。在这些研究中，市场制度安排通常假定是外生给定的。将制度安排作为外生给定的好处是将问题单一化，以便将注意力集中于研究人们的经济行为及人们是如何作出权衡取舍选择的。

当然，对制度安排的外生性假设在许多情况下不尽合理。如前所述，经济制度安排应依赖于经济环境和人的行为方式，针对不同的经济环境和不同的行为方式应给出不同的制度安排。例如，市场制度在许多情况下会失灵（即不能导致资源的有效配置和市场均衡不存在），这样人们想寻找替代机制，或其他

---

[1] 经济机制、经济制度安排、经济制度、经济体系这些术语在文献中经常互用。不过，经济体系可能包括面更广，经济制度其次，经济机制包括面最小。赫维兹将经济制度定义为经济机制的集合。在本文中，经济机制等同于经济制度安排。

[2] 当经济制度安排作为外生给定时，它也被看成是经济环境的一部分；当它内生决定时，它就是典型的制度安排，而不是经济环境的一部分。

更佳的经济机制，从而我们需要将制度安排看成内生变量，是由经济环境和人的行为方式决定的。这样，我们经济学家需要给出各种可供选择的经济制度安排。例如，在现阶段转型经济环境下或过程中的经济制度安排应不同于转轨完成后标准市场经济制度，即转轨过程中所采用一些制度安排应与转轨完成后所采用的终极经济制度安排不一样。尽管激进式改革理论和渐进式改革理论的最终目标都一样，但渐进式改革理论的好处就在于它考虑到转型期的这种差别，它不仅在意转轨的目的和结果，更在意转轨的可行性和可操作性，即在意达到目的和结果的实施过程，给出转轨过程中的各种临时性经济制度安排。

当研究一个具体经济组织或单位的经济行为和选择问题时，经济制度安排更应是内生决定的。新制度经济学、经济机制设计理论、转轨经济学、最优合同理论、信息经济学、现代企业理论、委托代理理论等就是研究经济组织及经济制度的设计问题。将经济制度安排作为未定，研究在给定的经济环境下经济制度安排的最优选择。将经济机制看做内生的好处是，由于经济环境往往在一定时间内是给定的，人们需要给出相应的经济机制，也即制定出相应的游戏规则。那么，在给定经济环境下，人们应该选择什么样的经济机制以便达到想要的目标呢？这正是经济机制设计理论及其分支——最优合同理论和委托代理理论等——所想要解决的问题。机制设计理论可研究大到整个社会经济制度的设计问题，也可研究小到个人和部门的激励机制设计问题，研究个体的经济人（消费者、家庭、企业、经济组织和政府部门等）如何决定经济激励机制等问题。

4. 选择均衡结果

现代经济学分析框架中的第四个基本组成部分是作出权衡取舍的选择，找出尽可能佳的结果。由于做任何一件事往往存在着多种可行方案，这样人们需要作出选择。那么人们是如何作出选择，特别是经济上的选择呢？一旦给定经济环境和经济制度安排（游戏规则）及其他必须遵守的约束条件之后，人们将会根据自己的行为方式作出激励反应，在众多的可行结果中通过权衡取舍来选定结果，称之为均衡结果。当然也会有例外，那就是无法选定结果，这种情况被称为均衡不存在。这时，需要发展出新的经济理论，修正游戏规则，或作出近似选择。有人认为经济学中均衡的概念不好理解，甚至反对采用均衡的概念。其实均衡概念不难理解，它表示在有多种可供选择的方式的情况下，人们需要选定一个结果，这个最终选定的结果就是均衡结果。对利己的人来说，他将选择一个自认为是最有利的结果；对利他的人来说，比如雷锋，他可能选定一个有利于他人的结果。需要指出的是，均衡是一个相对的概念。均衡选择结果依赖于经济环境、自己的行为方式（无论是相对于理性假设、有限理性假设，还是其他行为假设），以及让他作出激励反应的游戏规则，它是相对这些因素的"最优"选择结果。注意，由于有限理性的原因，它也许不是真正客观上的最优，而是自认为的最优。

以上所定义的均衡应是经济学中最一般化的均衡定义，它包括了教科书中在自利动机的驱动以及各种技术或预算约束条件下独立决策所达到的均衡。例如，在市场制度下，作为企业所有者，在生产技术约束条件下的利润最大化生产计划称为均衡生产计划，从而可导出商品的供给曲线和要素需求曲线；作为消费者，在预算约束条件下的效用最大化消费组合称为消费均衡，从而可导出每种商品的需求曲线。从供给和需求曲线又可得出每种商品的市场竞争均衡。它包括了人们在给定的市场机制（如不完全竞争和寡头竞争市场结构）下互相作用，达到某种均衡状态。以上所给出的均衡概念也包括了在有限理性假设下所导出的均衡以及任何给定行为（无论自利与否）假设条件下所导致的均衡。这样，根据以上对均衡概念的理解，可知有限理性假设根本没有冲击或推翻了现代经济学的分析框架和研究方法。总之，无论人的行为是理性、有限理性、利己、还是利他，现代经济学的基本分析框架都可能用来研究人们的经济选择问题和决定均衡结果。

5. 进行评估比较

现代经济学分析框架中的第五个基本组成部分，是对经济制度安排和权衡取舍后所导致的均衡结果进行价值判断和作出评估比较。当经济人作出选择后，人们希望对所导致的均衡结果进行评价，与理想的"最优"状态结果（如资源有效配置、资源平等配置、激励相容、信息有效等）进行比较，从而进一步对经济制度安排给出评价和作出优劣的价值判断——判断所采用的经济制度安排是否导致了某些"最优"结果；还要检验理论结果是否与经验现实一致，能否给出正确预测，或具有现实指导意义；最后，对所采用的经济制度和规则作出优劣的结论，从而判断是否能给出改进办法。

在评估一个经济机制或制度安排时，现代经济学通常所采用的一个最重要的评估标志是看这个制度安排是否导致了效率。所谓"效率"，就是用最少的成本，达到最佳效果。经济学中所用的帕累托最优（有效）或所谓最佳意味着：在现有资源约束条件下，不存在改进的余地，即不存在不让任何参与人受损而让一部分人的福利有所改进的资源配置方案。

帕累托最优这个概念对任何经济制度都是适用的。尽管帕累托最优标准没有考虑到社会公平问题，但它却从社会效益的角度对一个经济制度给出了资源是否被浪费的一个基本判断标准，从可行性的角度评价了社会经济效果。它意味着如果一个社会资源配置不是有效的，则存在着改进效益的余地。当然，在现实中，由于经济环境和人的行为方式不断发生变化，科学与生产技术不断改进，精确的帕累托最优也许永远不可能实现，它只是一种理想的状态。但只要想提高经济效率，人们就应不断地追求，尽量地接近这一目标。有了帕累托最优这一理想标准，我们就有了一把尺子、一面镜子或一个目标。用这个标准，我们去比较、衡量和评价现实世界中各式各样经济制度安排的好坏，看它们离这一理想目标还差多远，从而得知改进经济效益的余地，使资源的配置尽可能接近帕累托最优标准。

其实，帕累托最优在现实中不可能精确达到的情况和许多物理学中的现象相似。像没有空气阻力的自由落体运动、分子不发生碰撞的理想气体、不可压缩非黏性的理想流体等，这些在现实中都不存在，但谁又能否定这些物理概念的有用性呢？许多在理想状态下得到的物理理论和概念从严格的意义上来说都是不存在的，但它们却近似地描述了自然世界，因而成为自然科学技术的基础。同理，尽管帕累托有效是一种理想境界，不能精确地达到，但可能近似地接近，成为检验社会经济效率的基本准则。

当然，帕累托有效是一种理想境界，对一个低效率的经济制度安排，如转型经济过程中的各种临时制度安排，帕累托有效也许是一个太高的标准。于是，退而求其次，在讨论制度的演进时，经济学家往往用帕累托改进这一标准来衡量制度转型的好坏。所谓帕累托改进意味着经济社会中所有人的福利或多或少有所改进。帕累托改进较弱的要求是社会整体福利得到改进。

尽管现代经济学对平等结果注意较少，但这并不意味着现代经济学的基本分析框架不能用来研究如何导致平等资源配置。资源的有效配置与平等配置是两个非常不同的概念，它们代表了不同的价值取向。尽管一个资源配置是帕累托有效的（例如，一人占有社会上所有资源而其他人不占有任何资源的配置是帕累托有效配置），但从社会平等的角度看，却是极端不公平。"结果平等"（及所有人对资源的配置相等）也是一个社会想要达到的理想目标。一般来说，资源的有效配置和平等配置是呈权衡取舍的反向关系。由于一个人的能力有大小，主观努力不同，机遇不同或所面临的风险也可能不同，为了激励人们努力工作从而增进效益，必然会造成某种程度的收入结果不平等。如果无论干多干少和贡献是大是小，收入都一样多，那么会有多少人去努力工作呢？

以上平等配置是一种绝对平均的概念。由于各人的爱好不一样，把棉布和大米平等地分给每一个人虽然看起来公平，但不见得大家都满意。在经济问题的讨论中，人们还用到其他意义下的结果平等概念。例如，（1）所有的人在给定的配置下所获得的效用至少与平等配置下获得的效用一样大；（2）在给定的配置下，每个人都满意自己所得的一份，即不认为别人的比自己的好。以上平等配置的概念也许更合理，因为它们考虑到了个人偏好：人们愿意得到他喜爱的商品组合，而不愿意平等地得到他不喜欢的商品组合。并且，现代微观经济理论（Tian，2004: ch9）告诉我们，只要每人的初始禀赋的价值相同，在通常市场均衡存在的假设条件下，市场竞争机制将可同时导致帕累托有效和以上所定义的平等配置。这就是说，在理论上，只要有一个公平的竞争起点（政府可以通过税收和给每个国民同等的基础教育来达到这种起点平等），然后通过市场运作就可以达到既有效而又公平的社会结果。笔者认为，这个结果对解决当今社会越来越大的贫富差别和社会不公，也许有一点现实指导意义。

评估一个经济制度安排好坏的另外一个重要标准就是看它是否激励相容（incentive compatibility）。激励问题在每一个社会经济单位中都会出现。一个人做的每一件事都涉及利益与代价（收益与成本），只要利益和代价不相等，就会有不同的激励反应。既然个人、社会和经济组织的利益不可能完全一致，怎样将自利、互利和社会利益有机地结合起来呢？那就是激励相容。所谓激励相容就是使自利的个人和人们之间的互利统一起来，使得每人在追求其个人利益时，同时也达到了其制度安排设计者所想要达到的目标。由于每个人从所要做的事中获得利益与付出代价，通过对利益和代价的比较，将会对游戏规则作出合理的激励反应。这样，检验一个经济机制或规则是否运行良好的一个基本标准是看它能否提供内在激励使人们努力工作，激励决策者作出有利于他主管的经济组织的好决策，激励企业尽可能有效率地生产。一个好的经济制度安排就是要看它是否给主观为自己的个人以激励，使他们客观为社会而工作。尽管经过二十多年的经济改革，中国仍然还有许多经济政策和规则不是激励相容的。激励相容是一个非常重要的经济概念，在最近三十多年已成为现代经济学中的一个核心概念，是任何经济体制都需要具有的性质。能否提供激励相容是检验一个经济机制的基本标准。除激励相容之外，还要看运行经济机制的代价，看是否是信息有效，有较小的制度成本和经济交易成本等。

以上所讨论的五个组成部分可以说基本上是所有规范经济理论一致使用的分析框架，无论其中使用数学的多寡，无论制度安排是外生给定的还是内生决定的。现举五个例子。

第一个例子是科斯的著名论文《社会成本问题》（Coase，1960），它几乎没有用到任何数学，完全用文字论述。这篇文章主要研究如何解决经济外部性问题，以此论证产权的界定和产权的安排在经济交易中的重要性。所谓外部性指的是一个经济人的消费或生产会直接影响其他经济人的福利或生产。科斯定理其实分为两部分。他的论断是：只要交易费用为零且产权明确界定，则（1）外部效应的水平与产权的划分无关，这个结论称为科斯中性定理（neutrality theorem）；（2）通过自愿交易与自愿谈判，明确界定的产权将会导致资源的有效配置，即利用市场机制，通过自愿交易与自愿谈判，可找寻到使得所有人利益之和最大的契约安排，这个结论称为科斯有效性定理（efficiency theorem）。科斯更进一步论断，即使市场交易是有费用的，在产权明确界定的情况下，相互作用的各方也会通过合约找寻到费用较低的制度安排。

为了论证他的论断，他所界定的经济环境是一个非常简单的经济环境：只有两个经济人且具有外部效应。所设定的经济人行为假设为：两个经济人都是自利的，追求个人最大收益。给出的制度安排为：产权明确界定，给任何一方都行，并且双方可以通过自愿谈判来决定合约。于是，科斯通过例子和逻辑分析论证：每个人所选定的结果会使自己的利益最大（选定均衡结果），从而使得外部效应的水平与产权的划分是无关的，并且在自愿交易与自愿谈判的情况下，将导致资源的有效配置（作出评估比较）。这样，尽管科斯的论文没有用到数学模型，他的分析框架仍然是按照以上五个组成部分进行的。科斯首先讨论了产权制度安排作为外生给定的相对简单情况，然后讨论了产权制度是内生决定的情况。在科斯中性定理中，其结论是外部效应的水平与产权的划分无关，因而制度安排——产权明确界定——在这个命题中是外生给定的。但在科斯有效性定理中，它说的是通过自愿交易与自愿谈判，可找寻到使得所有人利益之和最大的契约（制度）安排，因而制度安排是内生决定的。

由于科斯假设了一个非常简单的经济环境，且只用文字语言讨论问题，没有像用数学模型进行讨论那样清晰，因而一些术语和逻辑分析方面有许多含混不清的地方，使得科斯定理的成立与否存在着很大的讨论空间和许多争议的地方。在许多情况下，科斯定理成立与否依赖于经济环境的界定。例如，除非消费者的效用函数是准线性（quasi-linear），科斯中性定理不会成立。要知道准线性效用函数对消费者来说，是施加了一个很强的假设：对具有外部性的商品的收入效应为零。不知道这个条件就可能误用这个定理。事实上，赫维兹（Hurwicz，1995）给出了科斯中性定理结论成立的充分必要条件：当交易成本为零且产权明晰界定时，导致有效配置的充分必要条件是效用函数为准线性函数，即具有外部性的商品的收入效应一定要为零。

科斯有效性定理的问题更大。如阿罗（Arrow，1979）指出的那样，由于科斯的自愿谈判假设可以被模型为合作型博弈，这要求假定关于经济环境的信息是完全的。当信息不完全或不对称时，一般不能导致资源的有效配置。即使信息是完全的，Aivazian和Callen（1981）证明了，合作博弈的经济核（economic core）也许是空集，从而不能导致资源的有效配置。另外，Starrett（1972）论证了，对具有生产的外部性，它本质上可特征为生产集的非凸性，一旦如此，有效配置也许不能通过市场机制来达到；理论上可以证明，也许不存在均衡价格来支撑有效配置（即第二福利经济学定理不成立）。还有，当经济环境中不只两人时，如何解决群体行动中固有的搭便车问题？在这种情况下，市场机制可能会失灵，需要设计出某种激励机制，搭便车问题至今仍然是一个没有完全解决的问题。另外，科斯定理还有一些其他的问题，Chipman（1998）对文献中关于科斯定理的讨论作了一个很好的综述，有兴趣的读者不妨找来看看。总之，关于科斯定理的讨论和争论仍然还在继续，这种争论和讨论大大带动了产权理论及组织理论的发展。科斯定理意义深远，使得科斯获得1991年诺贝尔经济学奖。[1]

第二个例子是纳什（J. Nash）的博弈均衡存在性定理。纳什是个纯数学家，他在1951年给出了纳什博弈均衡的定义，并给出了纳什均衡存在性的证明。纳什均衡存在性是非合作博弈论的基础。[2]从数学原创性及证明的难度来看，这个定理不是太难，只是数学中的不动点定理的应用，但它成为博弈论最根本的基础，使得博弈论成为经济学中最重要的分析工具之一，在经济学中有着广泛的应用，它可以用来研究经济人之间相互影响的策略选择问题。由于这些原因，纳什凭这篇论文和1950年关于纳什谈判解的论文获得1994年诺贝尔经济学奖。我们现在来说明，尽管纳什均衡存在性定理是一个纯数学定理，当它被赋予经济含义后，它的分析框架也包含以上五个组成部分。经济环境：由所有游戏参与者及其经济特征所组成，这里每个游戏者的行动集、信息结构、收益函数等构成了他的经济特征。行为假设：每个游戏参与者知道其他人的经

---

[1] 类似不用数学但对现代经济学产生重大影响的，还有前面提到的凯恩斯的工作。凯恩斯的理论是现代宏观经济学的起源，并成为其重要组成部分。数学家出身的凯恩斯在他的《就业、利息和货币通论》中并没有用到什么数学，我们现今看到的形式简洁明了的数学表达，是经过希克斯（J. Hicks）、托宾（J. Tobin）、克莱茵（L. Klein）、莫迪利亚尼（F. Modigliani）等许多经济学家逐步完善才得到的。他们四人都是诺贝尔经济学奖的得主。
[2] Nash在1950年的另外一篇论文中给出了纳什谈判解的定义，它是合作博弈论的基础。

济特征，并将其他人的策略设为给定，然后决定自己的策略使之最大化自己的收益。游戏规则：由支付函数或支付矩阵决定，游戏的顺序是同时行动，这里游戏规则是外生给定的。均衡结果：所有游戏参与者的最佳策略组成了均衡策略。评估比较：对纳什均衡解进行评价，看是否达到某种社会最优或按某种标准剔除多余的纳什均衡。纳什的论文在非常一般化的条件下，证明了纳什均衡的存在。由于纳什的均衡存在定理是用数学模型表达的，没有不清楚的地方，不像科斯定理，没有什么争议，为研究经济人的决策互动及其选择建立了一个很好的研究平台。

第三个例子是阿罗 – 德布鲁一般均衡理论（Arrow and Debreu，1954），它主要是为了研究竞争的市场均衡。它的一个主要假设，也是新古典经济学的一个基本假设，是将市场制度安排作为外生给定。它的分析框架由以下五个部分组成。经济环境：由消费者和生产者及其经济特征和信息结构（如考虑不确定性）所组成，这里消费者的经济特征定义为消费空间、偏好关系、初始禀赋，生产者的经济特征为生产集。制度安排：私有所有制下的市场机制，或称为价格机制。行为假设：每个消费者追求效用最大化，每个生产者追求利润最大化，每个人将价格作为给定。均衡结果：消费者在自己预算约束集中决定偏好最大化的消费组合，生产者在自己的生产可能性集中决定利润最大化的生产计划；市场自我调节决定所有商品的市场出清均衡价格，即对所有的商品，总需求不超过总供给。评估比较：对一般均衡解进行评价和比较。在一般的条件下，可以证明：每个竞争市场均衡解导致了帕累托最优资源配置；每个帕累托最优配置结果都可以通过对初始禀赋的再分配，通过市场均衡来达到。

第四个例子是赫维兹所开创的经济机制设计理论（Hurwicz，1960，1972，1973）。经济机制设计理论框架是最一般的理论分析框架，可以非常清楚地看出它的分析框架典型地是由以上五个部分所组成。它提供了研究如何从各种经济制度或规则中作出选择的一个非常一般化的理论模型和很好的研究平台，几乎所有的经济制度都可以用这个理论框架来描述、研究、评估比较以及进行价值判断。现今具有广泛应用的许多重要理论和分析工具，如委托代理理论和拍卖理论都是经济机制设计理论的子领域。[1]

---

[1] 让人不解的是，应用赫维兹机制设计理论的基本概念和原理，开创信息经济学领域的委托代理理论的米尔利斯和维克瑞在1996年同时获得了诺贝尔经济学奖，而不是赫维兹获奖或至少同时获奖。许多知名教授和经济学大师们都为此感到遗憾和不平，认为这是一个错误。这个错误就好比将诺贝尔经济学奖先授予威廉姆森（O. Williamson）而没有授予科斯一样可笑。当然，获奖与否具有一定随机性。不过，令人欣慰的是，赫维兹教授获得了许多其他重要荣誉，包括美国总统奖。这个奖对美国人来说，比诺贝尔奖还难

机制设计者的目标是要设计某种制度安排使之达到某个既定的目标，因而机制设计理论与一般均衡理论的最大差别之一，是将制度安排作为内生决定的。为此，定义经济环境：由所有参与者及其经济特征所组成，这里每个参与者的配置结果空间、偏好关系、初始禀赋、生产集、信息结构（如考虑不确定性）等构成了参与者的经济特征。行为假设：每个参与者根据自己的行为对机制以及其他人的选择作出激励反应，以此决定自己的策略最大化自己的收益。经济机制：由信息空间、决定信息如何交流的反应函数以及决定如何配置结果的结果函数所组成。均衡结果：所有参与者的最佳策略组成了均衡策略。评估比较：对均衡解进行评价和比较，看是否达到既定的目标，如是否激励相容，是否导致了帕累托最优结果，是否具有最小的机制运行成本等。经济机制设计理论中的激励或激励相容现在已经成为现代经济学的一个核心概念。

第五个例子是阿罗的不可能性定理（Arrow，1963），它主要为了分析个人偏好在多大程度上能以"令人满意"的方式加总成社会偏好序。他的分析框架也可以看成由以上五个组成部分所组成。经济环境：由参与者、参与者的偏好序，以及备选方案集所组成。行为假设：理性经济人最大化自己的效用。制度安排：决定加总规则。社会偏好序由个人偏好序来决定，社会偏好序决定加总规则。这样，制度安排在阿罗的分析框架中是内生决定的。均衡结果：所有参与者根据自己的偏好决定最佳备选方案，最佳社会备选方案由社会偏好序决定。阿罗不可能性定理的结论是，当假定社会偏好序满足以下四个条件时：（1）备选方案的数目至少有三个；（2）由个人偏好序组成的区域无限制；（3）满足帕累托原则，即一个方案对所有人是最优的意味着相对于社会偏好序也是最优的；

拿，至今只有四位美国经济学家拿到总统奖，其他三人是阿罗、萨缪尔森及弗里德曼。从此点可看出赫维兹的显赫学术地位。赫维兹教授是笔者至今遇到的最聪明、最有才智的人（其余三位总统奖得主笔者没有机会交流过）。

赫维兹还做了许多其他开创性的工作：20世纪40年代后期对动态计量模型的识别问题做出了奠基性的工作；早在1947年就首先提出并定义了宏观经济学中的理性预期概念，理性预期学派已成为当今宏观经济学的主流，卢卡斯和普雷斯科特分别获得1995年和2004年的诺贝尔经济学奖，理性预期学派当中的其他几个大人物，像萨金特、巴罗（R. Barro）今后也很可能获奖；赫维兹对如何从需求函数的存在来证明效用函数的存在这一可积性结果也做出了重要工作，从政治经济学的角度看，这是一个相当重要的结果。效用是现代微观经济学消费理论中的一个基本概念，是整个现代经济学的基础。但传统的政治经济学认为效用是一个唯心的概念，它不存在，在以往的国内政治经济学教科书中，效用一直受批判。另外，他和阿罗等人还对竞争市场一般均衡的稳定性研究做出了开创性的工作。当然，还值得欣慰的是他的学生麦克法登（Daniel L. McFadden）在2000年获得诺贝尔经济学奖。赫维兹今年87岁，身体还很好，思想还异常活跃，还在参加学术会议，直到最近还在写理论性很强的论文，在此衷心祝愿他健康长寿。

（2007年，赫维兹与马斯金（E. Maskin）、梅尔森（R. Myerson）因在机制设计理论上的贡献而共同获得诺贝尔经济学奖。2008年6月24日，赫维兹逝世，享年91岁。——编者注）

（4）满足无关备选方案的独立性（independence of irrelevant alternatives），或称为成对独立性条件，即社会对于任意两个备选方案的偏好只取决于个人对这些方案的偏好，则唯一的社会总加偏好序是独裁制度安排，即某一个人的偏好决定了社会加总偏好。[1]评估比较：这一定理告诉我们，人们不可能在每件事上都称心如意，总要进行权衡取舍的选择。当经济环境的区域充分大且要求人们真实地显示自己的偏好时，则唯一的社会经济经济制度安排是独裁制度。它也说明了，没有一个经济理论对所有的经济环境和人的行为方式都成立，需要对不同的经济环境和行为方式给出不同的制度安排或游戏规则。

三、现代经济学的基本研究方法和注意要点

以上讨论了现代经济学分析框架的五个基本组成部分：界定经济环境、设定行为假设、给出制度安排、选择均衡结果，以及进行评估比较。任何一个经济理论基本上都是由这五个部分组成的。对这五个部分的讨论自然会引申到如何按科学的研究方法将它们有机地结合起来，逐步深入地研究各种经济现象，发出新的经济理论。这就是本节要讨论的现代经济学通常所采用的一些基本研究方法和注意要点。它包括提供研究平台、建立参照系、给出度量标尺、提供分析工具、注意经济理论的适用范围、区分充分条件和必要条件的重要性，以及弄清数学与现代经济学的关系等。

1. 研究平台、参照系和度量标尺

现代经济学的研究方法是，首先提供各种层次和方面的基本研究平台，建立参照系，从而给出度量均衡结果和制度安排优劣的度量标尺。提供研究平台和建立参照系对任何学科的建立和发展都极为重要，经济学也不例外。提供研究平台和建立参照系有利于：（1）简化问题，抓住问题特征；（2）建立评估理论模型和理解现实的标尺；以及（3）理论创新。

研究平台：现代经济学中的研究平台是由一些基本的经济理论或原理组成，它们为更深入的分析打下了基础。现代经济学的研究方法类似于物理学的

33

---

[1] 成对独立性条件本质上与正确引导个人真实显示其偏好的问题相联系。这样，阿罗不可能性定理本质上是与 Gibbard-Satterthwaite 的不可能性定理（Gibbard，1973；Satterthwaite，1975）是等价的。Gibbard-Satterthwaite 的不可能性定理是激励机制设计理论中的一个基本定理，阿罗不可能性结果的分析框架由以上五个部分组成也就不奇怪了。

研究方法，即先将问题简化，再抓住问题的核心部分。当有众多因素形成某种经济现象时，我们需要弄清每个因素的影响程度。这可以通过假定其他因素不变，研究其中某个因素对经济现象的影响来做到。现代经济学的理论基础是现代微观经济学，而微观经济学中最基础的理论是个人选择理论——消费者理论和厂商理论，它们是现代经济学中最基本的研究平台或奠基石。这就是为什么所有的现代经济学教科书基本上都是从讨论消费者理论和厂商理论着手的。它们为个人作为消费者和厂商如何作出选择给出了基本的理论，并且为更深入地研究个人选择问题提供了最基本的研究平台。

一般来说，个人的均衡选择不仅依赖于自己的选择，而且也依赖于其他人的选择。为了研究清楚个人的选择问题，首先要弄清个人选择在不受他人影响时是如何作出决策的。现代微观经济学中标准的消费者理论与厂商理论就是按照这样的研究方法得到的。在这些理论模型中，经济人被假定处于完全竞争的市场制度安排中。这样，每人都把价格作为参数给定，个人选择不受他人选择影响，并且每个人的效用或收益只依赖于自己的选择，而不依赖于他人的选择。于是消费者的决策就是在给定价格参数和收入的条件下最大化自己的效用，从而个人的最优选择是价格和收入的函数而不是其他人选择的函数。通过完全竞争市场制度安排假设及没有消费外部性假设，可使得我们先考虑最简单的个人选择问题，而不需要考虑自己的选择对别人的影响，也不考虑别人的选择对自己的选择的影响。厂商理论也是从研究完全竞争市场下的企业是如何作出权衡取舍开始的。

刚开始学现代经济学的人往往会对这种研究方法感到不解，认为这种简单情况离现实太远，理论中的假设和现实太不相吻合，从而认为现代经济学理论没有什么用。其实，这样的批评表明这些人对科学的研究方法还没有什么理解。这种将问题简化或理想化的研究方法为更深入的研究建立了一个最基本的研究平台。这就像物理学一样，为了研究一个问题，先抓住最本质的东西，从最简单的情况着手，然后再逐步深入，考虑更一般和更复杂的情况。标准的消费者理论和厂商理论就是按这个思路进行的，先研究最简单情况下的个人选择问题，以此建立一个研究个人选择的基本研究平台。从这个平台出发，人们可以考虑经济人之间相互影响这个更一般情况下的选择问题：个人效用或利润不仅依赖于他自己的选择，也依赖于他人的选择，从而个人的均衡结果是他人选择的函数。微观经济学中关于垄断、寡头、垄断竞争等市场结构的理论就是在更一般情况下——厂商间相互影响下——所给出的理论。为了研究经济人相互影响决策这更一般情况下的选择问题，经济学家同时也发展出博弈论这一有力的分析工具。

一般均衡理论是基于消费者理论和厂商理论之上，属于更高一层次的研究平台。消费者理论和厂商理论为研究在各种情况下的个人选择问题提供了基本的研究平台，一般均衡理论则为研究在各种情况下所有商品的市场互动，从而达到市场均衡提供了一个基本的研究平台。例如，前面谈到的宏观经济学中大多数学派就是在一般均衡理论这个平台上展开的，用市场一般均衡来分析市场和研究宏观经济变量的相互作用关系和变化规律。

最近三十年发展起来的机制设计理论又是更高一层次的研究平台，它为研究、设计和比较各种经济制度安排或经济机制（无论是公有制、私有制，还是混合所有制）提供了一个研究平台，它可以用来研究和证明完全竞争市场机制在配置资源和利用信息方面的最优性及唯一性。完全竞争的市场制度安排不仅导致了资源的有效配置，并且从利用信息量（机制运行成本、交易成本）的角度看，它利用的信息量最小，从而它是信息利用最有效的。研究平台也为评估各类经济制度安排而提供各种参照系创造了条件，为衡量现实与理想状态的差距制定了标尺。

参照系或基准点：参照系或基准点指的是理想状态下的标准经济学模型，它导致了理想的结果，如资源有效配置等。参照系是一面镜子，让你看到各种理论模型或现实经济制度与理想状态之间的距离。一般均衡理论就提供了这样一种参照系，它主要论证完全竞争市场的最优性，认为它将导致资源的有效配置。将完全竞争市场作为参照系，人们可以研究一般均衡理论中假设不成立（信息不完全、不完全竞争、具有外部性、非凸的生产集、不规范经济环境等），但也许更合乎实际的经济制度安排（比如具有垄断性质或转型过程中的经济制度安排），然后将所得的结果与理想状态下的一般均衡理论进行比较。

通过与完全竞争市场这一理想制度安排相比较，人们就可以知道一个（无论是理论或现实采用的）经济制度安排在资源配置和信息利用的效率方面的好坏，以及现实当中所采用的经济制度安排与理想的状态相差多远，并且提供相应的经济政策。例如，宏观经济学中的凯恩斯学派、后凯恩斯学派、新古典主义学派、货币主义学派等都是以一般均衡理论作为参照系，来研究宏观经济变量的相互作用关系和变化规律，讨论和辩论这些宏观经济理论和学派的优劣，评价所给出的经济政策的有效性，从而改进这些理论，给出更有效的经济政策建议，甚至发展出新的理论学派。这样，一般均衡理论也为衡量现实中所采用的制度安排和给出的经济政策的好坏建立了一个标尺。如钱颖一教授（2002）所指出的那样，除了一般均衡理论，产权理论中无交易成本和无收入效应的科斯定理，以及公司财务理论中的莫迪利亚尼－米勒定理等也都被经济学家用做他们分析的基准点或参照系。

度量标尺：尽管作为参照系的经济理论可能有许多假定与现实不符，但是它们却非常有用，是用来作进一步分析的参照系。建立经济学中的参照系就像生活中树立榜样一样的重要，它们是评估理论模型和理解现实的标尺。这些参照系本身的重要性并不在于它们是否准确无误地描述了现实，而在于建立了一些让人们更好地理解现实的标尺。就像"学习雷锋好榜样"就是给出做人的标尺，将雷锋作为学习榜样的重要性并不在于它准确无误地描述了现实，实际上也根本没有——因为世界上绝大多数人都不是雷锋，如果都是雷锋，就没有必要学习雷锋了。树立雷锋作为好榜样就是树立了度量人的道德规范的一杆标尺，看每人离雷锋这个榜样有多大的差距，在哪些方面有差距，从而使人们有了一个追赶目标。因此，参照系本身的价值并非直接解释现实，而是进一步为解释现实的理论提供基准点或参照系。由于经济学中所讨论的许多问题与人们的生活息息相关，每个人都觉得自己似乎懂一些经济学，都想在上面发一番议论。然而受过现代经济学系统训练的经济学家和没有经过这种训练的非经济学家的区别在于，前者在分析经济问题时总是用一些经济理论作为参照系，从而在分析问题时具有系统性和一致性。

2. 分析工具

对经济现象和经济行为的研究，光有分析框架、研究平台、参照系和度量标尺还不够，还需要有分析工具。现代经济学不仅需要定性分析，也需要定量分析，需要界定每个理论成立的边界条件，使得理论不会被泛用或乱用。这样，需要提供一系列强有力的"分析工具"，它们多是数学模型，但也有的是由图解给出。这种工具的力量在于用较为简明的图像和数学结构帮助我们深入分析纷繁错综的经济行为和现象。比如，需求供给图像模型、博弈论、研究信息不对称的委托代理理论、动态最优理论等。钱颖一教授（2002）还指出了另外一些具有分析工具的经济模型。由于钱颖一对这些分析工具的作用作了较具体的介绍，笔者在这里就不多讨论了。当然，也有不用"分析工具"的，如科斯定理，只要语言和基本逻辑推理来建立和论证所给出的经济理论。

读者看到这里，读过钱颖一教授的《理解现代经济学》一文，也许会看出钱颖一教授和本文对现代经济学中分析框架划分不太一样。按笔者的理解，钱颖一教授是将整个现代经济学作为一个整体来讨论它的分析框架，并认为现代经济学的分析框架是由视角、参照系及分析工具三部分组成。他所指的视角基本上就是本文所定义的那五个组成部分，只是他没有展开讨论。而本文所给出来的分析框架基本上是现代经济学中每一个理论所具有的。一个经济理论基本上由以上五个部分组成，但它不见得提供了参照系或应用了某种"分析工具"。这样，将参照系和分析工具看成属于现代经济学研究方法的范畴，而不是属于分析框架的范畴也许更合理。

3. 经济理论的作用、一般性与相对性

经济理论的作用：经济理论至少有三个作用。第一个作用是，它能够用来解释现实中的经济现象和经济行为，这是现代经济学主要讨论的内容。第二个作用是，它能够对给定的现实经济环境、经济人行为方式及经济制度安排下所可能导致的结果作出科学的预测和推断，并指导解决现实经济问题，这个作用也许更重要。只要理论模型中的前提假设条件大致满足，它就能得出科学的逻辑结论并据此作出科学、正确的预测和推断，而不一定需要通过实验才能知道最终结果。例如，哈耶克关于计划经济不可行的理论就有这样的洞察力。笔者十年前在《经济研究》上曾发过一篇文章（田国强，1994），论断中国的经济制度平稳转轨要经过三个阶段：自由化、市场化与民营（私有）化，并给出了每个阶段的大致时间长度。经过十年时间实际检验，文章中所给出的论断与中国经济转轨的方式基本一致。一个好的理论不用实验也能推断出最终结果，这在很大的程度上解决了经济学不能拿社会作实验的问题。人们需要做的只是检验关于经济环境和行为方式等方面的假设是否合理（近些年来非常热门的实验经济学主要就是从事检验经济人的行为方式假设等理论基础性方面的研究）。例如，社会不允许为了研究通货膨胀和失业率的关系而乱发货币。像天文学家和进化论生物学家一样，经济学家大多时候只能利用世界碰巧向他们提供的数据来发展理论和检验理论。第三个作用是，许多理论上的不可能性结果可以用来避免实施许多现实中不可行的目标和项目。这是因为如果一个结论在理论上不能成立，只要理论的前提假设条件符合现实，这个结果在现实中也一定不可能成立。

经济理论的一般性：从以上对现代经济学的基本框架的讨论可以看出，经济学中每一个理论或模型都是由一组关于经济环境、行为方式、制度安排的前提假设以及由此导出的结论所组成的。一个理论的前提假设条件越一般化，理论的作用和指导意义就会越大。如果一个理论的前提假设条件太强，它就没有一般性，这样的理论也就没有什么用处。这样，成为一个好的理论的必要条件

就是它要有一般性，越具有一般性，解释能力就会越强，就越有用。一般均衡理论就具有这样的特点，它在非常一般的偏好关系及生产技术条件下，证明了竞争均衡存在并且导致了资源的最优配置。笔者之所以在2002年所编的《现代经济学与金融学前沿发展》的前言中批评杨小凯的超边际分析理论，就在于在其理论框架下所定义的一般均衡模型需要施加一些非常不现实的假设，而不像一般均衡理论那样能在非常一般和现实的条件下成立。小凯等人在证明均衡存在性定理、第一福利经济学定理以及核和均衡集等价定理时都用到一个假定：决策者集合是无穷不可数的。对有限个消费者和生产者的经济环境来讲，一般均衡解一般不存在，它只对个别的效用函数和生产函数（参数都要具体给定）才能存在。换句话说，它只可能在一个勒贝格测度为零的经济环境集合上存在，这就意味着在他的模型下的均衡解对所有生产技术和偏好关系几乎处处（按概率1）都不存在。[1]

经济理论的相对性：在希望一个理论具有更大一般性的同时，也必须要注意到它的适用范围、边界以及局限性。这样在应用一个经济理论时便可避免犯两种错误。第一种错误是高估理论的作用。经济学中的所有假设与结论基本上都不是绝对的，而是相对的。无论一个理论多么一般化，它只是相对正确的，并且有它一定的局限性和适用的范围。在讨论问题和运用某些经济学原理时，要注意这些原理后面的前提假设条件和它的适用范围，不能泛用，否则就会得出错误的结论。记住了定理的边界条件，你就不会轻易地下结论，否则就会误用某个定理，像误用科斯定理，弄不好会带来重大政策失误，如俄罗斯激进的私有化产权改革。

许多人，包括许多经济学家忘掉了这一点，他们往往把自己的结果或某个原理的作用无限扩大，结果使本来是有新意或正确的东西成为错误结论或被误用。张五常教授经常将现代经济学的一两个经济学原理的作用绝对化，将其无限扩大，而不太考虑理论后面的基本假设；不了解现代经济学的发展就随意否定一门学科（如博弈论）的作用；更误导学生的是，他所最得意的地方是向学生宣称自己三十年不读书，还要学生少读书，所有的学生都能像他那样是天

---

[1] 需要指出的是，我批评小凯的超边际分析中的一般均衡模型，并不表示我不欣赏小凯的学识和人品。相反，我认为小凯是一个非常有思想、有学问、具有非凡道德勇气、正直、敢于说真话、具有中国典型士大夫气质的一代学人。我和他相识22年，与他的私交也不错。他喜欢和我讨论他的经济理论，我也不时对他的理论给出我的看法和批评，特别是在他生命最后的三个月，我和他及他的夫人小娟交往较多，主要是为小凯联系来美治病及住宿的事。我还历历在目2004年6月21日从中国飞达美国芝加哥机场最后一次和小凯通电话的情景，可能我是中国留美经济学会中最后与他通话的人。想不到，17天后，小凯于2004年7月7日去世，实在让人痛惜！

才吗？又有几个人能像科斯那样，不用数学模型就能发展出那么深刻的经济理论？即便如此，科斯的原定理还有那么多含糊和争议的地方。一个人不如先踏踏实实地学点现代经济学，然后再去给出一些让人信服的批评。在海外学习，从事研究与教学二十多年，给我印象最深的一点是，许多大师级的学者们（如赫维兹）在论述他们的学术观点时（即使是口头发言），往往非常注重强调结论成立的前提假设及具体约束条件。这样，在讨论经济问题和给出经济结论时，非常重要的是注意理论的边界、局限性，以及这个理论的应用范围。

另外一个错误是低估理论的作用。不少人经常以现代经济学中某些假设或原理不太适合中国国情为由而否定现代经济学。事实上，世界上没有一门学科的所有假设或原理完全地合乎现实（像上面提到的没有空气阻力的自由落体等物理概念）。我们不应根据这一点来否定一门学科的有用性，对现代经济学也是如此。我们学习现代经济学，不仅仅是了解它的基本原理、它的有用性，更重要的是学习它思考问题、提出问题和解决问题的方法。有些经济理论本身的价值并非直接解释现实，而是为解释现实、发展更新的理论提供研究平台和参照系。借鉴这些方法，人们可以对如何解决现实中的问题得到启发。此外，如上节所述，由于环境的不同，一个理论对一个国家或地区也适合，不见得对另外一个国家或地区也适合，不能机械地生搬硬套，而需要修改或创新原有理论，根据当地的经济环境和人们的行为方式发展新的理论。

经常听到有人宣称他们推翻了某个理论或经济结论。由于理论中的某些条件不符合现实，他们就认为这个理论错了，然后认为他们将这个理论推翻了。一般说来，这种说法不科学，甚至是错误的。没有任何一个假设条件完全地符合现实或覆盖了所有的情况，一个理论可能符合一个地方的经济环境，但不符合另外一个地方的经济环境。但是只要没有内在的逻辑错误，我们就不能说这个理论是错的，要被推翻。人们当然可以批评一个理论太具有局限性，或非常不现实，但我们需要做的是放宽或修改理论的前提假设条件，修改模型，从而改进或推广原有的理论，而不能说新的理论推翻了原有理论。其实，更恰当的说法应当是新的理论改进或推广了旧的理论，它可以运用到更一般的经济环境，或不同的经济环境。

另外一个容易犯的错误就是通过一些具体的实例就企图得出一个普遍性理论结论，这是犯了方法论方面的错误。比如，最近郎咸平教授（2004b）对海尔等几个企业的数据作了一番考证，就得出了这些企业的国有资产在流失的结论，以此就得出了要"国进民退"的一般性结论，更进一步又得出要搞大政府、要实行中央集权的结论。笔者认为，郎咸平教授的三个结论中至少后面两个结论是得不出的。即使所有企业的国有资产在流失，怎么就可以得出"国进民退"的结论呢？是否"国进民退"根本不取决于国有资产是否流失。从效率的角度讲，在同等的条件下，谁的效率高谁就应该进，而另一个就应该退。这样，除非他能证明国营企业一般比民营企业的效率要高，否则就不能得出"国进民退"的结论。从理论到实践，整体上讲，至今仍得不出国有经济能比民营经济更好，从而应该"国进民退"的结论，结论可能恰恰相反。因此，国有资产流失既不是"国进民退"的充分条件也不是必要条件，而是一个与"国进民退"不相干的条件。另外，即使需要"国进民退"，怎么有可能得出要搞大政府、要实行中央集权的结论呢？有什么理论或实践可以用来检验在经济上实行中央集权，能让国家富强的根据呢？

4.区分充分条件与必要条件的重要性

在经济问题的讨论中，区分充分条件与必要条件也是非常重要的，它能帮助人们很清楚地思考问题和避免不必要的争论。必要条件是一个命题成立所必不可缺少的条件，充分条件是能保证命题一定成立的条件。例如，经常听到有人，比如陈平教授，用印度的例子来否认市场经济，认为印度采用的是市场经济，但还是很贫穷，所以中国不应该走市场经济之路。说这些话的人，就是没有区分出必要条件和充分条件的差别。市场经济是导致一个国家富强的必要条件而不是充分条件。这就是说，要想国家富强，一定要走市场经济的道路，这是由于在世界上找不到任何富裕但不是市场经济的国家。但走市场经济之路，只是必要条件，不是充分条件，我们也必须承认市场机制不一定导致繁荣昌盛。其原因是，尽管（根据目前观察到的事实）市场机制是使一个国家繁荣昌盛必不可少的，但还有许多因素也能影响一个国家的繁荣富强，比如政府干预经济的程度、政治制度、宗教、文化、社会结构等，使得市场机制有好的市场机制和坏的市场机制之分。

5.数学在现代经济学中的作用

数学现在已经成为现代经济学研究中最重要的工具。现代经济学中几乎每个领域或多或少都用到数学、统计学及计量经济学方面的知识。这一点致使许多对经济学感兴趣但又没有较强数学基础的人望而却步，见而生叹。他们往往抱怨学习现代经济学更多的是学习数学。为什么现代经济学用到如此多的数学，甚至超过了物理科学所使用的数学知识呢？如何看待经济学和数学的关系呢？

首先，经济学不是数学，数学在经济学中只是作为一种工具被用来考虑或研究经济行为和经济现象。经济学家只是用数学来更严格地阐述、更精炼地表达他们的观点和理论，用数学模型来分析各个经济变量之间的相互依存关系。由于经济学的度量化、将各种前提假设条件精确化，它已成为了一门体系严谨的社会科学。这是与前面谈到的现代经济学的基本分析框架和研究方法的建立分不开的。由于提供研究平台、建立参照系和给出分析工具都需要数学，这就不难理解为什么数理分析的方法在现代经济学中成为主要的研究方法。如果经济学没有采用数学，经济学就不可能成为现代经济学。可以说，学好数学几乎是学好现代经济学的必要条件。这个必要性在于，许多经济学概念是需要用数学来定义，经济行为和经济现象也主要是通过运用数学语言来分析和研究的：用数学语言来表达关于经济环境和个人行为方式的假设，用数学表达式来表示每个经济变量和经济规则间的逻辑关系，通过建立数学模型来研究经济问题，并且按照数学的语言逻辑地推导结论。

因此，不了解相关的数学知识，就很难准确理解概念的内涵，也就无法对相关的问题进行讨论。理解概念是学习一门学科、分析某一问题的前提。因而你如果想学好现代经济学，从事现代经济学的研究，想成为一个好的经济学家，就需要掌握必要的数学。然而，光懂数学还不能成为一个很好的经济学家，还要深刻理解现代经济学的分析框架和研究方法，对现实经济环境、经济问题有很好的直觉和洞察力。学经济学时不仅要从数学（包括几何）的角度去了解一些术语、概念和结果，更重要的是，即使它们是用数学的语言或几何的图形给出的，也要尽可能弄清它们的经济学含义。因而在学习经济学时不要被文中的数学公式、数学符号等迷惑住。

有意思的是，现代经济学中的两个极端：纯理论和纯应用都用到了最多的数学。理论经济学家主要是用纯数学作为研究工具。数学在理论分析中的作用是：（1）使得所用语言更加精确和精练，假设前提条件的陈述更加清楚，这样可以减少许多由于定义不清所造成的争议。（2）分析的逻辑更加严谨，并且清楚地阐明了一个经济结论成立的边界和适用范围，给出了一个理论结论成立的确切条件。否则的话，往往导致一个理论的泛用。例如，在谈到产权问题时，许多人都喜欢引用科斯定理，认为只要交易费用为零，就可导致资源的有效配置。直到现在，仍有许多人不知道（包括科斯本人在给出他的论断时也不知道），这个结论一般不成立。如前所述，还要加上效用（支付）函数是准线性这一条件。（3）利用数学有利于得到不是那么直观就可得到的结果。比如，从直观上来看，根据供给和需求法则，只要供给量和需求量不相等，竞争的市场就会由看不见的手，通过市场价格的调整，达到市场均衡。但这个结论不总是成立。Scarf（1960）给出了具体的反例，证明这个结果在某些情况下并不成立。（4）它可改进或推广已有的经济理论。这方面的例子在经济理论的研究中太多了，比如，经济机制设计理论是一般均衡理论的改进和推广。

实证经济学家主要用的是数理统计和计量经济学。我们不是为学经济学而学经济学，而是对所观测到的经济现象和统计资料进行分析、描述和制定政策，并对经济理论进行检验。对经济问题，不仅要作定性的理论分析，还需要有经验性的定量分析。经济统计和计量经济学在这些方面发挥着重要作用。经济统计侧重于数据的收集、描述、整理及给出统计的方法，而计量经济学则侧重于经济理论的检验、经济政策的评价、基于经济理论和经验数据进行经济预测，以及检验各个经济变量之间的因果关系。为了更好地估计经济模型和作出更精确的预测，理论计量经济学家不断地研究出更为有力的计量工具。

随着现代经济学的教育和研究在中国迅速地发展和深入，越来越多的人感觉到数学在经济学中的重要性，也想学好数学，但面对数学纷繁复杂的类目，许多学生不知道学什么好。笔者认为，要学好经济学，至少要掌握好工科水准的高等数学、线性代数及概率论与数理统计的内容。掌握了现代经济学的基本分析框架、研究方法及学好了数学，学起现代经济学来就会感到相对容易，可以提高学习现代经济学的效率，并且对进一步学习优化理论、动态最优等数学工具也大有帮助，这些数学工具是学好高级微观经济学和高级宏观经济学不可缺少的数学知识。如想要从事现代经济学的理论研究和真正学好现代经济学，最好是学习数学分析。高等数学主要是侧重于掌握数学知识及培养其应用数学的能力，而数学分析却对培养学生的逻辑分析能力和创造性思维能力大有作用。许多学生害怕现代经济学中的许多证明，其原因就是没有学过数学分析，学过数学分析的人对证明就不会感到那么困难。其实，即使今后不从事研究工作，提高了逻辑分析和创造性思维能力对日常工作也会有一定的帮助。[1]

6. 经济学语言和数学语言的相互间转换

经济学研究的产品是经济论断和结论。一篇规范的经济学论文的写作一般

[1]　感谢朝镛同学建议笔者讨论学习现代经济学需要哪些方面的基本数学课程。

由下面三个部分组成：（1）提出问题，给出重要性，确定研究目标；（2）建立经济模型，严格表达并验证论断；（3）通俗表达论断并给出政策含义。这就是说，一个经济结论的产生一般需要经过三个阶段：非数学语言阶段——数学语言阶段——非数学语言阶段。[1]第一阶段提出经济观念、想法或猜想，这些观念、想法或猜想可能由经济直觉产生或根据历史经验或外地经验而来。由于还没有经过理论论证，人们可将它们类比为一般生产中的初级产品。这一阶段非常重要，它是理论研究和创新的来源。

第二阶段需要验证所提出来的经济想法或论断是否成立。这种验证需要经济学家通过经济模型和分析工具给出严格的证明，只要可能，还需要得到实际经验数据的检验。所得出的结论和论断往往都是用数学语言或专业术语来表达的，非专业人士不见得能理解，从而不能为社会大众、政府官员、政策制定者所采用。所以可将这些由技术性较强的语言所表达的结论和论断类比为一般生产中的中间产品。

学经济学是要为社会服务的，所以第三阶段就是将由技术语言所表达的结论和论断用通俗的语言来表达，使得一般人也能够理解，用通俗语言的形式给出这些结论的政策含义、深远意义及具有洞察力的论断，这些才是经济学的最终产品。注意第一和第三阶段都是用通俗、非技术、非数学的语言来给出经济想法和结论，但第三阶段是第一阶段的一种飞跃、升华。这种三阶段式——由通俗语言阶段到技术语言阶段，然后再回到通俗语言阶段——其实也是大多数学科所采用的研究方式。

四、现代经济学基本研究方法与分析框架的现实作用

以上介绍了现代经济学的基本分析框架和研究方法。笔者试图用尽可能简单的语言，并结合现实讨论了现代经济学的基本分析框架和研究方法。尽管这些分析框架和研究方法看起来似乎简单，但实际上如果要真正领悟并融会贯通于自己的生活、学习、研究中却并不是一件容易的事。但是只要你掌握了现代经济学的基本分析框架和研究方法，就会让你一生受益无穷，因为它会使你聪明、睿智、深刻、思维科学，它会帮助你学习、研究那些"阳春白雪"的纯经

43

[1] 注意，笔者这里讲建立经济模型一般采用数学模型，但也有例外，如前面讨论的科斯定理。

济理论，它也有助于指导你在生活、工作中所面临的实际问题。

首先，从学习现代经济学的方面来看，一旦掌握了现代经济学的基本分析框架和研究方法，你就不会被那些抽象的模型和高深的数学所迷惑，不会被弄得昏头涨脑。无论一个经济理论用到多深的数学、多少的公式、多么复杂的经济模型，它基本上都是采用了以上所介绍的基本分析框架和研究方法来进行研究的。只要你紧紧抓住了这些基本的分析框架和研究方法，将它作为一条核心主线印在你的脑海中，你就不会迷失方向，失去重点，基本上知道它在讲什么。你可以暂时将那些技术性的、一时无法理解的具体细节搁置一旁，先弄清理论框架和具体结论，然后再弄懂那些具体细节。也就是，要先抓文章的主线、大致思路，了解它想做什么，得到什么论断，然后再抓具体细节。另外，一旦掌握了这些基本分析框架和研究方法会让你对现代经济学有一个正确的看法，不太可能被误导，从而不会影响自己对现代经济学的学习。经常有人对现代经济学及其研究方法进行批判，其实这些人的大多数议论都没有建立在科学的分析问题的方法上，有的甚至完全凭自己的主观臆断。如果没有弄清现代经济学的基本分析框架和研究方法，这些言论就有可能会误导你，使你迷失学习现代经济学的正确方向，甚至可能使你对现代经济学的学习采用忽视甚至是抵触的态度。

其次，从研究现代经济学的方面来看，一旦理解和掌握了现代经济学的基本分析框架和研究方法，将会有助于现代经济学的研究。许多想作经济学研究的人，尽管他们对现代经济学已经有了相当的了解，读了许多经济学的论文，但仍然感到自己作起研究来很难，不知道怎么作研究，或做不出让别人认可和有意义的研究工作。其实只要你掌握了这些基本的分析框架和研究方法，同时具有一定的数理基础和逻辑分析能力，那么作起经济学研究就不是那么难了。从某种意义上说，作研究就是对基本分析框架的那五个组成部分进行逻辑式的填空写作。这些基本框架和研究方法可能会有助于提高你的研究和创新能力。例如，如果你想研究某个经济问题或现象，或希望给出一个新的理论，让它具有较强的解释经济行为和经济现象的能力，能够指导现实经济问题，那么你就要比较合理、准确地描述、刻画经济环境和经济人的行为方式，采用已有的分析工具或自己发展新的分析工具，建立一个尽可能简单的模型，然后进行推导论证。

如果你只是想推广和改进原有的理论结果，你就需要分析原有的理论关于经济环境、行为假设及模型结构的假设是否符合现实，是否能够放宽那些前提假设条件，得出新的或者更一般的结果。对于初作研究的人来说，这一类推广、修正改进的工作也许会相对简单一些，并且你的结果也许会更容易被人接受和出版发表。当然，你也可以对经济环境界定或其他组成部分进行改动，也可能得到非常不同甚至是重大的结果。比如，前面提到的众多的宏观经济学派和信息不对称下所得到的众多理论就是这样得出来的。如果你想批判某个现代经济学理论的话，你应该是批判这个理论分析框架的哪些组成部分在哪些方面存在不合理、逻辑不正确或不现实的地方，而不是批判整个现代经济学及其研究方法。因此针对那些批判现代经济学，否定现代经济学，将现代经济学说得一无是处，宣称要抛弃现代经济学，建立自己经济学的人，笔者希望他们能够对现代经济学的基本框架及方法论真正有所了解，在了解的基础上再去考虑如何对现代经济学的某些理论进行批判或冲击，这样便会出言谨慎，不致误导大众。

第三，了解现代经济学及其研究方法和分析问题的框架也会帮助你如何思考问题，如何更好地处理日常事务、更好地学会待人接物，会使得你思想更加深刻、更加有见识、工作更加有能力。笔者经常听到对现代经济学这样的议论：经济学看起来就是一些"阳春白雪"、形而上的东西，用到这么多数学，学起来这么难，离现实感觉有十万八千里，学了对今后有什么用呀？其实，在日常生活中，经济学分析问题的基本框架完全可以被套用。比如，你到了一个新的地方、准备做一件事情或者需要与人打交道，首先要做的事就应了解当地情况、周围环境及国情（对应着框架中的"界定经济环境"）；然后，也要了解当地的民风民俗，尽可能弄清与之打交道的人的行为处事方式、他的品行、性格等（对应"设定行为假设"）；根据这些信息，决定自己与人打交道的规则及自己对人处事的方式（对应"给出制度安排"）；然后在具有可行性的、可供选择的方案中，通过权衡取舍选定一个最佳方案（即"选择均衡结果"）；最后，对自己所作的决定、所作的事情及所采用的处事方式进行总结反省，看是否是最有效的方法，达到了最好的结果，是否公平合理，是否调动了大家的积极性，让人们作出激励反应，达到了你想要达到的目标，即所谓的激励相容，等等（即"进行评估比较"）。并且，当环境、情况发生变化，工作的对象变了时，要做好一件事情，游戏规则当然也应相应发生变化。笔者认为，只要按照这五个方面去做，并根据情况的变化随时调整游戏规则，就一定会把事情做得更好。这可能是解决和处理日常生活和工作事务的最佳方式之一。同时，经济理论的许多结果也有助于你思考问题和解决问题。

五、结束语

总之，要理解和正确应用现代经济学，就需要了解现代经济学基本分析框架和研究方法。本文讨论了一个规范经济理论的分析框架的五个基本组成部分:(1)界定经济环境,(2)设定行为假设,(3)给出制度安排,(4)选择均衡结果及(5)进行评估比较。基本的研究方法包括提供研究平台、建立参照系、给出度量标尺及提供分析工具。这种规范性的分析框架和研究方法使得现代经济学在过去六十多年来发展迅速,应用广泛,影响巨大,已成为一门规模庞大、分支众多、体系严谨的社会科学领域。即使专门研究经济学的学者,也只能了解为数有限的分支中的很少一部分内容。不花一番功夫,是很难真正地理解其中一些经济理论的精髓。实际上,笔者发现对一门学问钻进去越深,感觉自己懂得越少,写东西的时候就越发谨慎,很难下笔,海阔天空发议论就更难。现在不少人不管弄懂没有就喜欢胡乱议论,提出一些看似标新立异、耸人听闻以至于"语不惊人死不休"的看法,以此来显示自己的"广识、博学和多才",当然这也许是为了引人瞩目、出名,而夸大自己的结果,但这在当前中国经济学界好像是一种时髦。不幸的是,这些人即使是学有专长,在没有弄清现代经济学的基本分析框架和研究方法的前提下,往往会说出一些出格的话,有时更是严重地误导了众多的学子。

在经济问题的讨论中,要区分价值判断分析与实证性分析、充分条件与必要条件的差别,要理解经济理论的作用、一般性与相对性以及数学在经济学中的作用。学习经济学,不仅仅是了解它的基本原理,更重要的是学习它提出问题、思考问题和解决问题的方法。掌握了现代经济学的基本分析框架和研究方法,也有利于从事经济学的学习与研究,甚至帮助人们更好地处理日常事务。

参考文献

郎咸平,2004a,"中国需要立刻停止国企产权改革",凤凰卫视2004年8月27日,http://www.ifeng.com/home/finance/fortune/200408/27/318836.html

——,2004b,"批判主导中国产权改革新自由主义学派","资产流失与国有经济发展研讨会"上的发言,2004年8月28日,http://business.sohu.com/20040829/n221787731.shtml

林毅夫,1995,"本土化、规范化、国际化:庆祝《经济研究》创刊40周年",《经济研究》,第10期。

——,2001,"经济学研究方法与中国经济学科发展",《经济研究》,第04期。

钱颖一,2002,"理解现代经济学",《经济社会体制比较》,第02期。

田国强,1994,"中国国营企业改革与经济体制平稳转轨的方式和步骤——中国经济改革的三阶段论",《经济研究》,第11期。

——，1996，"就美国公司法变革的理论背景与崔之元商榷"，《当代中国研究》，第04期，第95—106页。

——，2002，"前言"，《现代经济学与金融学前沿发展》，北京：商务印书馆。

田国强、张帆，1993，《大众市场经济学》，上海：上海人民出版社；香港：智慧出版有限公司。

汪丁丁，1998，"经济学中的理性主义运动及其现代危机"，《回家的路——经济学家的思想轨迹》，北京：中国社会科学出版社，第147—160页。

Aivazian，V. A. and J. L. Callen，1981，"The Coase Theorem and the empty core," *Journal of Law and Economics*，24（1）：175-181.

Arrow，K. J.，1963，*Social Choice and Individual Values*，2nd ed，New York：John Wiley & Sons.

——，1969，"The organization of economic activity：issues pertinent to the choice of market versus non-market allocation," in *The Analysis and Evaluation of Public Expenditures：The PPB System*，vol.1，Washington，D. C.：U. S. Government Printing Office，47-64.

——，1979，"The property rights doctrine and demand revelation under incomplete information," in Michael J. Boskin（ed.），*Economics and Human Welfare：Essays in Honor of Tibor Scitovsky*，New York：Academic Press，23-39.

Arrow，K. J. and G. Debreu，1954，"Existence of an equilibrium for a competitive economy," *Econometrica*，22（3）：265-290.

Chipman，J. S.，1998，"A close look to the Coase Theorem," in *The Economists Vision：Essays in Modern Economic Perspectives*，James M. Buchanan and Bettina Monissen（eds.），Frankfurt/Main：Campus Verlag，131-162.

Coase，R. H.，1960，"The problem of social cost," *Journal of Law and Economics*，3：1-44.

Debreu，G.，1959，*Theory of Value*，New York：John Wiley & Sons.

Davis，L.，and D. C. North，1970，"Institutional change and American economic growth：a first step toward a theory of institutional innovation," *Journal of Economic History*，30（1）：131-149.

——，1971，*Institutional Change and American Economic Growth*，Cambridge：Cambridge University Press.

Friedman，M. and R. Friedman，1980，*Free to Choose*，New York：HBJ.

Gibbard，A.，1973，"Manipulation of voting schemes," *Econometrica*，41（4）：

587-601.

Hurwicz, L., 1960, "Optimality and informational efficiency in resource allocation processes," in K. J. Arrow, S. Karlin and P. Suppes (eds.), *Mathematical Methods in the Social Sciences*, Stanford, California: Stanford University Press.

——, 1972, "On informationally decentralized systems," in C. B. McGuire and R. Radner (eds.), *Decision and Organization*, Amsterdam: North-Holland, 297-336.

——, 1973, "The design of mechanisms for resource allocation," *American Economic Review*, 63 (2): 1-30.

——, 1995, "What is the Coase Theorem," *Japan and the World Economy*, 7: 49-74.

Moffatt, P. G., 2002, "Is Giffen behavior compatible with the axioms of consumer theory?" *Journal of Mathematical Economics*, 37 (4): 259-267.

North, D. C., 1990, *Institutions, Institutional Change, and Economic Performance*, Cambridge: Cambridge University Press.

Nash, J., 1950, "The bargaining problem," *Econometrica*, 18 (2): 155-162.

——, 1951, "Non-cooperative games," *Annals of Mathematics*, 54 (2): 286-295.

Ruttan, V. W., 1978, "Induced institutional change," in H. P. Binswanger and V. W. Ruttan (eds.), *Induced Innovation: Technology, Institutions, and Development*, Baltimore: Johns Hopkins University Press, 327-357.

Schultz, T. W., 1968, "Institutions and the rising economic value of man," *American Journal of Agricultural Economics*, 50 (5): 1113-1122.

Scarf, H. E., 1960, "Some examples of global instability of the competitive equilibrium," *International Economic Review*, 1 (3): 157-172.

Samuelson, P., 1995, "Some uneasiness with the Coase Theorem," *Japan and the World Economy*, 7: 1-7.

Satterthwaite, M. A., 1975, "Strategy proofness and Arrow's conditions: existence and correspondences theorems for voting procedures and social welfare functions," *Journal of Economic Theory*, 10 (2): 187-217.

Starrett, D. A., 1972, "Fundamental nonconvexities in the theory of externalities," *Journal of Economic Theory*, 4 (2): 180-199.

Tian，G.，2004，"Lecture notes on microeconomic theory," Texas A&M University，http://econweb.tamu.edu/tian/micro1.pdf

（本文原为为上海财经大学讲座而准备的报告稿，部分文字刊于《经济研究》2005年第2期）

经济理论有什么用？

H.R.范里安[*] 著 江术元 译

为什么经济理论值得研究呢？对此众说纷纭。一个显而易见的答案是它极具知识挑战性，而且本身又颇具趣味性。结构精巧的经济模型具有美学情趣，正如下面华兹沃斯（Wordsworth）的诗句所言：

> 对于一个被表象困惑、被自我纠缠的心灵，
>
> [几何学] 抽象的魅力是如此强大。
>
> 尤其令我愉悦的是，
>
> 概念自下而上的清晰综合
>
> 是如此优雅。

没有人会抱怨说诗歌、音乐、数论或天文学"没用"，但人们常听到抱怨说经济理论过于深奥难懂。我想人们可以从纯粹审美的立场为经济理论的合理性进行辩护。的确，在不得不回答的时候，多数经济学家承认他们从事经济学研究是因为它有趣。

但我认为，单纯的审美考量并非是经济理论的全部理由，因为理论还在经济学中扮演着角色。它不仅是自给自足的知识追求，而且在经济研究中占有一席之地。本文的主旨在于指出经济学是一门政策科学，因此衡量经济理论对经济学的贡献应当基于

---

*　H.R.范里安，加州大学伯克利分校经济学博士，曾任加州大学伯克利分校经济学教授，现为谷歌公司首席经济学家。

经济理论如何有助于理解和指导经济政策。

一、作为政策科学的经济学

经济学引人入胜，承载期冀，部分原因就在于它声称要描绘出能够提高人们生活水平的政策。这一点不同于大多数其他自然科学与社会科学。社会学和政治科学带有政策成分，但多数情况下它们只关注于理解各自研究对象的运行规律。当然，自然科学也可能提高人们的生活水平，但这是科学作为知识活动的副产品。

在我看来，许多方法论学者都忽视了经济科学的这个基本特征。经济学更像是工程学，而不是物理学；更像是药物学，而不是生物学。我觉得凯恩斯说经济学家更应当像牙医的时候，不完全是开玩笑。牙医声称他们使人们的生活更美好，经济学家同样也能如此说。牙医学和经济学的方法论前提也相似：都看重有用的东西。没有哪个"政策学科"——工程学、药物学抑或牙医学——过多关注方法论，因而经济学家一般而言也应如此。

当你思及这个问题时，你会惊讶地发现关于工程学或药物学方法论的研究并不多。这些学科在20世纪的生活中发挥了巨大作用，但却几乎完全被科学哲学家忽视。与之形成对比的是，在其他一些社会科学中，学者们把大量时间和精力花费在方法论的辩论上。大学哲学系里的科学哲学基本上就是围绕物理学进行讨论，只有少数哲学家关注心理学、生物学以及部分社会科学。

我认为很多研究经济学方法论的经济学家和哲学家并没有对大多数经济研究所具有的政策导向特性给予充分重视，原因之一可能是他们也没有成熟的模型可借鉴。由于工程学哲学、药物学哲学或牙医学哲学都没有建立起来，我们就找不到一个关于政策科学方法论的模型可用来进行分析。构造这样的一套理论就成为经济学家的任务。在我看来，对于那些关心方法论问题和社会科学哲学的人来说，这也是最有意思的问题之一。

二、理论在政策科学中的角色

鉴于我认为经济学是一门政策科学，那么如果我要为经济学的实践辩护，就必须从政策的视角来辩护，因此我需要阐明经济理论如何有益于政策。本文的余下部分将列举几种理论发挥作用的方式。当然这种列举是不完整的，欢迎大家进行补充，不过它可以帮助我们讨论：为何经济学家要作某些研究，以及理论如何为他们提供帮助。

理论作为数据的替代

在很多情况下，我们被迫使用理论是因为我们无法获取需要的数据。例如，假设我们需要确定市场价格如何受到税收水平的影响。要估计这个效应，我们可以作一个市场价格对税率的回归分析，同时控制尽可能多的其他变量。这样我们就得到一个方程式用来预测价格如何对税率的改变作出反应。

但是我们很少能获取这样的数据，因为现实中税率变动得不够多。但是如果人们只关心商品总价格，即含税价格，那么我们就可以用估计的价格弹性来预测价格对征税的反应。

这里将用到一个关于行为的理论——即人们对征税和对提价将作出一样的反应——以便能够利用价格变动的数据。我们也可以使用这个理论来预测一个在现实中无法实施的实验的结果。

再举一个稍微复杂一点的例子，比如偏好传递性假设。这个理论断言如果当{A，B}时，A被选择；而当{B，C}时，B被选择，那么我们可以预测在{A，C}时，A将被选择。当然这是一个关于行为的理论，它可能成立也可能不成立。

如果我们能够获取A、B和C两两之间所有选择结果的数据，那么就无须理论了。当我们想要预测集合{A，C}的选择结果，我们只需要回顾同一个人以前作出的选择——也就是，我们只需简单的归纳。我们也知道为什么归纳会有效——因为它在过去一直都有效！

但是我们很少能观测到所有的选择，通常我们只能观测到一部分可能的选择。理论容许我们从观察到的内容推及没有观察到的内容。在上述{A，B，C}的例子中，简单的归纳要求观测到消费者在两两配对下的所有选择，这需要进行三次选择实验。但如果传递性假设成立，那么我们只需要两次实验。在这里，消费者选择理论帮助我们减少了数据搜集。

单纯的经验主义只能预测过去已经发生的，但理论——及其背后的模型——能帮助我们从过去推算未来。

理论告诉我们哪些参数是重要的以及怎样测量它们

拉弗（Laffer）曲线刻画了税率和税收的关系。在某些税率水平上，税率提高时税收反而下降。拉弗曲线之所以如此流行,据说是因为你可以用六分钟就向国会议员解释清楚这个问题,然后他可以就此谈上六个月之久。

利用拉弗曲线,我们既可以得到好理论,也可以得到坏理论。坏理论是,既然拉弗效应可能出现,那它就一定会出现。而好理论是,我们只需用简单的供求分析就能确定拉弗效应出现时的弹性参数的大小,然后我们可以将估计的弹性与估计的劳动供给弹性相比较。在最简单的模型中,如果边际税率为50%,那么只有当劳动供给弹性为1时,才会出现拉弗效应。在这里,理论告诉我们哪些是相关参数,如果没有理论我们就无从得知。实际上,如果你审视美国公共政策辩论中运用拉弗曲线的不堪历史,这一点尤为清楚。

再看一个例子,考虑风险资产投资理论。这里我假设风险是一种"坏商品",因此当人们财富增加时会减少购买风险资产。但另一方面,当你更富有时就能够承担更多风险。所以基于直觉的分析表明,随着财富增加,风险资产的投资有可能增加也有可能减少。而系统的理论分析会表明,比较静态分析的符号取决于个人的风险规避系数如何随着财富变化。因此如果你想预测风险资产投资如何随着财富变化,风险规避系数就是你需要估计的参数。反之,投资如何随财富变动也就告诉你了风险规避系数如何随财富变动。

53

理论有助于掌握收益与成本

我在上文指出,经济学家使用最优化模型为的是给政策选择提供指导。的确,经济理论的重要作用之一就是把握收益与成本。机会成本是经济学中的一个基本概念,但如果没有经济关系间的理论模型,就很难用好这个概念。

这就带出一个重要观点,衡量经济收益或成本的正确方式依赖于所选择的理论模型,亦即经济主体面临的具体目标与约束。

比如说,考虑计算现值或风险调整后的收益率的行为,这些计算只有在参照某个选择行为的模型时才有意义。如果这个选择行为的模型不适用现实,那么它开出的政策建议也同样不会适用。

收益–成本分析只是经济学的一小块领域,但收益–成本分析背后的观念则贯穿整个经济学。如果经济主体作出选择,实现了某个最大化,那么通过观察他们的选择,我们就可以知道什么被最大化了。然后,个人的目标函数可以纳入政策决策的考量当中。有时,我们需要对目标函数进行定量估计,还有些时候需要证明某种市场结构或税收结构比其他选择能够更好地满足消费者的目标。对许多经济研究而言,从个体目标推及到个体选择乃至社会目标和社会选择的基本框架是一致的。

理论有助于联系看似无关的问题

如果用纯数学方式表达一个模型，那么通常等式背后对应着丰富多彩的经济现象。一个经典案例就是阿罗－德布鲁一般均衡模型。其中"商品"的概念可以理解为一种实物产品，它存在于不同时间、地点或状态。因此，一个理论模型就能涵盖跨期交易、跨地区或不确定性状态等内容。

另一个来自一般均衡理论的例子是第一福利定理。这个定理揭示出，表面上看似无关的均衡与效率问题之间其实存在密切关系。

第三个例子是二级价格歧视。严格的分析表明，它等同于拍卖设计或最优品质决定模型。品质歧视、拍卖设计和非线性定价本质上是同一类问题。

以上每个见解都来自于对抽象理论的检视。一旦"无关的"细节被剥离掉，其中涉及的相同的、实质性的选择问题就显露无遗。

理论能产生有益的见解

让我通过一个例子来说明经济理论的这一作用。在美国，大多数利息所得是应税收入，但很多种利息支出却可以在税前抵扣。这个政策被批评是"补贴借贷"的做法。果真是如此吗？

答案取决于边际上借方和贷方面对的税阶。如果税阶一样，这个政策就对均衡的税后利率没有任何影响。由于利息收入被征税，供给曲线上移；但因为利息支出的补贴，需求曲线也上移同样多的距离。这是个简单的见解，但是如果没有一个描述借贷市场运行的模型就很难理解其中的逻辑。

错误的理论仍然提供有益的启示

对很多市场来说，完全竞争理论当然是"错误的"，而对另一些市场，完全垄断理论也是"错误的"。但这些理论却能帮助我们理解某个特定市场是如何运转的。经济学中没有哪个理论是永远完全正确的。重要的问题不是某个理论正确与否，而是它是否能够为解释经济现象提供有益的认识。

在我的本科生教材中，我曾经举过一个将出租公寓[1]转为共管公寓[2]的简单模型。结论之一是，将一套出租公寓转为共管公寓对其余出租公寓的价格没有影响——因为对租房的供给和需求都减少了一套。

这个结果很难被认为真的"正确"，有一大堆理由可以解释为什么将一套出租公寓转为共管公寓会影响剩余出租公寓的租金。然而，它将我们的注意力集中到这种转换的重要特点：它同时影响了出租公寓的供给和需求。这个简单的供求框架为我们揭示了从何出发考虑公寓性质转换对公寓租金的影响。

理论为解决问题提供方法

我认为新古典微观经济学的方法可以归纳为：（1）描述个体的最优化问题，（2）找出个体选择的最优均衡配置，（3）理解均衡如何随着政策变量的变化而变动。

这些方法不总是正确的：或者行为与均衡的模型是错误的，或者有待验证的特定现象不完全能被视为最优化和/或均衡行为的结果。用罗杰·培根（Roger Bacon）[3]的话来说就是："真理从错误中会比从混乱中出现得较快。"

毫无疑问，方法论个人主义作为观察世界的方式有其局限性，它可能不能很好地描述暴动或阶级忠诚这样的现象。当然，对于某类行为，方法论个人主义的解释力要比其他方法好得多。总之，它很可能为所有问题都带来启迪。

55

理论是内省的解毒剂

多数人通过内省和个人经验获得经济信念——这与他们获得对多数事物的信念的方式一致。经济理论，或者说科学本身，就是用来作为这种内省的解毒剂。

例如，很多人都相信所有需求曲线都完全无弹性。如果汽油价格上涨25%，一个非专业人士会认为没有人会改变对汽油的需求，因为他自己就不会改变对汽油的需求。

确实，很有可能大多数人不会改变他们的汽油需求……但总有人会的。总有些人处在边际位置，他们会改变需求。在任一时点，大多数人所作的经济决

---

[1]　apartment，单契房产，一般供出租。——译者注
[2]　condominium，分契房产，一般供销售。——译者注
[3]　原文如此。应为大家熟悉的弗兰西斯·培根（Francis Bacon），语见《新工具》（许宝骙译，北京：商务印书馆，1984）第150页。——编者注

策都是处于边际之下的，但边际上的决策才是令你纠结的决策。如果价格再高一点或低一点，你的纠结就有不同的结果，这才导致总需求曲线向下倾斜。

对于这种现象，还有一个合适的例子是自由贸易。非专业人士很难信服自由贸易会带来好处，因为人们总是很容易看到钱的流出，却很难看到钱的回流。人们都对外国商品的进口有亲身体验，但他们很少见到自己国家的出口商品，除非是经常出国。这时只有从内省中抽身而出，我们才能看到完整的情况。

第三个例子是对通胀认知的偏差。从个体的观点来看，价格变动往往被看成是外生决定的，而工资变化则往往被视为个人可控的。即使物价和工资提高相同幅度，人们可能还是感到生活更糟了，因为他们认为自己的工资本来就会上调。

理论检验那些显然的事情，可能会揭示出其并非如此

经济学家不得不面对的批评之一是他们花了太多时间讨论显而易见的事情。难道需求曲线向下倾斜，供给曲线向上倾斜不是很显然吗？但很多看起来不证自明的理论都被证明并非如此。或许需求曲线显然向下倾斜，但理论分析也揭示，需求曲线有可能不向下倾斜。

经济理论表明当产品价格下跌时，厂商为了最大化利润将减少供给。但是农场主声称取消牛奶的价格补贴将增加牛奶的供给，因为他们如果要维持相同的收入就不得不增加产出。后者听起来是有可能的——否则的话，农场主也不会贸然提出这个论点。然而理论告诉我们，如果农场主的目标是最大化利润，那么他们的论点就不能成立。

策略性互动也提供了许多反直觉的结果。一个简单的例子是，两人零和博弈。比如说，打网球的时候，提高反手击球能力反而会导致你更少使用反手。

又比如，公开接受任何竞争对手的报价看起来是高度竞争市场的迹象。但当你思考卡特尔面对的问题时，结论就不这么明显了。卡特尔面对的主要问题是如何发现偏离一致同意的价格和配额的欺诈。这时跟进竞争对手的价格就是获取竞争对手信息的廉价做法。因此，一种看似高度竞争的策略，利用理论很容易发现，实际是维护企业合谋的伎俩。

理论有助于量化和计算

卡尔文勋爵（Lord Kelvin）说过："如果你获得的知识无法测量，不能用数

字表达，那么它就是脆弱和不足的。"[1]

经济理论让我们能计算和量化经济联系。比如说前面提到的拉弗曲线。拉弗给出了存在性证明，但通过理论计算，我们才知道当税率多高时，才会出现拉弗效应。

事实上，经济学与其他社会科学的一个主要区别就在于，在经济学中你可以计算。在社会学、政治科学、历史学和人类学中，很少需要计算，但经济学里充斥着计算。

经济理论的用处还体现在你可以用它计算答案回答问题。但答案不一定总是正确的，这取决于你的模型是否正确。（或者说，至少得看所用的模型是否足以解决你的问题。）但一个好的模型应该是能让你用于计算：它可以求解，找出某个经济变量与其他经济变量的函数关系。

在我看来，如果不求解大量的问题就不可能学好经济理论。理查德·汉明（Richard Hamming）是位高产的电气工程师，他曾就如何写好教科书给了我一些极佳的建议。他叫我先搜集希望学生在学完课程之后能够解答的测试和习题集，然后再写教科书教给学生如何求解的方法。大致上我听取了他的建议，我想我也取得了一些成功。

57

实证检验可以补充经济学

既然新古典经济模型让你能够计算问题的答案，那么你也可以将你得到的答案与受控实验的结果进行比较。我认为，实验经济学已经成为过去20年间取得的最大成功之一。现在我们可以在实验室用严格的方法测试人类行为的模型。一些诸如供给与需求的标准模型，被证明比我们20年前认为的更加坚稳（robust），而另一些模型例如期望效用，则没有想像得坚稳。

但这是预期之中的——如果实验不能带来意外的结果，那就是多此一举了。实验经济学的发展使得很多理论家转而构建简洁、具体、可以测试的理论，而不是复杂、抽象、一般化的理论。毫无疑问，从实验室观察人类行为的经验引发了当下方兴未艾的学习模型研究。实验室的观察也帮助了我们避免理论的死胡同，比如博弈理论某些复杂的均衡精练概念。

我期待，在未来理论与实验之间的互动会越来越深入。随着经济学家更

---

[1] 然而，文章开头我引用的那位颂扬抽象和综合的诗人也曾说过："……天国拒绝那些精细计算得失的知识。"

加习惯实验室里的实验，他们也会更好地识别出真实世界中"自然实验"的规律。而这样的进步都会使得我们发展出更好的经济行为模型。

三、总结

综上所述，为了理解经济理论研究者为何以他们的方式进行研究，我们需要理解经济理论在政策分析中的作用。经济学归根到底是一门政策科学，这个事实会帮助我们解释经济理论从其他角度看来不可思议的诸多特性。

（原文：H. R. Varian，"What use is economic theory?" http：//people. ischool.berkeley.edu/~hal/Papers/theory.pdf）

经济学、经济学家与经济学教育

许成钢[*]

一、经济学家需要具备的能力

如何培养最好的经济学研究人员？具有哪些标准和条件才能
成为一个好的经济学家？怎样才能在经济学上作出贡献？这些问
题似乎近来常常被提及。我以为，一个好的经济学家最重要的是
要具备三方面能力：观察能力、分析能力和创造能力。

一是观察能力。很自然地，这是指经济学家要有能力在现实
中观察出重大问题，以及规律性与决定性的问题。这既包括现在
正在发生的问题，也包括历史问题。人们是否能够发现和解释历
史的问题，直接关系到是否有能力解释现在。如果没能力解释历
史，往往也没能力解释现在。现实问题总是非常复杂的。从学术
上来说，如何找出现实或历史中最重要的问题，提出一个解释，
这是很大的挑战。面对这样的挑战，学者与非学者是如何区分的
呢？什么是经济学者心里特别重要的东西？我想，区别他们的一
个标准，就是看他们心里有没有一个理论的基准（benchmark）。
好的经济学家要能在观察现实的时候发现问题，提出疑问，也就

* 许成钢，哈佛大学经济学博士，英国伦敦经济学院终身教授，现为清华
大学经济管理学院特聘经济学教授。

是说有洞察力。好的社会科学家一定要有能力找到问题。提出一个好的问题相当于解决了问题的一半。所谓的问题，即是疑问。他所产生的疑问、看到的现象，有没有什么规律，能不能解释。如果没有什么规律，那就谈不上是经济学问题；如果这个规律能够被已有的理论所解释，也谈不上是问题。观察到现象，且能发现里面有什么问题，这非常取决于学者心里存在的理论基准。一个学者能抓到什么样的问题，就基本上决定这个人是个什么样的经济学家。重要的经济学家抓到的是重要的问题。有理论素养的经济学家和非经济学家的差别，就在于有没有理论基准。

经济学教育中大量的内容是机械的。问题在于，怎么培养人的观察能力，这是教育中的重要问题。观察能力中，有一部分是可以培养的，有一部分是不能培养的。从经济学教育的角度，我们现在只讨论可以培养的部分。要培养出观察能力，其核心就是要透彻理解经济学理论基准。当一个好的学者对经济学理论中提供的基准吃透了，这个基准就能帮助他判断什么地方是有疑问的，什么地方并不是疑问。为了讲得更通俗，可以比喻为结晶。基准就相当于一种结晶的基本结构，它是反映现实的一种理想的、简化的结构。有这样一个结晶在脑子里，在观察现实的时候，就能依据它来判断什么问题是原有的基准解释得了的，什么是解释不了的。解释不了的问题，就可能成为好的问题。这就是好的经济学家所要做的事情。

历史上一个重要的例子是人们很熟悉的科斯定理，这是科斯暑期在美国打工时发现的。他观察到一个重要现象，认为现有的经济学理论不能解释。他在伦敦经济学院念本科的时候，学到经济学的一些基本知识，形成了他头脑中的基准。经济学告诉他，市场在理想竞争状态下是最有效率的。在理想竞争状态下，企业应该是无限小的，经济行为是由市场价格来协调的。可是科斯观察到，在通用汽车公司，大量的交易不是在市场上完成的，不是靠市场价格机制来协调和运转，而是在企业内部协调的，是上下级调动的关系。什么是企业的边界？是什么决定了什么应当在市场上交易，什么不能在市场上交易？当时学到的经济学不可能给他好的结论。科斯虽然只是本科生，但他脑子里有这样一个经济学理论的结晶，这就是相当于阿罗－德布鲁的一般均衡理论里的厂商理论的基准。没有这个基准，就没有后来的发展。头脑里没有好的基准，就很难发现问题。可以说，有好的基准对观察能力很重要。

一个好的基准一定是抽象的、简单的。所以当我们讨论经济学的限制和经济学的指导能力时，绝不应该只由于某个理论有"不符合实际"的假设，就断言它是不真实的、不适用的。实际上，往往正因为好的理论作了好的重要的假设，才给了我们重要的分析力量。

二是分析能力。分析能力大体上分为两大类：一是理论的——其中包括数学类型的分析能力和使用自然语言的分析能力；二是实证的——其中包括案例（收集材料）分析和数学统计分析。经济学大部分使用数学统计类型分析工具，虽然用非数学工具分析也并非不可。为什么现代经济学发展的总趋势是使用数学工具呢？其原因是，当人们不用数学工具时，推理、分析的能力会受到很大的限制。只有当问题相对简单，或者人有用自然语言进行分析的天才时，才有可能不用数学进行分析。当然，数学的分析并不一定永远是最高超的。科斯在数学上一窍不通，高中数学考不过，但他有超凡的能力使用自然语言进行分析。为什么今天的经济学主要使用数学分析能力，那是因为语言的能力非常难以具备，使得只有少数天才方能达到深入。科斯是天才，马克思亦然。这样的人，不使用数学工具，用哲学性方法思索还能把问题想透。但是只有天才而且碰到的问题相对简单，才有可能不用数学工具。如果要求学生都有科斯这样的分析能力，可能一千个学生最多只能出一个经济学家。

在讨论到经济学家的培养的问题时，运用数学工具的分析能力是可以培养的。如果是实证工作，除收集数据、案例之外，往往不可避免地要进行数据处理，所以要有数学能力。这些因素加在一起，经济学需要有数学的帮助，需要进行微观、宏观、数理、计量等一系列基本训练，才能帮助学生掌握分析的手段。这些是当今成为经济学家的基本条件。但是观察能力和分析能力要两者并重，必须同时强调观察能力，而不能只强调数学，两者是互补的。

三是创造能力。将创造能力从观察能力和分析能力中独立分离开并没有很好的道理，我这样表述只是为了更强调创造力。创造力指有创造性的观察能力和创造性的分析能力。创造性的观察力是提出疑问，找到现有经济学中不能解释的主要规律。首先，有没有创造能力去进行观察，能否在观察中发现问题，发现基本的挑战。其次，是有没有能力创造性地进行分析，要有能力处理现有的分析工具没能处理的问题。德布鲁和纳什其实是数学家，对经济问题并不十分熟悉，但对经济学有非常重要的贡献。经济学毕竟是一个巨大的学科，有众多的分工。他们二人最重要的贡献是在分析上，提供给经济学家非常重要的分析工具，有创造能力的经济学家可以运用他们的分析工具，从而帮助他们进一步推动经济学的发展。

总的来说，创造能力是最难培养的，因为这往往是不能训练的，可以训练的一般是规则的、机械的。这也是为什么经济学中大量的训练是数学性的，以及应用数学解决问题。数学可以训练，但创造力是没有系统的方法可教授的。

一般来说，创造力不能训练，只能培养。而培养大部分靠着环境的熏陶，没有机械的办法。

二、经济学的不同教学方法

经济学教育如何培养和训练观察、分析和创造三方面能力，不同的西方国家的重要学校和教育制度的安排是不同的。为把问题看清楚，帮助理解，先看两个极端。

一端是传统的英国教育，它是精英教育的代表，其中又以牛津和剑桥为代表。美国的教育制度是从中衍生出来的，哈佛的制度起源于剑桥，耶鲁也是仿剑桥。牛津和剑桥好几百年的历史，其教育特点是培养天才。培养方法是师傅带徒弟，很多人中偶尔会有天才产生。由于天才是不可训练的，而英国传统制度是培养天才，所以不侧重训练，而是侧重创造一个环境，让天才脱颖而出。这个制度强调的是识别和创造天才的环境。英国的传统是一种宽松和充满闲情逸致的学术环境，每天有不同学科的学者共同喝茶的时间、喝酒的时间。识别的方式不是考试，而是看人有没有能力和别人辩论，表达出新意。谁来评判？委员会。这是一个长期的历史演变过程。例如，牛顿出名之前，当时物理学还不是科学，而是属于哲学。在哲学的范畴内，他很难说服年资者。当时，在剑桥三一学院中，他很难说服年资者关于他通过光学实验而得到的对光的认识。他们用古希腊的哲学与牛顿辩论，从哲学上驳回牛顿光学的认识和实验结果。但是实验的结果怎能用哲学驳回呢？当时学者们没有科学的头脑，不懂得科学最终的标准是实验，不是古希腊传统的辩论！虽然微积分是牛顿发明的，是牛顿的重要贡献，但那基本上是从他的直觉中产生的，而不是从数学推导出来的（这项工作由莱布尼茨则是推导出来的）。这些重要的贡献跟英国的教育制度有关，跟他们培养观察能力、把握事情的基本规律的能力有关。在这之下是导师制，没有系统课程，不强调训练。优点是，因为特别强调环境，所以特别能识别天才，也产生了许多天才，如牛顿、凯恩斯都出自剑桥。历史上，英国在自然科学和社会科学中对人类都有极其重要的贡献，原因与此传统密切相关。缺点是，学生的质量很不稳定，学生好坏之间的差别很大，天才在此制度下可以快速成长，但由于大部分人不是天才，没有训练，水平就会很差，天才与非天才之间会有巨大差距，很多毕业生素质并不好。

另一端是法国的教育方式，强调系统训练，拿破仑时期推广到全法国甚至全欧大陆。拿破仑本人是炮兵学校毕业的，是个很不错的应用数学家，可以根据具体的地点和环境在很短的时间内计算炮弹的弹道轨迹和距离等。他很崇拜数学能力，仗打到哪里，就在哪里建起理工大学，也就是polytechnic。所以和英国传统教育制度比较，法国不是寻找天才。它并非不要天才，而是寻找的方式完全不同，法国式的polytechnic是培养精英的制度。其数学训练非常强，给学生进行非常大规模的数学训练，用严格考试进行淘汰的办法来寻找最强者。强调训练，可以产生大批训练有素的人，这一批人都有很强的技术能力，由这些人中产生一些人做经济学。但这种训练方法使得人们比较缺少观察能力和想像力，可以有技术上的创造力，但与技术无关的创造力会有所欠缺。同任何科学相似，经济学的发展很重要的是学者的直觉，而法国式的教育方式往往会缺少直觉。而那些在技术上缺乏能力的天才，可能根本没有机会进入培养体系。比如科斯，在法国式的教育制度下，可能第一轮就被淘汰掉，不能生存。到底是淘汰制还是训练过程扼杀天才呢？更大的可能是过早地被淘汰的方式。

当今学术上占优势的制度是美国顶尖学校经济系及个别欧洲的经济系的教育制度，它介于两种极端之间——一方面侧重系统的数学、理论、方法论的训练，但也不单纯靠考试；同时也提供一系列的环境，刺激学生发展观察能力、创造力和批评能力——观察力包括非常关键的批评能力。批评并不是指负面的意思，而是正面的意思。比如，发展任何一个新的东西，要到处开研讨会演讲，目的——或者说主要的目的——不是为了宣传、鼓吹自己的新观点、新东西，最主要的目的是要寻找批评。最好的演讲的地方，最值得做的地方，就是能找到最好的批评的地方。如果无人能提出批评，那么从作研究的角度来说，演讲往往就不是最成功的，不是最有效率的。学术界中，别人对自己有否帮助，也取决于他或她能不能提出好的批评。这是西方学术界的传统，与中国的历史传统不太一样。批评能力也是观察能力，观察到什么东西是有疑问的、不能自圆其说。欧美最好的学术机构强调系统训练，同时也提供环境刺激。

所以我们可以非常清楚地看到，英美体制下产生的经济学家和法国体制下产生的经济学家，一方有想像力，另一方有技术能力。目前在世界上占优势的、最流行的培养经济学家的方式主要集中在美国的经济系，个别的在欧洲的经济系。他们把两种极端组合在一起，对研究生进行数学、统计学、微观经济学理论、宏观经济学理论、计量经济学理论的系统训练，以及实证研究，加上历史和现实经济政策的混合训练。然后，创造环境——用各种各样的研讨会来激发学生，增强其观察能力和想像力。

三、中国经济学教育——"眼高手低"

对中国的经济学教学怎么培养研究生，我滥用一个词来概括——"眼高手低"。"眼高"，即目标和眼界要高，盯住世界上最好的学校，要培养出最好的经济学家，能找到最重要的经济学问题，发现最重要的挑战，鼓励我们的研究生能独立观察的能力，有批判和创造的能力，要发现天才。"手低"，就是说要从做得到的事情做起，尤其是培养学生。什么是做得到的？需要认真讨论。简单地说，中国现有的高考制度严格筛选出来的学生是非常棒的，高等院校，尤其是国内最强的，比如北大、南开、复旦、清华等学校的学生的背景和接受的训练可能很接近法国制度。学习法国的训练方式实际上是有好处的，比较容易做到。这就相当于中国的经济改革是渐进式的，这一步应该可以做到，至少可以训练。给定中国特点之下的另一条件：经济学仍很落伍，怎么赶超、培养？中国经济学教育应该更侧重严格的数理训练，培养出一支整齐的队伍。从目前具备的所有条件来看，目前阶段最容易做的是偏向法国式的强调训练，特别是数学和统计学，因为中国这方面有足够好的数学家和统计学家。当然，我们还要"眼高"，不应限于这些，要把目标放在培养出有观察能力的经济学家上。

四、经济学的五个"不相关性"理论基准

我把经济学中关于制度的最重要内容概要为五个关于"不相关性"的理论基准。这只是我个人的见解，因此不一定所有的经济学家都同意我的全部说法，但是我表达的精神是很多经济学家广泛共有的。

如前所述，成为一个经济学家，具有好的观察能力、分析能力和创造力的核心（必要）条件是要非常清楚地把握经济学的理论基准。经济学最重要的关于制度的内容有如下五个基准：（1）阿罗－德布鲁的一般均衡模型，（2）莫迪利亚尼－米勒定理，（3）科斯定理，（4）卢卡斯关于货币中性的理论，（5）贝克尔－施蒂格勒关于司法制度最优阻吓的理论（这是我的见解，我认为这是一个认识司法制度的理论基准）。把这五个基准弄懂之后，经济学的精华大体就把握住了。这五个基准的共同点是"不相关性"（irrelevant），即每一个都是关于某种制度的不相关性。当然，把经济学概述成五个不相关性的基准是我个人的见解。

第一个理论基准，阿罗－德布鲁的一般均衡模型。这个理论意味着经济，

体制同经济效益不相关。这个理论讨论市场经济时有非常重要的基本条件，一是市场完备，二是不存在不对称信息。在以上条件下才有这个不相关性，这实际上已经远超出一般均衡自身的内容了。在经济学文献中，虽然阿罗和德布鲁自己并没有讨论过计划经济，但文献中有在阿罗－德布鲁条件下分析计划经济的，结论是在阿罗－德布鲁条件下，计划经济同市场经济的结果是一样的。阿罗－德布鲁的两个基本社会福利定理实际已经包含这层含义。实际上，一般均衡和帕累托最优的互相关系并不是一个单纯技术上的结果。它们说的是经济制度同效益不相关，即在阿罗－德布鲁的条件下，帕累托最优的结果并不一定必须用市场经济，用别的体制也可以达到。证明所需要的技术条件，对计划经济与对市场经济也是相同的。阿罗－德布鲁一般均衡模型是新古典经济学方法的典范，虽然这个定理的假定和现实并不正好是一回事，但它提供了一个基准，人们可以在此基础上进一步分析和认识。一个非常重要的认识是：任何解释计划经济与市场经济的基本差别的理论一定要超出阿罗－德布鲁模型的范围。

第二个理论基准，莫迪利亚尼－米勒定理（MM定理）。金融工具同效益不相关，公司不论用发债还是发股票的方式融资，从利润的角度来看其结果是一样的。MM定理所设定的基本假定条件是：厂商与投资者间没有不对称信息，股息与资本所得都不征税，买卖证券是无成本的。MM定理为人们认识金融工具、金融体制提供了理论基准。当金融工具同利润不相关时，金融体制同效益因而也就不相关。为了认识为什么现实中不同的金融工具收益不一样，以MM定理为指导，就要寻找现实中是什么违反了这一定理的假定条件。MM定理的重要性远超出了公司金融的范围。实际上，货币本身也是一种金融工具，因此它同时指导我们认识货币的功能。

第三个理论基准，科斯定理，是指导我们认识产权功能的理论基准。它的结论是：只要交易费用趋近于零，法定产权的最初分配方式同效率无关。科斯定理说，只要定义好所有制，无论它是国有或非国有，谁拥有财产对效益并不相关。在现实中，产权的所有制是同效益有关的。科斯定理的力量在于，它指导我们寻找答案的路径：什么重要的现实因素违反了科斯定理的前提，使得产权与效益相关。

第四个理论基准，卢卡斯的货币中性理论。这是经济学中最重要的理论基准之一。货币中性从狭义的角度看，意味着从长远来说货币政策同经济效益、经济增长无关。从广义看，它意味着金融工具、金融体制同经济效益、经济增长不相关。这是理性预期模型中推导出的重要结论。实际上，理性预期理论的假设同阿罗－德布鲁模型是相似的，而阿罗－德布鲁模型中根本就没有货币。

卢卡斯模型为理解货币及金融体制提供了重要的理论基准，至今经济学家们仍在为理解货币与金融体制而努力奋斗。有了这个理论基准，人们知道，货币的功能以及金融体制的功能一定在现实中有什么地方违反了卢卡斯模型的基本条件，寻找这个条件就是指导人们寻找理论突破的道路。

第五个理论基准，贝克尔－施蒂格勒模型，它指导我们认识司法制度。该模型的基本推断是：除法庭以外的执法体制同效率不相关。该理论的直接结论是，一个好的司法体系只要有法庭执法就足够了，寻找其他执法方式没有意义。其前提是法律要把什么是犯法定义清楚，把对犯法者的惩罚设计为最优。在这种最优的法律下，假定所有人都是理性的，都懂得最优法律的惩罚，都会推理，所有的人在可能犯法前要计算，比较犯法所得的预期的好处和可能的坏处。最优法律制定得有最优的阻吓力，使犯法对所有人都是坏处大于好处，结果是这个社会中人们就不犯法。只要制定的法律是最优的，法律是由独立的法庭执行的，就不存在其他更好的方式。也就是说，执法体制同执法的效率不相关。但是在现实中，在最有法治传统的国家也存在着与法院并行的其他执法形式，如政府监管。为了认识它们，我们要寻找哪些贝克尔－施蒂格勒模型的基本条件在现实中被违反了，这就是基准的力量。

按照我的见解，经济学结晶的内容就是这五个基准。它们以"不相关性"的形式提供了理论基准，指导我们认识现实中最重要、最相关的社会、经济、法律制度。

不熟悉经济学的人们可能会对这五个理论基准产生两种极端误解。一种是误认为理论可以为现实提供解决问题的现成答案。但事实上，这些关于不相关的理论并不能提供现成答案。所有这些理论中说的不相关的东西在现实中都是特别相关的，甚至是最相关的。理论的作用是指导性的，理论不是提供现成答案的，简单照搬理论到实际，绝大多数情况都会失败。另一种是认为经济学理论完全不现实，或认为理论是依赖假定的，而那些假定根本就是不现实的。实际上，好的假设是理论分析的力量所在，而不是弱点，因为靠发展了这些理论基准才能帮助我们判定在碰到问题时从什么地方着手。比如看到经济体制问题时，阿罗－德布鲁模型告诉你经济体制不相关，它就帮助我们寻找在阿罗－德布鲁模型之外，是什么东西影响经济绩效，例如是否市场不完备，是否有不对称信息。为了研究为何所有制是相关的，我们要寻找是什么东西违反科斯定理的条件。这就是理论基准的力量，理论教给人们的主要就是这个。观察能力中，能够训练的部分主要就在于理论基准，有了基准，就知道寻找问题的方向，这就是理论的帮助。

五、经济学的普遍性和特殊性

人们普遍关注经济学在中国如何发展的问题，因为这涉及经济学的普遍性和中国经济的特殊性的关系。这里面有两个极端的看法都是不利的。一个极端是完全忽略中国的特殊性，认为经济学是普遍适用的，可以到处照搬。这是对经济学的误解。经济学寻找的是普遍规律。作为理论，一定是抽象的，"抽象"意味着理论必须要离开许许多多经济现象的细节。一个普遍的理论只是给人们提供思考问题的方式和思路，所以经济学是为重大问题提供线索的，而无法对所有具体问题提供现成的答案。另一极端是认为中国是特殊的，所以经济学没有办法应用于中国的特殊情况。但如上所述，经济学提供的是思路，尤其是提供理论基准，用基准帮助我们分析问题。

把普遍性和特殊性结合在一起，作为一个经济学家，什么样的工作是好的工作？大体上有两大重要标准，如果是政策性工作，那么标准是对政策是否有帮助；学术标准则是有无能力解释有疑问的规律性现象。从学术上讲，标准是在解释中国的现象时，能否给经济学自身带来什么贡献。好的经济学研究，不仅限于研究中国的事情，而是要通过解释中国的事情，帮助世界上的经济学家理解新的东西，这是对经济学的贡献。换言之，通过解决特殊的问题，找到普遍解，这是很高的标准。中国是特殊现象，要在这里找到普遍内容，把它上升到经济学，反过来又发展了经济学。这是很重要的。

普遍性与特殊性的另一个问题是跨学科的研究。例如，经济学与法学。经济学与法学看上去是根本不同的学科，但在实际的社会问题和经济问题上，两者从来就不是分立的。比如在经济学中，古典经济学只讨论市场怎么运行得好，回答是完备的竞争，但它从来不讨论完备竞争背后的社会条件是什么。什么是社会条件呢？所有的合同都能执行，所有分配好的产权都能受到保护。古典经济学根本不用担心这些事，因为假定已经有人在干这些事。这是古典经济学能使经济学和其他学科分开的重要假设（条件）。当面对经济问题，特别是发展中国家或转轨经济的问题时，从一种经济体制向另外一种体制转变，无法满足这些条件，古典经济学所提供的结论都变了。再比如说法学，为了定义清楚，往往把经济问题定义出去，假定经济上的东西都能自我运转完美，收窄讨论的范围，只关注法学。每个人都假定对方是完美的，什么样的制度能够运转，一定要别人的条件满足，这是经济学与法学通常分开的历史情况。现在产生了新的学科——法和经济学，帮助两者结合在一起。

经济学有好多领域，由此产生了专门化和经济问题整体性的矛盾。现代经济学专门化趋势的发达，同进入经济学的人数增多是相关的，人越多就会有越来越多的分工。这个专门化对学科的发展往往是有好处的，但同时人们必须认识到这里有代价。代价在于，领域的专门化本来只是为了讨论问题的方便，是人为的划分，但现实世界不是这样人为分开的。许多重大的经济和社会问题，原本是不便分开的，于是专门化可以带来很不好的后果。例如，微观经济学与宏观经济学是分开的，但现实不是按照宏观和微观分开的。最典型的例子是货币制度，什么是货币？货币的功能又导致怎么去选择金融制度？在经济学的分工里，讨论货币的叫做宏观，但制度是属于微观的。那么到底金融制度是属于宏观还是微观呢？如果一个学者的领域很窄，所有的人都很窄，微观的只知微观，宏观的只知宏观，那么没人能弄懂货币和金融制度。这实际上真有讽刺意味。事实上，至今经济学家对货币的功能是什么仍没有好的理解，经济学家至今还在探寻货币的功能和它之所以存在的道理。由此自然可以想像，如果对什么是货币都没有好的理解，又怎么能解释什么是好的货币政策和好的金融体系呢？传统上货币被理解为交换媒介、记账的媒介，这是古老的解释。但依据这种古老的理解，古老的货币和今天的货币就没有差别了。然而，任何对货币的好的理解要能解释今币和古币的重要区别。从今天看，货币的重要、核心的功能是在整个经济里帮助解决"广义流动资金"（liquidity）的问题，这是一个决定现代经济能否正常运转的基本要素。由此才导致对货币政策的理解，货币政策是试图调整货币供给来影响整个经济中的liquidity。如果对货币的功能不清楚，又怎么能通过中央银行调节经济中的liquidity呢？通过什么样的机制才能把货币供给的变化传递到经济中去，这些至今是经济学中最头疼的问题之一。大量的宏观经济学家跳过什么是货币这个问题，假装不知，或者从来不知。但最好的宏观经济学家都知道这是非常重要的问题，而要去理解这个问题是不可能通过微观、宏观分开的专家做到的。给学生教学时，分开各个领域的好处是可以帮助训练。但面对观察、分析重大经济问题时，这个界限经常要打破。研究工作是否定义在一个专门领域里，要看工作的性质，究竟是领域内的贡献，还是对整个经济学有基本影响的重大贡献。如果是领域内的贡献，可以遵守界定好的领域，但如果是对整个经济学有基本影响的贡献，界限就要被打破。

六、理解比较经济制度的重要性

这里我还要特别强调，如何理解比较经济制度是理解经济学特别重要的方面。当人们谈到比较经济制度的时候，往往以为这个领域就是资本主义市场经济制度和中央计划经济制度的比较，而缺少对制度的总体了解。然后，与之相联的就是如何去改革计划经济，所谓的休克疗法，正是由这种对经济制度的无知而产生的。当我们讨论中国的经济改革时，有人说，因为经济学中有很强的假设，经济学是否适用于中国呢？为了回答这个问题，可将此问题反回去看看美国。在美国的经济学家最多，只要反回去看看经济学在美国的情况，就可以帮我们更好地了解经济学和经济制度的关系是怎么一回事。最近刚发生的重大事件是安然事件。经济学家在什么程度上可以帮助我们理解安然事件？我最近刚参加了一个法学家和经济学家共同参与的会议，议题之一就是安然事件。会议讨论到公司治理结构，经济学提供了许多东西帮助我们理解公司治理结构，其实已经提出了非常好的分析思路，但直接套用，距离还是很远。安然事件表明，简单套用经济学理论解释美国的经济是行不通的，即使讨论的是美国的企业。所以很难简单地说，经济学是否适合中国。实际上，经济学作为一门社会科学，提供的是思想方法、分析方法，帮助我们分析问题。如果人们不去分析问题，而把教科书上的经济学结论搬来作为政策，那就糟了。休克疗法就是典型，只要看看休克疗法的提倡者是什么背景就知道了。他们过去从来没有研究过比较经济制度，没有研究过中央计划经济，根本不知道中央计划经济是怎么回事，只是从教科书里搬来了经济学结论。这并不是经济学本身造成的，在任何一门学科里，如果只去照搬结论，一定会搞得乱七八糟。比如说物理学是最成功的科学，但将之简单地搬到现实工程中，一定也搞得乱七八糟，因为任何一个工程问题都有其自身的特点。物理学为工程科学提供了基本分析方法，但并不提供现成答案。

无论是公司治理结构还是中国经济改革，每一个特定的问题都有一些重要的特殊因素需要讨论。当经济学家面对特殊问题时，往往没有现成的结论可以从经济学中照搬。有无经济学头脑，关键在于有无能力去面对问题进行分析。而进行观察和分析，很重要的问题就是要了解制度是怎么回事，发生了什么，从中去寻找什么样的假设是合适的，用什么办法去分析它。理解比较经济制度是帮助我们观察、分析问题的重要方面。

（原文刊于《比较》2002年第1辑）

理解现代经济学

钱颖一[*]

以市场为导向的经济改革和开放是20多年来推动经济学作为一门社会科学在我国发生根本性变化的直接力量。20年来，我国的改革和发展取得了重大成就，市场经济体系正在全面建立。伴随着这一过程，现代经济学科的各个分支领域逐步被介绍到我国，并在高校讲授。今天，随着加入世贸组织，我国经济必然要全方位地与国际接轨并融入经济全球化的浪潮，经济改革和开放也将上一个新的阶梯。这一大趋势呼唤着我们的经济学学科要适应经济发展的需要，与现代经济学接轨。为此，比较完整和准确地理解什么是现代经济学就恰逢其时。

一、现代经济学的分析框架

我们把最近的半个世纪以来发展起来的、在当今世界上被认可为主流的经济学称为现代经济学。[1]经济学是一门研究人类经济行为和现象的社会科学。现代经济学以研究市场经济中的行为和现象为核心内容，而市场经济已被证明是目前唯一可持续的经

清华大学经济管理学院院长，美国伯克利加州大学经济系教授。作者感谢（以姓名拼音为序）白重恩、陈旗、姜纬、茅于轼、王则柯、吴敬琏、肖梦和许成钢对本文初稿提出的建议。

[1] 本文中所指的经济学是按照国际惯例定义的经济学学科，即国内所说的理论经济学和应用经济学这两个"一级学科"名下的全部"二级学科"，包括宏观、微观、计量、金融、财政、产业、劳动、环境、国际（世界）、发展、比较、经济史、政治经济学等。

济体制。越来越多的经济学家认识到，经济学的基本原理和分析方法是无地域和国别区分的。"某国经济学"并不是一门独立学科，也不存在"西方经济学"与"东方经济学"或"美国经济学"与"中国经济学"的概念。然而，这样说并不排斥运用经济学的基本原理和分析方法来研究特定地区在特定时间内的经济行为和现象；实际上，做研究时必须要考虑到某地某时的具体的经济、政治和社会的环境条件。

现代经济学代表了一种研究经济行为和现象的分析方法或框架。作为理论分析框架，它由三个主要部分组成：视角（perspective）、参照系（reference）或基准点（benchmark）和分析工具（analytical tools）。接受现代经济学理论的训练，是从这三方面入手的。理解现代经济学的理论，也需要懂得这三个部分。

第一，现代经济学提供了从实际出发的看问题的角度或曰"视角"。这些视角指导我们避开细枝末节，把注意力引向关键的、核心的问题。经济学家看问题的出发点通常基于三项基本假设：经济人的偏好、生产技术和制度约束、可供使用的资源禀赋。不论是消费者、经营者还是工人、农民，在做经济决策时出发点基本上是自利的，即在所能支配的资源限度内和现有的技术和制度条件下，他们希望自身利益越大越好。用现代经济学的视角看问题，消费者想买到物美价廉的商品，企业家想赚取利润，都是很自然的。[1]从这样的出发点开始，经济学的分析往往集中在各种间接机制（比如价格、激励）对经济人行为的影响，并以"均衡"、"效率"作为分析的着眼点。经济学家探讨个人在自利动机的驱动下，人们如何在给定的机制下互相作用，达到某种均衡状态，并且评估在此状态下是否有可能在没有参与者受损的前提下让一部分人有改善（即是否可以提高效率）。以这种视角分析问题不仅具有方法的一致性，且常常会得出出人意表，却实际上合乎情理逻辑的结论，所以我们会听到人们惊叹："我怎么没有想到？"经济学的这些视角起初是研究纯粹的经济行为的，后来被延伸到政治学、社会学等学科，研究诸如选举、政体、家庭、婚姻等问题。

第二，现代经济学提供了多个"参照系"或"基准点"。这些参照系本身的重要性并不在于它们是否准确无误地描述了现实，而在于建立了一些让人们更好地理解现实的标尺。比如一般均衡理论中的阿罗－德布鲁定理（Arrow-Debreu Theorem）（Arrow & Hahn，1971；Debreu，1972），产权理论中的科斯定理（Coase Theorem）（Coase，1960），和公司金融理论中的默迪利亚尼－米

---

[1] 值得指出的是，"自利"动机并不排除经济人（如父母）将他人（如子女）的福利作为本人效用的一部份所表现出的"利他"动机。

勒定理（Modigliani-Miller Theorem）（Modigliani，1958）都被经济学家用作他们分析的基准点。一般均衡理论的奠基人之一的阿罗（Kenneth Arrow）曾经说过：一般均衡理论中有五个假定，每一个假定可能都有五种不同的原因与现实不符，但是这一理论提供了最有用的经济学理论之一。他的意思是这一理论提供了有用的参照系，就像无摩擦状态中的力学定理一样，尽管无摩擦假定显然是不现实的。把这些基本定理定位于参照系有助于澄清两种常见的误解：一种是以为这些定理描述的就是现实世界，因此将它们到处套用。却不知在通常情况下它们是用来作进一步分析的参照系，与现实的距离因地而异。另一种是因为观察到这些定理与现实的差距而认为它们都是胡言乱语，因此认为毫无所用。却不知它们本身的价值并非直接解释现实，而是为解释现实的进一步理论提供参照系。

参照系的建立对任何学科的建立和发展都极为重要，经济学也不例外。我在哈佛大学做博士生的时候，韦茨曼（Martin Weitzman）教授问我，受过现代经济学系统训练的经济学家和没有经过这种训练的经济学家究竟有什么区别？他研究比较经济制度，经常去苏联访问，问这个问题是从与苏联经济学家交往中有感而发。韦茨曼的回答是，受过现代经济学系统训练的经济学家的头脑中总有几个参照系，这样，分析经济问题时就有一致性，不会零敲碎打，就事论事。比如讨论资源配置和价格问题时，充分竞争下的一般均衡理论就是一个参照系；讨论产权和法的作用时，科斯定理就是一个参照系。我们常见到，一些记者洞察力很强，有经济头脑，写的文章又非常有感染力。然而，他们与受过现代经济学训练的经济学家的不同之处往往是因没有参照系而会显得分析缺乏主线和深度。

第三，现代经济学提供了一系列强有力的"分析工具"，它们多是各种图像模型和数学模型。这种工具的力量在于用较为简明的图像和数学结构帮助我们深入分析纷繁错综的经济行为和现象。试举几例说明。第一例是供需曲线图像模型，它以数量和价格分别为横、纵轴，提供了一个非常方便和多样化的分析工具。起初，经济学家用这一工具来分析局部均衡下的市场资源配置问题，后来又用它来分析政府干预市场的政策效果。不仅可用它来研究市场扭曲问题，也可用它来研究市场失灵问题和收入分配的福利分析等问题。第二例是萨缪尔森（Paul Samuelson）的重叠代模型（overlapping generation model）（Samuelson，1958）。这一模型考虑到人生命的有限性和代际之间的市场的不完备性，因此成为研究经济增长、政府财政政策、社会保障等方面的有用的分析工具。第三例是格罗斯曼（Sanford Grossman）、哈特（Oliver Hart）和穆尔（John Moore）的所有权 – 控制权模型（Grossman & Hart，1986；Hart & Moore，1990）。它是分析控制权的配置对激励和对信息获得的影响，以及对公司治理结构的作用非常有效的工具。第四例是拉丰（Jean-Jacques Laffont）和梯若尔（Jean Tirole）的非对称信息模型（Laffont & Tirole，1986）。它用来分析在信息不对称的情况下，"配置效率"和"信息租金"之间存在的利弊得失交换。这一工具被用来分析组织内部的共谋问题，政府的行业规制（比如电信业）问题，以及集权和分权的利弊问题。第五例是戴蒙德（Douglas Diamond）和迪布维格（Philip Dybvig）的银行挤兑模型（Diamond & Dybvig，1983）。这一模型的主要特征是多重均衡点，除了好的均衡以外，还有类似于"自我实现的预言"（self-fulfilling prophecy）的坏的均衡点：因为别人去挤兑，所以我也要挤兑。这一模型对研究金融危机和金融体制的脆弱性这类问题很有用。以上五个例子中的模型都被后来的经济学家广泛用来作为分析工具，并被证明是极其有用的。

这三部分合在一起便构成了现代经济学的理论分析框架。这是一个人受现代经济学理论训练时所接受的核心内容，也是理解现代经济学的关键所在。现代经济学提供的这种由视角、参照系和分析工具构成的分析框架是一种科学的研究方法。现代经济学并不是一些新鲜的经济学名词和概念的汇集，经济学家的工作也不是任意套用这些名词和概念，而是运用这些概念所代表的分析框架来解释和理解经济行为和现象。

上述的经济学分析框架是当代在世界范围内唯一被经济学家们广泛接受的经济学范式。在这方面，经济学与其他社会科学不同。比如，社会学中没有一个主导性的范式。多元化虽然可贵，但由于缺乏一致的分析框架，学科的发展会大受局限。政治学的现状则介于经济学和社会学之间。虽然目前政治学有明显的朝经济学方向发展的趋势，比如，"理性选择"（rational choice）学派运用经济学的分析方法研究政治学的问题，其影响正在迅速上升，但它在政治学中还不是唯一的范式。现代经济学趋同于一种范式，有利亦有弊，但到目前为止，经济学从中的受益远远大于损失：正是由于经济学的这一被广泛认同和使用的分析框架，才使得经济学相对于社会学和政治学发展得更快，应用范围更广，影响力更大。

二、现代经济学中数学的作用

现代经济学的一个明显特点是越来越多地使用数学（包括统计学）。现在几乎每一个经济学领域都用到数学，有的领域多些，有的领域少些，而绝大多数的经济学前沿论文都包含数学或计量模型。从现代经济学作为一种分析框架来看，这并不难理解，因为参照系的建立和分析工具的发展通常都要借助数学。下面我们分别从理论研究和实证（empirical，又译经验）研究两方面来具体看一下数学在现代经济学研究中的作用。

从理论研究角度看，借助数学模型至少有三个优势：其一是前提假定用数学语言描述得一清二楚。其二是逻辑推理严密精确，可以防止漏洞和谬误。其三是可以应用已有的数学模型或数学定理推导新的结果，得到仅凭直觉无法或不易得出的结论。运用数学模型讨论经济问题，学术争议便可以建立在这样的基础上：或不同意对方前提假设；或找出对方论证错误；或是发现修改原模型假设会得出不同的结论。因此，运用数学模型做经济学的理论研究可以减少无用争论，并且让后人较容易在已有的研究工作上继续开拓，也使得在深层次上发现似乎不相关的结构之间的关联变成可能。

从实证研究角度看，使用数学和统计方法的优势也至少有三：其一是以经济理论的数学模型为基础发展出可用于定性和定量分析的计量经济模型。其二是证据的数量化使得实证研究具有一般性和系统性。三是使用精致复杂的统计方法让研究者从已有的数据中最大程度地汲取有用的信息。因此，运用数学和统计方法做经济学的实证研究可以把实证分析建立在理论基础上，并从系统的数据中定量地检验理论假说和估计参数的数值。这就可以减少经验性分析中的表面化和偶然性，可以得出定量性结论，并分别确定它在统计和经济意义下的显著程度。

讲到现代经济学中数学的重要作用时需要澄清两点。一是确有不少好的经济学的初步想法或猜想一时还难以用精确的数学模型表示，因此用非数学语言写出。但是值得注意的是，这些应视作"前期产品"。初步的原创思想往往需要后继者用数学模型表述，在此基础上做深入细致的分析，并取得明确的、有预测性的理论结果后，才会影响深远。试举两例说明。第一例是张五常（Steven Cheung）在20世纪60年代末有关佃农制（即农民与地主用固定比例分成）的研究，他对交易成本对不同合同形式的选择作用提出开创性论识（Cheung，1969）。后来，斯蒂格利茨（Joseph Stiglitz）1974年的数学模型精确地分析了激励与风险分担的交换对农民与地主在土地租赁合同选择的影响（Stigliz，1974）。一方面，张五常的想法是开创性的，后来的数学模型中相当多的成分都与那些想法有关。另一方面，如果没有后来的数学模型，人们的认识不仅只局限在农业土地问题上，而且对"交易成本"的论说也只是一种不大精确的概念。正是后来的数学抽象使得激励理论与合同理论迅速发展到其他领域。比如，詹森（Michael Jensen）和梅克林（William Meckling）于1976年发表的论文——从公司经理的激励问题出发来研究公司债权和股权的分配问题（Jensen & Meckling, 1976），成为现代公司治理结构理论的开创篇，公司金融中对激励的研究从此起飞。地主租赁土地给农民和投资人雇用经理看上去不相关，一旦上升到数学模型，便都是激励、信息和风险分担的问题，它们原来是相通的。第二例是法玛（Eugene Fama）在70年代末提出经理市场竞争作为激励机制的开创性想法。法玛认为，即使没有企业内部的激励，经理们出于今后职业前途考虑及迫于外部市场压力也会同样努力工作（Fama, 1980）。后来霍姆斯特朗（Bengt Holmstrom）等人用数学模型精确地分析了经理们的职业生涯考虑（career concern）对他们的激励影响，发现法玛的猜想的一部分是正确的，但是不完全（Holmstrom, 1999）。这才导致了经理的职业生涯考虑和经理市场竞争这一课题成为目前公司金融学中的热门研究课题。以上的例子说明，将经济问题转化为具体的数学模型，可以使分析变得具体，知道利弊得失所在，而且还可以把貌似不同但实质相近的问题连接在一起，从而把研究从初步的想法推向深入的探索。

二是经济学家经常在理论或实证结果用数学模型推导出或用统计方法估计后，再用非数学语言来概括。这可视作"后期产品"，比如综述性、介绍性的论文，和政策性的文章，特别是后者必须用非数学语言表述并落到实处才有受众，才可能有政策影响。但是需要强调指出的是，虽然这些文章是用非数学语言写成，但是其中的视角、逻辑推理过程和对经济现象和政策含义的解释，都是与作者经过的现代经济学训练，特别是数学模型的训练分不开的。美国经济学会主办的《美国经济评论》（*American Economic Review*）上发表的是原创论文，而该学会的《经济文献期刊》（*Journal of Economic Literature*）和《经济展望期刊》（*Journal of Economic Perspectives*）上发表的文章则都是综述性和介绍性的论文。后者虽然用非数学语言写成，但都基于已发表的有数学模型的论文，而且通常还是由在这一领域资深的权威经济学家撰写。有经济学系统训练的读者可以将这样的论文"还原"成数学模型。

在肯定数学在经济学中的重要作用的同时，更需要指出：经济学不是数学。这里有两层涵义。第一层涵义是，在绝大部分论文中，经济想法(idea)是最重要的，数学和计量方法只是体现和执行经济想法的工具。经济学的主要领域是靠经济学知识而不是数学取胜，最终是经济学想法决定一篇文章的贡献，而不是数学推导。我们不能将经济学家与数学家混同，就像我们不能把物理学家与数学家混同起来一样。经济学家的工作毕竟不是为了开拓数学理论前沿，那是数学家的事情。因此，我们不能以数学水平的高低来衡量一名经济学家的水平，我们也不能以运用数学的多少和它的难易程度来作为评判经济学论文质量高低的标准。

更深的一层涵义是，经济学是一门以现实中的经济行为和现象为研究对象的社会科学，因此，一方面，所有的经济学理论最终要接受现实的检验；另一方面，新的理论的创立和旧的理论的发展也要受现实的启发。现代经济学非常重视实证分析。现代经济学的实证分析，或对已有理论的检验，或发现新的、已有理论尚不可解释的经验证据，都是以现代经济学理论为出发点和导向来进行的。这与其他的一些社会科学中的实证分析不尽相同。比如在社会学中，许多实证分析并没有一致的理论基础，像通过估计变量间的相关系数来了解事实。而现代经济学的实证分析大都是基于经济学理论的。经济学家应用统计回归方法，不仅关心变量的估计值和变量间的相关性，更关心变量间的因果关系、模型假定对预测的影响以及计量结果背后的经济含义，这是计量经济学不同于统计学的最重要方面。

因此，在本质上经济学不应同数学相类比。经济学同物理相类比则更为恰当，因为物理是研究自然界中的物质世界的自然科学，而经济学是研究社会中的经济世界，两者都是科学，其理论都必须经过经验数据的检验。而数学理论是不需要用数据来检验的。当然经济学与物理学很不同的一点是，除极少数的情况外，经济学无法像物理学那样做可控实验。因此，相对于物理学而言，经济学不得不更多地依靠假定和数学推理来推断。这可以解释经济学方法论上的两个特点。其一，经济学对假定的现实性非常关注。弗里德曼（Milton Friedman）的著名的有关假定不重要、只要预测正确的经济学研究方法论之所以不可取，就在于它没有考虑到经济学研究不同于自然科学研究的基本困难是可控实验的不可行性和用经验数据直接检验结论的有限性。其二，这也说明为什么经济学中超越现实的数学推理有相当大的空间。但是最终而论，由于经济学是社会科学，经济学作为整体必须瞄准事实，与经济现实相关。

以上讲的经济学与数学的关系是一般而论，但是特例总是存在的，两个极端的例子便是两位诺贝尔奖获得者科斯（Ronald Coase）和纳什（John Nash）。在一个极端，科斯定理是一个被称作定理但是并没有数学模型的原理。虽然它没有借助任何数学模型，但是逻辑推理步步严密、丝丝入扣。科斯定理改变了通行的观察问题的视角，建立了分析产权和政府干预的新的参照系。在另一个极端，纳什是一个数学家，"纳什均衡存在性"（Nash, 1951）和"纳什谈判解"

（Nash，1950）都是数学定理。但是它们在经济问题上应用广泛，成为博弈论的基本分析工具。有趣的是，科斯一直在法学院任教，而纳什从未离开过数学系。值得注意的是这是两个极端的特例，不能任意推广，事实上，绝大多数经济学家的情况并非如此。本文所引用的三十几篇参考文献中不少是半个世纪以来现代经济学中的经典论著。我们从中不难发现，第一，除个别外，这些论著都运用数学（或基于运用数学的论文）；第二，除个别外，它们都是论述经济学、而非数学问题。

三、现代经济学在发展

除了抱怨它的数学化，常见的对现代经济学的批评还有以下两种。第一种批评是认为它的研究领域狭窄，并由此把它归为一种或一类观点。比如，认为现代经济学只研究市场运作不研究非市场组织（如企业和政府）的行为；只研究资源配置问题，不研究政治经济学问题；只探讨效率不注重研究平等。现代经济学起源于新古典经济学，侧重的是市场中的资源配置问题。资源配置问题当然是市场经济中的一个核心问题，但其本身的研究范围并不包含经济学的其他许多领域。现代经济学经过这几十年的发展，已经扩展到经济问题的几乎所有领域。我们从当前国际经济学界的一些热门研究课题便可见一斑，比如，公司内部组织结构的设计、经济政策的形成与政治利益集团的关系、经济发展与政治制度演变的关系、社会资本（social capital）对经济行为的作用、收入分配如何影响效率等等。下面举两个例子来具体说明现代经济学的研究范围正在迅速扩充。

第一个例子有关公司金融学（corporate finance）内容的大幅度扩展。在 20世纪50年代中的默迪格利安尼－米勒定理之后的二十多年里，公司金融学中的主要内容——公司融资结构的确定——不外乎是取决于公司和个人的不同税率以及公司破产（包括濒临破产）成本。直到 70年代中，詹森和梅克林从公司经理的激励问题出发来研究公司股权和债权的结构问题，使得公司金融学的理论有了新的发展方向。这一方向性转变的核心是经济学超越传统上只研究市场的局限，把公司作为一种非市场的组织来进行研究。由此便引出一系列新的问题，比如代理人问题，激励机制问题，公司治理结构问题，等等。在研究这些问题时，信息与合同理论就成为强有力的分析工具。到了 20世纪80年代中，格罗斯曼、哈特和穆尔又进一步运用不完全合同理论这一新的分析工具来研究公司融资和治理结构问题，取得了理论上的新突破。在经验实证方面，施莱佛

（Andrei Shleifer）和维什尼（Robert Vishny）在20世纪八九十年代对公司的融资结构、经理行为和公司业绩之间的关系做了大量的研究，对实际中的公司治理结构提供了不少经验实证论据（Shleifer & Vishny，1997）。比如，他们发现，现实中重要的代理人问题并不是简单地发生在股东和经理之间，而是在于大股东伙同经理一起侵犯小股东们的利益。20世纪90年代末，他们及其合作者又进一步从经验数据中比较世界各国的法律体系，研究各国公司法和证券法在保护小股东方面的差别，并由此确定法律对公司融资的影响（La Porta等，2000）。最近，他们正在比较法庭裁决和行政监管这两种执行规则的方式在维护金融市场有效运作中的利弊。由此看出，近20年来，公司金融学深受微观经济学发展的影响，其内容已经发生根本性的变化。

第二个例子是现代政治经济学（political economics）作为经济学中一个独立的研究领域正在兴起。新古典经济学为了集中探讨市场的资源配置问题，撇开了一切对政治因素的考虑。但是人们在实际中发现，脱离政治因素是无法解释许多经济行为和现象的，特别是那些明显低效率的经济政策和经济制度。比如，经济学理论早已论证了关税保护的低效率性，但是许多国家仍然高筑关税壁垒。经济学家们很清楚通货膨胀对宏观经济造成不稳定的危害性，但是不少国家的宏观稳定政策却不断被拖延。经济体制的改革、向市场经济的转轨和经济结构的调整经常出现的放慢、停滞甚至倒退，都很难从经济效率角度来理解。于是，经济学家们把政治因素引入他们的经济模型。值得注意的是，新政治经济学或称现代政治经济学至少在两点上不同于以往的政治经济学。第一，它的出发点不是"规范的"(normative)，即研究"应该怎样"，而是"实证的"（positive），即先研究"是怎样"。具体地说，它的研究目的是为了先理解在现实社会中政治对经济的影响，特别是政府的经济政策和经济改革决定的形成和实施。第二，它的分析方法就是现代经济学的分析方法。具体地说，它是在现代经济学的分析框架内引入政治因素的。

现代政治经济学有两大类分析工具。一类是基于"选举"（voting）的、以少数服从多数来决定经济政策的模型。在这类模型中，政治家的利益是为了赢得选票，经济人根据自身利益投票，而经济政策的确立由多数人的利益决定。另一类是基于"利益集团"（interest group）竞争从而影响经济政策决定的模型。在这类模型中，不同利益集团动用可支配的资源游说、影响甚至贿赂政治家，而政治家的决策确定经济政策。这两类模型以不同方式引入政治运作机制，目的是为了更好地理解在不同的政治背景下经济决策确定的原因。布莱克（Duncan Black）早在20世纪50年代末证明的"中位选举人定理"（the median voter theorem）为选举模型做出了奠基性贡献（Black，1958）。而奥尔森（Mansur Olson）在20世纪60年代中出版的《集体行动的逻辑》一书可称为利益集团模型的开山之作（Olson，1965）。但是直到20世纪八九十年代，现代政治经济学的发展才突飞猛进，并在经济学科中逐渐形成一个独立的领域。刚刚出版的两本新书：一本由珀森（Torsten Persson）和塔贝里尼（Guido Tabellini）合著（Persson & Tabellini，2000），另一本由格罗斯曼（Gene Grossman）和赫尔普曼（Elhanan Helpman）合著（Grossman & Helpman，2001），集中体现了现代政治经济学在这期间的新进展。

第二种对现代经济学的批评是关于其模型中的假定。任何理论都要做假定，因此任何理论的成立也都会有局限条件。自然科学（如物理）如此，社会科学（如经济学）也是如此。历史表明，任何科学都是在对现有理论的批评中发展的，但是历史还表明，建设性的批评最有价值。仅仅指出和批评已有研究中的某些假定与现实的差距是不够的，关键的是看能否提出新的体系，不仅它的假定与现实更相符，而且还能解释更多的现象，并能够包涵已有理论。举一个物理学的例子。当年人们之所以接受爱因斯坦相对论，是因为它既能比牛顿力学解释更多的现象，而且还能把牛顿力学作为它的特例。现代经济学的分析框架在不断发展和扩充。下面我举两例说明，在过去30年的历史中，现代经济学如何不断修改基本假定使之与现实更接近，同时修改后的理论不但能更好地解释现实，并且能够包涵已有理论。

第一个例子是20世纪70年代信息经济学的崛起。新古典经济学理论原本都是假定信息是对称的。1970年伯克利加州大学的阿克尔洛夫（George Akerlof）发表的关于"次品市场"的论文开创性地把非对称信息引入对市场的研究（Aberlof，1970），带来20世纪70年代信息经济学突飞猛进的发展。有趣的是阿克尔洛夫在完成该文后向经济学期刊投稿，连续被四五家杂志拒绝，包括美国经济学会的《美国经济评论》、芝加哥大学的《政治经济学期刊》、欧洲的《经济研究评论》等一流经济学杂志。几经周折终在哈佛大学的《经济学季刊》上发表，立刻引起巨大反响，成为主流经济学的一部分。值得注意的是，虽然引入非对称信息改变了不少已有的结论，但是阿克尔洛夫的模型是在现代经济学的基本分析框架下发展的，并将对称信息作为一种特例。而且，它的结论可以用实证方法检验。事实上，在不同市场，非对称信息的程度不同，它对人的行为的影响也不同。在对称信息假设下的理论并不是被推翻，而是被扩展和补充了。因此，非对称信息的理论被主流经济学接受并成为其一部分，为信息经济学作出奠基性贡献的阿克尔洛夫、史宾斯（Michael Spence）（Spence，

1973）和斯蒂格利茨（Rothschild & Stigliz，1976；Stigliz，1974）一起荣获2001年的诺贝尔经济学奖便是明证。

第二个例子是20世纪90年代行为经济学（behavioral economics）的起步。心理学的经验结果发现，在一些情况下人的决策与经济学的理性假定有系统性偏差。行为经济学（包括行为金融学（behavioral finance））结合经济学和心理学，吸收现代心理学中的经验证据，修改经济学中某些有关人的理性的基本假定。它研究在这种修改后的理性的条件下市场中人的经济行为，由此得出很多与已有的理论不同的结论，并能够解释一些令人困惑的经济现象。行为经济学之所以正在逐渐被主流经济学接受，也正是因为它运用现代经济学的基本分析方法，并且将通常的理性假设的情况包涵在其中。通常的理性假设在某些情况下是合适的，而在另一些情况下，修改后的理性假设下的理论更能解释现实。20世纪90年代，行为经济学（包括行为金融学）在理论和实证方面的研究都取得了重大进展。在行为金融学方面，塞勒（Richard Thaler）（Thaler，1993；1994）和施莱佛（Shleifer，2000）对人的有限度理性行为对金融市场的影响做了很多重要的研究。在行为经济学方面，阿克尔洛夫又有新贡献（Akerlof，1991）。但最有意义的事件是2001年美国经济学会将该学会的最高奖——每两年一次、授予对经济学发展影响最大的40岁以下的美国经济学家的克拉克奖章（Clark Medal）——颁发给为行为经济学的基础理论做出开创性贡献的伯克利加州大学的雷宾（Matthew Rabin）（Rabin，1998）。这是该奖在过去12年来首次授予一位研究基础理论的经济学家，它说明了经济学界对行为经济学的一种认可。同时它也表明，行为经济学的兴起恐怕是20世纪90年代经济学基础理论发展历程中最有意义的事件。

四、用现代经济学分析中国的经济改革

中国由计划经济向市场经济的转轨以及在世界经济中的崛起是一个历史性的事件。然而，中国的改革、开放和发展并不是孤立的，它是当今世界范围内经济体制向市场转轨、经济全球化和经济发展之中的一部分。因此，中国与其他转轨国家和发展中国家一样，面临着很多相似的问题。当然，由于历史、经济、政治和社会背景的不同，各国具体经历和路径会表现出不同。这些年来各国在转轨和改革中面临的共同问题和采取的类似的和不同的解决办法，对经济学提出了一系列新的课题。我们不难发现，虽然不少已有的经济学理论适用于改革时期的中国，但不能一概而论。一些在成熟和常规市场经济中的经济学

"常识"在转轨过程中并不成立，有些改革时期的经济行为和现象甚至与已有理论的预测背道而驰，比如东欧国家在市场自由化后出现的生产大衰退和中国在产权尚未规范化前的经济持续增长便是已有经济理论事先没有预料的突出例子。因此，直接套用现代经济学已有理论的结论很难或不能完全解释由计划向市场的转轨过程中的一些重大问题。这并不奇怪，一来现代经济学以往的研究对象偏重于成熟经济和规范市场中的经济问题，二来由计划向市场的大规模的制度转型在历史上尚属首次。

什么是研究中国经济改革的可取的方法呢？首先，研究要瞄准中国的现实，经济学家要懂得中国的事情。如果不懂得中国的经济、政治和社会的环境条件的历史和现状，研究就很容易产生困难：第一，很难识别和确定改革和发展中的主要问题和症结；第二，不易做出与现实相符或相近的假定；第三，更难提出既遵照经济学的基本原理又适合中国国情的政策建议。因此，懂得中国的事情是研究中国改革问题的必要条件。但是，仅仅懂得中国的事情是不够的。为了研究中国经济改革过程中的经济行为和现象并提出适合中国国情的政策建议，还需要运用现代经济学的基本原理和分析方法，它们是研究人类经济行为和现象的知识的结晶。方兴未艾的转轨经济学正是如此来研究包括中国在内的转轨经济中的新现象。伯克利加州大学的罗兰（Gerard Roland）的新书《转轨与经济学》概括了在这一领域中到目前为止的主要的理论和实证的研究成果（Roland，2000）。事实上，现代经济学正是在对新的经济问题的探索中发展的。前面论及的公司金融学、政治经济学、信息经济学和行为经济学是这样，转轨经济学也是这样。

运用现代经济学分析中国经济改革过程中的经济行为和现象为什么有用且必要呢？最根本的原因是中国经济改革的方向是建立与国际经济接轨的现代市场经济体制。而现代经济学的核心内容正是研究现代市场经济的运行。因此，它给我们提供了一个有关现代市场经济的参照系，使我们在分析中国向市场经济转轨问题时能够站在这一参照系的高度来观察貌似纷乱无序的现象。有了现代经济学提供的这一参照系，我们就可以把中国的情况放在国际比较中合适的位置上，以便准确地识别中国的情况中哪些具有一般性，哪些具有特殊性。否则，无论是对现实的分析还是对政策的建议，我们在研究中国改革时就会缺乏方向感，丧失大视野。

进一步说，现代经济学的理论分析方法和框架适用于研究中国的改革。这可以分别从它的三个组成部分来看。第一，中国的消费者、企业家、经理和政府官员同其他国家的经济人一样，在资源、技术和制度的约束条件下受利益驱动。用现代经济学的这一视角看问题，我们可以在分析中国正在经历的复杂的转轨问题时，对人的行为作出一致的和近合实际的假定。第二，由于中国的改革大趋势是纳入国际通行的市场经济体系，所以，把现代经济学的研究市场经济的理论参照系作为研究中国改革问题的理论参照系不仅合适而且必要。第三，在研究的初级阶段，引用现代经济学的一些名词、概念和结论的确能帮助研究人员扩展思路。但是，由于改革是错综复杂的过程，任何比较系统、深入、精细和经得起推敲的研究都必须超越概念的解释和措辞争论的层次。深入的分析需要借助前人制作的工具，而现代经济学发展出来的各种数学模型提供了这样的分析工具。虽然它们本身并不是为研究中国改革而发明的，但是其中一些模型经过适当的修改，考虑进中国的历史和制度因素，是可以被运用来分析中国改革中的经济行为和现象的。

下面从市场、企业和政府这三个不断深入的改革层面来具体说明运用现代经济学分析中国改革的有用性和必要性。第一个例子是市场作为资源配置机制的问题，它是改革中"计划"与"市场"之争中的基本问题。现代经济学的一般均衡理论是关于市场价格作为资源配置机制的最基本的理论参照系。这一理论让我们理解为什么不受管制的价格反映商品的稀缺程度并在市场经济中起到调节供需的作用，以及在什么情况下个人的自利经济行为通过没有政府干预的市场可以达到社会的经济效率。它对于以市场取代计划，让市场在资源配置中起作用具有根本的理论意义。无论是评估以往改革的路径和目前的改革措施，还是提出新的政策性建议，凡是探讨资源配置问题，这一理论都是讨论的基础。我国在20世纪50年代中期的改革尝试，由于缺乏对市场在资源配置上的作用的认知，单纯强调行政性放权，结果导致改革尝试的失败。到了20世纪80年代，一般均衡理论被介绍到中国，市场价格和市场机制在资源配置中的核心作用逐渐成为中国经济改革者们关注的焦点。但是，即使在市场经济的改革方向已经确立之后的今天，各种扭曲价格、限制竞争、抑制市场在资源配置中起作用的政府政策仍然层出不穷。诊断这些政策的后果、提出改进的方法，都离不开基于一般均衡理论的分析。这一例子说明了现代经济学中那些看上去尽管很抽象和不现实的理论参照系，在研究中国的改革时却具有重要的实用价值。

第二个例子是20世纪90年代成为中国深层次改革热点问题的企业问题。一般均衡理论是关于价格的理论，不是关于企业的理论。20世纪70年代以来，特别是20世纪80年代和20世纪90年代，随着博弈论、信息经济学、合同理论的发展，现代经济学对企业的产权、所有权和治理结构问题的研究有了突破。现代的企业理论以激励问题为出发点展开对企业内部经理层、大小股东和其他利益相关者之间的利益冲突和调节机制的分析，而基于这一理论的实证研究发现了很多现实中的公司治理结构的规律。这些现代经济学中正在蓬勃发展的理论和实证结果以及分析方法在20世纪80年代末、20世纪90年代被及时地介绍到中国，对于研究中国的企业改革非常有用，至少表现在两方面。一方面，中国的企业改革方向是同发达经济中的现代公司模式接轨，所以现代经济学对发达经济中公司的研究有助于在比较中发现中国企业改革中的问题，并提出具有远见的政策性建议。另一方面，考虑到转轨中的企业与成熟市场经济中的企业在自身特性和所处环境上的重大差别，而这些差别又不易在短期内消除，已有企业理论中的现成结论便不可直接套用了。但是其中的分析工具仍然有用，因为它们抓住了具有一般性的企业问题的本质。运用这些工具，对已有的模型作出修改，加入特殊的历史和制度因素（比如企业所有者不全是私人，产权的安全性得不到保障，合同和法律无法被有效率地和公正地执行），就会得出既符合中国现实又有分析深度的结果。这样就可把对转轨中的企业的研究提到一个新的高度，并对症提出符合中国国情的政策性建议。这一例子说明了现代经济学中那些关于成熟市场经济的研究结果，对研究中国的改革或可被直接应用，或可被修改和发展后运用。

第三个例子是转轨过程中政府的行为及对经济影响的问题。这是较前两例——市场和企业——更为深层次的问题，因为政府的行为对市场功能的发挥和企业活力的展现都有着基本的（正面或负面的）影响。不同于前两例的是，现代经济学对政府的经济行为的研究相对有限，远不如对市场的资源分配和企业问题的研究那样深入和成熟。根本原因是发达的市场经济以法治为基础，政府的任意行为受到法律约束，使得它不易侵犯产权和限制企业的自由组建和发展，而政府的主要经济职责是提供公共品，如基础教育和公共卫生服务。而转轨经济和发展中经济的情况非常不同：通过建立法治来约束政府行为往往需要较长的时间才能实现。在完善法治之前，政府的行为，特别是地方政府的行为，对经济影响最大和最突出的方面还不在于提供传统的公共品，而在于政府对待本地新兴非国有企业的行为是"养鸡生蛋"还是"杀鸡取卵"，这往往决定了某地经济活力的程度。哪些因素决定地方政府的行为并进而决定地方经济的衰盛无疑是转轨经济提出的新问题，而现代经济学并没有现成的答案。但是，现代经济学提供了有用的视角，即地方政府官员同其他经济人一样其行为与所提供的激励紧密相关。同时，现代经济学在研究其他问题时发展出来的分析工具可以被借用，比如，研究企业组织内部管理中的集权、分权利弊的模型可以被用来研究政府组织内部中央与地方政府权力配置关系，以及它如何影响地方政府的激励和行为这一问题。因此，我们可以运用现代经济学的分析框架来评估地方政府行为的变化并进而解释在转轨过程中各地甚至各国经济表现的不同。

用这样的方法可以深入研究中国在20世纪80年代实行的中央向地方放权和财政包干制对地方政府行为和它们所管辖的地方经济的影响。一方面，众所周知，财政包干制加剧地方保护主义，伴随中央财政收入下降等问题。但另一方面，它给予地方政府很高的边际财政留成率。实证研究发现，在实行财政包干制期间，地方政府的边际财政留成率越高，其财政激励就越高，它们的自身利益与本地的经济繁荣就越紧密地结合在一起，它们表现出更愿意帮助和支持而不是阻止和扼杀本地有活力的非国有经济，结果本地的非国有经济发展越快。这与20世纪90年代俄国的情况形成鲜明对比。由于俄国的地方政府的财税收入与本地的经济发展几乎不挂钩，地方政府没有财政激励发展本地区经济，相反却不断骚扰、掠夺新兴的私有经济。俄国地方政府的这一行为被认为是阻碍新兴私有经济发展的重要原因。[1]

这一例子说明了即使是研究那些中国改革中特有的问题，也可以借用现代经济学中为研究其他问题而发展出来的分析工具。反过来，不仅转轨经济和中国改革的现状为现代经济学的研究提供了有意思的素材和经验数据，而且运用现代经济学的方法研究转轨和中国改革还丰富和发展了现代经济学。由于政府行为及其对经济的影响是转轨经济中最突出的和最受关注的问题，也是经济发展中带有普遍性的深层次问题，对这一问题的研究自然而然地成为近年来转轨经济学的一个核心内容。而转轨经济学的这一研究也影响和刺激了经济学其他领域的研究。它对发展经济学有直接的影响——毕竟在制度环境方面发展中经济与转轨经济有相似之处——比如推动了研究政府行为与民营经济发展的关系。它还引发了20世纪90年代形成的一些新的经济学（包括金融）的研究热点，比如比较世界范围内（包括发达国家）的财政体制、法律体系和金融监管体制并分析它们对政府行为、企业融资和经济表现的影响，而这些都不是以往研究的焦点。由此看出，对转轨经济和对中国改革的研究的确也会为现代经济学的发展作出贡献。

---

[1] 有趣的是，与当前中国政府的财政收权、税收不断提高的情况相对照，最近俄国的财税改革取得重大突破，实行了在成熟的市场经济都因政治原因无法实行的单一税率的个人所得税制。中国的财政收权是否加速了它近年来经济增长的减缓，俄国的财税改革对个人的激励是否有助于它当前的经济复苏，都有待进一步的研究。

Akerlof, G., 1970 "The Market for Lemons: Quality Uncertainty and the Market Mechanism," *Quarterly Journal of Economics*, 84(3): 488-500.

——, 1991, "Procrastination and Obedience," *American Economic Review Papers and Proceedings*, Richard T. Ely Lecture, 81(1): 1-19.

Arrow, Kenneth, and Frank Hahn, 1971, *General Competitive Analysis*, Amsterdam: North-Holland.

Black, Duncan, 1958, *The Theory of Committees and Elections*, Cambridge: Cambridge University Press.

Cheung, Steven N.S., 1969, *The Theory of Share Tenancy*, Chicago: University of Chicago Press.

Coase, Ronald, 1960, "The Problem of Social Cost," *Journal of Law and Economics*, 3: 1-44.

Debreu,, Gerald, 1972, *Theory of Value*, New Haven: Yale University Press.

Diamond, Douglas, and Philip Dybvig, 1983, "Bank Runs, Deposit Insurance, and Liquidity," *Journal of Political Economy*, 91(3)401-419.

Fama, Eugene, 1980, "Agency Problems and the Theory of the Firm," *Journal of Political Economy*, 88（2）: 288-307.

Grossman, Gene, and Elhanan Helpman,2001 Special Interest Politics, Cambridge, MA: MIT Press.

Grossman, Sanford, and Oliver Hart, 1986, "The Costs and Benefits of Ownership: A Theory of Vertical and Lateral Integration." *Journal of Political Economy*, 94（4）: 691-719.

Hart, Oliver, and John Moore, 1990, "Property Rights and the Nature of the Firm," *Journal of Political Economy*, 98（6）:1119-1158.

Holmstrom, Bengt, 1999, "Managerial Incentive Problems -- A Dynamic Perspective," *Review of Economic Studies*, 66（1）: 169-182.

Jensen, Michael, and William H. Meckling, 1976, "Theory of the Firm: Managerial Behavior, Agency Costs and Ownership Structure," *Journal of Financial Economics*, 3（4）: 305-360.

La Porta, Rafael, Florencio Lopez-de-Silanes, Andrei Shleifer and Robert Vishny, 2000, "Investor Protection and Corporate Governance," *Journal of Financial*

Economics, 58（1）: 1-25.

Laffont, Jean-Jacques, and Jean Tirole, 1986, "Using Cost Observations to Regulate Firms," *Journal of Political Economy*, 94（3）: 614-641.

Modigliani, Franco, and Merton Miller, 1958, "The Cost of Capital, Corporation Finance and the Theory of Investment," *The American Economic Review*, 48（3）: 261-297.

Nash, John, 1951, "Non-Cooperative Games," *The Annals of Mathematics*, 54（2）: 286-295.

Nash, John, 1950, "The Bargaining Problem," *Econometrica*, 18（2）: 155-162.

Olson, Mancur, 1965, *The Logic of Collective Action: Public Goods and the Theory of Groups*, Cambridge, MA: Harvard University Press.

Persson, Torsten, and Guido Tabellini, 2000, *Political Economics: Explaining Economic Policy*, Cambridge, MA: MIT Press.

Rabin, Matthew, 1998, "Psychology and Economics," *Journal of Economics Literature*, 36（1）, :11-46.

Roland, Gerard, 2000, Transition and Economics: Politics, *Markets and Firms*, Cambridge, MA: MIT Press.

Rothschild, Michael, and Joseph Stiglitz, 1976, "Equilibrium in Competitive Insurance Markets: An Essay on the Economics of Imperfect Information," *Quarterly Journal of Economics*, 90(4): 629-649.

Samuelson, Paul, 1958, "An Exact Consumption-Loan Model of Interest with or without the Social Contrivance of Money," *Journal of Political Economy*, 66（6）: 467-482.

Shleifer, Andrei, 2000, Inefficient Markets: *An Introduction to Behavioral Finance*, Clarendon Lectures in Economics, New York: Oxford University Press.

Shleifer, Andrei, and Robert Vishny, 1997. "A Survey of Corporate Governance," *Journal of Finance*, 52（2）:737-83.

Spence, Michael, 1973, "Job Market Signaling," *Quarterly Journal of Economics*, 87（3）: 355-374.

Stiglitz, Joseph, 1974, "Incentives and Risk Sharing in Sharecropping," *Review of Economic Studies*. 41（2）: 219-255.

Thaler, Richard, 1994, *The Winner's Curse: Paradoxes and Anomalies of Economic Life*, Princeton: Princeton University Press.

Thaler, Richard（editor）, 1993, *Advances in Behavioral Finance*, New York: Russell Sage Foundation.

（原文刊于《经济社会体制比较》2002年第2期）

经济学与世俗智慧

柯荣住[*]

在经济学艰深的数学背后，它究竟想向人类提供什么？我认为的答案是世俗智慧。

应当说，智慧有许多形式，宗教、玄学、纯数学、逻辑等，它们在鲁滨逊的世界中照样能够独立存在，许多修行者还特意远离尘嚣去追寻那种智慧。但世俗智慧是另外一种形式的智慧，它是指一种对普通大众的日常行为的认识与理解，同时也包括对这些世俗的个人互动形成的制度及其运行机制的理解。它关注的是一群世俗的人（有七情六欲，也许并不高尚纯洁）在现实环境中如何实现互动达到彼此的和谐。如果说人一半是天使一半是野兽，那么世俗智慧主要是针对人兽性那一半的可能性而提出的，它所关注的问题非常务实：一群野兽在一起能形成什么样的社会秩序？如何使野兽也能像天使一样行动？这种可能性存在吗？世俗智慧不仅教导我们如何对待天使（善），更要教导我们如何对付野兽（恶）。

也应当说，并非在经济学充分发展之后的今天才有世俗智慧，二千多年前人类就已经有非凡的世俗智慧。孔子大约是那个时代人类最有世俗智慧的人之一（在那个被历史学家称为"轴心时代"的时代里，人类社会后来的许多道德伦理与政治的根基都被奠立了），"半部《论语》治天下"的说法在过去不无道理。即

*　　柯荣住，麻省理工学院经济学博士，现为香港中文大学经济系助理教授。

88

使是在今天，"己所不欲，勿施于人"的行为准则也没有过时。熟悉演化博弈的人都可能知道，人人都奉行这种行为策略的社会是一个实现福利很高的社会。大约在年代相当的西方，撇开宗教精神不论，基督教也蕴涵着极其深邃的世俗智慧，任何读过《圣经》的人都可能从中领悟智慧。《圣经》里提出："你们愿意人怎样待你们，你们也要怎样待人。"（《马太福音》7∶12）这是待人处事的"黄金原则"，与孔子的准则相比，前者在积极，后者在消极。会解不完全信息动态博弈的人可以仔细体会这两种策略的社会后果。当然，这种差异也许已经不需要强调，因为社会只要提倡其中任何一种，就已经足够好了。并且意味深长的是，《圣经》明确提出："恺撒的物当归给恺撒，神的物当归给神。"（《马太福音》22∶21）这意味着政教分离，世俗社会的治理具有独立于宗教的价值。

还应当指出，也并非只有经济学才贡献世俗智慧，法学、社会学以及其他社会科学也贡献世俗智慧，尤其是法学家。举一个例子：孟德斯鸠曾经注意到一个故事，为什么在古代俄罗斯比中国的凶杀案发生率更高。他发现，在中国，人们抓住小偷不至于把他打死，而在俄罗斯被当场逮住的小偷却要被打死。在后面这种法律制度下，小偷就有很强的动机杀人灭口。所以所谓的"乱世重典"也是有条件的，并非刑罚越重就越能阻止犯罪，有时候，过重的刑罚反而会使人们有激励进行更严重的犯罪。熟悉激励理论的经济学子应该很快能明了这其中的道理：不能狠狠惩罚那些我们认为有害的犯罪实在不是因为这种行为应该原谅，而是因为无法给那些比这种行为更严重的犯罪处以重罚。我们最多只能判人死刑，最严重的惩罚只能给最严重的犯罪，这样才是激励相容的。如果所有犯罪都处以同样严厉的处罚，孟德斯鸠的悖论就会出现。而且如果不能把所有犯罪的人都处死，那么我们就需要考虑刑罚的正当性以激励那些刑满释放的人认为自己所受的惩罚是"公平"的，从而重新皈依社会规范。实际上，法学的世俗智慧与经济学是如此地相容，以至于法律经济学成为了今天法学理论的主流，不仅仅在合同法、商法领域，在宪法、刑法、诉讼法等方面，经济学也都大行其道。而在有关法律的实施后果的评估方面，经济学的实证方法更是显示出优势，行为法学与行为经济学的结合将可以实实在在为我们理解人们的守法与违法行为提供新的智慧。

那么，经济学究竟提供什么独特的世俗智慧呢？这需要从经济学的基本假设说起。许多人对经济学的理性假设大加抨击，以为找到了经济学的软肋。主要的误解可以笼统地分成三类：一是道德上的抨击，二是行为学上的批评，三是技术上的批评。先看道德上的抨击是如何荒谬。我们只要问：哪个人能站出来说他做任何事情都一点没有考虑自己的利益？休谟曾经说过：如果有人向你描述了一个人，他完全没有贪欲、野心或报复心，除了知道友谊、宽容和公共精神之外没有其他快乐的源泉，那么你应该立刻觉察这是彻底的谎言。稍微懂点逻辑的人都知道，绝对的利他主义本身就是一个悖论（绝对利他主义者如何能活下来，难道这世界上除了他之外没有饥饿的人吗？），而利他如果不是指一种动机，那么在行为上的利他根本就不需要用绝对的利他主义来解释。我并不否认利他主义对于社会存在与发展的重要性，但是我们必须区别利他在社会中存在与在个人身上存在是两回事。利他主义是一种社会存在并不需要每个个体都绝对无私（实际上这不可能）。

也许目前中国人在这个问题上已经没有什么幻觉了。我们已经老早就看穿了资产阶级自私自利的本质，但为什么却看不清自己的本质？英国人就比较有智慧，当"光荣革命"胜利的时候，他们并没有忘记问这样的问题：为什么议会与辉格党人就比皇帝更不会滥用职权？他们难道不是肉长的吗？新的与老的有什么不同？所以他们并不是要新的皇帝代替旧的皇帝，而是要议会与皇帝互相制约打破彼此都有可能的独裁。"光荣革命"并没有革掉人或多或少要考虑自己的利益这个行为特点，只是改变了一下社会机制。

再说行为学上的批评。的确，人们在作决策的时候不是像博弈论专家解PBE（精炼贝叶斯均衡）那样考虑问题，很多时候是凭直觉，是有限理性的。这种批评与其说是颠覆不如说是改进。只要我们承认人或多或少要为自己考虑，在世俗层面，我们就不得不为此作出相应的对策，那么经济学提供的智慧就大有用武之地。至于人们在智力上有多大程度能实现自己的目标，这是一个"量"的问题（你想不想赢和你能不能赢的区别）。其实对于现代经济学而言，理性假设不过是一个脚手架而已：建楼的时候要用它，但是楼建好了就没有脚手架的影子了，大厦的形状不是由脚手架的形状决定的。但是脚手架并非无关紧要，没有好的脚手架，就无法顺利建成大厦。对于研究世俗的人的真实行为而言，理性假设无疑是一个最好的脚手架。不管个体的动机是什么，利他也罢，利己也罢，但他必须知道生产的可能性边界。（如果互动不影响技术边界，利他还是利己对资源的最优配置没有影响；如果互动影响技术边界，那么不管想利他还是想利己，他们都需要同样多的关于博弈结构的知识，甚至利他主义需要知道的比利己主义还要多。）

第三类批评主要是针对经济学的研究方法提出的：既然是研究人类的日常行为，为什么要用那么高深的数学？那与世俗智慧有什么关系？回答这个问题很简单：研究者需要的知识要远远超过行为者自己的知识。鸟类不懂空气动力学，却可以飞得很好，但研究鸟类飞行的人却要懂空气动力学；细胞不懂分子生物学，但是研究细胞行为的人要懂。当事人可以像《庄子·秋水》中的百足之虫一样"动吾（悟）天机而不知其所以然"，但是研究者却还要知其所以然。高深的数学对于理解人类的行为及其互动实在是必要的。当然，也需要指出，既然是研究人类的世俗行为，内省对经济学研究也非常重要，这是经济学作为社会科学与自然科学研究最大的差异所在。从自己内心的感受出发，基于常理的理解和推测往往能够成为检验一种经济理论的有力工具，这是经济学的直觉与物理学的直觉的不同之处。

总结起来，可以大致将经济学提供的世俗智慧定位为：将人类预设为或多或少要考虑自己的利益，并在此基础上探索人们的互动及其后果。迄今为止，经济学贡献的最伟大的世俗智慧，莫过于亚当·斯密的"看不见的手"：我们早上能享受的可口面包不是因为面包师的恩惠，而是利益使然。这个洞见并不是鼓励人们一定要自利，更不是鼓励人们一定要极端自私，而是提供了一种可能性：即使每个人都没有那么高尚，都或多或少要考虑自己的利益，是不是仍然存在增进社会福利的可能性？这种可能性可以在"自由市场制度"下达到。这种智慧的火花也许已经更早就萌芽了。中国古代的韩非子曾经说过：医生为病人吸出伤口的毒不是因为亲情，而是因为利益。韩非子还提到一个例子，一个父亲听到军官对他当兵的儿子很好的时候，反而大哭，因为那样儿子就要为军官卖命了。然而，是斯密首次作了系统地论证，并将它与国民福祉及其增长联系起来。可以说，自由市场制度的确立是近代以来人类最大的进步，难怪斯蒂格勒认为，人们今天的进步大部分是来自市场而不是其他的组织，更不是政府。同时，斯密恰当地指出了政府与市场的边界，政府是一个"守夜人"。这种智慧与宪政理念互相印证：在"政府万能论"下不可能有真正的宪政。弗里德曼曾经不无自豪地声称，达·芬奇创作艺术、牛顿发现万有引力、莎士比亚写作剧本都不是响应政府或某个组织号召的结果。当我们期望政府为社会承担更多责任的时候，政府从我们这里剥夺过去的权力往往是随着责任成倍增加，而要求控制的资源则增加得更多。就对市场与政府的关系的理解而言，中国目前还远远没有达到斯密时代的英国人的水平，所以在中国，能推进人们对这一关系的认识的任何人（当然包括经济学家）都可以算是有智慧；相反，对于开倒车的人，就算他在国际期刊上发再多文章，也只能算某一个领域的专家，却不见的有智慧。

尽管斯密的智慧极其宏伟，但是求知之路没有尽头。博弈论的提出与应用，指出了另外一个可能性：如果每个人只考虑自己的利益，在互动环境下，那么社会的福利有可能无法达到最"好"（也就是在技术上本来可以是更好，但是却无法达到）。这一般被称为"囚徒困境"。那么囚徒困境是不是说明斯密的理论失效了呢？并非如此。其实仔细地看囚徒困境，它并不是两个囚徒的博弈，背后还有法官、警察、公众甚至还有黑社会（如果这两个囚犯来自一个团伙）。对于"白道"来说，囚犯的困境正是他们所期望出现的结果，不能说出现囚犯困境对社会就一定不好。从这个意义上说，"以恶制恶"是极其重要和高超的世俗智慧。这个智慧与斯密的智慧一脉相承：斯密说"利己惠人"，博弈论说"以恶制恶"。今天，经济学已把博弈论迅速接受为主流的方法，经济学家也已对"以恶制恶"的可能性了解得更多。如果警察可能渎职，法官可能受贿，廉政公署本身需要"廉政"，反贪局长自己也贪污，公众自己都喜欢违法（只要有利可图），那么"社会如何可能"？任何主张通过增加监督机关的说法都需要经得起人们这样的推敲：谁来监督监督者？"如无必要，勿增实体"，奥肯剃刀原理完全适用于此：如果对反贪局长的监督难度与直接监督其他局长的难度一样，那么为什么要增加反贪局？这个问题的答案已经隐含在一个叫"核心定理"（core theorem）的命题[1]里：凡是能被最终实施的行为是包含社会所有成员在内的"大博弈"的纳什均衡；如果不是纳什均衡，那么通过增加科层的级别（如设置反贪局、稽查员、巡视员等）不能提供新的好处，除非科层数目的改变打破了原先的均衡，并且产生了一个新的福利更高的纳什均衡（事实上完全有可能产生一个更差的均衡）。这种智慧难道不应该是一种常识吗？我们已经知道哪类博弈对于参与者的数量是敏感的，例如古诺竞争，一个寡头的时候会剥夺所有的剩余，但是两个参与者时的均衡就大不一样，而当数目为无穷多的时候，寡头只能得到零利润了。这又回到了斯密的智慧：政治的贤明并非来自政治家的高尚道德，乃是来自给定制度下利益的制衡！所以民主制度并没有什么神秘之处，无非是让两只力量相当的狗互相咬，最后都成了看家狗，轮流看家。主张"天无二日，地无二主"、"一山不容二虎"的单一思维，实在不是世俗智慧。

　　这么说并不意味着经济学主张政治家只关心自己的利益，而是主张应该有一种对付只关心自己利益的政治家的办法。尽管人们也许有许多善良纯朴的愿望，但是把社会制度的良好运行建立在掌权人的高尚动机的假设之上，这比把高楼大厦建立在沙滩之上还危险。学过博弈论的人应该有印象，一个良好的制度是稳健的，而不是实施一个刀刃上的均衡。先小人（非均衡路径的规定）后

---

[1] Kaushik Basu, "The role of norms and law in economics: an essay on political economy," 2000, http://time.dufe.edu.cn/wencong/xzjjx/trnle.pdf

君子（均衡路径的规定）的制度就比先君子后小人的制度更稳健，因为它能抵抗万一高估了政治家水平的风险。把十几亿人的身家性命压在一个人的身上，这个均衡是千钧一发的均衡。这世界上有两种悲剧，一种是高估了人性，另外一种是对人性失去信心。所以美国人很务实，他们认为：人性是善的，所以民主是可能的；人性是恶的，所以民主是必要的。

这样的理解也适用于所有的组织与机制设计领域。20世纪70年代以来，经济学的最大的贡献可能在于提供了许多针对组织运行的世俗智慧，如契约与激励理论、拍卖与机制设计等。真正懂这些理论的人一定会叹服经济学家构思的巧妙和智慧。以拍卖理论为例，拍卖并不是仅在拍卖行中发生，也不限于一般的商品交易、体育比赛、排队、跑官、贿赂、晋升、审批、求偶等实质上都是一种拍卖，只是标价的凭借不同。甚至在动物界，也有拍卖：两只狮子争一头牛就是一种第二价格拍卖。没有经济学家的探索，这种人类社会在两千年前就产生的解决未知偏好下稀缺资源配置的智慧不可能像今天这样被发扬光大。在组织领域，也有太丰富的智慧，仅举多任务委托代理为例：摆在摊头的肉的质量比包在饺子里的肉的质量容易观测，如果一个人既开肉铺又开饺子店，那么好的肉就会挂出来卖，差一点的肉就包到饺子里去了。这个最基本的原理可以用来理解中国官员的许多行为，有心的学子可以在这个领域写好多好文章。另外，外部竞争与组织类型之间的关系也非常重要，张维迎教授曾经正确地指出基于控制的组织与基于效率的组织的区别（例如，正职领导应该竞选，副职应该由正职任命；但在中国却刚好反了）。两千多年来，中国官僚政治的演进方向是一直朝着控制最大化方向，而不是社会福利最大化。但是控制会上瘾，权力会导致腐败。虽然历史上，政府对社会的控制越来越强，但是组织的竞争力却越来越弱。原因在于，越是追求控制的组织，越会倾向于选择听话的官员，而不是越有能力的官员，决策者得到的信息就越失真。你的权力越大，人们欺骗你的积极性就越大。从这个角度看，对于反腐败，什么是扬汤止沸，什么是釜底抽薪，就一清二楚了。

值得一提的是，经济学也告诉我们控制权的重要性：没有控制权的产权是水中月、镜中花。如果你不能对使用阳光的人收费而又不能将阳光藏起来，那么太阳的产权属于你就没有意义。从这个意义上说，从来没有什么真正意义上的公有制，产权永远是私有的（但不一定是排他的），只是私有的方式不同而已（是按照权力还是按照能力，等等）。那些对公有制抱有幻想的人应该想想，他拥有的国有资产与他拥有的阳光的产权有什么区别。一些人会说，假如国有资产不流失，国家可以因此多提供福利，那我们就可以少交税，这不是很好吗？可惜这种想法太天真，除了垄断性行业之外，哪些国有企业能盈利？那么多银行坏账哪里来的？我们可以稍微分析一下问题的实质在哪里：如果官员不腐败，将国有资产公平有效地转让到有能力的经营者手里，并不是一件难事，就业、社会保障等都可以公开做价，人们不应该反对这种资源配置的优化，所以反对的是腐败而不是国有资产转让；如果官员是腐败的，那么国有资产转也罢，不转也罢都要流失。人们争议的问题可能在于，如果官员是腐败的，那么是应该先停止转让等他们不腐败了再说，还是继续转让。如果是前者，明眼人应该知道等所有国有资产都烂光，腐败也不会结束。在这种情况下，人们比较利益得失，应该从实际的利益出发，而不是根据空头支票上有几个零，索性断了这层幻想还更能看清真正的问题所在。打蛇要打七寸，我们应该将目光集中在反腐败上，并且将反腐败的讨论深入到制度层次。可惜没有，那些自称为或被称为"学者的良心"的人，并没有去真正捅破真实的谎言。

作为世俗智慧，除此之外，经济学还能够为我们反思与梳理中国的传统文化、社会观念提供新的线索。例如，关于"诛心之论"，我认为这绝非制恶之道。我们需要分清"恶行"与"恶念"，我们只能观察到恶行（有时候连恶行也不容易观察），但无法直接观察到恶念。如果恶行是可以观察并可以确认，我们基于恶行进行惩罚，惩罚的是恶行这种行为；如果恶行没有被观察和确认，你怎么知道人家有恶念？注意，在身份社会，我们惩罚的是恶人；而在现代社会，我们惩罚的不是恶人，而是恶行。这个转变，是对个体自主的意志能力的唤醒与确认，在法律上的体现是"有罪推定"与"无罪推定"的差别，是文明进步的重要标志（在法律上，我们也区分故意和过失，这似乎是基于动机，但实际上还是基于行为，故意动机在行为上体现为故意行为）。

实际上，问题很简单，暴露坏人的目的并非出于一种对别人内心世界的好奇，而应该是怎样才能对社会更有利。在现代社会，如果我们无法——辨明"好人"与"坏人"（至多我们只能通过辨明"好事"与"坏事"来推断），那么不要急于给人定性，可以鼓励那些"坏人"出于假装好人的目的而不得不做好事，而且更重要的是不至于把一个本来不怎么坏的人逼成坏人（用博弈论的话说，就是预期的自我实现：你认为对方是坏人，所以就处处对他坏；因为你对他坏，出于自卫，他不得不反击或者做了对你不好的事，于是这刚好让你证明他果真是坏人。历史上，据说杨国忠为了证明安禄山要造反，处处逼迫，终于向唐玄宗证明了这一点，但证明的时候恰恰也是自己因此丧命的时候，陪葬的还有唐王朝）。在这个问题上更极端的做法是，想当然地根据出身把一个人定为坏人，例如"文革"中的"黑五类"，这实在是一种更大的"恶"。

基于这样一种认识，我们应该有心理准备去接受这样的事实：能确认并加以惩罚的恶行总是少于实际上被我们观察到的恶行，我们能观察到的恶行总是小于那些可能导致恶行的恶念的数量（用数学的表达是：任何一个逻辑系统内，我们能严格证明为真的命题集合是所有真命题的真子集）。所以我们不得不在事前与事后、一类错误与二类错误之间作折中。任何在这个问题上过于理想主义的做法，不仅不可能而且反而容易导致更大的灾难。所以现代人应该对极端主义保持警惕，不管这种极端主义是基于某种道德的纯洁、宗教的正义与国家或者民族的利益而提出的。

与此相关，当我们观察到"善行"的时候，不要轻易地为善行按上一个恶的动机。如果一个人不违法，不做坏事，为什么要鄙视他不违法、不做坏事的动机？哪怕那仅仅是出于对法律威慑的恐惧。我记得有一个故事，说一个富翁由于子女不在身边，二十年来生活起居都由一个佣人照顾，临终前，他要将所有的遗产都给这个佣人。旁人（也许包括他的子女）都说这个佣人是盯着他的财产才这样照顾他的，不是真心。但是富翁冷静地说：二十年的照顾，假的也是真的。"主人们"应该仔细想想，到底什么是真的，什么是假的。孔子老早就说过，"听其言而观其行"，现代人更应该如此。

另外一个例子是关于宽容。宽容作为先动（first moving）策略是应该值得鼓励的，但是作为后动方（second moving），宽容却并非是一个对个人对社会最有利的策略。当应该惩罚的时候不惩罚就是一种是非不分，等于姑息坏事。但惩罚是要付出代价的，许多人不愿意承担这个代价（很多人吃了亏的时候，因为捍卫自己的利益所付出的代价比吃亏更大，尤其在吃的亏要不回来的时候，吃亏已经成为一种沉没成本）。做坏事的人预期到了这一点，他就有更大的积极性做坏事。利他主义在社会中存在的重要形式之一就是，不是很计较个人成本去惩罚那些行为背离社会规范的成员（已经有许多生物学家研究了动物社会存在的这种行为），所以孔子说"以直报怨，以德报德"（报就意味着是后动方）。为什么不是"以德报怨"，孔子反问道："何以报德？"是啊，如果作为后动方，对先动方的策略没有区别对待，那么"美德"就不能真正成为美德，不能为先动方提供激励。

再一个例子是法律与道德的边界。泛道德主义不仅仅对于建立良好道德没有好处，反而有害。熟悉战略性模糊理论的经济学子应该明了这种智慧：水至清则无鱼。一方面，并不是在所有时候都应该对个体的行为作出法律上的界定，有时候能界定却不界定反而对社会有好处；另外一方面，法律要考虑执法者本身违法的可能性。中国似乎有一个悖论，对私人道德的指指点点与对公共决策与公共权力的毫无约束恰好形成鲜明的对比。当然有可能是因为我们不能形成有效的制约，所以只能诉诸道德约束，但是这容易使人注意力转移。总的来说，我们要避免三种幼稚的行为：（1）不知其恶，（2）知其恶而不知制恶之道，（3）向善却不知扬善。的确，如果没有智慧，善花完全有可能结出恶果；善于运用智慧，恶花也会有善果。光有一颗善良的心是不够的，我们还需要智慧。这种智慧不仅是教我们善良，而且也教我们如何善良。

大到国家制度，小到日常生活，经济学的智慧对我们看问题都富有成效。但应该指出的是，经济学，尤其博弈论与信息经济学的发展，并非只带来好消息（对古典精神的现代诠释），同时也带来了坏消息，那就是对于一个包含所有的社会成员在内的大博弈，完全存在一种所有人都欲罢不能的困境，所有人会选择或维持一种对所有人都不利的制度、观念、习俗和文化。这大约是所有中国的知识分子，尤其是近代以来在冥思苦想不得其解的问题。许多人可能真真切切地看到了困境所在，却无法改变，这也许是"铁屋子"里早醒的人悲哀的缘由。我们不得不承认知道困境与解决困境是两码事。

实际上，个人对于社会非常渺小，要想整个社会变得更美好，个人的贡献相当有限，即使是不可一世的政治领袖与枭雄。"善"往往是千千万万人合作的结果，但是使社会变差，不需要任何特殊的能力，一个普通人也可以也做到，例如往水源投剧毒，将传染病传给别人，生产假药，如此等等。社会因此遭受的损害要比个人从中得到的好处大得多。对于政治领袖而言，要使一个社会稳定进步十年非常不容易，但是要使社会倒退五十年，却是一夜之间就可以做到的事情。"积于蛛丝，毁于泥沙"，这种成就与破坏之间的不对称（这种不对称是物理规律的作用使然，极端的例子是杀死一个人很容易，但是要死而复生很难，而且有时候根本就不可能。从有序到无序很容易，但从无序到某种特定的秩序却很难，而且其中的变化不可逆。社会进步和财富创造需要众多个体有序的合作，但是破坏却很简单），使得政治家常"成事不足，败事有余"（当然能避免败事的政治家就已经算不错了）。所以如果不是靠整个社会机制的力量，政治家个人想推动社会进步的作用是非常有限的，这就是社会进步的艰难的原因。从博弈的角度看，在这个大博弈均衡的形成与变动中，个体的作用非常有限，有时候甚至希望渺茫。那些胸怀大志的人往往忍受不了这种漫长而痛苦的过程，喜欢"浪漫的革命"，但是如我们所看到的一样，从陈胜吴广发出第一声"王侯将相，宁有种乎"开始，中国农民革命了两千多年，今天农民的政治地位又怎么样？如果我们反对的不是某种制度，而是反对某个人或者某个朝代；如果我们改变的不是社会机制（权力结构与信息结构），而是改变掌权的人或集团，那么再革命两千年，中国的农民的政治地位还是如此！改变个人命运的方式有两种：一种是"彼可取而代之"，不改变制度只改变身份，这可能可以使某个弱势集团不再受压迫，而有另外一拨人成为被压迫的对象；另外一种是通过改变制度，但是却不一定能迅速改变自己的现状。前者是高风险高收益的行动，可以内部化个人收益，历代的农民革命多半如此；后者多半属于吃力不讨好、短期内收效甚微的行动，而且带有很强的外部性（很多人遇到路障的时候是绕行而不是选择去推开一点点）。真正对社会进步有建设性意义的是后者，前者能改变个人的命运却不能改变社会的命运。所以我喜欢朋友的一句话："宁可十年不将一军，也不可一日不拱卒。"中国人正需要这种耐性与坚持。是的，两千多年来，大的革命百年一次，小的革命不计其数，我们将军将了两千多年，但到今天为止，还是没有将死专制和集权的社会机制。每当社会矛盾激化的时候，总有许多热血青年总想做一番"大事业"，崇拜"引无数人竞折腰"的英雄，个人事功异化成了目的，"以百姓为刍狗"；却不知道推动社会进步实在是比破坏困难得多，不知道改变某个集团的命运不等于改变社会结构。我们要打破的是一个格局，而不是要更换局中人的角色。

然而，渺小不等于虚无。没有千千万万这样个体的作用，均衡从哪里来？对于不幸的个体，有一句话说"可怜之人，必有其可恨之处"，例如阿Q；但对于不幸的社会，谁可怜？谁可恨？如果我们还处在一个"坏"的均衡里，这说明社会上的大多数人都是这个均衡的支撑者，不管是主动还是被动，有意还是无意。可悲的正是，受害者同时也是施害者。如果你想对社会有贡献，不需要权力、金钱、地位等，只需要不沦为"在均衡里的大多数"，甚至只要意识到这点就是一种贡献，因为这至少使一个社会成员获得心智自由。哪怕这么做的影响很小很小，却是我们能力之内的。任何人不需要为他力所不能及的事情忧虑，应该羞愧的是没有做好自己能做并且应该做的事情。如果没有能力帮助别人，我们首先要帮助自己获得心灵上的自由。在自己没有获得自由之前，却要解放"世界上另外生活在水深火热之中的三分之二人民"，这是荒谬的。其实，不要低估任何边际上变化的意义。托克维尔在谈到美国的民主的时候，特别提及"乡镇精神"的重要性。我们也会发现，他们一个普通民众对社会问题的看法比国内的专家要有见地得多，这就是世俗智慧的差距。只有当智慧成为普通民众的常识的时候，才可能支撑得起现代法制社会。

记得古老犹太法典里的一句话：容忍不能改变的（仁），改变能改变的（勇），知道二者的区别（智）。仁与勇是个体的自由选择，别人无法干涉。如果经济学对于改变中国有什么作用的话，就是教我们区分什么是可以改变的，什么是不能改变的，什么是短期能改变的，什么是长期才能改变的。让公众知道这一点是所有公共知识分子（如果有的话）的责任，而那些自诩"忧国忧民"却毫无智慧、开出的药方的毒害比疾病本身还厉害的所谓"学者"，实在是不配称为知识分子：如果不是出于沽名钓誉，就是脑筋没转过弯，或者兼而有之。不要轻易相信"愿望是美好的，只是过程出了问题"的借口（这种说法只在你好朋友圈子里适用，但对于官员、公共知识分子不适用），也不要轻易跟从他们的指责：某某人提供一个好主意背后是有其利益驱使。对于公共政策而言，主意只要是好的，哪怕他受利益集团的驱使也可以接受；主意如果是坏的，哪怕目的再纯洁也枉然。政策建议要重效果，学术研究要重论证，而且一旦两种智慧之间出现冲突，则肯定需要另外一种更高的智慧去解决（两种智慧之间不应该有冲突）。即使对于拥有世俗智慧的人，他也需要谦逊，任何世俗智慧都是有局限的（因时因地因人），过分夸大人类智慧，就像过分将道德律令绝对化一样危险，所以深刻认同智慧的有限性也是一种世俗智慧。

中国的知识分子以及所有有眼光的人都曾经、正在或将要长期面临这样一种困境：不得不容忍社会格局改变的艰难性和对建立良好社会制度的无能为力，但又不能无所作为。每个现代的人要认识到个体的渺小与微不足道，但却又不至于虚无。我们不得不在失望甚至绝望中坚持，这大约可以叫悲悯吧。

"生命是灰色的，而理论之树常青"，我十分喜欢邹恒甫教授反唱歌德的诗，这对我们特别贴切。的确，面对灰色的生活与社会，我们能做什么呢？呼唤更多的人懂经济学，呼唤更多的人有世俗智慧。

第二篇

经济学与中国

中国经济学百年回顾

林毅夫　胡书东[*]

　　自1901年严复翻译出版《原富》以来，现代经济学传入中国已经历时整整100年。[1]回顾一个世纪以来的中国经济学发展，其中充满了无数的艰辛与曲折。作为一门经世济民的致用之学，经济学在中国的发展与整个中国社会经济的发展紧密相关，共同度过了风风雨雨的100年。经济史决定经济思想史和经济学术史。鸦片战争之后，中华文明由盛而衰，与之伴随的是外来学术思想与理论在中国的广为传布。矢志于救亡图存的先进知识分子努力从外来的先进思想理论中探索建国、富强的真理，西方各种学说，包括经济学理论，在中国的传播也由此开始。

[*]　林毅夫，芝加哥大学经济学博士，原北京大学中国经济研究中心主任，现为世界银行副行长兼首席经济学家。胡书东，北京大学经济学博士，原中国经济研究中心博士后研究员，现任贵州省国有资产监督管理委员会总经济师、党委委员。作者感谢周剑锋同学在资料整理上所给予的帮助。

[1]　亚当·斯密1776年3月9日出版的著作《国民财富的性质和原因的研究》被公认为是经济学成为一门系统的科学的标志，该书及其代表的经济学思想和体系传入中国已经是20世纪的事情了。虽然19世纪也曾经有零星的章节和内容被译到中国（主要是外国人在中国办的翻译机构所为），但是严复以《原富》为书名翻译的作品是该书第一部比较完整的中文译本。当时的中国充满变法图强、实业救国的社会空气，因此，《原富》的出版在中国知识界产生了较大的影响。在此之前，经济学在中国几乎为零，仅有三部由英文翻译过来的经济学著作。所以，将严复翻译出版《原富》作为经济学传入中国的标志是合理的。当然，严复翻译的《原富》多所删节，且是文言体，除了知识界外，流传较为有限，直到1931年由郭大力、王亚南重新翻译之后，才以《国富论》为书名广为流传开来。

一、经济学的传播是社会经济发展的需要

两次鸦片战争既使中国陷入半殖民地的深渊，同时也使越来越多的中国人清醒地认识到中西方发展差距。从此以后，向西方学习、重振中华成为一股越来越强大的社会潮流。这股社会潮流的第一件事例是洋务运动，它推动了中国早期民族资本主义的发生、发展。此后，经过冯桂芬、王韬、马建忠、郑观应等人的鼓呼，近代重商主义思潮得以发端，并达到了高潮，[1]对于商品货币经济的认识也提高到了新的高度，十分有助于克服发展工商业所面对的强大思想阻力。

除了国人积极地探求变革之路以外，资本主义国家在对中国进行军事、政治、经济侵略的同时，也积极地在中国传播西方文化。早在1867年（同治六年），北京同文馆就开设"富国策"课程，由美国传教士丁韪良（W. A. P. Martin）讲授美国经济学家福塞特（H. Fawcett）所著的 *A Manual of Political Economy*。后来该书由汪凤藻翻译，丁韪良校订，于1880年出版。最早在中国翻译出版的西方经济学著作，除了《富国策》之外还有1886年由海关总税务司翻译的《富国养民策》（*Primer of Political Economy*，作者为英国人 W. S. Jevons），以及1889年英国人傅兰雅口述、徐家宝笔述的《保富述要》（伯莱特著《货币银行学》）（胡寄窗，1984：382）。

可惜的是，这些译作当时并没有在中国知识界传播开来。实际上，直到1905年废除科举制度以后，经济学才像其他"新兴"学科一样真正开始引起国人的重视。1905年以后，中国民族危机空前严重，加上科举制度被废除，大批知识分子开始脱离传统经书的羁绊，投身于社会现实之中，出国留学、兴办实业蔚然成风，甚至有大批青年知识分子参加新军。特别是辛亥革命之后，实业救国、科学救国、教育救国等思潮逐渐传播开来，中国出现了前所未有的学习、传播西方先进科学文化的热潮，经济学也随之在中国得以扩散开来。

京师大学堂在1898年设立、严复作为首任校长主持工作之时，就开设了经济学课程，聘请日本教师教授。及至严复翻译的《原富》出版，中国经济学科的近代化进程加速。北京大学于1912年设立了中国最早的经济学系——"商学科"。同时陆续有不少学生负笈欧美，学习经济学。对西方经济学的译介也

---

[1] 这一点已经得到国内经济史学者的普遍认同，比如叶世昌（1980）。

更为全面，出版了不少经济学原理、财政金融、经济学说史等方面的书。伴随西方经济学的传播，围绕中国的若干现实经济问题，也有不少著述，仁智之见交相迭出。[1]

从19世纪80年代到五四运动前夕的40年中，中国大约出版了40部左右的经济学著作。从1901年严复翻译出版《原富》到辛亥革命为止，中国出版了大约十六七部经济学著作，主要是翻译西方和日本的经济学著作，并且以译自日本的为多，这反映了1905年以后，中国留日学生的激增和日本对中国影响的上升。当然，这期间也出现了几本中国人自己编写的经济学著作，比如1910年出版的陶保霖著《调查户口章程释义》，1911年出版的梁启超著《中国国债史》，1911年出版的吴琼编著《比较预算制度论》（胡寄窗，1984：383）。辛亥革命到五四运动期间，又有近20本经济学著作出版，其中中国人自编的著作约占2/3，多属财政金融类，这说明经济学当时在中国的普及速度是比较快的。译本则绝大多数来自日文著作。1902年以前的译本大都用文言文意译而成，对原书内容多有省略，且常运用我国传统的旧的经济概念与术语来附会经济学，更使人难以理解原著的真正含义。自1902年以后，这类情况有所改进。随着日本经济学书籍的大量译介，中文的经济学专业术语也大量采用日文译法，中文经济学概念体系开始建立。当然，从整体上看，这一时期中国的经济学仍然处于引进阶段，所谓国人自编的经济学著作，基本上就是外文著作的翻译整理，没有什么创新。

辛亥革命推翻了最后一个封建王朝，从这之后直到第一次世界大战结束，中国民族资本得到了较大的发展。从1914年到1919年，中国民族工业的工厂数量从698个发展到1 759个，增加了157.7%；资本从3.3亿元增加到5亿元，提高了54.5%；新增加的资本额超过辛亥革命前四五十年投资的总额（张洪武，1990：76）。五四运动之后至20世纪50年代，中国经受了日本侵略、国内战争、资本主义大危机等冲击，一方面经济有所发展，另一方面经济当中的沉疴积弊并没有消除。无论是袁世凯及其继任者的北洋军阀，还是以蒋介石为代表的国民党政府，都采取了许多有利于资本主义发展的政策措施，积极为中国资本主义发展创造条件。比如蒋介石政府整顿财政体制，改革税制，基本上实现

---

[1] 比如关于中国是否需要实行"平均地权"、"节制资本"的政策，辛亥革命期间中国资产阶级改良派和革命派之间就曾经展开了激烈论争。改良派认为不应该改变既有的土地私有制度；革命派认为应该平均地权，主张由资产阶级共和国按"定价收买"的办法，实行土地国有化，让国家以发展资本的需要来集中支配土地。改良派反对节制资本，主张鼓励大民族资本家的产生，以与强大的外国资本竞争；而革命派则主张节制私人资本，发展国家资本，以避免私人资本操纵国计民生，防止两极分化。

关税自主，并多次提高了关税税率；建立了比较完备的近代银行和金融体系，于1933年改革币制，废"两"改"元"，并于1935年废止银本位制度，实行金汇兑本位制度，推行法币改革；货币发行也由原来的30多家银行集中到中央银行、中国银行、交通银行和中国农民银行等4家；对重要的资源和基础设施实行国家控制。在此基础上，国民政府于1927—1937年制定和实施了一系列重、化工业发展计划。[1]这个期间是中国国家资本主义发展最快的时期，工业化水平和资本积累都有比较大的提高。

五四运动之后直到20世纪50年代，中国经济学科的发展有两条线索。一方面，许多留学欧美的学者接受了系统的西方经济学训练，回国后积极传播欧美的西方经济学理论；另一方面，旧中国尖锐的阶级矛盾和阶级斗争也使马克思主义经济理论迅速在中国传播。前苏联在较短的时间里迅速取得了令世界瞩目的工业化成就，这样的事实对于以救亡图强为己任的中国知识分子自然是非常有说服力的，对中国的知识分子产生了比较大的影响。当时国内的以西方经济思想为主要理论倾向的学者，在其研究工作中，也都或多或少地接受了马克思主义经济学。

二、社会经济发展与20世纪30、40年代经济学的初步繁荣

基本理论的掌握为系统分析现实问题奠定了坚实的基础，以上两方面的学者紧密结合中国现实展开研究，现代意义的中国本土经济学由是发端。从五四运动到20世纪40年代中期，中国学术界先后就几个大的理论和实践问题进行了争论：（1）1919—1927年间关于中国近代社会性质问题的争论；（2）与中国近代社会性质问题的争论有关，在30年代围绕中国农村经济问题进行了激烈的争论，其焦点也在于中国农村社会性质以及要不要进行土地革命；（3）在30年代，针对中国货币制度存在的问题，就货币本位展开了争论。

西方经济学的传播，继承了五四运动之前的已有之势，国人逐渐开始真正系统、全面地掌握现代西方经济学理论。国内学者关于基本经济学理论、部门经济学以及经济史等著作大量出版。著名经济学家马寅初1914年获哥伦比亚大

---

[1]　自北伐完成到抗战前，是国民党统治中国的黄金10年。国民政府的经济发展战略与新中国建立以后从1953年"一五"计划开始的重工业优先发展战略有许多相似之处（Wu，1965）。

学经济学博士学位，1915年回国执教于北京大学。1923年马寅初和刘大钧一道发起成立"中国经济学社"，并长期担任社长。他撰写了许多经济学著作，其《经济学概论》（马寅初，1943）是解放前流行的经济学原理著作。部门经济学也有长足进步。在农业经济学方面，如董时进[1]（1933）的《农业经济学》、许璇[2]（1943）的《农业经济学》；在财政金融方面，如何廉、李锐[3]（1935）的《财政学》、尹文敬[4]（1935）的《财政学》、马寅初（1944）的《通货新论》、赵兰坪[5]（1936）的《货币学》；在会计统计方面，如潘序伦[6]（1935）的《会计学》、金国宝[7]（1935）的《统计学大纲》。

胡寄窗老先生曾经对五四运动以后至1949年间中国国内翻译和自编（撰写）的经济学书籍进行了统计研究，我们将其统计分析结果刊列在表1和表2中。从中可以看出1929年以后中国经济学的初步繁荣情况。这一时期之所以有这么多中文经济学著作问世，与当时的社会经济环境息息相关。1928—1936年是我国资本主义经济发展的所谓"黄金时期"，开始出现工业化的初步迹象，加上抗日战争对国防经济建设的需要，当时的国民党政府也在经济发展方面作出了一定的努力，"实业救国"一时蔚然成风，经济学当然就有了传播和发展的土壤。经济学译著以30年代最多，其中1930年一年出版了63本译著。从国别构成看，到30年代为止，由日文翻译而来的经济学著作虽然在数量上仍比以前有较大增加，但是已经不能像在20世纪头10年那样高度垄断，其相对的重要性已经大大下降，而由西文原著翻译过来的比例已经大大超过了日文。这说明我国经济学界已经不再满足于翻译经由日文贩运来的二手货，也说明由欧美返国的经济学家增多，逐渐支配了大学讲坛。

表1　五四运动以后中国经济学书籍出版情况

年份	总数	自编	翻译
1919—1920	16	11	5
1921—1922	22	15	7
1923—1924	24	12	12
1925—1926	71	56	15
1927—1928	95	64	31

---

[1]　董时进1925年获康奈尔大学经济学博士学位。
[2]　许璇1913年毕业于日本东京帝国大学农科。
[3]　何廉留学美国耶鲁大学，师从著名经济学家欧文·费雪，1926年获博士学位；李锐为国民政府财政部税务署副署长兼贸易委员会副主任委员。
[4]　尹文敬1929年获巴黎大学经济学博士学位。
[5]　赵兰坪获得日本应庆大学经济学硕士学位。
[6]　潘序伦1924年获得哥伦比亚大学经济学博士学位。
[7]　金国宝1924年获得哥伦比亚大学硕士学位。

年份	总数	自编	翻译
1929—1930	282	184	98
1931—1932	174	118	56
1933—1934	247	179	68
1935—1936	252	161	91
1937—1938	161	110	51
1939—1940	106	75	31
1941—1942	59	45	14
1943—1944	77	68	9
1945—1946	101	87	14
1947—1948	181	148	33
1949	56	29	27
合计	1 924	1 362	562

注：根据上海社会科学院图书馆和广州中山图书馆藏书计算而得。转引自胡寄窗（1984：386）。

表2　五四运动到1949年分国别和制度形态的中文经济学译著

年代	日本			苏联		其他国家		
	合计	资本主义部分	社会主义部分	合计	社会主义部分	合计	资本主义部分	社会主义部分
20年代	29	18	11	12	12	61	38	23
30年代	106	93	13	40	40	202	154	48
40年代	13	10	3	27	27	72	45	27
合计	148	121	27	79	79	335	237	98

注：根据上海徐家汇报刊图书馆、南开大学《解放前中文期刊目录》和广州中山图书馆资料计算而成。其他国家主要指美国和英国，德国、法国的原著译本已经不很多，其他文字的中译本更少见。社会主义部分包括非马克思主义学者写的社会主义理论方面的论述。转引自胡寄窗（1984：387）。

　　30、40年代经济学的繁荣还体现在专门性的经济学刊物的创办上。据胡寄窗先生估计，除了统计期刊外，1919—1949年各类经济期刊约为112种，其中20年代有10种，30年代48种，40年代53种（胡寄窗，1984：392）。不过，这些刊物在创刊后一年内就停刊的占半数以上，若能维持一二年之久就很难得了。这说明我国经济学研究队伍仍然很弱小，社会对经济学的关注和支持仍然是很有限的。在为数不多能够长期支撑下来的经济期刊中，属于一般经济理论探讨方面的，以中国经济学社1930年在上海创刊的《经济学季刊》成绩最为显著，它一直维持到抗战前夕，是当时全国多数经济学家支持、认可的经济刊物。[1]

---

[1]　中国经济学社1923年夏在上海成立，由刘大钧和马寅初发起、主持，是中国经济学界第一个经济学术团体。该社每年开会一次，出版《年刊》，1930年改出《经济学季刊》。

30、40年代的经济学界除了进行一般的经济学理论研究之外，还热切关注中国本土的经济问题。针对中国面临的方方面面的经济问题，一大批学者运用西方经济学原理进行了深入研究并产生了一系列成果。在上述列举的各种著作中，几乎都对中国的有关问题进行了分析。除此之外，专事中国经济问题研究的著作日渐增多。

在30年代，学界围绕中国本土的货币本位问题发生过争论。国民政府于1935年实行法币改革，放弃银本位制，代之以金汇兑本位制。在这个政策的形成过程中，关于中国的货币本位问题，有人主张实行多商品的本位制，有人主张实行金本位，有人主张维持银本位。围绕这些问题，马寅初、杨荫溥、刘大钧等经济学家都先后发表看法，产生了一些理论著作，如马寅初（1936）的《中国之新金融政策》、杨荫溥[1]（1936）的《中国金融研究》、刘大钧（1934）的《我国币制问题》等。

另一个广为关注的本土经济问题是"经济建设"与工业化。1928—1937年间，国民政府在工业化方面的政策稍见成效。抗战爆发后，忧国忧民的知识分子为了国家的富强，奋力探索实现国家工业化的途径。张培刚[2]的著作《农业与工业化》（Chang，1949）在全面探讨了工业化的定义、工业发展与农业改革的关系、工业和农业的平衡以及农业国和工业国的关系问题之后，就中国工业化面临的急迫问题进行了分析。马寅初（1935）的《中国经济改造》、何廉和方显廷（1938）的《中国工业化程度及其影响》、方显廷（1938）的《中国之工业化与乡村工业》、吴景超[3]（1943）的《中国经济建设之路》、刘大钧[4]（1944）的《工业化与中国工业建设》、谷春帆[5]（1945）的《中国工业化计划论》等著作，都是很有见地和影响的著作。

解放前一大批中国学者在农村经济方面进行了深入细致的研究，取得了丰

---

[1]　杨荫溥1923年获得美国西北大学商学院硕士学位。
[2]　张培刚1934年武汉大学毕业之后，在中央研究院社会科学研究所从事农业经济的调查和研究工作。带着如何实现中国工业化的问题，他于1941年赴哈佛大学学习经济学，1945年冬通过哈佛大学经济学博士论文答辩。其博士论文《农业与工业化》获哈佛大学1946—1947年度最佳博士论文奖和威尔斯奖，并被收入"哈佛经济丛书"于1949年在哈佛大学出版社出版英文版，1951年又被译成西班牙文在墨西哥出版，1969年英文版在美国再版。该书被国际经济学界认为是发展经济学的奠基性文献。
[3]　吴景超1928年获得美国芝加哥大学经济学博士学位后回国。
[4]　刘大钧曾留学美国，学习经济学和统计学，回国后任清华大学教授，1929年任立法院统计处处长，后任统计局局长，发起成立中国经济学社和中国统计学社，任社长。
[5]　谷春帆早年毕业于上海圣芳济书院，没有留学海外，以后一直在各地邮局工作，从邮务员递升至邮政储金汇业局局长，新中国成立后曾担任邮电部副部长等职。著有《中国工业化计划论》、《工业化与中国文明》、《中国工业化通论》、《银价变迁与中国》等书，在当时影响很大。

硕的成果，堪称中国本土经济学的杰出代表。这其中有比较特殊的历史原因。解放前的中国是典型的落后农业国，农业在国民经济中占据最重要的地位，只有准确把握中国农村的情况，才能全面把握中国的经济全貌。著名学者陈翰笙[1]1928年受聘担任中央研究院社会科学研究所副所长，在他的主持下进行了当时中国规模最大的农村经济调查。1933年陈翰笙发起成立了有五百多名会员的"中国农村经济研究会"，并担任第一届理事会主席。中国农村经济研究会在30年代曾就中国农村和农业经济问题，与几方面的理论观点进行了争论。中国农村经济研究会还与二十个国家的三十多个学术机构保持随时通讯，基于其掌握的翔实的第一手资料，对当时中国的农村经济进行了全方位的研究，并围绕"土地分配、土地经营、农产品商品化以及农村的救济"等问题，与以金陵大学美籍教授卜凯为代表的学术观点展开争论，产生了一系列有影响的著作。同时，中国农村经济研究会还为新中国培养了一批优秀的经济学家，比如后来名噪一时的孙冶方、薛暮桥、钱俊瑞、许涤新等，都与中国农村经济研究会有不浅的渊源。此外，南开大学的何廉、方显廷等人也对中国农村经济问题的研究作出了开拓性贡献，何廉还被誉为中国最早重视农业的经济学家，著有《中国农村之经济建设》（Ho，1936）。1935年，南开大学经济研究所与燕京大学、清华大学、金陵大学、协和医学院等校联合组成华北农村协进会，何廉任会长。

在其他方面，中国经济学家也进行了卓有成效的探索。如巫宝三[2]（1947）的《中国国民所得》是中国现代意义上GNP核算方面的开山之作，书中详细估计了1933年的国民所得，并以其他资料为佐证，初步估计出1931—1936年的国民所得；武堉干[3]（1930）的《中国国际贸易概论》，以翔实的资料阐述了中国国际贸易在世界上的地位和变化趋势、中国的进出口贸易状况、贸易差额的抵偿以及中国国际贸易的振兴问题；陈达[4]（1934）的《人口问题》就人口理论、人口数量和质量、人口与国际关系等进行了分析之后，给出了其人口政策主张。除此之外，在经济史、经济思想史方面，也可谓著述颇丰。

值得注意的是，民国时期，特别是五四运动以后，经济学在中国已经走出了单纯的学习、普及阶段，出现了一批既掌握先进经济学理论，同时又能运用这些理论和方法研究现实经济问题的中国学者。总结解放前中国经济学的发展

---

[1]　陈翰笙1921年获得芝加哥大学硕士学位，1924年获得柏林大学博士学位。1925年经李大钊介绍，与第三国际建立了组织关系。1927—1928年在莫斯科第三国际农民研究所工作，之后回国。
[2]　巫宝三1938年获得哈佛大学硕士学位，后又获得哈佛大学博士学位。
[3]　武堉干1921年毕业于武昌商业学校本科。
[4]　陈达1923年获得哥伦比亚大学博士学位。

历程可以发现，凡是在学术上有重要成就的中国经济学家，几乎全是研究中国经济问题的经济学家。刘大钧、马寅初、何廉、方显廷被称为中国30、40年代的四大经济学家，享誉国内外。他们有一个共同的特点，都在国外接受过严格、系统的经济学理论和方法的训练，同时又都怀着强烈的救国救民意识，努力用先进的理论和方法研究解决当时的中国本土经济问题，并取得了丰硕的研究成果。正如马寅初所说："如果只研究理论，试问对于今日的中国，实际上有什么好处呢？"（马寅初，1945：22）马寅初、刘大钧对中国30年代的币制改革进行了较为深入的研究，和杨荫溥一起主导了当时的学术讨论，马寅初还是当时著名的财政学家。刘大钧则对货币、财政和中国工业化问题都有独到的见解，并发起成立工业研究委员会，与方显廷、吴景超、谷春帆等人一起在经济学界掀起了研究中国问题的风气，他们对中国经济发展和工业化问题的研究作出了重要贡献，许多成果至今读来仍然发人深省。何廉和方显廷则致力于中国物价问题的研究，编辑出版了著名的南开物价和生活指数系列，这在中国尚属首创，为国内外经济学家研究民国时期的物价提供了宝贵的基础资料，至今仍然是国内外学术界研究民国经济问题的重要依据。马寅初、刘大钧、何廉还直接参与、赞襄了政府当局的经济决策活动。

还有一个有趣的现象是，从五四运动到1949年的这一时期，除了翻译过来的经济学著作外，中国经济学家自己编写的经济学著作95%以上均出自南方经济学家（包括在南方工作的北方籍经济学家）之手，北方（实际指京、津地区）经济学家的经济学著作屈指可数。北京一向是我国的文化学术中心，五四运动以后，北京大学更是执全国学术之牛耳，其他京、津各校近水楼台，也得风气之先。但是就中国人自己编写的经济学著作而言，却出奇地少。马寅初教授留美归国后在北京大学任教13年，愣是没有出版过一本经济学著作，1927年辞职南下以后，终于成为著作等身的著名经济学家，并跻身于民国四大经济学家之列。究其原因，一方面可能是因为北京是全国政治中心，当时内忧外患，政治运动接连不断，以经世济民为志职的经济学家，身陷政治运动的核心，无暇静下心来写书；另一方面也可能与当时北方资本主义经济发展相对滞后，南方沿海地区则为中国经济重心有关。经济学家只有置身于商品经济特别活跃的经济重心地区才能切身感受到现实经济的推动力，才能敏锐地发现问题，进而加以深入研究。

早在20世纪初，马克思主义就开始在中国零星传播。而马克思主义经济学在中国的广泛传播，则在十月革命之后。李大钊是最早向国内系统介绍马克思主义的思想家，也是以马克思主义为指导分析中国现实问题的理论家。1930

年之前，先后有不少介绍马克思主义政治经济学的著作和译著出版，也有不少关于《资本论》有关专题的介绍。1930年由陈启修（豹隐）翻译的《资本论》第一卷第一分册（即原文第一篇）在上海昆仑书店出版，1932、1933年由潘冬舟翻译的《资本论》第二、三卷在北平东亚书店出版。侯外庐自1927年在法国留学时即开始翻译《资本论》，前后花了十年时间译完第一卷和第二、三卷的绝大部分，可惜只在1932年出版了与王思华合作的第一卷第一分册，在1936年出版第一卷全译本，其余稿件大部散失（侯外庐，1981）。1938年郭大力和王亚南[1]翻译的《资本论》一至三卷在读书生活出版社出版。1949年长春新中国书局出版了郭大力翻译的《剩余价值学说史》。至此，马克思主义政治经济学已经被系统地介绍到中国来。另外，还有一些苏联、日本以及其他国家的政治经济学著作也被译介到中国来。同时，不少中国学者也在勉力进行本土化的尝试。一方面，创作"中国版"的马克思主义经济理论；另一方面，以马克思主义为指导，分析中国的现实问题。在"中国版"的马克思主义经济学方面，著述颇丰。这方面值得一提的是沈志远[2]的《新经济学大纲》，该书自1934年北平经济学社初版起至1947年共发行了11版，在马克思主义政治经济学著作中是销行最广的一部，其社会影响可见一斑。

中国思想界学习马克思主义，可以说从一开始就是问题导向的。中国的马克思主义经济学家紧密结合国情，尽心竭力探索中国的长远发展战略。如郭大力（1947）在其著作《生产建设论》中，运用马克思主义经济学原理，阐述了中国工业化的道路以及相应的生产关系。王亚南是这一时期马克思主义经济学家中著作最丰富的一位，《中国经济原论》（王亚南，1946）是其代表作。

三、经济学发展与经济发展的经验关系

自1920年美国国家经济研究局成立并开始系统搜集宏观经济数据，以及1947年萨缪尔森出版《经济分析的基础》（Samuelson, 1947）一书以后，国际上经济学的发展已经开始大踏步朝向实证化、数理化方向发展。然而，中国的经济学自1949年开始，随着国土和政治的分裂而走了不同的道路。有些经济学家

---

[1]　郭大力和王亚南合作，还于30年代翻译了斯密的《国富论》和李嘉图的《政治经济学及赋税原理》等一系列英国古典政治经济学的重要著作。郭大力还独立译出《剩余价值学说史》等书，毕生致力于翻译和传播马克思主义经典著作，其中《资本论》的翻译工作至少有70%是他完成的。

[2]　沈志远，中共早期党员，1926年入莫斯科中山大学学习。

随着国民党政府搬迁到台湾，在台湾大学、政治大学等学校继续教授现代经济学，有些则漂泊海外。当中一些人对国民党政府在台的经济政策产生了不少影响，也有如蒋硕杰、费景汉、张五常、邹至庄、刘遵义、李龙飞、萧政等一些新、老经济学家在货币经济学、发展经济学、新制度经济学和计量经济学等领域在国际经济学界崭露头角。

大陆则走向了另外一种发展方向。自1953年第一个五年计划开始，实行重工业优先发展战略，中国经济体制就开始全面向计划经济转轨。自中国共产党提出过渡时期总路线以后，除了继续翻译出版和普及马克思主义经济学说，围绕总路线开展的社会主义改造和计划经济下的工业化成为经济理论界研究的核心内容。从中国实际出发，探索一条快速实现从落后的农业国变成先进的工业国的社会主义道路，成为国家领导人优先考虑的对象，也自然成为经济学界的中心工作。在计划经济时代，整个社会生活泛政治化，特别强调高度集中统一，经济学研究也不例外。改革开放以前，经济学研究主要分为两大块，一是普及和学习马克思主义经典作家的著作，二是从经典作家的著作中寻找支持现行路线、方针和政策的理论根据并对后者加以诠释，增强其在理论上的合法性。至于国家经济战略和政策，则是由政治领袖人物一手决定，只有他们才有资格提出与经典作家不同的理论创新，这一点在所有社会主义国家都是如此。

这一时期经济学界比较著名的理论争论有三起，包括50年代后期围绕马寅初"新人口论"的争论，50年代末、60年代初围绕李平心"生产力理论"的争论，50年代后期、60年代初围绕价值规律和孙冶方价值规律论展开的争论。马寅初的"新人口论"核心观点是主张人口增长要与社会经济发展相协调，反对人口盲目增长。本来无论西方经济学还是马克思主义经济学都能推出这一结论，但是由于政治上的原因，马寅初及其"新人口论"受到批判，与马寅初持相同观点的著名经济学家、社会学家吴景超甚至被批判为"帝国主义的走卒"（刘毅，1957）。实际上，这种纯粹出于政治和意识形态考量的批判并没有多少道理，中央决策者从60年代起又开始进行控制人口的尝试了。李平心的"生产力理论"核心是在马克思主义经济学的框架内强调生产力的重要性，将生产力的"社会联系"看成生产力的社会属性，在那个特别强调生产关系的年代，这一点被批判为将生产关系当成生产力的附庸。至于围绕商品生产和价值规律引发的争论，实际上是计划经济理论和意识与不能取消商品和货币关系的社会经济现实之间矛盾冲突在学术领域的反应。对孙冶方的批判，只是因为他坚持价值规律高于计划规律，与毛泽东等领导人强调计划规律高于一切相冲突。用今天的标准看，50、60年代发生的三大理论争论都带有强烈的政治色彩，或被赋予了强烈的政治色彩，从学术上讲，基本上都属于在马克思主义经典理论诠释上的分歧。"文化大革命"十年是非颠倒，经济学研究基本处于停滞状态。

从1949年至改革开放以前的30年里，以前尊奉、研究西方经济学的经济学家纷纷转向马克思主义经济学，仅存的若干研究也都是作为学习和研究马克思主义经济学的辅助手段，研究对象上以马歇尔以前的古典经济学为主，研究态度上以批判为主。按照现代经济学规范进行的研究是不存在的，少数学成归国，本来以数理和实证研究见长的学者甚至不得不放弃自己的经济学专业，转而以数学为业，如华中理工大学的林少宫教授。

改革开放以后，中国的经济学迎来了发展的春天。一部分经济学家秉承马克思主义经典理论，有相当长一段时间仍然以论证和诠释现行的路线、方针、政策为职志，特别是努力从马克思主义经典著作中为改革开放寻求理论支持。公允地说，这些研究虽然带有强烈的时代色彩，但是针对性很强，容易为当时的社会经济环境所接受，在一定时期确实起到了从理论上证明改革开放合法性的作用。另外还有一部分经济学家，特别是改革开放以后成长起来的年轻一代经济学家，他们的知识结构发生了巨大变化，眼界也大大拓宽。而且随着中外经济学学术交流的迅速扩大，现代西方经济学文献大量流入中国，年轻的中国经济学者们从中受益颇多，有的还留学海外，纯粹以传统的马克思主义经典著作为圭臬的年轻学者基本上没有了，现代经济学理论和方法越来越成为时尚。随着西方经济学的重新普及，运用现代经济理论和方法研究中国经济问题的研究成果开始出现，并呈逐渐增多之势。他们的研究同样对改革开放作出了重要的理论贡献，特别是90年代以后，许多改革措施都凝聚着他们的智慧。同时，即使是老一辈经济学家，也都或多或少地受到了现代经济学的影响，墨守传统理论的已不多见。

作者之一曾撰文提出，社会科学的理论本质上是一个用来解释社会现象的逻辑体系。一般来说，解释的现象越重要，理论的影响也就越大。进入近代社会以后，各国的经济关联十分密切，发生在大国的经济活动，不仅影响大国本身，而且会对世界上许多其他国家发生重大影响。因此，研究世界上最大、最强国家的经济现象，并将之总结成理论的经济学家，他们的成就也就容易被认为是世界性的成就。自18世纪工业革命以后直到第一次世界大战，世界上最大、最强的经济是英国，生活在英国的经济学家近水楼台先得月，因此，英国成为当时世界经济理论的研究中心，著名经济学家多出于此。第一次世界大战结束以后，世界经济重心逐渐转移到美国，经济理论研究中心和著名经济学家的产生地也就逐渐随之转移到美国（林毅夫，1995）。

我国自1979年开始实行改革开放政策，经济取得了奇迹般的增长，20世纪最后20年GDP年均增长率居于世界首位。现在国内外有许多研究认为，只要我们能够保持政治稳定，并坚持以市场经济为导向的改革，最迟到下个世纪30年代，我国将成为世界上最大的经济强国。随着我国经济在世界经济中所占地位的提升，中国经济研究在世界经济学研究中的重要性将随之提高，而当我国经济在下个世纪成为全世界最大、最强经济的时候，世界经济学研究中心也很有可能转移到我国来。实际上，中国经济问题研究已经越来越受到国际经济学界的重视。

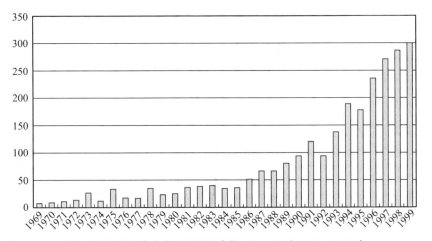

图1　国际学术杂志中国问题文章数：EconLit（1969—1999）

注：这里的国际学术杂志包括EconLit（1969—1999）中除了专门研究中国的几个杂志（如*Chinese Economy*等，但包括*China Economic Review*）之外的全部杂志，收录的文章（articles）主题均为中国经济问题。EconLit（1969—1999）收录了四百多种杂志，涵盖了经济学各领域，包括了国际经济学界所有重要的杂志。因此，这里所反映的趋势基本上可以代表国际学术界对中国问题的研究状况。因为2000年数据不完整，所以只取到1999年。

从图1可以看出，改革开放以前，国际学术界研究中国问题的文章是比较少的，可是改革开放以后，特别是当中国经济改革的政策取向已经稳定下来，当中国经济已经出现明显的持续、快速发展趋势的80年代中期以后，国际学术界研究中国问题的文章也开始呈现出增长趋势。到了90年代，中国经济实力已经显著增强，人民生活水平大幅度提高，成为世界上经济增长最快的国家，中国改革开放所取得的伟大成就举世瞩目。在1992—1994年间，国际货币基金组织等机构或研究者甚至估计中国GDP按购买力平价计算已经排名世界前三名。与此相对应，中国问题引起了国际学术界的普遍兴趣，掀起了一股研究中国经济问题的热潮。诺贝尔经济学奖获得者米尔顿·弗里德曼甚至断言，谁能成功地解释中国经济改革和发展，谁就能够获得诺贝尔奖。以世界上最早出版并且是最权威的七个经济学期刊《美国经济评论》（*The American Economic Review*）、《政治经济学杂志》（*The Journal of Political Economy*）、《经济学杂志》（*The Economic Journal*）、《经济学季刊》（*The Quarterly Journal of Economics*）、《计量经济学》（*Econometrica*）、《经济研究评论》（*Review of Economic Studies*）、《经济学和统计学评论》（*Review of Economics & Statistics*）为例，它们在20世纪70年代总共发表主题是中国问题、或者主题不是中国问题但涉及中国问题的文章数为78篇，80年代为82篇，而90年代就增长到134篇。[1]

国际学术界对中国问题的研究不仅总量上在快速增加，而且研究的范围也在扩大，深度也在增加。改革开放以前，直至80年代，这些以中国问题为主题的文章要么属于对中国数据资料估计整理的性质，要么就是根据国外现有经济理论，对比较重要的中国问题进行笼统研究的文章，比如对中国1937—1949年通货膨胀问题的研究等，对1949年以后中国工业产出指数、消费指数、资本积累指数的估计，对中国经济发展一般问题的研究等。这些研究的主题一般比较宏大，分析较为粗犷，基本没有理论模型和计量检验，反映了国际经济学界对中国问题的研究尚处于"中国观察（China Watcher）型"的较为低级的阶段。进入80年代，国际学术界开始对中国经济问题产生兴趣，相当一部分研究针对的是我国改革开放前计划经济问题，以及过去发生的重大经济事件，带有利用现存研究框架弥补过去由于中国没有开放造成的研究空白的性质，深入细致的研究并不多见，并没有提到要将中国问题研究纳入国际主流经济学范围的高度，多少包含猎奇的成分，并且囿于数据资料的贫乏，实证研究方面欠缺很大。而到了90年代就不同了，国际学术界研究更多的是改革开放以来出现的中国经济问题，除积极对我国改革开放中遇到的具体问题建言献策外，还从中国的改革、发展现象中总结经验，印证现有理论或是提出新的理论。从研究方法上看，有关中国问题的文章一般也都包含理论模型和实证检验，纳入了国际经济研究的主流。有些经济学家还专门运用中国的经验资料来检验经济学上的一些有争议的理论假说，比如Kachelmeier和Shehata（1992）发表在《美国经济评论》的文章。即使是研究改革开放中出现的新的经济问题，一般也都严格遵循现代经济学规范，有理论有实证，并且力图从中总结和发展新的理论假说。

---

[1] 以上七份杂志是国际学术界最为权威的经济学杂志，而且不同于内容只限于某一领域的专业杂志，它们的内容包括经济学各学科领域，所以很有代表性。

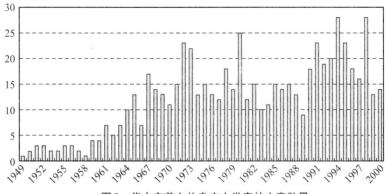

图2 华人在前七位杂志上发表的文章数量

图2反映的是华人在前七位杂志上发表的文章数量的变化趋势。在60年代中期以前，华人学者在国际权威期刊上发表文章的数量是很少的，以后随着中国台湾、中国香港和新加坡经济崛起，到国外留学研习经济学的华人越来越多，华人在国际学术界的地位开始上升。80年代以后，随着大陆对外开放，到海外留学的华人更多，华人经济学家队伍不断壮大，因而在国际学术界的地位也就进一步提高了。[1]与国际学术界的研究相比，国内经济学界对中国经济问题的研究主要集中于对改革和发展中的现实政策问题的应对研究。这符合中国改革和发展的现实需要，也是时代赋予中国经济学家的职责和机遇。实际上，国际学术界的研究也越来越深入、细致，与中国的实际越来越契合。但从目前国内外研究中国问题的格局看，国内经济学界欠缺的是规范化的理论模型和实证方法，因而难以与国际学术规范接轨，不易受到国际学术界的承认，也难于从中国的经济现象中提出一套可以证伪的逻辑体系，从而对国际经济理论的发展作出可以添砖加瓦的贡献（林毅夫，1995，2001）。国际学术界非华人经济学家的研究在理论逻辑和实证方法上较为先进，但是在对中国国情的把握上则又多有欠缺。国际学术界华人经济学家虽然越来越关注中国本土问题的研究，但是仍然有相当一部分学者以较为单纯的数理或计量方法为主要研究对象，以至于他们虽然比较好地掌握了现代经济学理论和方法，但是很少就中国问题研

[1]　我们选取《美国经济评论》、《政治经济学杂志》、《经济学杂志》、《经济学季刊》、《计量经济学》、《经济研究评论》、《经济学和统计学评论》七份权威的经济学杂志所发表的，根据姓氏判断作者为华人的文章（articles）数量趋势来近似地表示华人经济学家在国际经济学界的地位变化。十分可喜的是，已经有一部分华人经济学家开始在国际学术界崭露头角，有的还是以研究中国本土问题见长。

究做出在国际学术界有影响的研究成果。这固然与种种现实问题有关，如中国经济还不是最强大，中国经济问题还未成为国际主流经济学界关心的主要问题；中国的统计资料又不易获得；在一流的国际期刊以跟随国外主流问题的文章较易发表，以中国问题为讨论主题的论文不易被权威杂志接受，而在国外工作的华人经济学家需要靠在国际上有影响的经济学期刊发表论文以立足，等等。然而，将来随着中国经济实力进一步增强，中国经济问题对国际经济的影响越大，国际学术界对中国问题的研究会越来越受到重视，华人经济学家研究中国问题的高水平成果也就会相应增加。更重要的是，国内经济学教育和科研水平也在迅速提高，统计资料的取得越来越容易。可以预期，以研究中国问题为主的国内经济学界将来在国际学术界的影响和地位会越来越大。

四、结束语

经济学传入中国已经100年了，回眸百年来的中国经济学发展历程，令人感慨万千！五四运动前的中国经济学发展实际处于起步阶段，社会的重视程度也很有限。五四运动以后，国外社会科学思潮纷纷进入中国，作为其中一个重要分支的经济学迎合了国内实业救国的需要，也在知识分子中得到了广泛传播。在20世纪30年代，经济学在中国出现了初步繁荣的局面，那时的中国政局较为平静，资本主义经济也得到了空前的发展，经济学作为一门经世致用之学，第一次卷入了中国现实经济生活之中，并产生了一定影响。新中国成立以后，经济学的发展经历了一段较为曲折的历程，从研究范围到研究方法都受到了很大的局限，也使现代经济学在大陆的正常发展中断了。

改革开放以后，特别是90年代以来，现代经济学在中国大陆重新开始普及，并在年轻一代取得主流地位，出现了迅速弥补与国际先进水平差距的趋势。然而，由于长期封闭落后，在短短一二十年的时间里既要消化国际经济学界过去几十年、几百年积累的研究成果，又要努力追踪其发展前沿，艰难程度可想而知，难免不走弯路。比如照抄照搬国外理论，而忽视了任何理论的分析都以特定的制度和发展阶段为前提；或以概念代替逻辑分析和经验实证，理论争论常成为一种新的意识形态的争论等。尤其在改革开放的大潮流下，整个社会出现失序、浮躁、急于求成的风气，一些经济学者也受其影响，发表的论文和著作经常出现抄袭和缺乏深入的逻辑分析、经验实证等现象。

总结我国百年来的经济学发展，国人自撰的出版物大多属于"述而不作"的性质，真正的理论创新少，介绍国外理论或以国外现成理论为框架研究中国问题或就事论事地讨论中国经济问题的占绝大多数。按现代经济学的规范，建立严谨的逻辑体系并以实证资料对理论推论进行严谨的经验检验的研究和著作还不多见，但这是我国经济学研究对我国的经济发展作出贡献并同时对国际经济理论发展作出贡献的必由之径。相信只要在研究规范上自觉改进，随着21世纪中国经济的发展，致力于中国经济问题的研究，必然能迎来中国经济学家的世纪。

参考文献

陈达，1934，《人口问题》，上海：商务印书馆。

董时进，1933，《农业经济学》，北京：北平文化学社。

方显廷，1938，"中国之工业化与乡村工业"，载于方显廷编，《中国经济研究》，长沙：商务印书馆。

谷春帆，1945，《中国工业化计划论》，重庆：商务印书馆。

郭大力，1947，《生产建设论》，福州：经济科学出版社。

何廉、方显廷，1938，"中国工业化程度及其影响"，载于方显廷编，《中国经济研究》，长沙：商务印书馆。

何廉、李锐，1935，《财政学》，南京：国立编译馆。

侯外庐，1981，"侯外庐自传"，《晋阳学刊》，第5期，第90-93页。

胡寄窗，1984，《中国近代经济思想史大纲》，北京：中国社会科学出版社。

金国宝，1935，《统计学大纲》，上海：商务印书馆。

林毅夫，1995，"本土化、规范化、国际化：祝贺《经济研究》创刊40周年"，《经济研究》，第10期，第13-17页。

——，2001，"经济学研究方法与中国经济学科发展"，《经济研究》，第4期，第74-81页。

刘大钧，1934，"我国币制问题"，《经济统计月志》，第1卷第9期。

——，1944，《工业化与中国工业建设》，重庆：商务印书馆。

刘毅，1957，"论我国社会主义工业化与人口问题——和吴景超先生讨论我国人口问题"，《学术月刊》，第7期，第78-88页。

马寅初，1935，《中国经济改造》，上海：商务印书馆。

——，1936，《中国之新金融政策》，上海：商务印书馆。

——，1943，《经济学概论》，重庆：商务印书馆。

——，1944，《通货新论》，重庆：商务印书馆。

——，1945，"我国预算法币与工业之连锁关系"，载于《马寅初战时经济论文集》，上海：作家书屋。

潘序伦，1935，《会计学》，上海：商务印书馆。

王亚南，1946，《中国经济原论》，福州：经济科学出版社。

巫宝三，1947，《中国国民所得》，上海：中华书局。

吴景超，1943，《中国经济建设之路》，重庆：商务印书馆。

武堉干，1930，《中国国际贸易概论》，上海：商务印书馆。

许璇，1943，《农业经济学》，重庆：商务印书馆。

杨荫溥，1936，《中国金融研究》，上海：商务印书馆。

叶世昌，1980，《中国经济思想史简编（下）》，上海：上海人民出版社。

尹文敬，1935，《财政学》，上海：商务印书馆。

张洪武，1990，《中国革命史》，南京：南京大学出版社。

张培刚，1984，《农业与工业化》，武汉：华中工学院出版社。

赵兰坪，1936，《货币学》，南京：正中书局。

Chang, Pei-kang, 1949, *Agriculture and Industrialization: The Adjustments that Take Place as an Agricultural Country is Industrial*ized, Cambridge: Harvard University Press.

Ho, Franklin, 1936, *Rural Economic Reconstruction in China*, Tianjin: China Institute of Pacific Relations.

Kachelmeier, S. J., M. Shehata, 1992, "Examining Risk Preferences Under High Monetary Incentives: Experimental Evidence from the People's Republic of China," *American Economic Review*, 82 : 1120-1141.

Samuelson, Paul A., 1947, *Foundations of Economic Analysis*, Cambridge, MA: Harvard University Press.

Wu, Yuan-li, 1965, *The Economy of Communist China: An Introduction*, New York: Praeger.

（原文刊于《经济学（季刊）》2001年第1期）

中国经济学一百年：经济学在台湾的发展

巫和懋[*]

一、前言

中国近百年史是中华民族求富求强艰苦历程的见证。1901年严复翻译的《原富》，引起国人对追求"国富"研究的兴趣，就是其中一个重要的里程碑，至今已有100年。台湾在甲午战败后割予日本，1901年之后经济思潮在大陆的澎湃激扬，并未能影响到当时的台湾学界。日本政府虽于1928年设立台北帝国大学与经济学专业，但教授与学生大都为日本人，至日本战败投降后也都离去，对台湾学界的影响迅速消散。唯一留下的是由台北帝大经济学科改制成的台湾大学经济系，之后成为近50年来台湾本土经济学发展的重镇。

1945年后，台湾的经济发展大致可以粗分为三个阶段（参见李国鼎英文著作：Li，1988），与其相呼应，经济学在台湾的发展也可分为三段期间。李国鼎把台湾从战后到1961年归为第一阶段"劳工密集轻工业进口替代时期"，在60年代初期达到经济起飞阶段；自1962年至1979年归为"出口导向时期"，成长率攀高，平

* 巫和懋，美国斯坦福大学经济学博士，现为北京大学国家发展研究院常务副院长、经济学教授（朗润讲座教授），前台湾中华经济研究院副院长，台湾大学国际企业系教授、经济系（合聘）教授。

均每人所得由160美元成长至近2 000美元；而自1980年起则为"科技导向时期"。（有关台湾的经济发展，请参阅：高希均、李诚，1991；施建生，1999；Galenson，1984；Li，1988；Mai and Shih，2001。）

经济学在台湾的发展，深受亚当·斯密《国富论》之影响。严复翻译的《原富》，在台湾由商务印书馆发行，自有其开创之历史地位。但直至1964年才由周宪文、张汉裕两位先生重新全部翻译，以《国富论》书名印行，伴随两位先生对欧美经济思想研究所发表的大量著作，对台湾学界发生深远的影响。后又经蒋硕杰为首的自由经济学派详加阐述与应用，在理论与实务的多年验证下，已逐渐形成台湾经济学界之自由经济思潮主流。

与经济现象相呼应，台湾经济学界的发展也从20世纪60年初期起至70年代这段期间开始受到广泛的重视与支持。大致可取1966年"中研院"与台大经济系合办暑期讲学班、引进国外著名教授来台讲学并随后成立博士班作为一分水岭，将1945年至1965年归为"战后复原期间"，之后则为"经济学生根期"。在生根期所培养的经济学者逐渐成熟，到80年代其研究成果对国际学术界也产生相当程度的回馈与贡献，大致可把1981年以后归为"经济学萌芽期"。台湾经济学的发展在许多方向均尚有改进空间，我认为企盼中的"经济学茁壮期"尚未到来，但希望能在未来三至五年间来临。

二、战后复原期（1945—1965）

从1945年台湾光复到1965跨入罗斯托（W. Rostow）所称"经济起飞"（economic take-off）为止，这20年间的台湾在经济上是从缓慢复原到累积起飞动能，而在经济学界的情况也大致相似，由贫乏而开始逐渐发展。1945年后在台湾大学任教的经济学家，有获得东京帝大经济学博士学位的张汉裕教授，以及大陆迁来的王益滔、吴克刚、周宪文与林葭蕃等数位教授，算是处于起步状态。随着1949国民党政权搬迁到台湾，王师复、赵兰坪、张果为、林霖、全汉升、蒋硕杰、施建生等教授也到台湾大学经济系任教，张德粹、谢森中到台大农业经济系任教，刘南溟、杨树人、邢慕寰则成为台大商学系教授（施建生，1999）。像蒋硕杰[1]先生原任教北京大学，经由胡适先生推介给台湾大学的傅斯

---

[1]　蒋硕杰先生（1918—1993），其父为兵学家与驻日公使蒋作宾（雨岩），于1945年取得英国伦敦大学政治经济学院博士，曾任北大经济系教授两年，台大经济系教授半年，1949年后任职国际货币基金组织，随后担任美国罗彻斯特大学、康奈尔大学经济系教授，1980年回台筹设中华经济研究院，并自1981年起担任中华经济研究院院长，1990年起

年校长，但他在台大只待了半年，感觉当时台大环境欠佳，随后去了国际货币基金组织（IMF）任职。在台湾的经济学家在当时不佳的研究教学环境做了很多基础工作，像施建生教授在阐释经济思想方面贡献很大，1955年完成的《经济学原理》印行多版，帮助学子了解当代经济学发展。[1]张汉裕教授研究西方经济思想史与西方经济史，著作丰富，均影响深远。

经济学本是经世致用之学，经济学家也想对国计民生有所贡献，但台湾当局在这段期间的经济政策决策者并未向经济学者求教，所依赖的多为决策者的判断和一些国外学者的建议，在这期间最为活跃的经济政策顾问应属蒋硕杰与刘大中[2]二位先生。从1954年起，他们担任"行政院"经济部顾问，建议单一汇率与外汇券制度，提倡推动利率与汇率自由化（有人称为高利率与高汇率政策），当局逐渐实行，到1961年之后物价才随之稳定下来（参见：Tsiang，1980；Li，1988；陈慈玉、莫寄屏，1992）。

在这段期间的本土学术研究应以邢慕寰[3]为代表，他于1957年在*Review of Economics & Statistics*（*RE & S*）发表的文章是台湾本土学人（发表时正在岛内任职）在国际七大顶尖期刊[4]发表学术论文的第一人。邢先生对奠定经济学术研究风气贡献很大，他也教导出很多学生致力于学术研究，像刘克智、王业键、胡胜正、陈昭南、李庸三等，在留学后先后回台，促进台湾经济学界的发展。

121

担任董事长，于1993年逝世。他对经济学学术的贡献可参见Kohn（1989）与陈慈玉、莫寄屏（1992）。

[1] 施建生教授1917年出生，中央大学经济学系毕业，哈佛大学硕士。为台湾经济学发展奠定根基的很多学者，都曾在大陆受过教育，以中央大学（东南大学与南京大学前身）毕业者为例，就有张德粹、邢慕寰、谢森中、施建生、王作荣、华严等多位教授，也可见台湾经济学的发展有相当程度继承了1901年以来经济学在中国大陆发展的部分基础和成果。

[2] 刘大中先生（1914—1975），1940年获美国康奈尔大学经济学博士，1940—1946年任驻美大使馆商务参赞，1946—1948年任北京清华大学经济系教授两年，1949年起任职国际货币基金组织，1958年后任康奈尔大学经济系教授，1968—1970年任台湾"行政院"赋税改革委员会主任委员，1967年起任台湾大学经济学博士班委员会主任委员，至1975年逝世止。对他学术贡献的回顾见Klein、Nerlove and Tsiang（1980）及"中研院"经研所（1976）。

[3] 邢慕寰先生（1915—1999），1942年中央大学经济系毕业，1945—1946年美国芝加哥大学肄业，1955—1957年哈佛大学访问，1953年起任教台湾大学商学系，1957年在*RE & S*发表论文"An Approach to a General Social Framework"，1962—1970年任"中研院"经研所筹备处主任，1970—1976年任经研所所长，后任香港中文大学讲座教授，1999年逝世。参见麦朝成、吴惠林（2000）。

[4] 本文所称之国际七大顶尖期刊包含《美国经济评论》（*American Economic Review*）、《政治经济学杂志》（*Journal of Political Economy*）、《经济学季刊》（*Quarterly Journal of Economics*）、《经济研究评论》（*Review of Economic Studies*）、《经济学与统计学评论》（*Review of Economic & Statistics*）、《计量经济学》（*Econometrica*）、《经济学杂志》（*Economic Journal*）等七份经济学界历史最悠久最有影响力的学术期刊，此七大期刊不同于只限于某一领域的专业杂志，亦为林毅夫和胡书东（2001）在检视大陆经济学发展成果时所采用。

三、经济学生根期（1966—1980）

在台湾经济起飞期间，我们可以列举台湾"中研院"成立经济研究所筹备处（1962—1970）和台湾大学成立经济研究所博士班（1968）这两件大事，作为台湾经济学从战后复原到落地生根的分水岭。尤其是自1966年起，"中研院"经研所筹备处与台大经济系合办经济暑期讲学班，除有蒋硕杰、刘大中等人外，也邀请哈佛大学教授及诺贝尔奖得主Simon Kuznets和康奈尔大学Alfred Kahn等外国教授来台讲学，促成岛内学术研究风气蓬勃发展。

台湾"中研院"在选出蒋硕杰（1958）和刘大中（1960）先生为经济学院士后，又在此阶段分别选出在岛内任职的邢慕寰（1966）和在国外任职的顾应昌[1]（1968）、邹至庄[2]（1970）、费景汉[3]（1972）、刘遵义[4]（1980）先生为院士。"中研院"经济研究所于1970年正式成立，由邢慕寰担任首任所长，于宗先[5]随后担任副所长兼代所长职，并接任所长。从成立至今，"中研院"经研所对促成台湾经济学界的研究风气，至功厥伟。

1967年，在美国社会及人文科学院的支持下，成立了"'中研院'与台湾大学合作设置经济学博士班委员会"，由刘大中先生担任主任委员，自1968年开始招收博士研究生。除邀请这些院士回国授课外，前几年还请了不少美国经济学家来授课，如Simon Kuznets、Walter Galenson、Richard Rosett等教授（R. Rosett原为罗彻斯特大学教授，后担任芝加哥大学商学院院长）。此外，在于宗先先生领导筹划下，"中研院"经济所开始经常性举办国际性学术研讨会，并邀请国际著名学者来参加"中华经济演讲系列"与"大台北地区经济研讨会"等，有助于台湾学术与国际接轨，促进学术在台湾的生根，也是很重要

---

[1] 顾应昌先生1918年出生，1946年哈佛大学经济学博士，随后担任密歇根州立大学与佛罗里达州立大学教授。

[2] 邹至庄先生1930年出生，1955年获芝加哥大学经济学博士，随后任教麻省理工学院及康奈尔大学经济系，1962—1970年任职IBM公司，1970年起担任普林斯顿大学经济系教授。参见刘素芬、樊沁萍（1997）。

[3] 费景汉先生（1923—1996）于1952年获美国麻省理工学院经济学博士，随后担任康奈尔大学、耶鲁大学经济系教授，自1993年起担任中华经济研究院董事长，至1996年逝世。参见刘翠溶（2001）。

[4] 刘遵义先生1944年出生，1969年获加州大学伯克利分校经济学博士，随后担任斯坦福大学教授，于1980年当选"中研院"院士，并兼任中华经济研究院顾问及蒋经国学术交流基金会董事等职务。

[5] 于宗先先生1930年出生，1966年获印第安纳大学经济学博士，回台湾后任"中研院"经研所副研究员、研究员，1973—1976年任"中研院"经研所副所长并兼代理所长职，1976—1980任经研所所长，1981—1990年担任中华经济研究院副院长，1990—1996年担任院长，现任中国经济企业研究所所长暨中华经济研究院顾问，于1984年当选"中研院"院士。

的贡献。于宗先先生也在1973年召集筹备"中国经济学会"，并于1974年正式成立，由施建生和于宗先两位教授分别担任首届正副理事长。"中国经济学会"定期召开年度学术会议，出版会议论文集，至1997年时已有个人会员近千名，团体会员三十余单位，对带动学术研究风气颇具贡献。[1]

在邢慕寰领导下，为培养经济研究人才，每周举行研讨会研读经典著作，参加成员有陈昭南、李庸三、黄镜如、江振南、施敏雄等人，他们随后出国进修，也都成为在台湾本土成长的新一代经济学者。[2]"中研院"与台大在这段期间所造就的学术人才，可以陈昭南[3]为例，他在1971年至1980年间在国际著名学术期刊发表13篇国际金融方面文章，其中在七大顶尖期刊即有4篇。他也带领本土培养的博士生向国际学术期刊发表文章，到80年代更见成效。

台大经济系博士班的设立，可说是台湾经济学界与国际经济学界接轨的起步，从博士、硕士到大学部课程的设计均与欧美各国齐步，台大经济系很快成为台湾经济学界的"少林寺"。20世纪70年代的专任教授有张汉裕、施建生、王作荣（三公）、林一新、林葭蕃、王师复、林霖、华严（系所主任）、钱公博、黄金茂、郭婉容、梁国树、孙震、陈正澄、陈正顺、林振国、薛天栋、林大侯、邱正雄、薛琦、陈师孟、张清溪、陈博志及与"中研院"合聘的邢慕寰、于宗先、刘克智、陈昭南、李庸三、麦朝成、江振南、许嘉栋等。另外还有兼任的李登辉、林钟雄、施敏雄、赵捷谦等教授。台大经济学博士班成为台湾经济学者的养成所，由梁国树[4]任博士班委员会的执行秘书。自1973年起至1980年获博士学位者有林华德、赵捷谦、游坤敏、林国雄、边裕渊、梁启源、咸根植与陈博志，均成为承前启后的重要学者。

台湾大学经济系的教授与学生对50年来台湾经济决策的形成深具影响，也常是推动政策的执行者。就教授而言，就先后曾产生一位"监察院"院长（王作荣）、一位"央行"总裁（梁国树）、一位文人"国防部"部长（孙震）、四位"财政部"部长（郭婉容、林振国、邱正雄、许嘉栋）、经建会副主委与主委（薛琦、陈博志）、二位"央行"副总裁（许嘉栋、陈师孟）及多位金融

[1] "中国经济学会"于1997年起停止召开年会，同时另行成立"台湾经济学会"，延续召开年度学术会议。

[2] 见麦朝成、吴惠林（2000）中施敏雄的文章。

[3] 陈昭南先生1937年出生，1970年获美国芝加哥大学经济学博士，指导教授为Robert Mundell，随后担任"中研院"经研所研究员、台大经济系教授与"中研院"中山人文社会科学研究所研究员，1981—1986年担任"中研院"人文社会科学研究所筹备处主任及首任所长，1990年当选"中研院"院士。

[4] 梁国树先生（1930—1995），自1959年起任教台大经济系，1969年获范德堡大学博士，1973年起任台大兼任教授及研考会副主任委员、"央行"副总裁、一银董事长、彰银董事长、交银董事长及"央行"总裁，于1995年逝世。参见台湾大学经济系（1995）。

机构及研究机构董事长（施建生、梁国树、孙震、李庸三、邱正雄、林华德、林钟雄、赵捷谦等）。此外，出自台大经济系所毕业的台湾金融及实务界领导阶层也是不胜其数。

从1966年至1980年，台湾财政渐趋稳健，设立加工出口区引进外人投资，采利率汇率自由化政策，并于1973年推动十大建设，1978年推动十二大建设，经济快速发展。除台大经济系多位教授深受当局倚重外，台湾当局在70年代所依赖的经济顾问，可以刘大中、蒋硕杰、邢慕寰、顾应昌、邹至庄、费景汉这六位院士为代表。自1966年起，他们回台讲学，就同时为当局提供建言，经济顾问团由刘大中担任团长，蒋硕杰次之，1975年刘大中逝世后则由蒋硕杰先生主持。在这期间提供建言最为外界所知的是1974年的《今后台湾财经政策的研讨》五院士建言、1976年的《台湾财经政策之再研讨》与1978年的《经济计划与资源之有效利用》五院士建言（蒋硕杰，1985）。这些建言的主要内容是经济政策要尽可能与市场供需力量配合，敦促当局加速经济自由化步骤、建构合理的赋税与贸易政策，这些原则也逐渐形成台湾经济学界的主流思潮。

四、经济学萌芽期（1981—2001）

进入20世纪80年代后，台湾所培育的年轻一代经济学者纷纷自国外著名大学取得博士学位回台，加上本土培养的博士大量产出。相较于70年代，台湾的经济学博士数量与质量均呈现大幅度成长。从80年代起，台湾经济学者研究成果也对国际学术界产生相当的回馈，因此可以1981年作为分水岭，之后可称为台湾经济学的"萌芽期"。另一方面，专注经济政策研究的中华经济研究院也在1981年以财团法人型态正式成立，从此学界对经济政策的研究和建言遂有正常管道，而不再依赖70年代六院士或五院士的建言形式。中华经济研究院院务依次由蒋硕杰、于宗先而至麦朝成先生主持，所研究的范围含总体、货币、产业、国际经贸、科技、能源、环境等议题，为当局提供各方面政策建议，结合理论与实务，多年来亦颇具政策成效（中华经济研究院，2001）。

在此期间，台湾各大学普遍设立博士班，除台大经济系外，政大经济、中兴经济、文化经济、台大农经、中兴农经、政大地政也先后设立博士班。为提升学术研究和引进新技术，台湾的"国科会"于1967年正式成立，至80和90年代已大规模支持各个学科之基础研究，经济学门也不例外，每年均补助学术机构专职人员相当数额的研究经费。以近年资料来看，像1991年至1995年所补助的经济学门研究案件逐年上升（表1），所涵盖的范围也遍及经济学各个次领域，1991年至1995年五年内总金额达三亿余台币（表2）。从表1也可看到，台湾经济学者在国际学术期刊发表的文章正逐年上升（表1只列举国际期刊，在其他出版管道包含本地期刊及专著等之篇数也呈现上升趋势）。

表1　经济学门的国外期刊发表总篇数与"国科会"研究计划补助案数

年份	1991	1992	1993	1994	1995	合计
国外期刊发表篇数	59	62	68	93	136	418
补助计划件数	101	137	153	178	178	747

资料来源："国科会"（1996）

表2　1991年至1995年"国科会"经济学门各研究领域经费使用情况

（单位：千元）

研究领域	五年使用总经费		五年总件数		平均每件计划使用经费
	总金额	比例	总件数	比例	
经济学概论与教学	1 659	0.00	5	0.01	332
方法论与经济思想史	504	0.00	2	0.00	252
数理与数量方法	31 666	0.09	82	0.11	386
个体经济学	6 276	0.02	15	0.02	418
总体经济学与货币经济学	24 597	0.07	60	0.08	410
国际经济学	35 698	0.11	84	0.11	425
财务与金融	7 244	0.02	15	0.02	483
公共经济学	17 490	0.05	39	0.05	448
人力资源	33 365	0.10	72	0.10	463
产业组织与政策	26 044	0.08	59	0.08	441
企业管理与企业经济学	1 539	0.00	5	0.01	308
经济史	3 869	0.01	8	0.01	484
经济发展、技术变动与成长	15 124	0.04	34	0.05	445
农业与自然资源经济学	92 982	0.28	178	0.24	522
城乡与区域经济学	38 134	0.11	89	0.12	428
合计	336 191	1	747	1	450

资料来源："国科会"（1996）

　　"国科会"在1996年举行的调查显示：在1991年至1995年间授予博士学位的七所学校就一共产出53位经济方面的博士。"国科会"在1995年的调查发现，经济专业的专任与兼任人员具有博士学位者已有777人，占经济学专业人员总数的55.3%；而在教学机构之专任人员共673人，其中具有博士学位者有428人，占63.3%。近年来台湾经济学界已有相当规模的人力和财力的投入（input），产出（output）虽呈现上升趋势，但仍有相当的成长空间。

　　在此期间，台湾经济学者在国际七大顶尖期刊发表的文章篇数也稳定成长，小有规模（图1）。在附录中列举了1981年至2000年间在七大顶尖期刊发表的文章与作者，列入此名单的要求是作者发表文章时必须在岛内任职（代表本土性研究成果），发表的文章必须在4页以上，而 *AER* 每年会议论文（proceeding）则不列入。

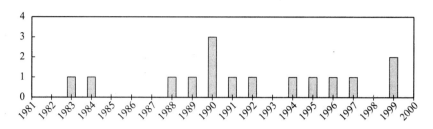

图1　1981年至2000在国际顶尖七大学术期刊发表文章数量

资料来源：本研究整理，具体见附录。

以每五年期间之总篇数来看，从1981年至1985年在七大顶尖期刊发表了2篇，从1986年至1990年发表了5篇，从1991年至1995年发表了4篇，从1996年至2000表了4篇，虽较前二段期间进步，但在数量上未见大幅上升，可说是差强人意。从1981年至2000年，台湾学者在国际七大顶尖期刊上共发表了15篇论文，而大陆学者共发表了6篇论文（见附录）。与前二段期间相较，这段期间作者群也较为分散，除陈昭南外，包含（依发表年代排列）曹添旺、麦朝成、施俊吉、黄鸿、朱云鹏、朱敬一、古慧雯、霍德明、萧代基、杨建成、巫和懋、江莉莉、罗玮、陈业宁等台湾学者。他们的大学教育均在台湾完成，其中还有几位是台湾训练出来的博士，其中二位也先后当选台湾"中研院"院士。[1]

这段萌芽期间，经济思想与经济政策的关联更为密切，其中值得一提的是1981年至1982年对经济政策辩论的"蒋、王大战"（工商时报，1982）。时任中华经济研究院院长的蒋硕杰主张利率自由化，并以市场决定的较高利率来抑制通货膨胀；时任台大经济系教授的王作荣则强调低利率有利于企业界的投资。双方各有支持者，在媒体辩论数月，充分引发知识分子与社会大众对经济研究的兴趣。辩论有益于厘清观念上盲点，1982年之后的台湾财经政策也更为确切地采取遵循自由化与国际化的大方向来进行。

回顾经济学者对政策的贡献，邹至庄教授总结他与其他几位院士担任台湾

---

[1]　在此段期间内当选为"中研院"院士的有麦朝成（1994）、萧政（1996）、朱敬一（1998）、胡胜正（2000）和李龙飞（2000），其中麦朝成、朱敬一与胡胜正当选时均在岛内任职（"中研院"或台大）。

当局经济顾问期间的心得，认为最重要的贡献就是能说服当局采取市场经济的制度，他也提到这段顾问生涯大幅度增进了他对经济学的了解（刘素芬、樊沁萍，1997）。邹至庄先生在20世纪80年代赴大陆担任经济顾问工作，很多时候都是单打独斗，但也曾于1986年前后找费景汉、顾应昌、刘遵义等旧日伙伴两次赴大陆共同会商。他发现大陆与台湾的经济发展有四个共同之处：（1）经济改革都是从农业部门出发，（2）对外开放鼓励出口，（3）政府对经济的干预与计划管理逐渐减少，（4）重视控制通货膨胀。他认为台湾经济发展成功的经验，对大陆经济改革影响很大。[邹至庄："如果没有台湾的经济发展成功，大陆不会如此热心积极推动改革。"（刘素芬、樊沁萍，1997：30）]

五、结语：对"经济学茁壮期"来临的企盼

经济学在台湾的发展，从台湾光复算起也有56年了。伴随着台湾经济的快速成长，经济学也受到学界和当局的高度重视与支持。经济学者在台湾经济发展的道路上也对财经政策起了相当的影响和导正，充分发挥了经济学成为一门"经世济民"学问之任务。

回顾经济学在台湾从生根到发展的过程，可说是筚路蓝缕，充满了艰辛与困顿。从早期依赖少数国外院士的协助，到自己培养的学者在台湾的土地上能作出国际水平的学术研究，其中隐含着前辈师长不知多少的心血。对台湾本土问题的研究，一直是台湾经济学界最关心的问题，但在国际学术期刊上却经常难以发表，造成对国际经济学主流的影响不足，是台湾经济学发展的一大瓶颈。当前两岸经济关系日益密切，对台湾经济任一领域的研究都必然会与大陆经济难分其关联。未来的一个努力方向可加强对中国经济改革与两岸经贸关系的研究，所得成果应更为国际经济学界所重视。

台湾经济学界的老兵与新秀，多年来一直企盼台湾的经济学术能够起飞。本来以为20世纪90年代是起飞的年代，但如今又难免有些失落。过去10年台湾学界所发表的国际期刊文章虽多，但进入核心期刊的高质量文章不多，尚难影响国际学术主流。在新的世纪中，我们企盼看到经济学能够在台湾茁壮成长，经济学者能结合实务经验提出创新理论架构，对经济学术的发展更有贡献，让国际学术界刮目相看。

附录：国际七大顶尖期刊发表之学术论文

台湾（1981—2000）

1. Chau-Nan Chen and Tien-Wang Tsaur, 1983, "Currency Substitution and Foreign Inflation," *Quarterly Journal of Economics*, 98（1）: 177-184.

2. Chao-Cheng Mai and Jun-Ji Shih, 1984, "Output Effect of the Labour-Managed Firm Under Price Discrimination," *Economic Journal*, 94（376）: 931-935.

3. Jun-Ji Shih, Chao-Cheng Mai and Jung-Chao Liu, 1988, "A General Analysis of the Output Effect Under Third-Degree Price Discrimination," *Economic Journal*, 98（389）: 149-158.

4. Chau-Nan Chen, Tien-Wang Tsaur and Shun-Chieh Lin, 1989, "Currency Substitution, Foreign Inflation, and Terms-of-Trade Dynamics," *Journal of Political Economy*, 97（4）: 955-964.

5. Hong Hwang and Chao-Cheng Mai, 1990, "Effects of Spatial Price Discrimination on Output, Welfare, and Location," *American Economic Review*, 80（3）: 567-575.

6. Yun-Peng Chu and Ruey-Ling Chu, 1990, "The Subsidence of Preference Reversals in Simplified and Marketlike Experimental Settings: A Note," *American Economic Review*, 80（4）: 902-911.

7. C. Y. Cyrus Chu and Hui-Wen Koo, 1990, "Intergenerational Income-Group Mobility and Differential Fertility," *American Economic Review*, 80（5）: 1125-1338.

8. C. Y. Cyrus Chu, 1991, "Primogeniture," *Journal of Political Economy*, 99（1）: 78-99.

9. Teh-Ming Huo, 1992, "Money and Interest in a Cash-in-advance Economy: A Corrigendum," *Econometrica*, 60（2）: 435-439.

10. Robert Mendelsohn, William D. Nordhaus and Daigee Shaw, 1994, "The Impact of Global Warming in Agriculture: A Ricardian Analysis," *American Economic Review*, 84（4）: 753-771.

11. C. C. Yang, 1995, "Endogenous Tariff Formation Under Representative Democracy: A Probabilistic Voting Model," *American Economic Review*, 85（4）:

956-963.

12. David Cass, Graciela Chichilnisky and Ho-Mou Wu, 1996, "Individual Risk and Mutual Insurance," *Econometrica*, 64（2）: 333-341.

13. C. Y. Cyrus Chu and Lily Jiang, 1997, "Demographic Transition, Family Structure, and Income Inequality," *Review of Economic & Statistics*, 79: 665-669.

14. David J. Cooper, John H. Kagel, Wei Lo and Qing Liang Gu, 1999, "Gaming Against Managers in Incentive Systems: Experimental Results with Chinese Students and Chinese Managers," *American Economic Review*, 89（4）: 781-804.

15. Yehning Chen, 1999, "Banking Panics: The Role of the First-Come, First-Served Rule, and Information Externalities," *Journal of Political Economy*, 107（5）: 946-968.

大陆（1981—2000）

1. Justin Yifu Lin, 1990, "Collectivization and China's Agricultural Crisis in 1959-1961," *Journal of Political Economy*, 98（6）: 1228-1252.

2. Justin Yifu Lin, 1992, "Rural Reforms and Agricultural Growth on China," *American Economic Review*, 82（1）: 34-51.

3. Justin Yifu Lin, 1992, "Hybrid Rice Innovation in China: A Study of Market-Demand Induced Technological Innovation in a Centrally Planned Economy," *Review of Economics & Statistics*, 74: 14-20.

4. Hongyi Li,Lyn Squire,and Hengfu Zou, 1998, "Explaining International and Intertemporal Variations in Income Inequality," *Economic Journal*, 108（446）: 26-43.

5. David J. Cooper,John H. Kagel,Wei Lo and Qing Liang Gu,1999, "Gaming Against Managers in Incentive Systems: Experimental Results with Chinese Students and Chinese Managers," *American Economic Review*, 89（4）: 781-804.

6. Justin Yifu Lin and Dennis Tao Yang, 2000, "Food Availability Entitlements and the Chinese Famine of 1959-61," *Economic Journal*, 110（460）: 136-158.

参考文献

陈慈玉、莫寄屏，1992，《蒋硕杰先生访问纪录》，台北："中研院"近代史研究所。

高希均、李诚，1991，《台湾经验四十年：1949—1989》，台北：天下出版社。

工商时报，1982，《财经政策大辩论》，台北：时报出版。

"国科会"，1996，《经济学学门规划专题研究》，台北："国科会"。

蒋硕杰，1985，《台湾经济发展的启示》，台北：天下出版社。

林毅夫、胡书东，2001，"中国经济学百年回顾"，《经济学（季刊）》，第1卷第1期。

刘翠溶，2001，《费景汉生平》，台北：费景汉先生纪念文教基金会。

刘素芬、樊沁萍，1997，《中国现代经济学的播种者：邹至庄先生访问纪录》，台北："中研院"经研所、八方文化企业公司。

麦朝成、吴惠林，2000，《邢慕寰院士的经济理念、政策与学术贡献》，台北：中华经济研究院。

施建生，1999，《一九八〇年代以来台湾经济发展经验》，台北：中华经济研究院。

台湾大学经济系，1995，《纪念梁国树教授专辑》，台北：台大经济系。

中华经济研究院，2001，《二十年来的成长》，台北：中华经济研究院。

"中研院"经研所，1976，《刘大中院士经济论文集》，台北："中研院"经研所。

Galenson, Walter, ed., 1984, *Economic Growth and Structural Change in Taiwan*, Ithaca: Cornell University Press.

Klein, Lawrence, Marc Nerlove, and S. C. Tsiang, ed., 1980, *Quantitative Economics and Development*: *Essays in Memory of Ta-Chung Liu*, New York: Academic Press.

Kohn, Meir, ed., 1989, *Finance Constraints and the theory of Money*: *Selected Papers of S. C. Tsiang with contributions by Sir John Hicks*, *David Laidler and Alan Stockman*, New York: Academic Press.

Li, K. T., 1988, *The Evolution of Policy Behind Taiwan's Development Success*, New Haven: Yale University Press.

Mai, Chao-Cheng and Chien-Sheng Shih, ed., *Taiwan's Economic Success Since 1980*, Cheltenham: Edward Elgar Publishing.

Tsiang, S. C., 1980, "Exchange Rate, Interest Rate and Economic Development," in Lawrence Klein, Marc Nerlove, and S. C. Tsiang, ed.,

Quantitative Economics and Development: *Essays in Memory of Ta-Chung Liu*，New York：Academic Press.

（原文刊于《经济学（季刊）》2002 年第 1 卷第 4 期）

经济学家、经济学与中国改革

吴敬琏[*]

回顾过去四分之一世纪中国经济学和经济学家走过的历程，我深深地为中国这30年来所取得的进步感到自豪。作为一个历史的见证人，我也想与经济学界朋友们共同回顾改革的历程以及经济学和经济学家在其中的作用，从而明确我们作为经济学家的历史使命和社会责任。

每当我参加经济学界同人们自由交流、砥砺学术的盛会，我常常会不禁回想起1977年，为了拨乱反正，我的两位老师于光远教授和苏绍智教授发起的四次"按劳分配讨论会"。那时，经济学家虽然还没有完全摆脱"左"的思想禁锢，但是所表现出来的真诚热情和理论勇气令人难以忘怀。中国经济学家对许多问题的批判性思考，正是从那时开始起步的。

一、中国经济学家在改革中成长

中国改革理论发展史中提出市场取向改革的第一人是顾准（1915—1974）。他在20世纪50年代中期"左"风肆虐、万马齐喑的日子里力排众议，一针见血地指出，社会主义经济的问题是

---

* 吴敬琏，现任国务院发展研究中心研究员。

废除了市场制度。因此，为了提高效率，社会主义可以选择的经济体制，是由企业根据市场价格的自发涨落来作出决策。[1]在那样的年代有这样的独立而深刻的思想，是非常了不起的。可惜的是，他旋即被划为"资产阶级右派分子"，他的学术观点更被断定为异端邪说，在长达20年的时间里湮没无闻。

在1956年以后的20多年里，中国的"经济体制改革"是以毛泽东在《论十大关系》讲话中提出的"放权让利"，特别是向地方政府放权让利为指导的。这种"体制下放"的改革思路对往后的改革产生了深远的影响。

对"体制下放"的思路首先提出批评的是经济学家孙冶方（1908—1983）。他在1961年后多次指出，经济管理体制的中心问题，不是中央与地方的关系，而是"作为独立核算单位的企业的权力、责任和它们同国家的关系问题，也即是企业的经营管理权问题"[2]。孙冶方主张在计划经济的大框架下扩大企业自主权，或者说向企业放权让利。然而，即使这样的主张也不能见容于当局。所以他在提出上述观点后不久，就被说成是"比利别尔曼还利别尔曼"[3]的"修正主义者"而受到批评和迫害。

在"文化大革命"结束以后的政治思想和经济政策的"拨乱反正"中，绝大多数经济学家和经济工作领导人认同孙冶方的经济思想，认为应当把扩大企业经营自主权和提高企业活力放在改革的中心地位，并且在一定程度上受到南斯拉夫"企业自治"理论的影响。以国有企业改革为重点的微观改革的最著名的倡导者还有马洪（1920—2007）、蒋一苇（1920—1993）。例如，马洪关于"改革经济管理体制要从扩大企业自主权入手"，扩大企业在人、财、物和计划等方面的决策权力的主张，[4]就得到了一些政府领导人的采纳和国有企业领导人的热烈支持。

1978年12月，中共第十一届三中全会在讨论经济改革问题时对放权让利作了较之行政性分权更宽泛的解释。全会《公报》指出，旧经济体制的"严重缺点是权力过于集中"，"应当有领导地大胆下放，让地方和工农业企业在国家统一计划的指导下有更多的经营管理自主权"，以便"充分发挥中央部门、地方、企业和劳动者个人四个方面的主动性、积极性、创造性，使社会主义经济

133

[1] 顾准，"试论社会主义制度下的商品生产和价值规律"，《顾准文集》，贵阳：贵州人民出版社，1994，第32页。

[2] 孙冶方，"关于全民所有制经济内部的财经体制问题"，《孙冶方全集》（第2卷），太原：山西经济出版社，1998，第229—242页。

[3] 利别尔曼是苏联经济学家，他在1961年提出的对苏联经济改革的建议，被认为是1965年柯西金改革的理论基础。

[4] 马洪，"改革经济管理体制与扩大企业自主权"，《马洪集》，北京：中国社会科学出版社，2000，第228—245页。

的各个部门、各个环节普遍地蓬蓬勃勃地发展起来"[1]。

另外一些经济学家思考的范围比企业改革更宽。80年代初期，随着研究的深入和国际交往的扩大，我国改革理论已经逐渐超越了"扩大企业自主权"的实际措施的水平，形成了以建立"社会主义商品经济学"为核心的整套观点和政策主张。当时改革学派的主要代表人物是薛暮桥（1904—2005）、杜润生（1913—）、廖季立（1915—1993）、刘明夫（1915—1996）等老一辈的经济学家和经济工作领导人。例如，中国左翼经济学界的宿将、解放后又长期担任中央政府经济领导工作的薛暮桥。他在1979年出版的、对当时的改革思想产生重大影响的著作《中国社会主义经济问题研究》一书中指出，中国经济改革迫切需要解决的问题有二："一是企业（包括集体经济单位）管理制度的改革，使企业成为有活力的基层经营管理单位；另一个是国民经济管理制度的改革，使它更适合于社会化大生产的要求。"[2]所谓"适合于社会化大生产的要求"的经济体制，就是当时被婉转地称为"社会主义商品经济"的市场制度。

薛暮桥是最先提出并积极主张现阶段我国社会主义经济只能是商品经济的经济学家之一。1979—1980年间，他多次写文章反复强调两个基本观点：（1）社会主义经济不仅局部地存在商品生产和商品交换，而且从总体来看仍然是一种商品经济；（2）要在计划指导下充分发挥市场的作用。他还在1980年初为国务院体制改革办公室起草的《关于经济体制改革的初步意见》中明确指出："我国经济改革的原则和方向应当是，在坚持生产资料公有制占优势的条件下，按照发展商品经济的要求，自觉运用价值规律，把单一的计划调节改为在计划指导下，充分发挥市场调节的作用。"薛暮桥在1980年9月召开的各省市区第一书记会议上就这个《初步意见》作说明时说："所谓经济体制的改革，是要解决在中国这块土地上，应当建立什么形式的社会主义经济的问题，这是社会主义建设的根本方向。将来起草的经济管理体制改革规划，是一部'经济宪法'。"[3]虽然这个《初步意见》最终没有能够形成为政府的决议，但它打开了人们的思路，得到了包括当时任中共中央总书记胡耀邦在内的许多高级官员的赞同，成为多年以后确立市场经济改革目标的张本。

长期在意识形态部门工作的于光远从"恢复马克思主义原义"的角度批评

[1] "中国共产党第十一届中央委员会第三次全体会议公报"（1978年12月22日），中共中央文献研究室编，《三中全会以来重要文献选编》，北京：人民出版社，1982。
[2] 薛暮桥，《中国社会主义经济问题研究》，北京：人民出版社，1979，第185页。
[3] 薛暮桥，"对《关于经济体制改革的初步意见》的说明"，同上书，第219—255页；也可见薛暮桥，《薛暮桥回忆录》，天津：天津人民出版社，1996，第357页。

斯大林、毛泽东的经济理论和经济政策。他和他的追随者更多地倾向于南斯拉夫共产主义联盟提出的"企业自治"和"社会所有制"的经济体制。

应当承认，中国的市场化改革在20世纪70年代末、80年代初并不是按照经济学家的某种理论设计进行，而是由千百万农民在明智的政治家的保护和支持下赢得了在"包"（即租）来的公有土地上建立自己的家庭农场的权力，从而迈出了扎扎实实的第一步。但是即使在这一时期，经济学家为农民私有农场的合理性和合法性所作的理论论证和消除政治障碍的工作也是十分重要的。其中，杜润生和一大批集结在他周围的年轻经济学家作出了重要的贡献。杜润生长期从事农村经济研究，曾经辅佐过被毛泽东批评为"十年一贯制"的"右倾"的中国农村工作领导人邓子恢（1896—1972）[1]。杜润生早在80年代初期从推行农村承包制开始，重新发挥他在制定农村经济政策方面的影响。他广泛吸收了现代经济学的理论成果，主张全面建立市场经济体系。

再有，在党政领导机关工作的经济学家，也运用他们的知识和政治智慧，为争取改革在一些关键问题上的突破起了重要作用。作为中共中央书记处研究室理论组组长的林子力（1925—）的《论联产承包责任制》一书，就为承包制作了系统论证。他在参与政府文件起草时援引马克思在《资本论》中设定的一个算例，用以论证个体工商业者雇工8人以下仍旧不是以占有他人劳动作为主要的生活来源，因而保持着个体劳动者的身份。这种说法在政治上获得通过，雇工在8人以下（含8人）或以上，成为划分个体企业和私营企业的界线，使私有企业的合法化取得了突破。

到了20世纪80年代初期，当农民所熟悉的家庭农场已经通过"包产到户"的形式得到恢复，城镇非国有工商业也开始成长，如何进行以城市为重点的改革以便建立现代市场制度的问题便提到了人们的面前。

"摸着石头过河"常常被称作"中国经济改革的成功战略"，以中国改革的实际来检验，我认为这个论断很值得怀疑。如果恢复家庭农场制度只需要农民从千百年耕作经验中获得的直接感受和掌握权力的政治家的睿智，建立现代市场经济则是另一回事。现代市场制度是一种经过几百年演变形成的巨大而复杂的系统，如果完全依靠自发的演进，它的建立和建设至少需要几十、上百年的光阴。要通过改革行动在很短的历史时期内把这一系统从无到有地建立起来，

---

[1]　邓子恢早在国内革命战争时期就已成为共产主义运动的领导人之一，中华人民共和国建立以后担任负责农村工作的主要官员。他曾经因为主张在土地改革完成后实行货易、雇工、借贷和租地不加限制的"四大自由"，在50年代中期反对合作问题上的冒进和在"大跃进"失败后主张包产到户，一再受到毛泽东的严厉批评。

没有对反映这一系统运动规律的现代经济科学的深切把握，没有改革行动的自觉性，这一艰巨的历史任务是不可能顺利完成的。

然而，由于在"左"的路线下经济学备受摧残，使其完全不具备为经济制度的这一革命性演进提供理论支撑的能力。

我是在新中国建立之初的1950年上大学的。一年以后，英语课程被取消了，理论经济学课程也被取消了。高校经济类课程只开设马克思主义政治经济学、《资本论》等，采用苏联专家编写的教材。1957年"帮助党整风"的运动中，一些知名的经济学家呼吁克服那种以引证训诂马克思主义的经典著作和搬运转述苏联政治经济学的教科书代替科学创新的不良风气，主张吸收现代经济学的积极成果，发展我国的经济科学，[1]但却被说成"向党猖狂进攻"；提出意见的学者也被打成"资产阶级右派"。这就使不少经济学家把进行经济学研究视为畏途。在那以后，经济学就变成了现行政策的描述或颂歌，学者的言论如果违反苏联教条或者不符合现行政策，即使不被扣上"反对马克思列宁主义"的大帽子，也会被指责为"严重脱离中国实际"。"西方经济学"从此在中国销声匿迹。即使1976年"文化大革命"完结以后，在部分高等学校恢复了一些"西方经济学"专题讲座式的课程，也常常被当做批判的靶子，谈不上作为理论基准和分析工具来加以运用。

在1978年12月中共十一届三中全会"解放思想"的号召下，中国经济学家逐渐恢复了与世界经济学界的联系，并运用过去曾被视为洪水猛兽的现代经济学原理去分析中国的经济问题。在这样的情况下，老一代经济学家如薛暮桥、刘明夫等提出了发挥市场的作用和建立"商品经济"的改革主张。当时许多年轻的经济学家热心于补习现代经济学的基本知识，希望从中汲取新鲜知识来思考我们自己的问题。

更大的冲击来自1980—1981年间已经移居西方的两位东欧的改革经济学家W.布鲁斯（1921—）和O.锡克（1919—）的讲学。[2]在当时中国经济学家还停留在把改革看做一组旨在"调动积极性"的政策措施时，他们把改革作为经济系统的跃迁过程来分析，使我们感到耳目一新。由此许多中国经济学家产生了系统学习现代经济学的愿望，同时在中国科学院经济研究所开始了创建比较经济学学科的努力。经济学家刘国光、董辅礽、赵人伟、荣敬本等都为这方面

---

[1] 参见：陈振汉、徐毓枬、罗志如等，"我们对于当前经济科学工作的一些意见"，《人民日报》，1957年8月29日。

[2] 中国科学院经济研究所学术资料室编，《论社会主义经济体制改革》，北京：法律出版社，1982。

的进展作出了贡献。

在对现代经济学进行再学习的基础上，中国经济学家逐渐掌握了现代经济学的基本理论和基本分析工具，用以分析和评估中国市场化改革的进程，并对经济改革和经济发展政策提出有科学依据的建议。

二、经济学在中国现代市场制度建立中起了重要作用

纵观中国改革的整个历程，每一次重大的推进，都是与我们对现代经济科学的认识深化有关的。

贬低现代经济科学对于我国改革的意义的论据之一，是所谓"中国有自己的实际情况，西方理论不符合中国国情"，所以在20世纪80年代流行过一句话，叫做"不能用西方理论剪裁中国的实际"。其实从50年代中期提出"经济管理体制改革"到80年代中期中国改革走上比较自觉地进行的轨道，在这种观念影响下的事态发展倒是应了凯恩斯的一句话："许多实行家自以为不受任何学理之影响，却往往当了某个已故经济学家之奴隶。"[1]

在此，我想例举在中国转型时期的一些重要关头，经济学理论发挥作用的几个实例。

第一个实例是建立市场经济体制目标的确立。

中国从50年代中期开始改革以后，长期是依照毛泽东在《论十大关系》中提出的"放权让利"、"调动积极因素"的方针进行的。在这一方针指导下的"行政性分权"的做法，由于造成了1958年的经济大混乱而不得不在60年代初期实行"调整、巩固、充实、提高"的"八字方针"的时候暂时停止。1970年又一次大规模下放。直到1976年"文革"结束，中国的"经济管理体制改革"始终没能走出"一放就乱、一收就死"的怪圈，而且1978年十一届三中全会以后，也没有完全抛弃用"行政性分权"调动地方政府增产增收的积极性，就能提高经济活动的想法和做法，例如1980年推行过"财政分灶吃饭"，1988年推行过"财政大包干"、"外汇大包干"和"信贷额度切块包干"等行政性分权的做法。这些做法一方面可以使民营企业利用地区之间竞争缝隙作为自己生存和发展的空间，另一方面却导致了市场割据、保护主义等至今仍然危害市场统一性的消极后果。只是到了80年代后期，改革经济学的主流有了比较多的现代经

---

[1] 凯恩斯，《就业、利息和货币通论》，徐毓枬译，北京：商务印书馆，1983，第330页。

济学知识，以新的分析工具去剖析"行政性分权"，才对从"行政性分权"转向"市场性分权"（又称"经济性分权"）的必要性有了较为透彻的认识。

20世纪80年代中期，农民家庭农场、城镇私营工商业等J.科尔奈所说的"从下而上地成长起来的私有部门"[1]已经在中国国民经济中占有约三分之一的比重，如何为这一部门的成长创造有利的条件，就成为一件关系中国改革成败的大问题。如果继续坚持1982年中共十二大确定的"计划经济为主、市场调节为辅"的改革目标，私有部门只能作为国有部门的"补充"而存在，这样的任务不但不可能完成，而且根本不可能提出。

经济学家的工作对于把改革的目标重新确定为市场经济，从而把为私有部门的发展创造条件纳入改革的行动纲领，起到了无可替代的重要作用。

正如大家所知道的，中国社会科学院一批研究人员的集体研究成果——《关于社会主义制度下我国商品经济的再探索》[2]对于1984年中共十二届三中全会确定"商品经济"的改革目标所起的作用。而"商品经济"的目标一经确立，建立私有部门发展不可或缺的商品、资金、"劳务"（即劳动力）、技术等市场就顺理成章地成为改革题中应有之义。

至于经济学研究在1992年确立市场经济目标中所起的作用，就更是人们所熟知的了。

第二个实例是适当的宏观经济政策的确定。

在宏观经济管理方面起了重要作用的，是1984—1985年期间进行的"通货膨胀是否有益"的大辩论。1985年9月2—7日由国家体改委、国务院发展研究中心和世界银行共同召开的"宏观经济改革国际讨论会"[3]（又称"巴山轮

138

---

[1]　科尔奈认为，向市场经济的转型有两种战略。其中，战略A是有机发展战略（the strategy of organic development），其最重要的任务在于创造自由准入、保护私有产权等有利条件，使私人部门得以从下而上地生长起来（bottom-up development）。战略B是加速国有企业私有化战略（the strategy of accelerated privatization），其最重要的任务是尽快地消灭国家所有制（参见科尔奈，"《通向自由之路》出版十年之后的自我评价"，《后社会主义转轨的思索》，长春：吉林人民出版社，2003，第1—21页）。我认为，这种分析不仅对于后社会主义国家实现向市场经济的转型有着重要意义，而且对于社会主义中国从计划经济向市场经济的转型中也同样有重要意义。

[2]　参见马洪，"关于社会主义制度下我国商品经济的再探索"，《经济研究》，1984年第12期。关于中共十二届三中全会确定商品经济改革目标的经过，可以参见：《百年潮》，"关于计划经济与市场经济的论争"，收入吴敬琏，《改革：我们正在过大关》，北京：生活·读书·新知三联书店，2002，第318—339页。

[3]　这次讨论会于1985年9月2—7日在长江旅游客轮"巴山"号上召开，参加这次讨论会的国际知名专家有凯恩斯主义的货币问题大师托宾（James Tobin）、曾任英国政府经济事务部副部长的牛津大学教授凯恩克劳斯（Alexander K. Cairncross）、匈牙利经济学家科尔奈（Janos Kornai）、波兰经济学家布鲁斯（Wlodzimierz Brus）、原德国联邦银行行长时任联邦证券抵押银行行长的埃明格尔（Otmar Emminger），中方参加者有安志文、薛暮桥、马洪、廖季立、项怀诚、高尚全等经济官员，刘国光、戴园晨、吴敬琏、赵人伟、楼继伟、郭树清、田源等经济学家。会议开始以前，中国政府领导人在北京会见了与会外方

会议")则对这场大辩论作出了总结，并且使中国高层政府官员对市场经济条件下宏观经济管理的基本框架、宏观政策目标及其实现途径有了比较清晰的理解。同时，通过与会学者对中国学者刘国光、赵人伟论文的讨论，特别是美国学者托宾对当时中国宏观经济形势的精湛分析，会议对中国当时的通货膨胀形势和应当采取的治理措施形成了共识。这为1985年10月中共全国代表会议正确规定中国在改革时期宏观经济政策取向提供了理论指导。[1]

第三个实例是1994年推出的包括财税、银行、外汇管理体制在内的"宏观经济"改革。

1993年11月中共十四届三中全会通过的《关于建立社会主义市场经济若干问题的决议》是一幅在我国建设市场经济的极好设计蓝图，得到了国内外专家的高度评价。根据这一设计在1994年配套推出的宏观经济改革也被人们公认为我国改革中一次最成功的尝试。它之所以能够取得成功，除执行方面的因素外，一个重要原因是它有非常扎实的理论准备。这种理论准备，是在中外经济学家的共同努力下做出的。在1991—1993年期间，我国有大批经济学家针对有关问题进行了分门别类的研究。就以宏观经济改革的设计而言，除了前面已经提到的以"巴山轮会议"为开端的对现代宏观经济学的把握外，对于财政、税收、银行、外汇管理和社会保障体系等都就各国政策选择的历史经验和理论经济学的最新成果进行了长达数年的专题研究。[2]在研究过程中征询过国际知名专家马斯格雷夫（Richard Musgrave）、拉迪（Nicholas Lardy）等的意见。对于初步形成的方案，又在1993年7月由国家体改委和世界银行共同组织、有国际知名专家莫迪利亚尼（Franco Modigliani）、斯特恩（Nicholas Stern）、李国鼎（K. T. Li）、刘遵义（Lawrence Lau）和多名中国政府官员参加的"中国经济发展与改革国际研讨会"（"大连会议"）上作了反复的论证。改革的成功是与这种理论上的周密准备分不开的。

第四个实例有关中国的国有企业改革。

国有经济和国有企业的改革是中国改革一块难啃的"硬骨头"。从1956年中共八大提出国营企业改革的问题以后，国有企业改革一直沿着"放权让利、调动企业积极性"的路线进行。一直到80年代初期才由两位受过现代经济学训

专家。会议的主要文献见：中国经济体制改革研究会编，《宏观经济的管理和改革——宏观经济管理国际讨论会言论选编》，北京：经济日报出版社，1986。

[1]　《中共中央关于制定国民经济和社会发展第七个五年计划的建议》（1985年9月）。

[2]　其中部分研究成果见：吴敬琏、周小川、荣敬本等，《建设市场经济的总体构想与方案设计》，北京：中央编译出版社，1996。

练的青年经济学家吴稼祥、金立佐首先提出了现代公司制度的观点。[1]但在那以后的一段时间里，虽然不少人都表示同意在国有企业中采用"股份制"（许多人心目中的"股份制"是保持国有的"国有股份制"），但对于现代公司制度的性质特征与基本架构并不甚了了。只是在1987年7月由世界银行和国家体改委联合召开的、有管理学大师德鲁克（Peter Drucker）和陈清泰、周小川、郭树清等中国专家参加的"国有企业改革讨论会"（"钓鱼台会议"）上，根据企业理论的最新发展和国际经验，对与国企改革有关的主要问题进行了广泛而深入的讨论，弄清了从现代公司的基本架构到养老金基金持股的社会意义等有关现代公司制度的一系列重大问题[2]以后，才逐步形成了公有制的不同实现形式的新观念，并为国企改革走出"放权让利"的误区和进入制度创新的正轨铺平了道路。1994年召开的、有国际知名学者哈特（Oliver Hart）、米尔格罗姆（Paul Milgrom）、麦金农（Ronald I. Mckinnon）、刘遵义、青木昌彦（Masahiko Aoki）和中国经济学家吴敬琏、陈清泰、周小川、钱颖一、李剑阁、吴晓灵、谢平等参加的"中国经济体制的下一步改革国际研讨会"（"京伦会议"）[3]深入探讨了我国企业改革的多方面问题。虽然要使人们普遍接受它所提出的一些重要观点（国有企业应当改组为多元持股的现代公司，这些公司必须确立有效的公司治理，资不抵债的企业应当在债权人的监督下进行重组，等等）并付诸实践，有些是若干年以后的事情，有些至今尚未实现，但是这些理论分析为我国国有企业改革的目标模式和实施办法确立了基本框架和基本方向。

三、经济学的学科建设任重道远

虽然改革开放20多年来我国经济学界的整体水平有了很大提高，而且近年来得到了本国培养和海外学成归来的大批新锐的补充，然而也应当看到，经济学家的队伍无论从数量方面看，还是从素质方面看都还有许多不足之处。随

---

[1] 厉以宁于1980年在有关劳动工资和就业问题的会议上提出实行股份制问题，1984年在安徽所作《关于城市经济学的几个问题》的报告中有较为详细的论述。该报告收入：《厉以宁选集》，太原：山西人民出版社，1988，第239—277页。吴稼祥、金立佐1983年写有《股份化：进一步改革的一种思路》，发表在《经济日报》（1985年8月3日）。

[2] 在会上，管理学大师德鲁克除对现代企业制度的一般问题作了论述外，还特别介绍了他在《看不见的革命：养老金社会主义在美国的起源》（*The Unseen Revolution: How Pension Fund Socialism Came to America*, New York: Harper & Row, 1974）中提出过的关于以养老基金持股为主的现代公司制度观点，给与会的中国经济学家思考公有制的最佳实现形式问题很大的启发。

[3] 参见：吴敬琏、周小川等，《公司治理结构、债务重组和破产程序——重温1994年京伦会议》，北京：中央编译出版社，1999。

着我国改革的深入，对于经济科学的要求愈来愈高，而且经济学的新课题层出不穷，我们经济科学工作者身上的担子也愈来愈重。这里，我想借此机会，对加快我国经济科学的学科建设提出以下建议：

1. 加强基础理论的教学和研究工作

根据我近年来在中国社会科学院教授博士课程和在上海中欧国际工商学院（CEIBS）教授MBA课程的切身经验，我国学生有一种追求"前沿"而忽视基础的倾向，妨碍了他们对经济学问题的深刻透彻的理解。纠正这种偏向的方法是加强基础理论的研究和教学，并在教学中强调掌握基本理论和进行基础训练的重要性。

我想特别强调微观经济学的基础训练。现代微观经济学已经成为一门概念清晰、逻辑严密的学问。作为一个经济学者，如果没有扎实的微观经济学基础，其思想免不了混乱。因此，我要求自己的学生一定要学好微观经济学。我与同学们讨论问题时，也特别注意不时地把他们拉回到最基本的理论问题上来。学习经济学，最重要的是要掌握经济学家对于世界的认知和思考方式，而学好微观经济学正是把握这种有用的认识工具的起点。

在中国的经济学界存在着两种有失偏颇的认识：一种是认为21世纪新古典经济学穷尽了微观经济学的真理，经济学所要做的事情只是把新古典经济学的原理直接套用在中国实际上面，通过简单的推导就能得出正确的结论；另一种则是认为，经济学的最新发展，像新制度经济学、信息经济学等更逼近于现实，使新古典经济学的旧原理变得完全过时。后者往往不理解，微观经济学的原理（如阿罗－德布鲁一般均衡模型）是在严格假设条件下对现实作出的抽象；在放松某些假设（如完全信息假设）情况下得出新的理论结论，并不意味着否定这些原理作为理论基准（benchmark）的重要意义。[1] 上述这种认识偏差妨碍了我们对经济问题作出科学的分析，比如对于资本市场的看法就是如此。有的人认为，只要放开股票市场，资本资源就会自然而然地得到有效的配置；也有的人说，股票价格的高低无论从短期看还是从长期看都全在于市场炒作技巧的高低和政府政策支持力度的大小，而全然没有规律可循；还有人在不同的场合交替使用这两种理论，造成了不少混乱。

---

[1] 本文作者同意许成钢在《经济学、经济学家与经济学教育》一文中对所谓"经济学的五个'不相关性'理论基准"的分析，见：许成钢，"经济学、经济学家与经济学教育"，《比较》第1辑，北京：中信出版社，2002，第6—9页。

2. 学科建设，重在形成严谨求实的学术规范和惠风和畅、百家争鸣的宽松氛围

目前我国经济学界在保证学术自由和确立学术规范这两个相辅相成的方面都存在比较大的缺陷。这两方面的问题不解决，就很难形成经济科学进步赖以发生的学者之间的良性互动局面。

80年代后期，我以前在北京中欧管理学院（CEMI）的同事波以索（Max Boisot）教授曾经告诉我他对中国经济学教学的印象。他说，有些经济学教授对经济学教科书上从第一章到最后一章讲的具体问题统统都知道，但是他们对于市场制度到底是怎样运转的却并不清楚，也就不能够把关于市场经济的系统知识传授给学生。现在的情况虽然由于有大量经过严格经济学训练的年轻经济学家的加入而有了改善，但是这种只见树木、不见森林的缺点仍然难以完全避免。因此，我在自己的教学中深深感到，为人师表，需要加强自己的学习和研究，才能提高教学水平。

今年（2004年）11月我参加了《比较》杂志主办的"中俄转轨经验比较讨论会"，来自俄罗斯方面的学者包括普京总统的首席经济顾问伊拉里奥诺夫（A. Illarionov）在内大多出生于70年代，他们在世界上最好的大学接受经济学教育，写出来的论文中规中矩，严谨规范；同时，他们也在俄罗斯的研究机构兼职，能够对俄罗斯的现实问题发表中肯的见解。这个情形给那天到会的中国学者很大的震动。中国在海外也有大量的经济学家，如何能创造一种机制，吸引他们回国为中国的经济学学科建设贡献力量是在座诸位大学院系和科研机构的领导应当认真考虑的问题。我们应当有海纳百川、有容乃大的气度，为经济学事业的发展而引进和使用人才。

3. 要加强经济学人之间的交流和切磋，以便长短互补，共同提高

1 800年前，魏文帝曹丕就曾经指出过："文人相轻，自古而然。"看来，他所说的"各以所长相轻所短"（《典论·论文》）早已是中国文化界由来已久的痼疾，经济学界似乎也不能避免这种传统的影响。为了发展经济科学，我们必须与这种传统决裂，形成学者之间、特别是不同经历和不同教育背景的学者之间相互切磋的良好风气。

在国外受教育的经济学家容或有对国内实际情况了解得不够深透和不够具体的缺点，但是他们一般受过比较严格的经济学训练，又在发达的市场经济环

境中长期生活，他们由此取得的知识无疑是建设中国市场经济所不可或缺的宝贵财富。

另一方面，植根于本土的经济学家常常难以超脱现实的政治条件钻研学术，然而并不能因此而贬低这些经济学家的历史作用。有的时候，我们会听到这样的一种评论，说某一位学者学术上没有贡献，甚至于因此而否定他的历史价值。这样是有失偏颇的。

至于有些人动辄把经济学家划分为这样或那样的"派别"，甚至用"文革"手法制造事端，给与自己意见相左的经济学家随意贴上"代表邪恶力量"、"为外国势力服务"之类的政治标签，更是不能容许的。这种种作为对于经济学人之间的良好关系和正常学术环境的形成是十分有害的，应当受到一切正直的经济学家的抵制。

中国改革和建设需要大家齐心协力，努力发展经济科学，为中国的改革和中华的腾飞作出应有的贡献。

(原文为作者在2004年第三届中国经济学年会上的主题演讲，
后刊于《经济研究》2004年第2期)

林毅夫访谈：中国经济学何处去

林毅夫 *

经济学教育现状与瓶颈

《21世纪经济报道》： 您对目前国内经济学教育体系的现状有何评价？

林毅夫： 和改革开放初期比较起来，国内经济学教育的面貌已经有了相当大的变化。经济学，尤其是当代经济学，已经从被批判的对象成为各大学经济系教学的主要内容。我记得20世纪80年代我们学当代经济学的时候，老师在介绍完任何理论之后一定要加一段批判。后来，由于计划经济体系向社会主义市场经济体系过渡中出现了很多新问题，而这些问题用传统的政治经济学不容易解释清楚，当代经济学就从被批判的对象变成传统政治经济学的重要补充。随着改革的深化和市场经济体系的完善，到了现在，当代经济学基本上已经成为国内经济学教育的主流，经济学科也成为大学里最受学生欢迎的学科之一。就具体的统计数据来说，我们北大中国经济研究中心（以下简称"中心"），每年招收的经济学双学位学生大约占北大本科生的19%，如果加上经济

---

* 林毅夫，芝加哥大学经济学博士，原北京大学中国经济研究中心主任，现为世界银行副行长兼首席经济学家。

学院和光华管理学院的学生的话，这个比例超过北大每年招收新生的1/3。

就教材而言，20世纪70年代末到80年代初，国内基本没有当代经济学的教材，上课时用的是一些老师自己整理的、不成体系的笔记。现在，美国大学里用的最著名的经济学教科书都已经被翻译成中文，而且许多美国最新出版的教科书一年左右就在国内出中文版。梁晶主持的"经济科学译丛"过去10年来对此变化起到了关键性的作用，留美经济学会也做了不少工作。在他们的努力之下，国内大学里经济学科的教材和美国大学里用的教材已经没有多大差距。

就教师方面来讲，20世纪50年代以后直到80年代末基本上没有从西方学成回来的教师，而50年代之前归国的教授们到了80年代大多已经垂垂老矣。因此，改革开放之初，教当代经济学的老师，不是教学说史的，就是靠自学从传统政治经济学转过来的，在师资力量上有一个断层。从北大中国经济研究中心开风气之先，吸引一批留学生从国外回来，到现在大量经济学人才从国外成批引进，目前，中国经济研究中心已经不是从国外回来人数最多的地方，像光华、清华、浙大、复旦、中大、南开等都有不少从国外学成归国的教师，而且人数越来越多。

从上述事实可以看出国内经济学教育体系在过去20多年来变化程度之大、之深。

145

《21世纪经济报道》：那么您认为经济学教育的瓶颈在什么地方？制约目前国内经济学教育的主要因素是什么？

林毅夫：要回答这个问题，必须先弄清楚经济学研究和教育的宗旨为何，到底是为了理论而理论，还是为了了解社会、影响社会而研究、学习经济学。

我个人的看法是，经济学从亚当·斯密于1776年发表《国富论》成为一门独立的社会科学学科以来，一直是一门以了解社会、改造社会、促进社会发展，小到影响个人的消费、投资、就业的选择，大到影响国家的政策为目的的致用科学，这从《国富论》的全称《国民财富的性质和原因的研究》可以得知。芝加哥大学经济系以学院派的风格著称，芝加哥大学的教授很少"学而优则仕"。但是2005年6月初，芝加哥大学的加里·贝克尔教授到中国经济研究中心来做"汇丰年度诺贝尔经济学奖得主讲座"时，有人问他芝加哥大学的教授是否只顾理论的完美而不顾理论是否有实用价值时，他回答说芝加哥大学的教授，包括弗里德曼、舒尔茨、斯蒂格勒、卢卡斯等和他本人，都是以了解个人选择和政府政策的后果，进而影响个人选择和政府政策为其研究目的的。

然而，任何当代经济学的理论观点都是根据一定理论模型的推论而来的，都是在表述一个决策者如何在特定的约束条件下作出他所认为的最佳选择，而这个选择就是经济学家所要研究的现象。但是经济学家由于个人的局限，不能保证保留在理论模型中的约束条件确实是现实社会中决策者所面临的最重要的约束条件。而且，即使要解决的问题相同，最重要的约束条件对于不同的国家、不同的社会、不同的决策者来说，也可能是不同的。更何况即便同一个人，随着年龄的不同，约束条件也会随之变化。所以在我看来，经济学没有放之四海而皆准的理论。

当代经济学的研究中心在美国，由于近水楼台的原因，当代经济学的理论研究主要是针对美国为主的发达国家的经济现象，这些理论不见得适用于像中国这样的转型中、发展中国家。即使有些美、欧的经济学家致力于发展中国家、转型中国家问题的研究，但是由于对发展中国家、转型中国家的主要约束条件没有切身的体验而把握不准，提出的理论经常是隔靴搔痒。20世纪50、60年代时，根据当时的主流经济学理论来制定发展政策的国家，到了70年代经济发展都困难重重，难以为继。80、90年代，发展中国家、社会主义国家纷纷进行改革、转型时，根据当代主流经济学理论所形成的"华盛顿共识"来制定政策的国家也都遭遇了意想不到的、几乎是灾难性的后果。

因此，我认为我国当前经济学教育的主要瓶颈在于，教科书上谈的都是以外国现象为研究对象的理论，缺乏根据中国的经济发展、改革中出现的现实问题为研究对象，有助于了解、解决中国现实经济发展和改革问题的理论和体系。由于缺乏这样的理论和体系使经济学的教育和现实脱节，以致有些学生甚至老师误认为经济学的教育是为了理论而理论，甚至把经济学的教育变成是一种意识形态的教育，把当代经济学中针对发达国家的经济现象和问题而提出的理论意识形态化。

用规范方法研究本土问题

《21世纪经济报道》：那么，如何解决您所说的瓶颈问题？

林毅夫：1995年中心成立之初，我应《经济研究》庆祝创刊40周年之约，写了一篇《本土化、规范化、国际化》的文章，说明了我个人对经济学研究和教育的看法和努力的方向。

我认为经济学虽然没有放之四海而皆准的理论，但是经济学的研究方法是一般的。我同意1992年诺贝尔奖获得者加里·贝克尔的观点，经济学之所以异于其他社会学科，在于经济学分析问题的方法。经济学家总是以决策者是"理性的"为出发点来研究问题、构建理论，所谓理性我个人的理解指的是"一个决策者面临选择的时候，总会在他所可选择的范围内，作出他认为的最好的选择"。每个决策者在面临选择时，可选范围会因所处地位、所在国家的发展阶段、社会制度等约束条件的不同而异，因而最佳的选择也可能不同。所谓经济学的理论，包括前沿的理论，其实只是决策者所要解决的问题、面临的重要约束和最佳选择的一种逻辑表述，是理性原则在特定条件下的一种表现形式。既然经济学是一门致用之学，那么中国的经济学家就应该致力于中国经济问题的研究，而且只要经济现象背后的决策者是从理性的角度出发，用严谨的、规范的方法来研究问题，研究的即使是本土问题，其成果和按照同样方法来研究发达国家的问题所提出的成果应该是等价的，都是对世界经济学殿堂的建设添砖加瓦的努力，都是帮助人们理解未知的经济现象、增加人们解决现实经济问题的知识，都是国际化的贡献。

这11年来，中心汇聚了一批了解中国实际又受过当代经济学训练的学者，正沿着上述方向努力，以严谨的经济学方法来研究中国本土的问题，以中国经济问题的研究来教育、鼓励我们的学生。

《21世纪经济报道》：具体说来，中心取得了哪些成果？

林毅夫：大约有以下几个方面。比如我和蔡昉、李周等合作者以及几位学生根据中国转型和发展提出的以企业自生能力为微观基础，建立在发挥要素禀赋结构比较优势，提高要素禀赋结构为目标的经济发展观，形成了一个比较完整的发展、转型理论体系；这个理论体系基本上可以解释现在我国和许多发展中国家外贸、金融、产业结构、劳动力市场的行政扭曲背后的原因，也可以解释许多发展中、转型中国家普遍存在的贪污腐败、收入分配不公、裙带资本主义的现象，以及渐进式的改革为何比休克疗法的改革有效的原因等。

另外，周其仁教授从产权的角度也对我国的改革和发展问题作了比较深刻、系统的阐述；卢锋教授从技术进步、交易费用降低的角度，对国际贸易形式从原来的以产品单位为主，变化为产品内部的更细微的部件的贸易，提出了一个比较完整的解释；陈平教授从方法论的角度，结合现在的混沌理论对卢卡斯的理性预期理论进行了批判和修正。同时我们的学生写的毕业论文，大多试图解释中国改革发展中凸显的现实问题，比如预算软约束、收入差价、劳动力流动的方向和结果等，既有理论模型，也有实证检验。

当然，中心成立才11年，相对于我国改革、开放、发展中出现的新问题来说，中心的老师和学生的努力只是往前迈出了小小的一步。要完全克服中国经济学教育的瓶颈，需要全国各个经济学教育科研单位和几代经济学家共同努力。

经济分析与数学工具之间

《21世纪经济报道》：有经济学家曾断言经济学正在走向数学的不归路。您如何看待经济学与数学的关系？

林毅夫：要回答这个问题，我想必须先厘清经济学研究的本末问题。经济学的研究和分析，是先有看法，然后才有逻辑体系。事实上，在美国顶尖的研究型大学受过经济学教育的学者都会知道，经济学研究最重要的是对问题表现背后原因的直觉（intuition），直觉按照《美国传统字典》的解释是"未经过理性的论证过程便能知道或感觉的行为或能力"。一个经济学家在研究问题时，是先对这个现象背后的原因有了直觉的判断，然后根据这个判断，再用比较严谨的逻辑来表述对这个问题的看法。数学模型是逻辑表示的一种方式，但并不是唯一的方式。如果说只有懂得用数学构建模型才能成为经济学家，那么，远的像斯密、李嘉图，近的像哈耶克、科斯、诺斯等都称不上是经济学家？而且，靠数学模型是难以提出有用的理论的，因为只要约束条件不同，数学模型是可以推论出任何不同的结论的。

所以在研究经济问题时的直觉是本，数学工具是末。在经济学的教育上，不能舍本逐末，在强调数学工具的重要性时，更要强调经济直觉的重要性。一个人的经济直觉是对社会、经济、历史、文化，以及经济学方法的总体把握和体悟而来的，文科的学生在直觉的培养上应该是有一定优势的，数学底子不厚的文科学生在学习经济学时不见得就吃亏，更何况绝大多数的经济问题的研究也并非得用数学模型才能阐述清楚。因此，即使数学不强的学生也有可能成为很好的经济学家。

《21世纪经济报道》：那数学为什么在现在的经济学中占有如此重要的地位？

林毅夫：当然数学是最严谨的逻辑，除非是大师，一般人用语言逻辑不容易严谨，但是用数学模型一步一步去推，就比较不会出现逻辑的失误，并且即使有错误也比较容易被发现。例如我们中心新来的霍德明教授就曾证明卢卡斯20世纪80年代的一篇奠基性文章在数学逻辑上有一个错误。因此，数学的应用是经济学体系严谨化的一种努力和要求。

但为什么现在数学似乎有喧宾夺主之势？这是因为经济学的研究中心18、19世纪时在英国，到了1930年以后转移到美国，都是在最发达的市场经济国家，但是发达的市场经济国家从工业革命以后，平均每年的经济增长速度只有

2%，和发展绩效好的发展中国家平均每年可以有9%、10%的增长速度相比，是一个相对稳态的社会，没有多少新的、大的经济社会现象。所以在亚当·斯密等早期的大师对主要的经济现象作出了开创性的研究以后，就很少有大的经济社会现象可以研究，作为后来者的经济学家绝大多数只能是研究一些小现象，提出小理论；或是在一个开创性的研究之后，在主要理论模型的基础上作些注释性的、补充性的、小修小补的研究。这些研究如何来评价贡献呢？只好比技巧，而不是比对经济现象解释的贡献。

《21世纪经济报道》：也就是说，因为大家都没有大问题去研究，所以只好在技术细节上斗法？

林毅夫：对，这也跟当代经济学科在西方高度发展有关系。现在，单单在美国被称为经济学家的就有5万多人，当中在大学教书的有1万多人，这1万多位经济学家每年都要发表论文，才能生存，才能晋级。可是哪有那么多现象可以研究？没那么多现象研究，就只好在技巧上下功夫。同时也因为有太多经济学家，比较好的大学要雇佣教授，根据什么做标准呢？数学就变成了一个门槛，不能用数学工具的人就进入不了这个门槛。这有点像俱乐部，要进入这个俱乐部需要跨过一个门槛，取得身份才能成为会员。

《21世纪经济报道》：中心在教学中对数学的侧重程度是怎样的？是怎么样处理数学的定位问题的？

林毅夫：当然，作为学生最好是本末兼顾，数学是学得越多、掌握得越扎实越好，这样才容易跨过经济学家俱乐部的门槛。跨不过这个门槛，就不容易发表文章，被其他经济学家接受为同行。特别是，我们研究的是中国问题，而美国人对中国问题又不甚了解，不用数学模型就得不到人家的关注、承认。但我们也强调数学只是工具，要会用工具而不要被工具所限制，强调对问题的观察分析能力，强调经济学直觉的培养。这也是为什么我在给学生上课时特别强调方法论，并将和学生有关方法论的对话编辑成册出版的原因。

中国问题就是前沿问题

《21世纪经济报道》：什么才是经济学中的前沿问题？

林毅夫：经济学科的前沿问题和物理学、化学等自然科学的前沿是不同的。物理学、化学的理论发展通常是直线式前进的，新的研究成果通常是充分吸收前人的研究成果，并以其为出发点，再往前走出一步。但是经济学不是这样的，经济学理论的发展经常是在不断否定前人提出的理论，而不是以前人提出的理论做基础前进的。

比如说发展经济学，在20世纪60、70年代盛行的新古典增长理论，认为发达国家和发展中国家的人均收入水平应该会收敛，所有国家的经济增长率应该最后都等同于人口增长率。新古典增长理论的结论来自于所有国家所用的技术是外生给定的而且是相同的假定，按照这个理论，发达国家和发展中国家人均收入水平的差异来自于人均资本拥有量的差异。新增长理论保留了新古典增长理论中所有国家所用的技术是相同的假定，但是放弃了技术是外生给定的假定，认为技术是内生的，是投资的结果。

为什么新古典增长理论会被舍弃？因为在第二次世界大战以后，发达国家和发展中国家的人均收入水平并没有像新古典增长理论所预测的那样收敛，而是差距越来越大，而且发达国家的经济增长率也高于其人口增长率。新增长理论并不是建立在新古典理论的基础上，而是改变了新古典增长理论的前提、假设。按新增长理论，发达国家经济增长速度高于人口增长的速度是因为发达国家对技术创新不断进行投资的结果，而发展中国家和发达国家人均收入差距的扩大，则是发展中国家在技术创新的投入上低于发达国家造成的。

新增长理论在20世纪80年代中到90年代中曾盛行一时，但是它不能解释东亚经济在技术创新的投资远低于发达国家的情形下，经济增长速度却远高于发达国家，取得了缩小与发达国家人均收入差距，甚至赶上发达国家的事实。现在发展经济学的前沿，像哈佛、MIT的阿塞莫格鲁（Daron Acemoglu）等人，转而研究那些决定一个国家经济长期增长绩效的最外生的变量，例如，三四百年前，美洲开始殖民时，中南美洲和北美洲的气候和死亡率的差异等如何影响到现在的经济增长。

再比如宏观经济理论。我在2005年5月份到韩国参加了一个庆祝韩国银行成立55周年的国际会议，讨论财政政策和货币政策理论的最近进展。我主要研究的是发展、转型和农业问题，对宏观理论并不熟悉。在会上我发现20世纪80年代我在芝加哥大学读书时的最前沿理论——理性预期理论——的许多结论不是被放弃，就是被修正了，现在盛行的是新凯恩斯主义和新古典综合理论。理性预期理论否定了凯恩斯主义所认为的政府财政政策是有效的，以及菲利浦曲线所认为的在通货膨胀率和失业率之间有替代关系的结论。凯恩斯主义和菲利浦曲线理论被理性预期理论所取代是因为无法解释在70年代出现的滞胀现象，而理性预期理论之所以被修正则是因为无法解释各国中央银行的货币政策对反经济周期有明显影响的事实。

总而言之，经济学理论的发展经常是建立在否定前人的理论，而不是建立在吸收前人理论成果的基础上前进的。旧的理论之所以被否定，是因为它解释不了新出现的现象。新的现象的出现就呼唤新的理论，而新的理论大多数是以推倒重来的方式，从新的假设条件出发来构建新的理论模型，阐述新的因果关系。

《21世纪经济报道》：那今天的经济学前沿问题在哪里？

林毅夫：我个人的看法是中国的问题其实就是最前沿的经济学的问题，因为中国的改革和发展中出现的许多现象，不能用现有的主流理论来解释，根据这些新现象的研究提出的理论就是新的、前沿的理论，并不是只有美国著名大学里的经济学家研究的问题才是前沿的问题。当然，现在经济学的研究中心还在美国，所以美国著名大学的经济学家研究的问题，容易引起国际经济学界的重视。

其实研究中国的经济问题既是中国经济学家的责任，也是中国经济学家千载难逢的机遇。研读经济学的多属当代中国人中的精英分子，对这个国家、这个社会有无可旁贷的责任，要推动中国的经济发展，自然应该深入研究中国的问题，提出能够解释、解决中国经济问题的理论。

另外，自亚当·斯密开始，世界经济学的研究中心总是和世界经济的中心结合在一起的。随着中国经济的发展，中国经济地位在国际经济中越来越高，中国经济现象的研究会越来越受国际经济学界的重视。任何经济理论的构建总是建立在经济学家对经济现象的直觉上，而经济直觉的获得是有"近水楼台先得月"的文化因素的，所以中国的经济学家对研究中国的经济问题是有先天优势的。只要中国经济继续快速发展，我们一定会迎来引领国际经济学界新思潮的大师在中国辈出的时代。

《21世纪经济报道》：那么中国学生研究作为前沿问题的中国经济问题应该作哪些准备？

林毅夫：首先，必须培养良好的经济学的直觉。现实的社会经济变量成千上万，如果保留在模型中的变量错了，固然不能揭示造成所要解释的现象的真正的因；保留的变量多了，模型不仅会很复杂，并且会没有确定的结果，而所要解释的现实的经济现象是确定的。一位大师和一般经济学家的差别就在于大师像孙悟空一样，有火眼金睛，对一个现象看了一眼之后，马上就知道在众多的社会经济变量中，什么是造成这个现象的最重要的因，哪些变量应该舍掉，哪些变量应该保留在理论模型中。

要培养良好的经济直觉，除了必须对经济学的研究方法有体认外，还必须有良好的人文素养，必须对中国的历史、文化、社会有深刻的了解，因为经济现象总是发生在活生生的现实中。由于发展阶段、文化传统、社会制度不同，在西方重要的、必须保留在理论模型中的变量在中国不见得重要，在西方不重要的、可以舍掉的变量，在中国不见得就不重要。一个变量到底重要不重要，不能从数学模型的推导中得到，只能从个人对社会的了解得来。如果人文素养不足，就很难掌握住这个时代给予我们的机遇。

其次，要有良好的数学基础，能够把经济直觉用严谨的数学模型表述出来，并用严谨的计量方法来检验理论模型的各种推论。只有这样才能进入国际经济学界的俱乐部，成为被国际经济学界接受的一员，也只有这样才有机会去影响国际经济学界。

拓展中国经济学的话语空间

《21世纪经济报道》：您认为中国经济问题就是前沿问题，在今天西方依然拥有话语主导权的前提下，如何成就中国经济学的话语空间？

林毅夫：你说的西方话语权主要表现可能在于如下两个方面：首先，西方学者关心的问题不见得就是中国最重要的问题，例如选举、人权、知识产权、少数民族、妇女地位等。我们不能说这些问题不重要，但是不见得是当前中国社会最主要的矛盾和问题。

其次，我们在分析问题时所用的理论和概念来自于西方，很容易西方认为重要的，我们也认为重要；西方的概念中不存在的，我们也就认为是不存在。我们根据这些西方的理论和概念来分析中国的问题时，西方的学者容易接受。然而，发生在中国的现象，表面上看起来和西方一样，可是背后的原因可能不一样。

例如，我国出现于1998—2002年间的通货紧缩，和发达国家的通货紧缩一样都表现为物价水平的不断下降。但发达国家的通货紧缩一般是股市和房地产泡沫破灭，产生财富收缩的效应，导致消费下降，生产能力过剩，其结果不仅是物价水平下降，经济增长也必然很疲软。而我国的通货紧缩则是由于前一期的投资过热，引起生产能力猛增，造成生产能力过剩、物价水平下降，并没有财富收缩效应，消费没有受到多大影响，还能保持和过去大致相当的增长率；民营经济的投资会因生产能力过剩而减少，不过政府采取了积极的财政政策，使投资还维持一定的增长率。

由于消费和投资都还继续增长，所以在物价水平下降的同时还能保持经济的快速增长。但发达的市场经济国家基本上不曾出现通货紧缩和高增长同时存在的现象，没有这方面的理论，而根据现有的理论通货紧缩和低增长应该是并存的，于是外国的经济学家就对中国通货紧缩下的经济高速增长产生很大的怀疑。同时，我国的学者，也很容易根据国外的通货紧缩理论来对我国的通货紧缩现象开药方。然而，既然通货紧缩背后的原因是不同的，理论模型不应该一样，治理药方也应该有所不同。同时，也应该提出一些新的分析概念，例如，生产能力过剩是有一个生产能力的存量未使用，所以治理通货紧缩的最好办法是启动存量需求等。但是在多数人习惯于从现有的理论和概念为出发点来考虑问题时，根据我国的现象提出的新理论、新概念很不容易被学术界，包括国外的和国内的学术界所接受。

不过，根据新现象提出新理论不容易被学术界接受的情形并不是研究中国问题时所特有。多数人在学习理论时总是先入为主的，即使在国外，一个经济学家也很难说服另外一个已经接受不同理论的经济学家。一个经济学家提出新的理论时，通常不是通过说服已经接受现有理论的经济学家，而是通过说服刚入门的学生而产生影响。比如说，卢卡斯提出理性预期理论时，开始的时候经济学界基本是不接受的，他到哈佛大学、耶鲁大学、普林斯顿大学去发表论文的时候，是群起而攻之的。但是根据旧的凯恩斯主义理论没有办法解释滞胀的现象，他的理论可以解释滞胀，后来更多的学生接受他的理论，理性预期理论也就变成新的主流。

现在根据中国的现象提出新的理论、概念，会比卢卡斯当时的处境更艰难。当前经济学界对发展中国家和转型中国家问题的原因和解决办法，主流的意见是"华盛顿共识"，而"华盛顿共识"是建立在现有的主流理论和概念体系中的。在主流理论框架和观念中不存在的现象就被忽视了，然而那些被忽视的现象或概念也许是发展中国家和转型中国家问题的更根本原因。例如，我认为发展中国家和转型中国家许多政府干预和制度扭曲的根本原因是政府想去扶持一批技术先进、资本密集、不符合比较优势、在竞争的市场中不具有自生能力的企业。但是在发达的市场经济中不会或很少存在不具自生能力的企业，所以现有的主流经济学中没有自生能力的概念，各种理论则是建立在凡是存在的企业都是有自生能力的暗含假设上。由于国内学术界通常以国外的理论概念来分析国内的问题，要在国内产生影响，必须先在国外产生影响，靠出口转内销。但是卢卡斯提出理性预期理论的时候，西方的经济学家对西方的社会、文化、经济现象还是比较理解的，而中国的经济、社会、文化和西方是有隔膜的，要说服他们则会是难上加难的，既要克服他们先入为主的心理障碍，还要克服他们对中国社会经济现象陌生的难关，所以我们学者写的文章很难被主流杂志接受发表。

但是经济学家最重要的职责不在于在主流杂志上发表文章，而是提出的理论能否解释我们关注的现象，能否对经济学科的理论发展作出贡献。只要理论能解释现象，慢慢就会被接受。随着中国的经济发展，外国经济学界对中国的问题越来越关注，他们发现现有的理论在解释中国问题上处处显得苍白无力，就会更多地接受根据中国现象提出的理论解释，通过潜移默化的方式来改变现状。机会总是和困难并存的，中国经济现象是一个金矿，要挖金矿必须有心理准备付出比挖煤矿更大的代价。所以关键的问题还不是提出新理论、新概念时能否被国内、国外学术界接受，而在于我们能否摆脱现有理论和概念话语霸权的束缚，根据中国的现象提出新的理论、新的概念。这也是为什么在《论经济学方法》的对话中，我特别强调作为一位学者必须有"常无"的心态，来研究任何现象和问题的原因之一。

《21世纪经济报道》：在强大的西方话语背景下，我们如何摆脱现有理论和概念话语霸权的束缚？

林毅夫：这里面牵涉到经济学的本质问题。如果经济学是指一套套现成的理论，那确实是有一个话语背景，因为任何理论之所以被提出来都是为了解释某一特定社会的某一特定现象，那些现象对于我们来说确实是陌生的，就像中国的现象对于外国的经济学家来说是陌生的、有隔阂的一样。但是经济学分析问题、研究问题的角度、方法，也就是前面我讲的，"一个决策者面临选择时，总是作出他认为是最好的选择"，我认为这是经济学的"体"，是所有经济学的理论抽象到最后唯一剩下的共通的东西。这个"体"是"放诸四海而皆准，百世以俟圣人而不惑"的，在中国、在外国，在现代、在古代，其实都是适用的。

比如说在计划经济时代，实行按劳分配的农业生产队里，由于监督困难，队员的最佳选择就是干活磨洋工。这种情形其实在实行井田制度的中国古代也同样存在，《吕氏春秋·审分》里面记载："今以众地者，公作则迟，有所匿其力也；分地则速，无所匿迟也。""公作则迟"、"分地则速"所反映的不就是一个生产者在监督困难的情况下，根据不同的制度安排，所作的最优选择吗？成语故事里的"南郭处士"反映的不也是同样的现象？我认为经济学的"体"（方法）是普适的，用来分析中国的现象同样是适用的，中国人接受起来应该是没有困难的。而经济学的"用"（理论），也就是"体"在一个个特定情境下的表现形式，则是有一定的话语情境的，西方盛行的理论对于我们来讲确实不少是陌生的，甚至是难以理解的。

《21世纪经济报道》：那么经济学教育是完全西化还是必须结合中国实际？

林毅夫：在谈过我对前面的问题的看法以后，这个问题的答案应该是浅显易见的，经济学的教育应该结合中国的实际。现在的主流理论是经济学的方法运用于研究发达的市场经济国家问题的一个结果，这些理论对理解和解决发达国家的现象和问题是有帮助的，但是这些理论本身并不是真理。

可以肯定的是，随着发达国家经济社会现象的发展、变化，这些现在是主流的理论将来会被修正，甚至被抛弃。中国的问题和发达的市场经济国家的问题不完全一样，所以试图简单地把那些主流理论运用到中国来是削足适履，是教条化、意识形态化的行为。经济学从亚当·斯密开始就是一门经世济民之学，只有深入中国实际提出来的理论，才能帮助我们理解、解决中国的问题。所以经济学的教育要对中国的改革和发展作出贡献，除了培养学生用经济学的方法来看待问题、分析问题之外，还应该用根据中国的实际提出来的理论来教学生，这样学生才会对理论有比较深刻的认识，所学的理论也会在实际的工作中比较有可能得到运用。芝加哥大学经济系就有这么一个传统，通常要求外国学生以他们国内的问题作为博士论文的选题，因为理论是用来解释现实问题的，对现实问题的理解是有文化背景的。所以芝加哥大学经济系鼓励学生研究自己国家的问题，这样不仅比较容易写出好的论文，而且也有利于这些学生将来回国工作。这种方式、取向是我国的经济学教育所应该学习的。

155

从"西天取经"到本土化

《21世纪经济报道》：从历史角度看，中国经济学的发展历程如何？

林毅夫：中国经济学的发展历程一定会像佛学一样，从"西天取经"到本土化。佛教是在东汉传入中国，开始时主要依赖翻译的西方佛学经典来传播，只在上层社会产生一定的影响。佛学真正对中国社会有很大影响，且中国对佛学的发展作出巨大贡献，则是到了唐朝禅宗的六祖惠能把西方佛学本土化以后，才普及到中国社会的各个阶层，佛学也成为中国文化传统不可分割的一个部分而有了很大的发展。

经济学成为一门独立的社会科学学科起始于亚当·斯密发表的《国富论》，自那之后直到现在，经济学的研究中心首先是在英国，然后是在美国。在这种情况下，中国经济学科的发展首先当然是以引进开始。但是任何现有的理论都是在特定的时空条件下才成立的，任何经济学的理论抽象到最后只有理性原则是共通的，我们必须从一个个特定的理论中去体会如何运用这个经济学的"体"来分析研究问题，结合对中国社会的理解来培养经济学的直觉，然后才能根据中国的现象提出可以解释、解决中国问题的理论和体系。从1901年严复翻译出版《原富》开始，我们是抱着"西天取经"的态度，希望从西方的经济学中得到改变中国贫困落后的面貌，使中国重新富强起来的真经的，但是如果以为当代西方经济学的理论是放之四海而皆准的真理，到头来就会发现外来的经念起来不灵。中国经济学科的发展必须在理论创新上走过本土化的历程，才能对中国的发展作出贡献，中国的经济学家也才能对世界经济学殿堂的辉煌作出贡献。

《21世纪经济报道》： 其实佛学更接近人性的本质，也具有更大的共鸣空间，但是经济学是基于事实而提出理论的，而这些事实在之前大多数是西方的事实，本土化会不会更加困难？

林毅夫： 怎样对待这个问题，《金刚经》里倒是有很好的答案。比如《金刚经》里有一段："如来所说法，皆不可取、不可说，非法、非非法。"为什么？佛所说过的话都是帮助人们达到终极的涅槃境界成佛的法，佛法有八万四千种，但是每一种法都是针对特定情况下的人说的，对不同情况的人就不是成佛的法门了，所以是"非法"；但是对于佛所说的对象又是成佛的门径，所以是"非非法"。问题是，把这八万四千种法都修炼是不是就一定能成佛？未必，问题是在不断变化的，一个人所面临的状况可能是在佛所说的八万四千种状况之外，所以禅宗才强调佛向心中求的自悟。

现有的经济学理论，比喻来讲就是佛所说的法，是"理论"，是"非理论"，是"非非理论"。学这些从西方的事实提出来的理论，只不过是作为范例来学习如何运用经济学的"体"于具体的状况中，而不是为了照搬这些理论于中国，甚至也不是为了运用于产生这些理论的西方。要解决中国的问题还必须自己从中国的现实问题中提出新的理论来。在中国的本土化理论尚未成为完整的体系之前，教科书中所用的理论必然只能来自于西方的事实。可是，即使到了有一天中国的理论体系已经成熟，教科书中所用的理论都是来自于中国的事实，对于这样的理论，我们也只能用"非法、非非法"的态度来对待。因为，就像孔子在川上的叹息，"逝者如斯夫，不舍昼夜"，真实的世界是无时无刻不在变动的，而理论一被提出来就变成了老子所说的"前识"。如果把现有的理论当做是必须遵守的真理，就会犯了老子所说的"前识者，道之华，而愚之始"。如果能以这样的态度来对待任何已经被提出来的理论，那么学习根据西方的事实提出来的理论也就不会成为经济学本土化的障碍。

《21世纪经济报道》： 中国经济学者如何能成为经济学大家？近期能否出现中国本土的诺贝尔奖获得者？

林毅夫： 我在很多场合提到，在可见的未来，我们一定会迎来经济学大师在中国辈出的时代，因为经济理论来自于经济现象，而经济理论贡献的大小决定于所解释的现象的重要性。什么是最重要的经济现象呢？发生在最重要的国家的经济现象就是最重要的经济现象。随着中国经济快速增长，中国经济对世界经济的影响越来越大。中国经济问题研究在世界经济学界的地位就会越来越高，解释中国经济现象的理论的影响就会越来越大。中国经济学家在研究中国问题上有近水楼台之便，所以我们一定会有不少经济学家成为引领世界经济学思潮的大师。

至于诺贝尔经济学奖，至少需要两代中国经济学家的努力。我们这一代经济学家从西天取经，如果能在我们这一代经济学家取得经济学教育和研究本土化的共识，并开始以此为目标努力就很不错了。如果这个共识和努力能够早一点开始，那么下一代的经济学家，也就是现在的学生，不少人会有机会成为国际经济学界大师级的人物，当中也就可能有人会摘取诺贝尔经济学奖的桂冠。

（原文刊于《21世纪经济报道》2009年9月3日第3版，记者王梓报道）

第三篇

国外的经济学教育与研究

他山之石——美国经济学教学与研究考察随笔

陈甬军[*]

2000年，我到美国加州两所大学做了半年高访。由于职业的习惯，平时除了做研究题目之外，还经常注意观察人家对专业教学和研究的情况，有所感想就记了下来，最后形成了这篇发散性的记录与随笔。

专业期刊的服务观

入乡随俗，了解美国经济学的状况，最快速便捷的方法是看它的专业期刊。在美国大学图书馆中看到最多，也是影响最大的是这么三份刊物：《美国经济评论》（*The American Economic Review*）、《经济学展望》（*The Journal of Economic Perspectives*）、《经济学文献》（*The Journal of Economic Literature*）。从这几份杂志可以看到美国经济学专业期刊的基本特征：首先是文章规范，其次是编排讲究质量。这些大家都已知道。我感受最深的一点是这些刊物所体现的服务观或曰服务意识。

什么叫服务意识？就是这些专业刊物的主办者明白，刊物是办给专业人士看的，要为大家的研究提供切实的服务。这三份期

＊　陈甬军，厦门大学经济学博士，现为中国人民大学商学院教授。

刊都是美国经济学会主办的，每期刊物的扉页上都印着美国经济学会的宗旨及具体的入会条件、手续等。成为美国经济学会会员的一个必要条件就是要交会员费，会费依自己的收入水平分各个等级，缴了费之后才能算会员，有权利参加协会的学术活动，并得到相应的服务。上述三本杂志主要是面向广大会员。还有一本 *Job Openings for Economists* 也是美国经济学会主办的，实际上是一个人才招聘和供需见面的媒体。人家既然交了钱，办刊者就要为会员提供切实的服务，权利和义务是对等的。所以这些刊物都强烈地体现了服务意识，具体体现在以下方面：

1. 各类学术信息丰富

除了学术文章外，刊物还附有大量的专业服务信息。除了像中国的经济学期刊一样，有最近出版的专业书籍广告，还有大量的经济学术界的信息。如《经济学展望》杂志的最后就有一个栏目叫 Notes，专门刊登征文启事、去世的经济学家讣告、年轻学者提职等消息，有时还有新近"出炉"的经济学博士的概况介绍、各国在美访问学者的行踪公告等。短短几行字讲一件事，但业内人士看了就获益匪浅，可以了解全美经济学界的动态（学术上的和人事上的）。我就是在上面看到了新制度经济学国际学会2000年年会要在德国图宾根举行的消息，知道了北大学者平新乔1998年在康奈尔大学毕业，博士论文是关于软预算的信息。这样，上下左右沟通就很方便，确实方便了经济学者。

2. 注意专业的市场调查

几百所大学每年培养上千名经济学博士，他们的供求关系如何，也会影响以后经济学教授这一群体的社会地位与经济状况。所以美国的专业期刊也很注意提供这方面的市场信息服务，最典型的是发表每年一度的调查报告。这调查由美国经济学会进行，一般是每年秋天发放调查表给各学校的教授和相关部门，汇总分析后在次年春季的《美国经济评论》上发表。如2000年5月的《美国经济评论》是一本论文专辑，首先收录了当年1月举行的年会入选论文，其次刊登了各委员会、各编辑部的书面年度报告，最后发表了上年度的经济学家的市场分析报告。2000年的报告，举其要者有这么几项：

（1）1999—2000学年，终身教职的经济学家报酬。其中可授博士学位的学校平均年薪：正教授95 068美元、副教授68 510美元、助理教授57 724美元。

可授硕士学位的学校平均年薪：正教授75 406美元、副教授56 195美元、助理教授47 106美元。可授学士学位的学校平均年薪：正教授68 153美元、副教授56 195美元、助理教授47 106美元。

（2）经济学家中的各类比例。主要是看男女比例和少数族裔的比重，还有各级学校中博士、硕士、学士获得者的比例等，从而分析经济学家的具体构成。例如1999—2000学年亚洲族裔人在可授博士学位的88个样本学校中正教授占5.6%，副教授占10.7%，助理教授占14.1%，反映了亚洲人正在增加的趋势。再如，在这一学年，女性占可授博士学位学校中的正教授的6.3%，副教授的13.8%，助理教授的24%，反映了女性在各个职级中分布的金字塔结构特征。

总之，看美国经济学杂志，一方面是感受到它的严肃、范式整齐划一，另一方面则时时体会到编刊的服务意识。当然，美国经济学杂志也有灵活性，如《经济学展望》杂志2000年第一期冬季号是一本新千年专辑，内容相当于我们中国杂志常用的"回顾与展望"。这一期有三个栏目：一是回顾20世纪的经济与经济学，二是展望新世纪的经济，三是展望新世纪的经济学研究与教学。内容相当精彩，比如在回顾这一栏目中就有我们中国经济学家十分熟悉的科尔奈教授的大作，讨论和分析社会主义过渡的问题。此外还有讨论宏观经济、世界经济等，一册在手，实在叫人不忍释手。这样的刊物水平，从一个侧面（很重要的侧面）反映了美国经济学家的工作和经济学研究的状况。精彩的高质量的论文是以刊物严格的审稿、用稿制度作保证的。在美国一流的经济学期刊上发表论文非常难，这一点在投稿和用稿的比例就可以看出，上述的《美国经济评论》每年五月号都会发表美国经济学会办的几家期刊的编辑部书面报告，其中的《美国经济评论》编辑部的报告附有一份图表，列举了每年的用稿比例。从表上看，1993—1999年，这一比例都在10%以下，即一年收到的近一千篇来稿中，最后发出来的不到100篇。再考虑一下，敢向《美国经济评论》正式投稿的论文，没有二三年时间是"磨"不出来的。但是如此低的用稿率，大部分稿件只能是退稿。由此，我们又可以体会到，一个经济学博士毕业后当助理教授的五六年要怎样地拼搏，才能拿到终身教职，并升上副教授，因为获得终身教职的主要条件是看你是否在顶级刊物上发过论文及其数量。专业期刊就像是一个体育比赛的领奖台，要登上去领奖，汗水和心血知多少。

美国经济学家都在研究什么

出国之前，听说西方经济学研究范围很广，经济学家研究的问题五花八门。出国后一看，感到既是如此，又不尽然。实际上每个经济学家还是有自己特定的研究方向，只不过各种题目都有人在做，又有大量论文发表，就使人有琳琅满目之感。仔细看还是可以抓住一些中心的。这从美国经济学会每年年会的分组讨论题目（session）就可以看出。

如1999年在纽约举行的年会讨论分为24个session，大量的讨论集中在美国经济问题，如美国的工资问题、企业规模问题、生产力增长问题。但老题也有新作，如在生产力增长这个题目中，提交的三篇论文就有二篇是讨论信息技术与经济增长问题。此外的题目还有人口、移民政策与经济、劳动经济学、医疗福利制度改革和儿童福利、黑人社区的财政支持等问题。这些属于美国国内的社会经济问题占了年会论文的绝大部分比重。看来一国的经济学发展必须立足在为本国经济社会发展服务的基础上是一个放之四海而皆准的理论。但是也有一些题目是属于基本理论和国外经济问题。前者如对经济增长理论的新思考，后者如对社会主义过渡问题的研究。令人高兴的是，有关中国经济问题的讨论，占了三个session，有中国农村劳动力流动问题、中国的分配问题和社会主义企业的软预算问题。

另外，美国经济学家还非常关注对各种社会经济现象和自身地位问题的研究，研究题目五花八门，但都挺实用。如《经济学展望》杂志1999年夏季号就有一组关于高等教育经济学的讨论文章，其中有一篇论文详尽分析了美国经济学博士的就业市场，资料完备，分析详尽，有给在读或欲读经济学博士的年轻人指点迷津之效用。这篇论文说，每年美国有1 500人左右攻读经济学博士学位（含硕博士连读），年龄大体是在22岁时从大学本科毕业，5年后获得博士学位。但也有4.5%的博士获得学位时的年龄超过了45岁。这些经济学博士毕业后如在学校工作起薪是4.5—5.5万美元，如在公司工作为7—8万美元。这是对经济学博士群体的一个概况描述，但却很有用。可惜在中国，几乎见不到此类题目。即使是研究生写论文，也很喜欢"指点江山"。

Seminar and Workshop：美国经济学教学和研究的二种主要组织形式

所谓seminar，是一种有主题的学术讨论会，它比一般自由讨论正规，且有一个主题，有一个主持人和报告人。但它又比正规的学术研讨会随便，报告中可以随便插进或补充一点内容，谈一点感想。这种seminar是美国高等教育，特别是研究生教育中常用的教学形式，效果很好。因为报告者可以根据在

seminar 中听众的提问和讨论，进一步修改自己的论文，使之逐步达到发表的水平。正由于这样，大学经济系的教授要组织好一门课，很重要的工作就是要组织好 seminar。

我在南加州大学看到，春季学期一开始，每门课的授课教师面向硕士生、博士生在布告栏上刊出了这学期这门课十几个 seminar 的题目及报告人，大体上是每周一次。报告人除少数是本校其他系的教师外，大多是美国国内其他学校或公司的经济学者，还有个别国外的访问学者。我因为三月份才到美国，至五月份放假参加了南加大经济系由 Nugent 教授开设的"经济发展"这门课的五个 seminar。这些讨论的题目和报告人如下：一是关于资本控制和金融危机的，由美国一个大学的教授报告；二是关于家庭劳动力和失业与最低工资问题，由一个美国女副教授报告；三是关于农村经济史中的农民保护机制研究的，由加州大学欧文分校的一个年轻助理教授报告；第四个是关于防止金融危机的一种债券设计，报告人是一位来访的中国台湾经济学者；第五个报告人是我们人民大学访美的黄达和黄维平教授，主要谈中国经济改革和发展问题。五个报告中的前三个是学期一开始就排定计划的，报告的时候他们特地从外地赶来，后二个学者是访问南加州大学时应邀作报告的。这样，计划性加上灵活性，使 seminar 成为美国经济学教学和研究中一道独特的"风景线"。这对研究生培养效果很好。学生除了上课、阅读，每星期还要接受一个"大剂量"的"学术轰炸"，激活了研究生的头脑（因为要参加 seminar，不能光当听众，还要掌握住人家的观点，调动头脑中的学术"储备信息"，提出有质量的问题，并参与讨论）。反之，对报告人来说，论文经过五六个 seminar 的讨论，也必然日益完善，离正式发表的日期就不远了。看来，中国的经济学教学和研究要真正上水平，搞好 seminar 是一件基础性的工作。当然，这里有许多问题要解决：

首先，导师必须是这个"学术圈"里的人，这样你才能邀到同行到你处作报告，你也能经常去别处作报告。这种机制也是美国经济学教授并不太重视与所在学校行政系统的关系，而更重视与同行的关系的原因。一个学期两门课，没有十几个 seminar 下不来。如果组织不好，质量差，学生就有意见，毕业论文水平也上不去，这样学校对教师的评价也不会好。所以一个小小的 seminar，把各方面（教师、学生、同行、系和学校）的关系都凝聚在一起了，要搞成功，当然需要自己的业务水平和人际关系。

其次，旅费和接待费不能太高。美国人自己有车，近一点的地方，开车过来，作完报告，吃一顿便饭，晚上就可以回去。有的是在来开会和公干期间作一个报告。南加大的惯例是请主讲人吃一顿便饭。这样，费用就不会太高，每门课一学期下来有几百美元接待费（这往往包干给开课的教师）也就够了。但这在中国就很难做到，一般邀请一位学者作一场学术报告，旅费及酬金要达好几千，一学期也只能请一二次。但很难做到不等于做不到，关键在于要确立一些规范，大家遵照，从而大大减少学术活动的"道义费用"。在美国，比seminar正规的讨论会称为workshop，即专题研讨会、研习会或讲习班。

这类研讨会的组织形式也很值得我们借鉴。它最主要的特点是主题明确，入选代表专业，论文质量高，研讨深入。因此，主办者和参加者均受益匪浅。我在斯坦福大学访问时正好赶上经济系的理论经济学研究中心主办2000年暑期理论经济学系列专题研讨会。大约半年前，这个中心就向全国经济学教学和研究单位发出会议征文通知，告诉大家今年暑期由美国国家科学研究基金资助，将在斯坦福办一个理论研讨会。这个研讨会共设六个主题，分六次举行，每次一个主题一周左右时间，欢迎大家选择与自己研究方向有关或已有研究基础的题目应征论文，云云。论文经严格遴选后，通知作者与会，费用由中心资助。这次系列研讨会的六个主题是：动态行为与战略互动理论模型的实证研究，税收、政府支付转移和再分配理论的进展，网络的经济后果，一般均衡理论基础与运用，动态随机模型的计算方法，激励与合同理论等。每一专题的研讨者由该领域的知名专家主持。这样，经过充分准备，研讨会的与会者都是有备而来。每个研讨会人数控制在20人之内，在会上每人轮流作论文报告，并由与会者充分研讨，使讨论会的效果倍增。同时，这种研讨会是open的，开放给所有有兴趣的同行参加，但来旁听者就没有经费资助了。旁听者也可以参加讨论，参加caffee break。我在斯坦福得地利之便，参加旁听了其中的五期，收获也不小，还见到了许多著名的经济学家。如诺贝尔经济学奖得主、斯坦福经济系的阿罗教授，近八十高龄，还主持了其中一期的研讨会。他与斯坦福的大部分教授不同，每天头戴安全帽，背着背包，骑自行车准时到达会场。原来他放弃开汽车，是响应社会号召，带头做环保的模范（骑自行车可以减少汽车尾气排放和交通阻塞）。不久前，他还与全美一百多位经济学家一起发表公开信，呼吁美国国会通过给予中国永久正常贸易关系提案，这都显示了一个经济学家的"社会角色"。他在会场上听说我是中国来的访问学者，还与我合影留念。

组织上述的研讨会，也要有几个条件：一是要有经费支持，二是组织者要在同行中有足够响亮的"品牌"，使论文应征者感到一定会不虚此行。否则，大家都很忙，稀稀拉拉地泛泛而谈，只会浪费大家的时间和赞助单位的资助，下次就不可能有号召力了。

除了seminar和workshop，过去中国社科院经济研究所一度搞过的午餐研讨会，也是美国研究机构研究成果公布和研讨的一种常用形式。对比我们中国的情况，尽管国情不同，但在经济学教学，特别是研究生培养中，多搞seminar，在经济学研究中办好workshop，无疑是一个肯定的方向。中国现在的经济学教学，一门课主要是那么一两个教师主讲，信息量有限，如果碰巧有一位校外学者"造访"，又往往安排一场几百人参加的大会报告。看起来很热闹，实际效果并不佳，仅仅是为了表现一个"规格"。由于经济学研究中论文初稿写完后研讨修改不够，又导致许多公开发表的论文质量不高。即使是全国性的学术会议征文，入选论文质量也不高，加上研讨会规模一般较大，上百人参加，小组发言、讨论也不能深入系统，许多会议参加者往往感到收获不大。所以要发展中国经济学，不妨从一些微观层面的问题做起，经济学教学和研究的组织形式的改革就是其中的一项重要工作，不知大家以为然否？

经济学教学的中外比较

袁志刚[*]

国外经济学科建设和经济学人才培养

1. 经济学科本科教育

国外著名大学都制定了完整和有效的经济学科本科生培养计划。通过研究培养计划可以看出，他们都很注重本科生基础学科和研究能力的培养。

（1）跨学科培养。以哥伦比亚大学为例，经济系设有Econ-Mathematics、Econ-Statistics、Econ-Operation Research、Econ-Philosophy、Econ-Political Science五个跨学科方向，学生的培养由两个系共同完成，各个方向均有自己的学分要求，其中前两个对数学的要求很高，分别占总学分的22%和44%。这样的跨学科培养是紧跟经济学发展前沿的表现，有助于培养学生利用经济学和其他学科共同分析某个领域的能力。本科生毕业后，学校会鼓励他们去别的大学继续深造（不同于我国的基地班），基本上没有近亲繁殖现象。

---

* 袁志刚，法国巴黎社会科学高等研究院经济学博士，经济学教授，现任复旦大学经济学院院长。

（2）课程设置。考察哈佛大学、哥伦比亚大学及耶鲁大学的课程设置，有个共同的特点是层次分明。一般分为基础课程、高级课程及研讨班（seminar），哥伦比亚大学的课程划分更细、更复杂。一部分高级课程有人数限制，研讨班一般限制在15人左右。各课程均附详细介绍和前期准备课程（prerequisites），课程也是由浅入深、循序渐进，课程也会根据形势不断翻新。各院校往往在大学一年级设置经济学方法论课程，学生一开始便进入经济学研究的角色。研讨班式教学是美国大学的特色，例如哥伦比亚大学和耶鲁大学要求学生在修课的基础上，在大三到大四期间要参加两个研讨班（starred departmental seminar），并完成小论文（essay），体现了学校对本科生研究能力的培养。除此之外，跨系和跨校选修也是培养计划的硬性指标，突出校际交流的要求。

（3）交流与研究。主要指学生之间以及教师和学生之间的交流。（i）学生与教师的交流。首先，经济系一般有director of undergraduate studies和advisor，解决学生在学习过程中遇到的问题，与我国大学辅导员作用相似。其次，除上面提到的seminar之外，美国著名大学还有专门面向本科生的研究平台，机会较多，以大三大四的学生为主。例如耶鲁大学的Undergraduate Research Assistant Positions和ROME project（Research Opportunities in Math and Economics），向学生提供了与教师合作、共同完成某个项目的锻炼机会。（ii）学生之间的交流。除了在课堂上以讨论形式的交流外（一般以讨论为主），各大学设立了学生交流平台，培养团队合作的能力。例如哥伦比亚大学专门成立了Barnard-Columbia Economics Society，这是以本科生为主的俱乐部，他们在这里可以与教授和校友进行交流，并可参加由俱乐部组织的其他实践活动。

（4）考核评价。美国著名高校严格按照培养计划对本科生进行考核。

2.经济学科研究生教育

（1）总体状况。从培养目标来看，各国的研究生培养目标主要着眼于对研究生能力的培养。研究生的培养过程既是知识的学习和发现的过程，又是知识创新的过程。因此，培养创新精神、创新能力与创新意识在研究生教育阶段尤为明确和迫切。国外研究生教育主要指博士教育，硕士阶段一般是作为进入博士阶段进一步进修的过渡或就业的准备阶段而设立的，经济学硕士一般是1—2年，博士一般是4年左右，他们培养的侧重点是博士。例如哥伦比亚大学规定，所有的学生必须获得经济学文科硕士（M. A. in economics），在博士生培养阶段，达到要求后才能申请研究型硕士（M. Phil.）。也就是说，接受博士培养计划是在硕士培养阶段所预先确定的，只有读到博士才能拿到研究型硕士学位。如果想就业，可以读研究型硕士之外的其他硕士学位。所以选择研究型硕士的学生一般是对经济学真正感兴趣并准备为之奋斗的学生，这样不仅达到分流的目的，学生的质量也能得到保障。

（2）学位分类的多样化，培养目标明确。表现在每一学位级上设双轨制，即专业型和研究型学位，如法国第三阶段的专业毕业文凭和深入学习文凭，前者是就业很有说服力的证书，后者是接受博士教育计划的必备条件。英国和美国设立学术硕士（M. Phil.）和专业硕士。美国的博士学位有九十多种，可分为两大类，即研究博士学位（Ph. D.）和专业博士学位（Professional Doctorate）。前者主要从事理论研究，后者主要在某一行业中从事实践工作。例如哈佛大学，致力于获取Ph. D.的学生列入研究生培养计划（graduate program），那些希望获得工作技能的学生可以进入商学院（professional schools），尽管前者可以在商学院选课，但两者的培养计划是完全独立、互不相干的。这样的分类完全是依照社会对人才的需要进行划分，并使得学生选择余地较大，加强了经济学科的专业化，培养目的明确。以此分类为标准而设置的课程、专业方向和培养计划更符合社会发展的需要。

（3）入学条件。国外博士生教育一般不设入学考试，但对申请者的素质有很高的要求。各高校都规定了不同的博士生的入学条件，其中有两点是共同的：（i）师生双向选择。博士申请者在申请之前要选择一位指导教师，因而它必须事先对指导老师所从事的研究方向、学术地位及人品等方面都有一定的了解。之后指导教师在与他面谈的过程中，学生的基本素质、研究能力、教育背景、爱好以及表达能力都得到较充分的体现。（ii）注重研究背景和潜力。法国、英国和美国的大学都要求申请攻读博士学位者提交一篇论文计划，证明自己在经济学专业领域和研究方向上已经掌握了必要的理论基础和科研能力，能够熟练地使用基本研究方法。

（4）培养过程。（i）博士生培养工作。与我国单一博导制不同（写论文阶段才成立一个指导小组），国外为使博士生在经济学领域有较宽的研究范围，通常由一个博士生培养小组负责。法国的培养小组包括一个教学小组和一个或几个研究小组，美国实行导师制和博士生指导委员会相结合的指导方式，德国和英国也正由单一导师制向培养小组转变。教师不论是教授还是讲师，只要获得指导资格就可以参加培养小组，当然条件是相当苛刻的。（ii）课程设置和教材。各大学对博士生均有一定的课程要求，美国要求较高，课程以经济学基础课程和前沿课程为主（各门课均有prerequisites），所以必修课成为了解经济学动态的途径之一。美国还非常重视学生跨学科的学习，博士生培养计划中一般都明确要求学生要选修经济学课程或者辅修学科，从而拓宽学生的知识面。而德国则是另一个极端，几乎不设必修课，学生的主要任务是完成博士论文。在美国，研究生课程没有固定的教科书，教授们总是要把学科理论的最新发展传授给学生，资料不断更新，这与国内大学教科书陈旧形成明显的对比。（iii）科研及交流。在美国研究与交流是密不可分的，交流方式有：与教师共同研究课题、seminar、Summer Math Camp（耶鲁大学）、跨校和跨学科交流以及社会实践和教学实习等方式，这些形式为博士生提供了探索和表达观点的平台。除此之外，需要对所修课程相关问题进行研究，并对研究的专题各写一篇论文，这些交流和研究活动都列入培养计划。在英国，导师会结合学生具体的情况，制定一个提高研究创新能力的培养计划，其中包括参加讨论会、出席会议和与其他学生和教师共同进行研究等。

由以上的对比可以看出，国外著名大学的研究性质均充分体现在本科生和研究生的培养过程中，它们有严格的培养程序，同时又给学生较自由的选择空间，既满足了学科建设的要求，又发挥了学生的积极性和创造能力，获得了良好的效果。学生的培养机制固然重要，如果没有高质量的师资队伍，也会功亏一篑。所以，下面将师资力量的培养单独列出。

171

师资力量的培养与保持

（1）薪资福利水平较高。在国外，高校教师是一个中上水平收入的职业。

（2）建立竞争机制。这是各著名大学确保教师队伍质量的主要措施。以美国为例，从助理教授到副教授，再晋升为教授都有相当长的时间和严格的审批程序，能获得教授称号的都要在其研究领域中有独到的研究成果。他们在拿到终身教授职位之前至少有5—7年的助理教授考察期，通过考评小组的综合评定、全系教授的投票决定取舍，如果没有获得多数表决通过，就不能继续任职。如果一个教授在一两年内不在高水平学术期刊杂志上发表相当数量的文章，他就有可能在这个领域销声匿迹，对他能否得到科研经费影响很大。

（3）高校教师学历要求。从世界各国的做法可以看出，要获得教授、副教授等任职资格，一般需要具有博士学位。例如在美国，博士学位已成为担任助理教授以上职位的必要条件，教授、副教授和助理教授中拥有博士学位者超过80%。在这一点上，与其他国家相比，我国高校差别很大。

（4）师资培养。1972年，英国发表了《詹姆斯报告——教师的教育和训练》，并在第35届国际教育会议上总结出"教师三级培养法"：个人教育阶段，职前训练与指导阶段，在职教育和训练阶段。这种说法很快被其他国家接受，许多国家都对高校教师在职培训用法律予以明确。美国曾经因为本科生师资力量下降，设立了经济学文科博士，专门培养毕业后任教的教师队伍。英国高校教师协会（AUT）和大学当局顾问小组（UAP）共同制定了高校教师的适用制度，决定在成为正式讲师之前，新任教师应经过3—4年的试用期，同时要接受培训。法国规定所有高校教师应定期进修。

中国的情况

改革开放以来，我国的大学教育有了突飞猛进的发展，有同国外接轨的趋势。例如，复旦大学尊重学生的个性和兴趣爱好，规定本科生入学后一年选择专业，并开启了上海市东北片高校选课系统，自由度越来越高；在课程设置和教材更新方面也作了实质性调整。成绩是有目共睹的。

但是总体来说，我国的经济学科建设与国外相比还很滞后，既有时间上的原因，也有文化传统和观念上的因素。随着国民经济迅速发展，经济学科建设已迫在眉睫，我们所能做到的是：发挥后发优势，紧密结合中国国情，取其精华，去其糟粕，逐步建设中国特色的经济学科。要做到这一点，需要我们对国内外学科建设有一个客观的评价，并对两者的差距有清醒的认识。

1. 宏观方面

总结起来，目前国际上对高等教育在以下几点达成共识：

（1）高等教育要为经济发展的需要服务。教育发展速度和规模必须与本国的经济发展速度和经济结构相适应，避免教育结构与经济结构失调。

（2）突出培养学生的科研和创新能力，一切活动都应以此为中心。

（3）崇尚学术自由的价值取向。创造宽松的学术文化环境，倡导学术自由，给学生的学习和科研以宽松的文化环境。

（4）通才教育，即培养富有多种职业能力和适应能力的专业面宽的专家。

可见，西方的人才培养注重质量而不是数量，他们注意教育和经济的适应性。注意把国外良好的培养方法和本国办学特色结合起来，这也是我国高等教育改革应该努力的方向。

2. 微观方面

（1）西方经济学科学位分类多样化，培养目标明确。硕士学位分为学术硕士（M. Phil.）和专业硕士，博士学位分为研究博士学位（Ph. D.）和专业博士学位（Professional Doctorate）。根据不同的学位，课程设置、师资配备及考核制度等也各异，这样不仅满足社会的需要、达到分流的目的，学生的质量也能得到保障。

相比之下，我国学位分类较单一，满足不了多方面的需求。多数学生希望通过读研究生获得较好的就业机会（从本科、研究生每年的就业人数占很大比重可以看出），在职研究生则希望能在原有职业的基础上获得更好的发展机会，只有少数学生真正对经济学感兴趣并有很好的发展潜力。但由于学位单一，没有更多适合自己的选择，专业型和研究型的学生只好一起接受学校的硕士或博士培养计划，由此导致以下两个后果：在课程设置和培养计划上采取一刀切，培养目的不明确，既没有满足学生的个性和爱好，又使经济学科缺乏强有力的后备人才；一个导师要辅导10个甚至20多个学生（这种现象在国外是不存在的），导师精力有限，难以实施个性化教育和通才教育。

（2）入学条件强调学生的全面素质。无论是本科生入学还是研究生入学，西方不仅注重成绩，还会考察成绩之外学生所具备的其他能力。在本科生入学方面，美国著名大学规定所有学生要参加"学生能力测验"（SAT）或"大学入学考试"（ACT），通常划定分数区间，没有固定的分数线，然后再根据其他能力在分数区间择优录取，其他能力包括学术成就（academic accomplishment）、社区参与和领导能力等，学生必须递交有关自身能力的翔实的证明材料。在研究生入学方面（主要指研究型研究生），必须递交研究论文、著作和其他原创性作品，经济专业要求有良好的数学功底，尤其在线性代数、微积分和统计学方面有扎实的基础。

我国本科生入学主要以成绩为标准，忽视其他能力的考察，这必然形成应试教育的导向，这种状况有其历史原因，短期内改变的可能性不大。所以近期内只能寄希望于增加考试的灵活性和综合性，以较全面地反映学生素质。研究生（主要指研究型研究生）入学标准也需变革，应该强调学生的数学能力和研究能力的考核，要实现这一点又必须以学位细化为前提条件。

（3）西方特别强调对学生研究能力的培养。学生是经济学科教学的中心，培养学生的研究和创新能力是教学宗旨，一切活动都是为培养学生的研究和创新能力服务的。这体现在：（i）为学生提供较多的研究平台。例如，老师把近期研究在网上公布，感兴趣的学生可以报名参加课题研究。讨论会（seminar）及会后提交的论文，也是培养研究能力的很好的方式。跨学科培养扩大学生的研究视野。哈佛大学拥有众多的seminar和workshop，有时会邀请其他大学加盟，正式和非正式的学术团体和学术活动也很多。以上活动大都鼓励教师和学生共同参加。（ii）入学要求、课程设置、教学计划及考核评价均是围绕提高学生研究和创新能力而设计的，国外已形成了较为标准化的人才培养模式。

我国本科生教育仍侧重于课堂教育，虽然有一些激励他们研究创造的平台，但相对于庞大的本科生队伍，是远远不够的。而且课程设置、教学计划及考核评价不全是围绕提高学生研究和创新能力而设计的，例如，经济学方法论课程设置滞后，学生不知道怎样才能学好经济学、怎样才算学好经济学。研究生教育更为滞后：（i）研究型学生和专业型学生（占多数）一刀切，所以不可能形成良好的学术环境；（ii）有些导师忙于自己的事务，缺乏对学生的引导；（iii）经济上困难，学生不能潜心搞研究；（iv）正式或非正式的学术团体较少，教师和学生共同参加的seminar和workshop较少，资源竞争激烈。

（4）透明度高。经济系每位教师的通信方式、研究专长及目前所作的研究均在网上公开，这不仅有助于老师之间的交流，也便于学生与老师沟通。这些交流和沟通没有学科界限，因此也就形成了百家争鸣、学科交叉的局面。

我国经济系教师的信息一般不公开，即使公开，也不够详细。这种保守的信息公开限制了老师之间的交流和师生沟通，无法形成百家争鸣、学科交叉的互动效应。

（5）西方注重师资力量的培养与保持。国外院校有一套较为完善的师资力量管理制度。（i）激励方面。首先，薪资福利水平较高，高校教师是一个中上水平收入的职业；其次，教师学术权力相当大，他们对教学计划、课程设置和教材等学术事务有较大的自主性；最后，为教师提供校际交流和国际交流的机会。（ii）约束方面。首先，高校教师学历要求。从西方各国的做法可以看出，要获得教授、副教授等任职资格，一般需要具有博士学位；其次，新任教师要接受严格的培训；再次，晋升制度非常严格；最后，教师需接受来自个方面的监督，特别是同行和学生的监督，这也是以信息公开为前提的。

我国对高校教师的激励约束制度尚处于建设阶段，表现为：（i）教师薪资福利不高。近几年，教师福利确实有很大改善，但与其他阶层相比，增长速度还是很慢，导致教师为了生存，不得不走出校门寻求兼职，精力和时间无法集中于教学和研究，这与提高学生研究、创新能力的国际潮流格格不入。（ⅱ）教师学术权力不够大。他们活跃在基层，作为教学改革的中坚力量再合适不过了。而我国这方面的改革正在起步，给教师以自主权应该成为经济学科建设的方向之一。（ⅲ）约束制度不够严格（软约束）。新任教师没有固定的培训方案，来自同行和学生的监督有时也会流于形式。当然也要看到我们在这方面取得的成绩，许多学校已意识到建立第三方监督制度的必要性，比如，武汉大学组织退休教师组成督导团，对教师教学、研究进行监督并提出中肯意见，这是一个建立有效约束机制的很好开端。

最后，以著名经济学家钱颖一的一段话作为结束："参照系的建立对任何学科的建立和发展都极为重要，经济学也不例外。……受过现代经济学系统训练的经济学家的头脑中总有几个参照系，这样，分析经济问题时就有一致性，不会零敲碎打，就事论事。……我们常见到，一些记者洞察力很强，有经济头脑，写的文章又非常有感染力。然而，他们与受过现代经济学训练的经济学家的不同之处往往是因没有参照系而会显得分析缺乏主线和深度。"（《理解现代经济学》）说到底，参照系就是经济学理论基础。建立经济学理论基础，以此为参照系分析和解决问题，理应成为经济学科人才的培养方向，也是良好的生源、优秀的师资和先进的培养计划共同起作用的结果。

我被"芝加哥化"了

王勇[*]

    我在芝加哥大学经济系已经求学数年，2006年暑假回国在北京大学中国经济研究中心为研究生讲授《宏观与发展经济学高级专题》一课。在与老师和同学的不断接触中我第一次突然强烈地意识到我的学术神经和血液已经被彻底地"芝加哥化"了，这是一种在耳濡目染潜移默化中形成的近乎宗教的学术信仰和自豪感。芝大的校训直译过来就是"让知识不断积累，以丰富人生"；每当别人提起"芝加哥学派"，我总是会联想到武侠小说中一个刚入少林的小弟子对于前辈方丈高僧的无限景仰之心和对同门的手足之情，或许在别门别派前还带有那么一点点轻稚的"傲气"。

    现在想来，或许这种傲气是外人惯出来的罢，因为每次向别人自我介绍说在芝大念经济学，对方常常会马上客气地说起诺贝尔奖。半年前回国在上海返签，我紧张等待美国签证官的第一个提问，听到的居然是："Oh，so you are from University of Chicago，do you want to win the Nobel Prize?"我不知如何回答却非常开心，只是站在那里傻笑。其实我们在芝加哥的时候反而很少说诺奖，经济系学生中间流传最多的关于诺奖的故事是，Lucas和Heckman曾经都没有在第一次就考过芝大经济系的core exam，Heckman还为此转到了普林斯顿，但是他们后来都拿了诺奖。所以我们系就有个名言："要想拿诺奖，最好第一次考core exam不

*   王勇，芝加哥大学经济系博士，现为香港科技大学经济系助理教授。

要考过。"但是据我的观察，考前好像每个人都非常卖力地准备应考，"诺奖"似乎没有任何诱惑力。

芝大经济系目前还在讲课的诺奖得主有5个人。研究经济史的Fogel常常待在商学院而且一度曾经常去北大中国经济研究中心，但是我没有选过他的课，因此几乎没有见过他。我曾为76岁的诺奖得主Becker教授担任过博士课程ECON301和ECON302的助教以及一个学期的助研，他与我的办公室在同一套间，因此几乎天天见面。他即使在周末都会来办公室，还打网球，周一的workshop上他最为活跃，这个暑假他要在欧洲三四个国家作包括牛津大学的希克斯讲座在内的4场讲演。每次当我坐在Becker教授办公室里凌乱的大书桌前看他在黑板上做推理时，每次当我在晚上八九点钟时的经济系走廊里见到Heckman教授背着个大黑挎包刚要回家时，每次当我听到我的二年级论文指导教授Lucas与我讨论论文时说"I don't know"时，我的心中总是涌动着一股莫名的激动。Myerson教授于2007年因为在机制设计方面的贡献获得诺贝尔经济学奖，他是我的博士论文委员会的联合主席之一。在获奖当天的新闻发布会上，当被问及获奖以后接下来的打算是什么，他说："就是准备明天在经济系的workshop上的论文报告。"我和在场的同学们都笑了。在接下来的几天里，他仍旧照常不误地教课和参加workshop的研讨。的确，日常的生活还是在一如既往地继续。其实所有得奖的人都早已众望所归，只是被瑞典人货币化地正式承认一下而已。我私下将他们尊称为"学术贵族"，因为我找不到更好的词来形容他们，拿了诺贝尔奖以后还是那么一如既往、平心静气地勤奋着和谦逊着。这些学术泰斗尚且如此，我找不到理由为什么号称"热爱经济学"的青年学子们还会有那么多时间去成天请客吃饭、卡拉OK、吹牛胡侃而不是去作严谨的学术研究。

了解经济思想史的人稍加回忆就不难发现，"芝加哥学派"的内涵并不是一个一成不变的教条，而是在众多先贤的不断学术创新中动态变化着的。从这些大师的课堂上，我感受最深、觉得最珍贵的是他们举手投足间的精神承传，是那种坚韧不拔的开拓学术的理论勇气，是那种捍卫芝加哥学派荣誉的忠诚与强烈的自豪感，是那种充满激情、永远学术的不竭动力，是那种气定神闲、笑看风云的超然自若。我想，也许不在芝加哥仍然可以学到他们的经济理论，但是绝对感受不到在手捧芝大同门前辈学长的论文进行学习阅读时的那种亲切感、芝大老师们讲解这些论文时的那种自豪的神情，以及与此荣耀感相随的催人奋进的无名压力：他们也曾和你一样在这相同的地方、相同的教室研究与学习过，那与他们相比，你现在又做得怎么样呢？

我最喜欢的研究领域是宏观，就来说说宏观理论吧。随着卢卡斯批判和动态分析工具的系统引入，现实与理论的发展将传统凯恩斯主义宏观学理的一系列重大缺陷暴露无遗。如今的宏观经济学子不再热衷于用国别数据做索罗残差或是进行Klein的大规模的宏观联立方程组运算，而是热衷于一套动态优化的一般均衡模型。后来所谓的新凯恩斯主义吸收了新古典宏观的分析方法，将一系列价格黏性理性化，对经济科学也作出了实质性的贡献，尽管包括我在内的很多人还是没有被说服为什么被新凯恩斯主义所最为关注而被新古典宏观基本放弃的那些问题是足够重要的。那些简单根据时间出现顺序武断地认为新凯恩斯主义超越了新古典宏观经济学的人，显然需要重修一遍研究生一年级的宏观课，但令人惊讶的是，国内持这种观点的人不在少数。Edward Prescott最近发表在《政治经济学》期刊上的诺奖演说和Lucas教授2002年美国经济学会主席演讲《宏观经济学的要务》对此已经作出了最为权威而又足够清楚的总结。

在评论是否像Lucas这样顶级的芝加哥学派的宏观经济学家适合做美国总统的经济顾问时，斯蒂格利茨曾诚实地说道："作为总统，怎么能指望一个认为（在成熟市场经济中）政府干预政策大多数基本上不是无效就是有害的人能帮上忙呢？"的确，新古典经济学思想已经深入人心，现代的经济学学子与学者对于政府干预的第一反应便是审慎的怀疑。尽管如此，"芝加哥学派"的观点也并非是如科斯所批评的那种"黑板经济学"，价格理论与收入理论的大师的思想观点在政策界仍然产生了广泛而深远的影响。我们看到，20世纪50、60年代一群"芝加哥小子"回到拉美推行的自由化经济改革成效卓著，美国70年代的滞胀之后掀起了一系列deregulation的新古典经济政策的市场化回归，由芝加哥学派所倡导的私有化政策在欧洲各国也得到了广泛的推行。在美联储、国际货币基金组织以及世界银行等经济组织中经常可以看见出身于芝加哥经济系的学生和学者的身影，他们之中很多人都占有重要的决策位置。比如，国际货币基金组织现任首席经济学家是芝大商学院经济学教授Raghuram Rajan。特别值得一提的是，毕业于芝大的林毅夫教授也即将就任世界银行首席经济学家，这也是首位来自发展中国家的经济学家担此要职。事实上，与其看到一些不懂经济学的人管理经济，我们这些芝大的学生更愿意看到训练有素的出色的经济学家参与经济政策的制定，并将此看成是整个经济学家群体的值得称赞的成就。

"江山代有人才出"，芝加哥学派的世界性声誉是由芝加哥前辈一代一代奋力开创的，而前辈的辉煌能否保持则主要依赖于经济系和商学院更年轻一辈的中坚的教授们。也许他们长时间被诺奖大师们的光芒所遮掩，然而我们还是有足够的理由相信，目前还有好几个芝加哥大学的教授排在瑞典斯德哥尔摩的那张 waiting list 上：提出"有效市场假说"的 Eugene Fama，倡导行为金融学的 Richard Thaler，提出了 GMM 并在资产定价方面有着重要贡献的 Lars Hansen，创立了贝叶斯计量经济学的 Arnold Zellner，也许还可以加上在契约理论与发展经济学领域作出重要贡献的 Robert Townsend，等等。在宏观方面，也许还可以加上芝大毕业生 Paul Romer、Neil Wallace 等人的名字。如果一定要拉拉关系的话，我们芝大的学生也在热切盼望着 Barro 与 Sargent 两位芝大曾经的教授能早日拿到诺贝尔奖。再年轻一点的，我们从 Kevin Murphy 和 Steven Levitt，以及最近加盟的 John List 身上看到了芝加哥价格理论和实证传统后继有人；宏观方面，经济系里的 Robert Shimer、Fernando Alvarez 以及马上要加盟的 Sam Kortum 显然正如日中天；芝大 GSB 里阵容强大的金融系也是宏观的一个强力互补后盾。我期盼着芝大毕业生 Narayana Kocherlakota 有朝一日也能返回母校执掌宏观教鞭。同时也为 Sherwin Rosen 的过早去世，以及克拉克奖得主 Sanford Grossman 过早离开学术界而感到惋惜。

之所以要背负王婆卖瓜之嫌重复这些主流业内人士的常识，是因为这次我回北大经济中心教课并参加留美经济学会和 CCER-NBER 年会等学术会议期间，深深感觉到国内学界很多人都对芝大经济系有着严重的误解。误解之一便是认为芝大是个"老人系"，不过这个误解容易消除，只要对现代经济学有足够的了解并且到芝大经济系主页上稍微看一下即可。误解之二是以为芝大的教授个个都高高在上，让人不可接近。别人怎样我不知道，就说说我自己的经历吧。曾担任芝大校长达七年之久并且曾担任世界计量经济学学会主席的 Hugo Sonnenchein 教授（是复旦校友周林教授在普林斯顿时的导师）每次遇到我们这些学生，常常毫无架子地和我们先打招呼。2003 年我赴美签证遇到挫折，他还特意为我写了一封支持信给美国大使馆，尽管我当时还只是一个再普通不过的还没有入学的学生，为此我至今心存感激。在为 Gary Becker 教授担任助研期间，有次我为了准备期末考试而一直拖着他的研究进度，但他很体谅我说完全可以考完再继续做助研的工作。在我给 Hansen 教授当 RA 期间，他也特别的大度，与 RA 的时间安排发生冲突时常常允许我先做自己的研究。去年（2005 年）的感恩节前夕，Hansen 教授看到我孤单一人待在办公室里，没有亲人，就邀请我去他家吃火鸡。在饭桌上我还见到了他的岳母，也就是在台湾大名鼎鼎的经济学泰斗蒋硕杰的遗孀，她祖籍黑龙江，普通话非常好，聊得很开心，我当时很有一种"他乡遇故知"的感觉。还有一次，我在系里报告一篇习作，Lucas 和 Stokey 两位教授正好有事出差，但是没想到事前他们竟给我发了一封邮件，说抱歉无法参加并让我给他们俩再单独作一次报告，让我受宠若惊了很久。去年暑假，Myerson教授通过电子邮件指导我写论文，有一次我们互相电子邮件交流直到半夜二点半，而他第二天还需要动身去欧洲讲学。所有这些事情都让我激动地感觉到，尽管我们还只是无名小卒，但是系里的这些世界级的大师还是很关心重视我们这些学生的，这个世界上恐怕没有任何东西能比这些更能鼓舞青年学子的士气了，大概我就是这样不知不觉地被"芝加哥化"了。

对芝大经济系的常见误解之三就是认为芝大经济系学生间的关系肯定很紧张。也难怪，芝大考试淘汰率之高是"臭名昭著"的，我们班2003年入学24人，现已经走了9个人了。外人想当然地认为如此残酷的竞争关系肯定会把学生之间搞得跟仇人一样，见了面会两眼发红。然而事实却是，身处"围城"之内的我们沿袭历史惯例，组成一个个学习小组（study group），互相支持互相鼓励一起奋斗。当时我们班还有一个中国人，来自台湾，是会讲四川话的"外省人"，服军役时为少尉，我们关系很好，我一直戏称他为"周少尉"。我们一起做饭吃饭、准备core exam。我做的菜当然天经地义地很难吃，他大义凛然地安慰我说只要吃不死就行。他还在考试前热心地帮我搬家。有次课程结束时，他递给我一张纸条，上面写着"好好努力，我们一起过core"。我觉得我们同学之间是一起奋战的战友关系。特别是我的study group里的人都很优秀，人也好，我们曾口出狂言要发明一个属于我们的"四人帮模型"。一般人是无法体会我们之间的那种既竞争又团结的友谊的。其实我们已无选择，因为我们都被"芝加哥化"了。

那么芝大经济系老师有没有被"芝加哥化"呢？ Steven Levitt教授在其畅销书《魔鬼经济学》中深情回忆了他小儿子一两岁时不幸夭折后，芝大经济系教授们，尤其是D. Gale Johnson教授和Becker教授，对他巨大的精神支持。在芝大的好几次发言中，他显然流露出了强烈的芝加哥情结。Becker教授办公室里挂着的唯一一幅照片是他与他的老师Milton Friedman和George Stigler的大合影；而上次我去Becker教授家里参加一个聚会，有张桌子上摆了很多照片，很后面的一排我看到了一张很不起眼的小照片，是他和时任美国总统克林顿的合影。记得有一次，我作为价格理论的TA，与Murphy、Becker两位教授在办公室里讨论作业习题，中间Becker教授的眼镜不小心掉在地上摔坏了。这时已经是芝大杰出服务讲座教授的克拉克奖获得者Murphy教授连忙蹲下身子在地上认真寻找那个小螺丝，为他的恩师兼同事摆弄修理这副眼镜，结果还真被他当场修好了。我看着他们这一对师徒，心里特别感慨。上次芝大成立贝克尔中心，众多明星教授云集，他的得意弟子之一的哈佛教授Ed Glaeser饱含感情地回忆了Becker教授的传道授业之恩，说芝加哥永远是他的精神家园。

这些让我想起几年前林毅夫教授为其芝大导师 T. W. Shultz 以及 D. Gale Johnson 的不幸去世而撰写的悼文，字里行间情真意切，使人怆然。经济中心的学生一定会记得那张在万众楼前林老师弯下身子推着轮椅上 D. Gale Johnson 教授的合影，那时是首届中国经济学年会期间，林老师在开幕式发言时看着坐在轮椅上的恩师深情地说"一日为师，终身为父"。林老师显然将这种师恩毫无保留地传承给了经济中心的弟子们。没有林老师的鼎力推荐，我不可能享受到芝加哥经济系的奢侈教育。没有林老师长期以来的关心与爱护，我也不可能有现在这么好的锻炼自己的学习和研究机会。显然，林老师的其他很多学生也都对林老师充满感恩之心。林老师是我在经济中心的硕士论文答辩委员会主席，而我的导师、素以准确预测中国宏观经济运行而闻名的宋国青教授也曾是芝大经济系的学生，他在出国前就已经是一个优秀的宏观经济学家，担任国务院下属的一个宏观经济研究室的主任。宋老师为人低调，不喜张扬，但是业内学者个个对他的宏观经济学洞察力敬重有加。到目前为止，从 CCER 研究生项目毕业出去、在美国著名大学经济系毕业后、留在北美或香港地区学术界发展的几乎全部都是宋老师门下的学生。经济中心毕业生中第一个在北美顶尖杂志上发表论文的、就读于杜克大学经济系的郭明师兄也是宋老师的学生，他毕业前就在 *JET* 上发了一篇文章。我的好朋友、CCER 同班同学王鹏飞在康奈尔大学经济系已经有好几篇文章发表在国际学术期刊，他也是宋老师门下。到现在为止，我一共回国了两次，每次总要回到 CCER，去蓝旗营登门拜访的第一个老师就是宋老师。当年宋老师给了我他在 CCER 办公室的钥匙，允许我使用所有的研究设备。在我申请出国留学时，他曾关切地和我说如果赴美学习生活资金方面有需要的话，他愿意动用他个人存款帮助我，虽然后来我拿到了芝大经济系比较高的四年的 fellowship，但是宋老师的恩情一直让我铭记在心。在经济中心研究劳动经济学的赵耀辉老师也出身芝大，在我们那年毕业生座谈会上，她说 D. Gale Johnson 就像父亲一样。现在我们经济中心赵老师门下的众多弟子也广泛分布在美国各个顶尖大学的经济系，他们每一个人都对赵老师的细致关怀充满感激。我想，这种芝大师生间的深厚感情是一种精神的默默承传。

前面说起 Becker 教授办公室里的照片，我就顺带八卦一下。Lucas 教授的办公室墙上挂了一张他的学生 Prescott 和 Kydland 俩人的合影，桌上则放了一张年轻时的 Stokey 教授的美女照片。Stokey 教授办公室里的窗前也放了一张 Lucas 教授四十几岁时的照片，害得我一开始几次去 Stokey 教授办公室讨论助教事务时老是分心。Lucas 教授的秘书则在她的办公室里挂着一张瑞典国王向 Lucas 教授颁奖时的照片，显然她也感到很自豪。一个行政秘书尚且如此，就不必说我们这些经常拜读他们经典论文的学生了。

是的，作为芝加哥大学经济系的一名博士生我感到很自豪。作为一个中国人，我还为芝大经济系毕业的华人经济学家普林斯顿大学教授邹至庄的Chow Test感到自豪，为林毅夫教授应邀作剑桥大学久负胜名的马歇尔讲座以及芝加哥大学纪念D.Gale Johnson首场年度讲座感到自豪，也对芝大毕业的一批优秀华人经济学家如谢丹阳、朱晓东、Li Hao等人感到自豪。非常有个性的张五常教授与芝大经济系有着很深的渊源，作为后学晚辈的我也一直对他在新制度经济学领域中的重要学术成就充满敬仰。在芝加哥大学的物理、数学、社会学、政治科学等其他学科中也不断涌现出令全球华人自豪的华裔学术精英与政治领袖。

是的，我被"芝加哥化"了，也许因此变得有些幼稚地傲慢和自以为是。不过，一个从人大直升到经济中心的06级师妹在课后发邮件对我说，我应该保持芝大人的骄傲，这是一种令人羡慕的归属感。"归属感"，真是一语中的！但是必须承认，在芝加哥经济系做研究要比我原来想像的更不容易，更需要勇气，但要相信自己，贵在能耐住寂寞和批评，平心静气地坚持，不要放弃，千万不要。[1]是芝加哥经济系的前辈们创造了并且继续在创造芝大经济系的荣誉，而我目前还只不过是这些荣誉的消费者而非投资者，在学术研究上我还差十万八千里呢。作为芝加哥经济系的博士候选人，我的头上没有光环，只有压力和自责。只要有机会，我愿意沉下心来从零开始作一辈子的经济学研究。只是我真的很希望有朝一日我可以为享受被"芝加哥化"支付自己力所能及的微薄利息，也许这就是我被"芝加哥化"以后唯一的心愿吧。

（原文刊于《经济学家茶座》2008年第2期）

---

[1] 2006年，芝加哥大学授予79岁的Herbert Baum经济学博士学位。他20世纪50年代在芝大获得经济学硕士以后成为政府农业经济学家，从事草莓行业数十年，其博士论文是关于加州草莓行业的相关农业政策后果，终于获得经济系导师的认可。这位八旬老翁不仅是芝大历史上年纪最大的博士学位获得者，而且他的论文委员会四个导师Friedman、Becker、Heckman和Myerson全部都是诺贝尔经济学奖得主，恐怕也的确算是"前无古人，后无来者"了。在博士答辩当天，他带来了一篮子最好的草莓。这是一个芝大经济系博士梦圆的故事，虽然迟到了半个多世纪。当以此自勉。

哈佛经济学家是怎样炼成的？

何帆[*]

经济学部落

在遥远的极北之地，有一个叫做"经济学"的部落，这个部落占据了一大片荒凉的冻土。由于"经济学人"生活在这样的天寒地冻之中，也由于他们多少有些排外，在外界看来，"经济学人"过的是一种与世隔绝的艰苦生活。在"经济学"部落，未成年者被叫做"研究生"，他们要经过庄严的成人仪式才能被接纳为部落的正式成员。成人仪式中最重要的部分就是，每个"研究生"必须做出一种叫"模型"的东西，并得到"系"里的老人们认可。

这是莱琼霍夫德（Leijonhufvud）在一篇寓言式的文章《经济学部落的生活》（Life among the Econ）中对经济学界的描绘。从这篇寓言中我们能够得到的启示是：如果说在亚当·斯密和大卫·李嘉图的时代，经济学还是一个相对开放的学科，那么时到如今，经济学已经成了一个对外封闭而又有着严格内部纪律的"部落"。如何才能成为一名经济学家？在实际经济部门或政策决策部门的工作经验、经邦济世的雄心壮志、对经济史和经济思想史的熟悉并不能帮上多大的忙，唯一的正途是进入研究生院受训，拿到PhD，这才

183

* 何帆，中国社会科学院经济学博士，现为中国社会科学院世界经济与政治研究所研究员，国际金融研究中心副主任。

是成为经济学家的"敲门砖",或者更准确地说在美国是这样。根据美国调查局的统计数字,美国约有13万名经济学家,但这其中包括了许多在企业界工作、自称是经济学家的人。如果我们把经济学家的定义限制在那些至少拥有经济学硕士学位或博士学位的人,人数便分别减少到6万人和1.75万人。而那些真正活跃在学术界的经济学家只有大约两三千人,其中站在研究前沿"核心"的经济学家约有五六百人,其余两千左右的"外围"经济学家大多是"核心"经济学家的学生、助手和崇拜者,他们传播、发展和捍卫"核心"经济学家的思想。一流的经济学家主要集中在最著名的几所研究大学(research university)的经济系,如哈佛、MIT、斯坦福、芝加哥等。如果你翻翻排名前10名的经济系教师们的简历,就会发现他们基本上也都是这前10名高校的毕业生。所以,如果想要成为经济学的顶尖人物,必要条件便是到排名前10名的经济系读博士。

1998—2000年,我在哈佛大学做"访问的家伙"(visiting fellow)。有机会亲炙世界一流经济学家的教诲,每天和哈佛经济系的研究生一起听课、讨论,使我有了一个难得的近距离观察美国经济学界的机会。"经济学部落"的人们总体说来有点冷漠,但对我这个外来者还算友善。在哈佛经济系所在的Littaur楼里,我每天背着一个从国内带来的硕大的军用背包独来独往,东走西看。

我的朋友 Xavier

出国之前,我通过哈佛的外事办(international office)参加了"东道学生"(host student)活动。参加这一活动的学生均能得到一位在校的哈佛学生的帮助。出国前夕,我收到哈佛外事办的来信,通知我的"东道学生"是经济系的博士生Xavier Gabaix。我总觉得这个名字怪怪的,不知道为什么让我想到了墨西哥人。

到了剑桥之后,我和妻子前去拜访Xavier。他瘦削的面庞,挺拔的鼻子,一问原来是法国人。Xavier热情地邀请我们去吃饭。他问我们想尝尝哪国的风味。我妻子说那就法国菜吧。Xavier一下子就往回缩了,他说法国菜太贵了,还是印度菜吧。

哈佛为我安排的导师是帕金斯(Dwight Perkins),他是著名的中国经济问题专家。帕金斯给我的印象是一个非常和蔼的白发老者,他知道许多中国的经济学家和一些中国的汉字。不过,用Xavier的话说,"他是个好人但太老了"(He is a good guy,but too old)。我先向他咨询有关转轨经济学和发展经济学最近有哪些理论进展,他说他不是搞理论的。我又问他在经验检验方面有哪些值得关注的研究，他说他也不是搞计量的。最后，他给我列了一个长长的研究中国问题的学者名单，但我后来一直也没有找他们。

失望之余，我想到Xavier一定能够给我帮助。拿到课程表之后，我就去找他，让他推荐哪些课值得去听。Xavier非常好为人师，他把所有的课程分为三类。第一类他给划三个星，表示强烈推荐，其中包括宏观、微观、计量、国际贸易、公共经济学等，因为这是最基础的课程。第二类他给划两个星，表示可以听听，其中包括博弈论、经济增长、产业组织、行为经济学等。第三类只有一个星，表示最好不要在这上面浪费时间，其中包括森（Sen）的讲座、帕金斯的发展经济学讲座、科尔奈（Kornai）的转轨经济讲座等，他尤其是对马格林（Maglin）的政治经济讲座深恶痛绝。

我基本上对Xavier的建议言听计从，但也有不听话的时候。我在国内就久仰马士金（Maskin）的大名，所以选了他的博弈论课程，尽管Xavier对我那种对博弈论的狂热信仰很不以为然。结果是，到了第三堂课之后，我就发现自己一点也听不懂了。课间的时候，我问坐在我左边的学生，他说他是数学系的博士生，问我右边的学生，他也是数学系的博士生。坐在我后面的是来自意大利中央银行的一位访问学者，他问我听得懂吗，我说听不懂。我问他听得懂吗，他说他也听不懂。我说那我们还在这里干什么呢，他哈哈一笑说咱们去喝咖啡吧。1998年森获得诺贝尔经济学奖之后，我到哈佛图书馆里把他的书悉数借出，读了一个月后写了一篇介绍森的学术思想的文章寄回国内。Xavier知道后很失望，认为我这是浪费时间，因为到这些人拿到诺贝尔奖的时候，他们的研究大多已经"过气"了。后来森到哈佛开讲座，我还是去听了。让我吃惊的是，一个小教室里人都没有坐满。这使我深深感受到哈佛学生见解独立，充满自信，从不盲目崇拜名人的风格。

跟Xavier接触久了，越发觉得此人不一般。他博士二年级写的一篇关于国际贸易的论文，在赫尔普曼（Helpman）的国际贸易讲义中已经是很重要的必读文献。他频繁地变换研究的领域，在资产定价、经济地理学、国际金融等领域都有很好的论文。我所说的"很好"是指能够在《美国经济评论》之类的杂志上发表。他读研究生的第三年就已经完成了博士论文，跑到MIT教书了。我到了不久，Xavier就开始张罗着找工作。结果斯坦福、芝加哥、普林斯顿和MIT都邀请他去。Xavier装出很为难的样子，抱怨斯坦福房价太贵，芝加哥气候太冷，MIT和哈佛同在一地，待久了有点腻味。后来他选择了先到芝加哥做一年的访问教授，然后回MIT。

在他工作已经定了但还没有启程去芝加哥的那段时间，每隔两三周他就会请我吃饭，每次聊一个小时他就要匆匆回家。我问他忙什么呢，他说经济学他已经研究透了，现在在研究心理学。后来我看到他和Laibson合作的关于"有限理性"（bounded rationality theory）的论文。顺便说一句，Laibson在英国《经济学家》的一篇报道里被列为30来岁新一代经济学家的领头人物之一。那天，在马萨诸塞大街的一家日本餐厅里，他兴致勃勃地向我讲他的"坏老鼠理论"（我总是把他的理论戏称为bad rat theory）。忽然，我们都没有说话。然后，他轻轻地转动着茶杯跟我说，在这段时间里，他没有任何的顾虑，所有的精力都可以用来作研究，尽管作成作不成仍是个未知数，但是这是他一生中最幸福的时间。我不禁为之动容。在那一刻，我认识到，我遇到了一个真正的高手。

在哈佛学经济学

我对国际经济学比较感兴趣，所以选了赫尔普曼的国际贸易理论。教国际金融的是库珀（Cooper），Xavier建议我别去，还是那句评价，"他是个好人但太老了"。后来，他告诉我多恩布施（Dornbusch）在MIT教国际金融，但时间正好和哈佛的经济计量学冲突，我只好忍痛割舍，至今想来仍觉遗憾。我在中国社会科学院研究生院的时候就已经学过高级宏微观，到了哈佛之后才知道天外有天，高级之上还有高级。我们在国内学微观用的教材是范里安（Varian）的《微观经济分析》（*Microeconomic Analysis*）。哈佛微观的教材是Mas-Colell、Whinston和Green的《微观经济理论》（*Microeconomic Theory*），里面用到的数学更深，而且在国外经济系像宏观、微观和计量这样的基础课都是讲一年。宏观第一个学期是曼昆（Mankiw）主讲，参考教材是罗默（Romer）的《高级宏观经济理论》（*Advanced Macroeconomic Theory*）。第二学期是专题，由B. Friedman讲货币政策，Laibson讲动态理论和国际金融。除了这几门基础课有相对固定的参考教材之外，其他课程如国际贸易、公共经济学等都主要是读论文。马士金的博弈论课程里的参考文献有一多半是还没有来得及发表的工作论文。

在哈佛的第一个学期是最痛苦的，首先要过语言关，同时深切地感觉到自己准备不足。尤其是，在国内我几乎没有接触过经济计量学，而上Xavier推荐的一门资产定价课时，给我的感觉从头到尾都是计量分析。没有办法，我只好回过头去统计系补习数理统计和计量分析。但那门资产定价理论我又不想放弃，于是我又选了同一位教授给高年级本科生开设的资本市场。我发现这很管用。事实上，给本科生开设的课程非常好，在研究生课程中讲到的理论，这里都有涉及，而且教授给本科生讲课时更侧重于讨论其中的"经济学"含义，同时带有大量的案例分析。比起干巴巴地只讲研究方法的研究生课程来说，本科生课程就像喝可乐，研究生课程好比喝苦茶。后来学习经济计量学时我又用了这个法子。

总体说来，经济系的课很枯燥。我原以为会有激烈的课堂争论，但实际上，主要还是教授在黑板上推公式，学生们在下面唰唰唰地抄笔记。我还听过政府系的几门课，感觉完全不一样。政府系的课程课堂气氛活跃，授课方式也生动得多。经济系学生的争论大多是在课下。Littaur地下室是经济系的计算机房。这里的几间讨论室里经常有三五个学生在热烈地讨论问题，黑板上满是公式和图。

经济系是哈佛所有系里"国际化"程度最高的。我听教务处的一个先生说，经济系里外国学生的比例有60%。我个人的观察是，学生的国籍主要还是欧洲国家和亚洲国家。教授的"国际化"程度也很高，所以许多经济系教授讲课时都带点南腔北调。我想，也许是经济学课程的难度太大，懒惰的美国人知难而退了。经济学中用到的数学越来越多，经济系学生的数学基础也越来越好。大多数经济系学生都有理工科背景。Laibson讲动态理论时，说要先用20分钟的时间复习一下real analysis的几个定理，结果这帮经济系的小子们如释重负，彼此打趣说我们先去外面休息20分钟再回来吧。我说他们是"经济系小子"并没有太夸张。第一，男生人数占绝对优势，女生能有30%就不错了。这和政府系也很不一样。我曾经想去听政府系的"公共舆论"课，结果发现8个学生中除我之外都是女生，男老师很年轻，有点色迷迷的样子，让我很不舒服，第二次我就没有再去。第二，经济系学生的年龄普遍很年轻，很多都是20岁出头，就这一点便常常让我自惭形秽了。

不过，在哈佛最大的痛苦还在于那种"局外人"的感觉。我学习经济学还是因为在大学里读萨缪尔森的《经济学》时，读到他说："要领悟经济分析的优美结构，仅仅需要有逻辑感，和能够对于经济学这样的思维体系竟会对整个世界上亿万人具有生死攸关的意义感到惊奇。"后来我才发现自己受骗了。布坎南曾很不满意地说，现在是不懂加边海赛矩阵就免谈经济学。到我终于弄懂了加边海赛矩阵，发现我还是不能谈论经济学，因为我不懂马尔科夫链和测度论。真是"不是我不明白，这世界变化快"。坦率地说，数学不好还可以慢慢补习，最要命的是，在哈佛，我发现我关心的问题和别人关心的问题是那样地格格不入。我曾试图和MIT的一位博士生谈论中国的国有企业问题。他问我你有model吗，我说没有，他说那我怎么跟你谈呢。我和哈佛小子们一样热爱经济学，或许我的热爱还更真挚，但我可能永远也不会融入他们所代表的经济学主流中，因为我有撕扯不断的中国情结，我的经历和教育决定了我的研究一定是问题导向的。颇具讽刺意义的是，正如我的一位老师跟我说过的，到了美国之后，知道了什么是好的经济学，也知道自己做不了好的经济学。回国前夕，我到邮局寄完复印的论文，再一次路过哈佛广场。在银行门口有两个装束像是南美人的乐师，在吹一种类似排箫的乐器。曲调忧郁，令我神伤。走进哈佛园，那乐声依稀仍在，我放慢脚步，回味音乐，环顾四周的楼舍草坪，恍如梦中。

（原文刊于《经济学家茶座》第4辑）

我的工作"法宝"

N.格利高里·曼昆* 著 骆楠 译

我现在的任务是描述一下我是如何工作的。我怀着复杂的心情来写这篇文章。一个人很容易在公开的自我评价过程中变得虚荣，而虚荣这种品性还是留给自己为妙。我并不完全清楚为什么人人都要关心我个人的一些东西——也许除了那些别无选择而不得不生活在一起的同事、学生和家人们。

不过，当别的经济学家写一些这类文章时，我还是很爱读的。我乐于认为这些论文在某些方面启发了我，最起码它们引起了我内心中偷窥的兴趣。所以我想，别人也能从一篇简短的文章中了解到我是如何工作的，至少他们可以从中得到一点欢娱。

我是用工作中我常遵循的六条定则构成这篇文章的，我选择它们主要是因为它们切实的作用——它们描述了我的行为。我不自称我这些工作方法对别人来说一定能起到某种特定的功效，不过还是有可能的。如果这些经验符合了别人的情况，并对他们的事业有所帮助，那就再好不过了。

"法宝"之一：向良师学习

我曾向四位著名的经济学家学习如何营生，也许原因在于我本人良好的事业计划，更有可能的是，我只是太幸运了。

---

* N.格利高里·曼昆，麻省理工学院经济学博士，现为哈佛大学经济学教授。

1977年春，作为普林斯顿的一名新生，我受教于哈维·罗森（Harvey Rosen），学习微观经济学原理。哈维是一个杰出的老师。我记得那时很容易发现要学的东西，同时觉得自己学得非常非常多。他的每一次讲演都充满了精辟的见解，新颖、深刻而且非常透彻，以至于看上去我该用一生去了解它们。当然了，我没有。微观经济学原理是我所学过的最开眼的课程，所有后来的经济学课程都显示出了收益递减的特征。

有一件事让我至今不解，哈维在我大一的暑期雇佣了我做他的研究助手。我对经济学知道甚少，因为我只学过两门原理性课程。我对电脑编程有所了解（这让我自己的研究助手很惊讶，因为技术上的进步早已使这种人力资本过时了）。不管是什么原因吧，他就是雇佣了我，而且那段经历后来被证明是无价的。因为我知道得太少，所以哈维不得不教我一切他需要我知道的东西。一夏天接受一个顶尖级教师和学者的教导，是我所能想像的最棒的学习经历。至今，我还从未在那么短的时间内学到那么多东西。

终于，我的兴趣转向了宏观经济学，作为普林斯顿的一名大四学生，我又受教于另一位杰出的老师——艾伦·布林德（Alan Blinder），学习研究生宏观经济学。同时，我在艾伦的指导下写我的学位论文。在论文中，我试图解释至少从凯恩斯《通论》的出版开始就使宏观经济学家迷惑的实际工资周期变动的现象。论义中的一部分还成了与艾伦合作的作品，随后在《货币经济期刊》（*Journal of Monetary Economics*）上发表了。更重要的是，当我写这篇论文时，我开始深信对于理解经济周期来讲，商品市场内的不完全性至少同劳动力市场中的不完全性同等重要。这一信念最终引导我进入了现在被称为新凯恩斯主义经济学的研究行列之中。

当我于1980年秋进入麻省理工学院（MIT）读研究生时，拉里·萨默斯（Larry Summers）还是一个年轻的助理教授。他的热情、宽阔的知识面和敏捷的思维吸引了我，我们在那年以及下一年夏先后在麻省理工学院和国家经济研究局（NBER）一起讨论问题。1982年9月，马丁·费尔德斯坦（Martin Feldstein）让拉里去经济顾问委员会工作时，拉里带上了我。在他已是位不错但尚未成名的经济学家的短暂时期内，我非常幸运地与他亲密合作。

当我回到麻省理工学院时，斯坦利·费希尔（Stanley Fisher）像给我们班相当多学生指导那样，做了我的论文指导老师。他是教学科研均衡发展的一个典范。作为一个演讲者，在令人迷惑和有争议的领域中，他给出了清晰、公正的陈述。作为一个指导老师，他鼓励学生寻求感兴趣的问题时要以最严格的标准来要求，并且不要把自己觉得理应去做的东西强加进去。我的论文，像近些年的一样，是一个单纯为得到学位而由一些关系松散的文章凑合而成的。它还有一个令人困倦的名字：论消费。

当我回首这四位导师——罗森、布林德、萨默斯和费希尔时，我得出了多年来我总结出的他们的各种特点：他们是多产作家，他们倾向于经验性和政策方面的研究，他们对待教学很严肃。

我这些导师对博得更多的听众比在学术期刊上发表什么更感兴趣，他们都曾抽出学术研究时间去华盛顿参加政治工作。他们中有三位都编写了教科书，其中两位还编了不止一本。

很容易明白为什么这些导师很重要，他们决定了你的专业前途，就如同父母决定了你个人的前途一样。导师，就像父母一样，给了你自身的价值。他们告诉你什么样的行为值得敬重，什么样的行为要避免。并且他们采取间接的方式来传授给你：这些多来自他们的身教而非言传。

而其中主要的区别是：父母是命中注定的，导师却是可以选择的。

"法宝"之二：与好的伙伴合作

我很幸运能和许多有才能的合作者一起工作，按出现的大概次序来讲，包括了艾伦·布林德、布赖恩·布利耶（Bryan Boulier）、拉里·萨默斯、胡利奥·罗滕贝格（Julio Rotemberg）、马修·夏皮罗（Matthew Shapiro）、戴维·朗克尔（David Runkle）、埃弗里·卡茨（Avery Katz）、鲍勃·巴尔斯基（Bob Barsky）、史蒂夫·泽尔德斯（Steve Zeldes）、杰夫·迈伦（Jeff Miron）、迈克·惠斯顿（Mike Whinston）、约翰·坎贝尔（John Campbell）、安迪·埃布尔（Andy Abel）、理查德·泽克豪泽（Richard Zeckhauser）、戴维·罗默（David Romer）、拉里·鲍尔（Larry Ball）、迈尔斯·金博尔（Miles Kimball）、戴维·韦尔（David Weil）、奥利维尔·布兰查德（Olivier Blanchard）、苏桑托·巴苏（Susanto Basu）、罗伯特·巴罗（Robert Barro）、哈维尔·萨拉-i-马丁（Xavier Sala-i-Martin）、鲍勃·霍尔（Bob Hall）、尼科·坎纳（Niko Canner）和道格·埃尔门多夫（Doug Elmendorf）。其中一些是我的导师，其他的是我的同辈（多为麻省理工学院的同学），还有一些是我在哈佛的学生。近些年，我的大部分研究工作是与这些人一起完成的。

为什么这些同事对我的工作来讲是那么的重要呢？其中一个原因可以从亚当·斯密的扣针工厂的著名故事中找到。斯密注意到扣针工厂之所以产量高，是因为它允许工人们进行专业分工。作研究也没什么不同——它只不过是生产的另一种形式而已。从事研究需要多方面的技能：确定问题、建立模型、证明定理、收集数据、分析数据、解释结果。因为没有几个经济学家能擅长所有的这些工作，而合作可以使大家一同从事那些每一位参与者都难以单独做的工作。制造知识同制造扣针一样：专业化提高劳动生产率。（奇怪的是，为什么亚当·斯密没有遵循他自己的分析，在没有合作者协助的情况下写下了《国富论》？）

我和他人合作的第二个原因是那可以使我的工作少一点孤独。研究与写作是一项寂寞的活动，手拿纸笔或坐在电脑前耗去无尽的时间而不与外人接触是很常见的。有些人可能还喜欢这样的工作，但那不会是我。与同伴们争论使我的生活更加有趣。

我和他人合作的第三个原因是最重要的：好的合作者永远能够促进你提高。在大多数成功的合作中，各方都可以从中学到很多。一个合作者可以帮助你拓宽知识面，提高技能，也能暴露出你思维的偏见。甚至当合作已经结束，你还能将从中得到的益处带到以后的工作课题中去。在很大程度上，随着年龄的增长，我的合作者都成了我的老师。

"法宝"之三：要有广泛的兴趣

这一生中，我因有广泛的兴趣而受到庇佑。（或许，我也因专注时间短而为之所苦。）

作为一个孩子，我有极多的爱好。我收集硬币、邮票、贝壳、岩石、大理石、棒球卡，还有竞选徽章。我还有海龟、蛇、老鼠、鱼、蝾螈、变色龙、鸭子等宠物，以及一只考克斯班尼猎犬。在高中时，我花时间去下象棋、玩击剑、航海。从我放弃这些玩意儿到现在已经好久了（虽然我现在有一只名叫凯恩斯的博德猎犬）。

作为一个大学生，我强迫自己每学期换一个新的主攻方向，一般是在物理学、哲学、统计学、数学和经济学中交替。大学后我的路是迂回曲折且毫无计划的。按大致的年代顺序，我在国会预算局度过了一个夏天，在麻省理工学院经济系学习了一年，在哈佛法学院学习了一年，又在一家律师事务所干了一个夏天，在经济顾问委员会工作了一年，第二年在麻省理工学院读完了哲学博士，下一学期在哈佛法学院学习，之后的一学期在麻省理工学院当讲师，教授统计学和微观经济学。1985年，我放下了法律研究，成为哈佛经济系的一名助理教授，在那儿的第一年我教授经济学原理和研究生宏观经济学。

值得一提的是，我已在哈佛工作10年了。哈佛是一个工作的好地方。然而我经常渴望离开这里，只是为了做点什么不同的事。我留在哈佛的一个原因是因为和国家经济研究局很近。每年国家经济研究局都要召开几十个由来自世界各地的知名经济学家参加的各类议题的会议。在国家经济研究局工作就像几天换一所新大学一样。

我广泛的兴趣（短暂的专注时间）可以解释我的不同（甚至是支离破碎的）的工作着重点。我的研究跨越了大部分经济学。在宏观经济学领域内，我发表了一些关于价格调节、消费者行为、资产定价、财政政策、货币政策以及经济增长方面的文章。我甚至还敢于跨出宏观经济学的领域，发表了一些关于不完全计划生育下的人口出生率、对附加津贴的税收、不完全竞争市场的进入、住房需求的人口统计决定因素方面的文章。这其中没有哪项是位于宏伟计划之列的。无论何时，我都从事那些很让我感兴趣的工作。

提出新想法是研究过程中最难也是最不可控制的一环，但是如果你有广泛的兴趣，那么它多少就会变得简单一些了。很显然，广泛的兴趣为你的成功带来更多的机会。一个矿工在一个大的范围里寻找要比在一个小范围内一遍遍寻找更容易找到金子。更重要的是，思考一个课题可以引发关于其他课题的想法。例如，当我参加一个法学院的讨论垄断定价和反托拉斯政策问题的研讨班时，我已开始考虑菜单成本和价格的宏观调节问题了。研究中的思维火花往往在意外的地方迸发出来。

当然，广博也有代价，之一就是完成他人的约稿变得更为困难。我总是被劝诱着写东西："今后几年，我真想做我乐于去做的事。请出钱支持我。"然而在大多数情况下，那些出资助金的人想要得到的，至少是一份长期研究计划的托词。

不管怎样，具有广泛兴趣的最大代价在于缺乏深度。有时我会害怕如此，因为我在太多领域中工作，每一项都比单独研究的话要肤浅。谨慎选择合作者可以在一定程度上解决这个问题，但不能彻底解决。我知道不论我从事什么课题时，别人都要比我多花更多时间去考虑它，正如所谓的奉献一生去倾注于某一单一课题。

但那不会是我的一生，我没有那样的性情。

"法宝"之四：谨慎安排时间

这是我经过很长时间才得到的经验。从前我有求必应，去每个邀请我举办研讨会的学校，评议会议组织者请我讨论的每一篇文章，审定杂志编辑给我的每一篇文章，写系主任让我写的每一封推荐信，出任学院院长让我担任的每一个委员会的委员。

但以后就不是这样了，随着时间的推移，这些请求呈指数形式增长。在哈佛领薪不出几年，一味答应的代价已不可忍受，我开始意识到承担太多职责就会不负责，因为那要花费很多时间而耽误了最重要的事——教书和研究。我现在拒绝那些势不可挡的研讨会组织者、会议组织者、杂志编辑、系主任和院长们提出的大多数要求。

决定研究什么课题是我在分配时间时面临的最大难题。我觉得在一个课题完成前就预测它如何才能取得成果几乎是不可能的，甚至当我完成了论文之一后，我都不能准确预料别人（如编辑和定稿人）会作何反应。因此，我的策略是选择那些让我非常感兴趣的课题，在某种程度上，要看是否有能分享我工作激情的好合作者。有时我研究一个课题一段时间后，发现没有什么新东西可说了，那时我就强迫自己想想沉没成本的问题，并转向另一个课题。

一个我要花很多时间去做的事是编写教科书。我写了一本中级宏观经济学的教科书，现在正在出第二版。我现在正在写一本关于经济学原理的教科书。写教科书是一项烦琐的工作，我有时会问自己为什么以这种方式来消耗时间。现在让我来解释一下。

194

教科书的编写是教学的一种形式，同样，教学的利弊它都有。主要的弊处是它花费时间，而时间是大学教师最重要的资源。

如不考虑这些弊处，我认为编写教科书就像课堂教学一样，是对我的时间有效的利用。一个好处是金钱上的。世上没有几个人仅仅靠创造知识而谋生，大多数大学教师也会把一部分时间花在传授知识上。办讲座是传授知识的一种形式，而编写教科书是另一种。迄今为止，我能赚足够的钱向学生传授知识，而不会迫不得已花时间去从事其他活动，如做有偿顾问，来维持生活。

当然，课堂教学和写书的最直接的好处是它们可以使你塑造学生的思想。经济学并不是像牛顿力学或欧氏几何那么直截了当的学科。无论何时教授经济学，你都有足够大的范围去寻找必要的材料并考虑如何把它们讲出来。在选择材料的过程中，你可以在课中揉进你自己的东西，并且帮助学生去形成他们的观点。虽然课堂上的老师和编书者都有这种责任，但后者却有更多的"观众"。对于那些想把他们的经济学观点留给下一代的人们，编写教科书是最有效的途径。说真的，教科书对于形成研究领域十分重要，许多学术刊物上的多产作家也都是教科书的编写者：萨缪尔森（Samuelson）、鲍莫尔（Baumol）、布林德、斯蒂格利茨（Stiglitz）、巴罗、多恩布施（Dornbusch）、费希尔，等等。

还有一个不太明显的好处是讲课与编书刺激了研究中灵感的产生，每逢你不得不向别人解释什么时，不论在口头上还是笔头上，你都要比平时更加彻底全面地去思考。准备讲座或起草教科书的章节都会显露出你理解上的漏洞。并且有时，当你试图填补这些漏洞时，你会得到一些研究的灵感。简而言之，传授知识和创造知识是相得益彰的，这就是这两种形式的生产在相同企业中各占一席的原因，这种企业就是大学。

花时间写书的最后一个好处是它能使你成为一个更好的作家，这就让我转入了下一个话题。

"法宝"之五：出色地写作

我认为自己是个中等水平的作家，这倒并非因我天赋平庸，而是勤奋工作与决心的结果。这可能看起来只是小小的成就，但我用这样的事实安慰自己：实际上很多经济学家达不到这个水平。

经济学家们往往倾向于低估好文笔的价值，我想原因是我们乐于把自己看成科学家，合乎科学的真理只要能流畅地表达出来就如同优美的散文一样了，干吗那么麻烦要写得特别好呢？当然，实际上没有人认同糟糕的表达，但这种下意识的态度弥漫在学术界，也就解释了为什么经济学比实际应成为的样子更为沉闷的问题。

抛开同行们对写作的不良态度，实际上出色的写作能力是对获得成功大有帮助的。众所周知，罗伯特·索罗（Robert Solow）和罗伯特·卢卡斯（Robert Lucas）都是重要的经济学家，但同时他们也是出色的作家，这就更有助于说明他们的杰出。

每当一个人坐下来写点关于经济学方面的东西的时候，他就要从事一种连词成句、连句成章的"生产"。每一篇文章都有两个关键特征：形式和内容。对于作者来说，这两者是此消彼长的。若作者更多的时候是去避免被动语态，把"which"改为"that"，那么剩下的思考经济学本身的一些新想法的时间就很少了。但若你欲成为一个好的生产者，就要考虑你的消费者。对于消费者来说，形式和内容是相辅而行的。当我看到索罗或卢卡斯的文章时，我就想去读，不仅是因为我想要学一些经济学方面的东西，也因为我会从中找到乐趣。形式和内容均具的文章比只具一方的文章具有更大的感染力。因此如果你想"推销"你的内容，就必须考虑你的形式。换句话说，如果你想拥有广泛的读者，就必须文笔出色。

写作同木匠工作一样，是一种手艺。有些人天生就比别人做得好，但任何人都可以通过投入足够的时间和精力做得更好。

写好的第一步是下决心写好，然后就像学习其他技能一样了。正如同你可以通过阅读RATS软件的操作手册学会如何执行回归分析一样，你也可以通过阅读文章形式方面的书来学习如何写得更好。我常向我的学生推荐斯图伦克（Strunk）和怀特（White）的《文章的形式》（*The Elements of Style*），我也同时惊奇竟有那么多人没听说过它。（这是一本绝好的放在浴室里的书，你有空时便可随便翻开一页开始阅读。）我还推荐学生通过威廉·津泽（William Zinsser）的《如何写好文章》（*On Writing Well*）学习如何写作，通过唐纳德·麦克洛斯基（Donald McCloskey）的《经济学修辞》（*The Rhetoric of Economics*）学习如何说理。

成为一名好的作家同样需要练习。RATS操作手册可以教你怎样做回归，但你并不能仅靠看完手册就很轻松地进行回归分析。你必须打开计算机尝试多次。你会看到你出了什么错，什么瑕疵意外地出现了，什么东西手册忘记告诉你了，写作也是这样的。写得越多，你的水平也就越高。当我回顾自己所受的教育，很突出的一点就是我在读（私立）高中时经常不得不去写作。我常在脑子中"写"着什么。那时学校的政策看起来很压抑，但现在我却对此十分感激，它为我现在的工作做了非常好的准备。

写好文章是很难的，它需要你修改、修改、再修改。然后，当你认为你已改得很好，你还需要再次修改。好的作品读起来是有趣的，但往往写的过程并不有趣。（有一次我问及约翰·肯尼斯·加尔布雷斯 [John Kenneth Galbraith] 作为一个通俗作家成功的秘诀时，他说他把每篇文章都要改上好几遍。大约到第五稿时，他才得以最终把文章写成那种每人都崇尚的比较贴近自然的形式。）

幸运的是，现代科技使写作变得很容易了。我直接用WordPerfect文字处理软件写作。纸笔、秘书都变得没有必要，这确保我更能写出许多作品来。但现代科技同时也使人们更容易写出坏作品。随着时间的推移，好坏作品都在不断增加。对坏作品的需求倒一直是很低，与之相称的是它的回报也不多。

相比之下，好的作品能够得到实实在在的回报。写出一些好的东西来会吸引读者，并使你有更好的机会让人倾听自己的想法。同时也有另一种收获：好的作品带来个人的满足感。一个作家应从回首中得到快乐，并发现自己出色地阐述了自己的想法。我不喜欢写作，但我在乎曾经写过。

"法宝"之六：寻找乐趣

一本在我很久前读过的书向我揭示了快乐的秘诀：找出你喜欢做的，然后找一个为你出钱的人。

我是在十几岁时懂得这一点的。那时，我喜欢赛小型帆船。所以当我寻找第一个暑期工作时，我找到了一个教航行课的地方（我的老板1小时课要收15美元，却付给我2.25美元这一最低的工资，这是我上的第一堂经济学中关于垄断竞争的课）。我这才知道不应老是轻易照搬这个秘诀，我也不知道在今后的日子中怎样找到一个支援我进行帆船赛的人，这也是一些青少年忧虑的一个原因。幸运的是，长大后我的兴趣变了。

现在当我选择研究题材时，我牢记快乐秘诀。编辑和会议组织者们常邀请我按他们选的特定题材写一些东西，结果大部分被我拒绝了。（这篇文章是为数不多的几个例外之一。）除非某个编辑正好提出了我也正感兴趣的题材，要不然我并不喜欢去写，更可能的是我写不好。我研究的方法是首先决定我想要考虑些什么，然后看是否可以找到帮我出版成果的人。若我现在的兴趣所在恰好与某人正在组织的讨论会相一致，那好极了，因为讨论会是个便捷的阐述我想法的场所，而且会议请柬会促使我从自己心里的几个题目中作出一个选择。但当我开始一项课题研究时，最重要的问题还是在于这个题材是否令我兴奋。

研究生开始写学位论文时，经常向我讨教对论文全局有重要意义的建议：热门的研究领域是什么？什么课题可以使他们在顶尖级的大学里谋到职位？很容易理解为什么学生问这些问题，但对于一个从事研究事业的人来说并不是好问题。我告诉学生他们应该多问问他们自己：他们愿意知道什么？他们在世上观察到了什么，发现了什么疑点？什么样的题材使他们兴奋？

研究并不像挖水沟，一个人可以在他根本不喜欢挖的情况下挖一个很棒的水沟。相比而言，作研究需要对所研究的题材抱有一定的热情。热情与创造力形影不离，如果不是事业进步激发了前进动力这一关键原因，没人能制造出这种激情。

多数追求学术理论事业的人之所以这样，是因为他们痴迷于自己的课题。正是这种原因，在所有专业中，教授这一行业位居满意度最高的职业之列。教授们找到了他们想要做的事，并且找到了为他们出钱的人！

（原文：N. Gregory Mankiw，1996，"My Rules of Thumb，"
The American Economist，40（1）：14-19)

第四篇

经济学与数学

数学和社会科学方法的关系

汗丁丁[*]

这个题目，我希望能够跟数学系的同学交换一下看法，写了二十多页讲稿，但是还没想好怎样讲。从什么地方开始讲今天这个主题呢？这个主题太大，"数学和社会科学方法的关系"。然后，我在来紫金港的路上，突然受了某种启发，决定修改一下思路，想先讲讲我自己在数学系读研究生的一些感受，然后带出来今天报告的主题。我们教室很大，很空旷，比较适合讲述我的感受。

从1977年到1985年，我在数学这个专业内整整学习了近八年。先是在北京师范学院，现在改名为首都师范大学，是恢复高考后的第一届学生。然后，我考入中国科学院研究生院，那里原来只有一个数学研究所，数学所里有一个"控制理论研究室"，我就在这个室里做硕士研究生。后来，这个室从数学所分离出来，叫做"系统科学研究所"，现在叫"数学与系统科学研究院"，从四环上能看见它的那幢豪华办公楼。不过，当时那里的条件很差。我们进去的时候，科学院系统仍然在陆续落实"知识分子政策"。我去拜访科学院的老师们，发现他们的住房都是……你们，现在的孩子可能从未见过，叫做"筒子楼"，一条长长的楼道，两边是许多"一居室"的宿舍。我拜访的那位老

---

* 汗丁丁，美国夏威夷大学经济学博士，现为北京大学国家发展研究院教授和浙江大学经济学院教授，浙江大学跨学科社会科学研究中心学术委员会主席，东北财经大学行为与社会科学跨学科研究中心学术委员会主席。

师，一家四口人，按照"研究员待遇"，享受筒子楼里的"一居室"住房，大家共用一个厨房。科学院研究生院也一样艰苦，没有教学大楼。科技大学在合肥，它在北京的研究生院，就是我们这个中科院研究生院。关键在于，我们研究生院当时在北京的地点非常有意思，就在八宝山旁边。各位知道不知道八宝山呢？"八宝山公墓"，与我们研究生院和学生宿舍"比邻"而立。

那一段日子里，我每天傍晚和清晨都在墓地里散步，复习功课，思考数学问题。那时候，北京市区还很小，二环路大概刚刚在修建，从市区到八宝山还有很多段是土路呢，大家总是乘地铁或者骑自行车去我们那边。所以能在傍晚和清晨到墓地里散步的人，或许就只有我了。

我在墓地里散步，思考数学问题，周围是层层叠叠的松树林，我倾听松林的低语和幽灵的叹息。结果，学了几年数学之后，数学在我脑子里就带上了一种特别神秘的色彩。

今天，在路上，我受到启发，从墓地开始讲述，其实我是想告诉你们：如果你有灵性，能听见幽灵的叹息，那你不论是在数学系——纯数学系，注意，不是应用数学系——还是在社会科学院或人文学院里，你都应该能够走到我今天打算讨论的这个主题上来。

但是，我现在还说不清楚今天的主题，还必须等待，到我的报告结束的时候，我才能告诉大家。我脑子里的数学是很神秘的，有点像毕达可拉斯的数学。现在，让我先讲一些对数学和社会科学的初步理解。

布劳威尔与数学的神秘主义

"数学"，我从网上找到一个很古老的定义："数学是研究数字、数和空间性质的学问。"你们是否同意这个定义呢？我看到多数同学表示同意。

这个定义，在数学思想史上，有着四千年的历史。古代的巴比伦人和埃及人，最早用"神圣三角形"来计算圆的面积。当时，他们留下了今天我们所发现的人类最早的一份纸草，记录了他们的数学。这份最早的数学记录，日期大约在公元前2450年。

根据这份记录，数学，从那时开始，一直到晚近，始终被定义为是研究数的性质和空间（几何）性质的学问。但是到了1988年，《科学》杂志发表了一篇文章。作者是美国一位很重要的数学教育家，叫做林·阿瑟·斯蒂恩（Lynn Arthur Steen）。

1988年，他为什么要在《科学》杂志发表这样一篇讨论数学的本质的文章呢?这篇文章的题目叫做"The Science of Patterns"——关于模式的科学。作者要论证的是,今天的数学应当被定义成为研究一切"patterns"(模式)的学问。数学家所研究的,其实是大自然、人类社会以及心理状态中出现的各种模式。这样的看法,似乎把数学家们当做计算机,用于"模式识别"了。但这一定义,在今天看来比古代的定义更符合现代数学的实质。

那么,社会科学研究什么事情呢?我们知道,它研究"人"。在社会科学和数学之间,至少有这样一座桥梁,那就是:你们这些数学家在作为"人"思考数学问题的时候,我们这些社会科学家或哲学家,作为研究者,倾向于这样看这件事情——首先,我们面前有一位数学系学生,他在思考数学问题,他的思想,我们叫做"意向行为"(intentional action),有意向的一种行动,是"思想行动";而他的思想的内容,我们叫做"意向内容"(intentional content)。如果你在考虑"1+1"为什么要等于"2"这样一道数学题,那么当你在思考的时候,你想的那些内容,你的意识的内容,也就是你的意向行为的内容。这一点非常重要,因为这样我们研究者就可以把数学家的思想行动与这一思想行动作用于其上的思想内容区分开来了。

对于"数学家在思想"这件事情,我们社会科学家还可以提出这样一些问题:(1)数学行为的意向内容,它是在我们这个世界里,还是在天上?例如,像毕达哥拉斯相信的那样,或者像柏拉图相信的那样,它根本不属于我们这个世界。(2)当数学家思考数学问题的时候,他的这种行为,这一思想行动本身,是属于此世,还是不属于此世?例如,数学行为本身具有某种神圣性,它在天上发生,然后下降到某一数学家身上。又或者,数学行为是此岸的人向着彼岸某种理念的努力接近,从必然世界向着"自由"的某种意向。

上面我们提出了四个问题,你们明白了吗?意向行动,意向内容,此岸世界,彼岸世界。这两组概念,两两组合,一共是四种可能性。还有些同学不明白,大概你们在数学系从不考虑神学问题吧?四种可能性:(1)数学意向属于彼岸世界,(2)数学意向属于此岸世界,(3)数学意向的内容属于彼岸世界,(4)数学意向的内容属于此岸世界。

社会科学家既然研究人类行为和人类社会,他们就完全可以把我们数学家的思考当做人类数学思考来研究,当做一种特殊的人类行为,成为社会科学研究的对象。不过,上列四种可能性,研究起来错综复杂。我希望你们能想清楚,我相信数学系学生肯定能想清楚。

现在,社会科学本身,它有它自己研究人类行为的基本方法。那么,它的基本方法是从哪儿来的呢?我们社会科学家同样需要用上列四种可能性来反问自己。

但是我首先说明，社会科学方法，首先是要服从形式逻辑。否则，社会科学的"科学"这两个字就不合法了，它就不能叫"社会科学"了。这样，我们可以把"非逻辑"的方法排除在社会科学方法的范畴之外。例如，"顿悟"、"通灵术"、"萨满仪式"等等，都不能成为社会科学的方法。

社会科学家用符合逻辑的方法来研究数学行为，试图整理出一种符合逻辑体系的看法，或者"模式"。这样就带出来两个问题，让我解释一下。基于形式逻辑的社会科学方法，它有两个最重要的特征。第一个特征，它要求实证性。社会科学的命题必须可以在经验世界里得到证实或证否。这一特征把社会科学与数学区分开来了。第二个特征，社会科学家经常不使用分析的方法而是使用归纳的方法。因为社会科学的定律——注意是"定律"而不是"定理"——不可能用分析演绎的方法来证明，社会科学家必须从现象归纳出一些规律，这些规律不是公理性的，而是统计意义上的"模式"。

以上两个特征，是社会科学方法在本质上不同于数学方法之处。社会科学与数学在方法上的相同之处，如上所述，就是它们都服从形式逻辑。

但是一谈到"逻辑"，又出现了一开始我们提出的那类问题，逻辑可能在这个世界之外。我刚才说了，古典的数学定义，从柏拉图以前就认定：数，是共相，是天上的东西，不是局限于我们这个世界之内的。按照柏拉图的"洞穴隐喻"或者"理念说"，我们生下来，脑子里已经有了数学的种子，然后通过意向性的数学行为，逐渐让这颗种子发芽，谓之"启蒙"。启蒙之后，我们就能够认识那些原本在彼岸的数以及数之间的关系，这些事物叫做"共相"。这是柏拉图式的启蒙。按照古希腊人的看法，数学是最好的启蒙途径。"不懂得几何学的人请勿入内"，这是"柏拉图学园"大门口上铭刻的一句话。

一旦你启蒙了，柏拉图认为，你的灵魂就开始有了理性。于是，灵魂的其他两个方面——激情与欲望——就有了理性指导，就受了理性的驾驭，你就是一个正常的人了。

到了康德的时代，康德依然认定，数学概念是所谓"先天综合概念"。什么是先天综合概念呢？我给出一个简单定义，先天综合概念，就是无须此世经验的证实就已在此世表明了其真确性的那些概念。注意，首先，它们是关于这个世界的经验的概念。其次，它们的真确性不需要借助于这个世界里的经验来证实，它们是"先天"地真确的。所有的数学概念，康德在《逻辑学讲义》里说过，都是或者几乎都是先天综合的，都不是后天综合的或后天分析的，都不依赖于后天的经验。

康德的思路，于是又把我们向神秘主义的方向带近了一步。现在我要介绍的，就是同学们想必都很熟悉的一位数学家，1966年才去世的布劳威尔（L. E. J. Brouwer）。我在路上突然改变思路，就是因为想到了这位直觉主义数学家的奇特思想和生活经历。

今天，"布劳威尔不动点定理"，被认为是经济学和整个社会科学的理论基石之一。上面说过，社会科学需要服从形式逻辑，同时，需要以逻辑推演的方式得到能够以统计规律加以检验的命题。如果我们把社会看做是一群具有理性选择能力的个人行为之间的交互作用的结果，那么这一交互作用的过程是否能达到某种均衡状态，在逻辑上就取决于这一互动过程是否存在着"不动点"。布劳威尔不动点定理，给出了最重要的一类不动点的存在性的条件。简单地说，他证明：圆盘上的连续函数必有不动点。后来，这一定理被许多数学家加以拓广，导致了"角谷不动点定理"。正是角谷定理，成为今天博弈学家们论证均衡存在性的最重要的定理之一。另外还有两个重要的不动点定理，其一叫做"巴拿赫压缩映像原理"，其二叫做"塔尔斯基不动点定理"。布劳威尔坚持"直觉主义"立场，故而与当时世界数学界的领袖希尔伯特所倡导的"公理主义"立场发生了正面冲突。什么叫数学"直觉主义"呢？我来念这段英文吧，数学直觉主义认为："It is impossible to define the properties of mathematical objects simply by establishing a number of axioms."直译：不可能借助一些公理就界定数学实体的性质。所以按照直觉主义的立场，希尔伯特的公理主义纲领是不可能实行的，它不可能成功。也就是说，你打算用一组数目有限多的公理所构成的"公理体系"来描述任何一个数学实体，这是不可能的事情。为了认识数学实体的性质，你必须依靠直觉，而不是依靠形式逻辑。

布劳威尔以1907年的博士论文直接参与了庞加莱和罗素关于数学基础的论争，于是成为世界数学界的主要角色之一。1907年他发表的这篇博士论文的题目是："The Unreliability of the Logical Principles"，直译：逻辑原理的不可靠性。从这里，我们可以看出数学直觉主义者对形式逻辑方法是极端不信任的。

我们知道，1900年，希尔伯特在世界数学大会上提出了所谓"希尔伯特问题"——一共23个问题，他试图用发现核心问题和采取公理化证明的方式来推进数学发展。事实上，希尔伯特的这一纲领非常成功，它几乎完全决定了20世纪数学发展的各个主要方向。

大约在1912年的时候，布劳威尔以直觉主义领袖的身份和以对希尔伯特纲领的强烈批判而著称。但为了让他获得阿姆斯特丹大学数学讲座教授的席位，希尔伯特努力向该大学推荐布劳威尔。借助于希尔伯特的声望，布劳威尔得到了这个教席。

布劳威尔晚年表述了这样的看法：社会不仅通过伦理或者道德来控制人们的行为，而且还通过语言来控制人们的思想。因此，为抗拒社会对自由思想的控制，布劳威尔在晚年很少说话，因为他不愿意使用语言，他希望最大限度地使用直觉。当时，他独自在荷兰的穷乡僻壤里生活，实行素食主义，如东方僧侣那样生活。我相信他还练习瑜伽，因为只有这样，他才能够沉潜在数学直觉和各种灵感当中。注意，那是印度的神秘主义，还不是咱们中国的神秘主义。中国思想总是不太神秘，不足够神秘，故而对大思想家缺乏吸引力。这样，据我的考证，布劳威尔在大约1905年的时候，走入了神秘主义。关于布劳威尔的传记非常少，我从北大找到一些文本，因为我研究奥地利学派经济学的时候，曾因布劳威尔与小门格尔之间的师生关系，专门研究了他的生平。

你们都知道代数学家范德瓦尔登（Bartel Leendert van der Waerden）吧？你们在数学系现在还学不学范德瓦尔登的《代数学》（Ⅰ）和（Ⅱ）？我们当时都是借这本书研习抽象代数的。范德瓦尔登当时在荷兰阿姆斯特丹大学听布劳威尔讲课，事实上，他是布劳威尔的助教。他曾记录了下面这段故事。

他说，布劳威尔当时全面怀疑他自己曾作过的贡献，即他在拓扑学领域包括不动点定理的研究方面的重大贡献，当然，他也怀疑其他的数学定理的可靠性，包括"希尔伯特问题"里面的若干问题。

他写道："老师上课只谈直觉主义，他只看黑板，根本就不看学生，并且不许任何人提问。"不许！有一次作为他的助教，范德瓦尔登在课堂上提了一个问题。在下一次上课之前，布劳威尔的另外一个助教专程跑到范德瓦尔登的宿舍里对他说：布劳威尔不愿意听到任何问题，包括你的问题。

你们都知道《美丽心灵》，你们都知道纳什。在纳什的博弈论研究中，怎样证明"纳什均衡"的存在性定理呢？纳什最初的努力，就是运用了布劳威尔的"fixed-points theorem"。如果没有布劳威尔不动点定理，从数学思想史我们可以推测，就不可能有，或者很难有"纳什定理"，那么当然也就不会有社会科学今天的全面发展。

甚至可以说，没有均衡存在性的证明，整个社会科学便是毫无意义的。因为社会交往过程，如果我们不知道它是否可能找到均衡，我们就无法保证社会科学研究的实证性，即上述的社会科学方法的第一个特征。而没有实证性的命题，对社会科学家而言，只是一堆垃圾，没有意义，因为无法把它拿来与社会现象的统计规律相验证。

只有均衡的行为，才成为"行为模式"。均衡，对社会科学家意味着"可观察"。它每日每时都在发生，它今天重复昨天，明天重复今天，故而称为"均衡"。它不会发生变化，它不偏离它的状态，于是它在时间上就被凝固了，就变成静态的了，于是它就有它的逻辑，静态的逻辑形式。于是，我们就可以把它当做"科学"来研究。如果不均衡，永远不均衡，那我们就回到了赫拉克利特的"永恒的流变"，永远无法观察到"模式"，永远无法研究社会现象，因为社会如同流变的河，不可琢磨，不可把握，不可理解。所以，我认为社会科学家们不能同意布劳威尔的看法，不能抛弃不动点定理。

我在大学数学系的毕业论文，主题就是"拓扑学不动点定理的证明"。我依稀记得，当时我查到过布劳威尔的一篇文章，他批判他自己的定理，理由是那一定理的证明过程违反了直觉主义的基本原则。

直觉主义最核心的看法是："数学是心灵构造的直观"，这是布劳威尔的原话。也就是说，首先，你的心灵已经直观到了某一种数学结构，然后，你试图用人类能够理解的语言把这一直观表达出来。这就是"数学"，是直觉主义数学。显然，这一看法与柏拉图的看法一致：每个人心中都有理念的种子，教育是为这个种子启蒙。

但是，布劳威尔走得更远。他认为，既然如此，既然数学是我们心灵的数学直观，那么他就必须在有限的步骤内建构他心灵的数学直观。因为超过有限步骤，心灵就不能直观。这是数学直觉主义给全体数学家们提出的一个问题，我称之为"数学根本问题"。

207

数学根本问题

每一学科，如果长期生存下来的话，都有自己的根本问题。社会科学有它自己的根本问题，那就是西美尔在1910年提出来的："社会为何可能？"数学，既然生存了几千年，当然也有自己的根本问题。例如，你可以模仿西美尔的问题，说数学根本问题是："数为何可能？"但是如此询问下去，几乎所有的学科就都可以有自己的根本问题了。例如，人口学根本问题："人口何以可能？"但是我们知道，人口学是一门过渡性的学科，它没有自己的根本问题。

所以，每一学科的根本问题还需要到那一学科内部去寻求，不是很容易就可以模仿西美尔的。你们可以认为，希尔伯特提出的28个数学问题，里面包含了或者预示了数学的根本问题，这需要论证。总之，一个学科围绕自己的根本问题展开自身。

社会科学，为了回答它自己的根本问题，即"How is a society possible"发展了一系列重要的看法。例如，哈耶克提出来的，资本主义制度的实质在于它是"人类合作秩序的扩展过程"。这就是对社会科学根本问题的一个阶段性的解答。此外，最近若干年内涌现出一些对西美尔问题的回答，其中我最喜欢介绍的，是桑塔菲学派一位经济学家的回答。

"数为什么可能？"姑且不论证它是否为一根本问题，如果我们承认它是一个值得思考的问题，那么对这样一个问题的思考所引出的问题就是：人作为一种生命有限且理性能力有限的智慧物种，他怎么可能认识无限呢？你们做练习题时，求极限，你们知道我的问题的意思，人怎么可能认识无限——我把这个问题叫做"数学根本问题"。数学还可以有许多其他的问题，但对我理解的数学而言，那些都不是根本问题。

布劳威尔被称为数学领域的尼采，他以超越的眼光重估了一切价值……一切，包括希尔伯特的纲领，包括亚里士多德以来无人敢怀疑的逻辑基本定律。逻辑学有三条基本定律，你们在数学分析课的引论部分应当都学过了：同一律，无矛盾律，排中律。同一律，就是$A=A$，这总是可以成立的吧？总不能怀疑吧？无矛盾律，就是$A \neq A$，你不能说，"此时此地正下着雨并且不下雨"。最后，排中律，它最重要而且最麻烦，引起了直觉主义与公理主义之间的长期争议，它声称，A或者A等于整个"universe"——即该命题适用的定义域（domain）。这样，你如果要检验排中律的话，你就必须逐一检验空间内的每一点，而这通常是一个无限过程。换句话说，"A或者A"，例如，"下雨或不下雨"这一命题，它所适用的一切场合和时间，你都必须逐一检验。因此，当你无法在有限多次的步骤里加以检验，当你并没有亲自检验一切可能出现的情况时，你怎么可以相信这一命题的完全真确性呢？所以这一类命题不符合数学直觉主义，因为它们不是心灵直观可以相信的。

布劳威尔这一学派，因为强调直觉主义的数学立场，不能同意排中律的合法性，不能承认依赖于排中律所证明的任何数学定理。直觉主义者认为数学定理的合法的证明，应当是一个建构过程，而不是采取"反证法"的过程。因为任何建构性的证明都是在有限步骤内可以完成的。例如，命题："在100以内的任何偶数与奇数相加等于一个奇数"，在有限多步骤内，可以用穷举法——加以检验，符合直觉主义立场，故而由此而证明的命题，在数学上具有合法性，它是可靠的。

有没有办法建构完整的数学体系呢？我们知道，波兰数学的"华沙学派"的努力一直是建构性的。这是逻辑学里面最重要的一个学派，它为人类贡献了最重要的一些逻辑学家，例如巴拿赫（Stefan Banach），例如塔尔斯基，还有几位重要的数学家，都是华沙学派培养出来的。他们服从这样的信条：不使用排中律。

尼采借东方哲人查拉图斯特拉来解释他的非西方思考，布劳威尔借东方神秘主义来超越西方语言。请你们记住这两句话。

我个人所赞美的社会科学方法，是直觉主义的，是基于常识的判断。这是我的基本态度，我不信任数理公式。刚才主持人也介绍了，说我"反对数学的滥用"。是的，因为数学的滥用者，对于他们要解释或研究的现象，根本上就缺乏直觉。缺乏直觉，怎么可以从事社会科学研究呢？现在，就在我们教室的下面那层，刚才我看到我的朋友周其仁老师在那儿讲课。我最喜欢听他的课，为什么呢？因为他采取的方法，我称之为"基于常识的判断"，那是基于直觉的，经济学直觉。基于常识，我们能够作什么样的判断呢？就是一开始我介绍的，基于常识，我们试图认识"现象"所具有的各种模式，我们判断自己的这些认识是否真确。

当代数学把自己定义为对于各种自然现象的模式的直观。当代社会科学呢？可以把自己定义为是对于各种社会现象的模式的直观。这里，社会现象包括了心理现象。只要它们属于我们可以经验的世界，那么，基于常识的判断就可以让我们这些研究者直观到它们。我把我的这一立场称为"社会科学的直觉主义"。

社会科学的直觉主义，不认同基于常识的"运算"，它只认同基于常识的"判断"。如果我们看到一位社会科学家，缺乏对真实世界的直觉，整年在计算机上摆弄那几套数据——从国家统计局里搞来的，我们便会觉得，他在做一些没有意义的研究。因为他对所研究的现象缺乏一种心灵直观。我不能否定他是在"谋生"，但那不是"社会科学"。这种工作，我叫做"运算"，不叫做"判断"。

判断是什么？很早以前我在《读书》上发表过一篇随笔，《从读书的捷径说到叔本华的认识论》。在那里，我介绍了叔本华的认识论。叔本华对判断力有非常深入的体会和研究，他影响了尼采，并由此影响了王国维和鲁迅。按照叔本华的理解，判断力其实贯通在我们理解的各个环节中，它的纯粹形态，可以称为"顿悟"（参阅我的讲义《制度分析基础》前五章）。判断或直觉，这一方法是周其仁老师和张五常教授所使用并且推崇的——我称之为"直面现象"的方法。

在社会科学直觉主义的审视下，数学是什么？我们现在回过头来，盘问数学的实质是什么。当然，你们想从我这儿听到明确的答案，那是不可能的。我只是想把这问题的复杂性刻画出来。

数学行为，它包括这样两个方面：（1）认知者，也就是数学家，他的意向行动；（2）被认知的内容，或者意向内容，也就是他试图加以心灵直观的现象的"模式"。认知者，我们在纸上画一个小人儿，表示这位认知者。他的意向行动，我们用他的目光来表示。然后，被他认知的那一数学客体，出现了某种"模式"，那是被心灵直观地建构出来的，被他直觉到的，被他判断出来的。

这样一个过程，作为整体，叫做"数学行为"。它是怎么被认知者本人认识到的呢？熟悉数学思想史的同学都知道，认知者与被认知物之间的关系，必须在一个更高的层次上——例如"元语言"层次，或"元数学"层次，或"元逻辑"层次，才可以被表达出来。小人儿（姑且以符号A表示）和目光所指向的数学对象（姑且以符号B表示），这两件事物在一个更高层次上发生的认知行为中都成为认知的内容。你们明白了吗？也就是说，A的目光射向了B，那么A如何知道A的目光正在射向B呢？A必须要"反思"，必须要退出它现在的这个意向行动，另行建构一个更高层次的意向行动，在那里，A的意向内容是："A的目光射向B"。但是这一更高层次的数学行为，它本身怎样能够被A意识到呢？也就是说：A怎样意识到"A正在意识到'A的目光射向B'"呢？为了能够把握他自己的数学行为，他必须不断地上升，建构更高层次上的意向行动与意向内容。

这样一种无限回归或者无限上升的层级建构，谁最早认识到它给人类理性带来的致命困难呢？康托（Georg Cantor）。"公理集合论"，你们都知道吧？他是公理集合论的创始人之一，但是他主要是通过研究"无限集"问题而成为最重要的数学家的。

康托为什么到了中年突然陷入了非常严重的"bipolar depression"？严重的抑郁症，而且两极摇摆，今天狂喜，明天狂悲。康托在后半生都处于抑郁症的这种两极状态中。1918年1月，他死于贫困。当时是第一次世界大战的末期，人们都很潦倒。康托已经完全没有钱了，没有人再跟他签约，没有人再让他教书。康托，这样重要的一位数学家，贫困潦倒而死。

你们知道"康托悖论"吧？他问："一切集合的集合是什么？"对于这个问题，如上所述，数学家必须反思他自己的数学行为，必须一层一层地上升到无限高的层次。无限，注意，把上述那个过程取极限，如果你能想像这个极限的话，你也就到了康托精神崩溃的边缘了。

康托在写给戴德金（Julius Wilhelm Richard Dedekind）——戴德金，你们在数学系第一年学习时就应该知道了，所谓"戴德金切割"——的一封私人信件里说，他的集合论，他用"对角线法"证明了有理数集是可数的，也就是有理数集一一对应于自然数集。这导致了希尔伯特的第一个问题，所谓"连续统假设"问题。希尔伯特第一问题，今天已经解决了，被哥德尔解决了。连续统假设是什么呢？这一假设认定：不存在这样一个集合，它的"势"——一种表达无限集合的元素的数量的方法——比实数集小，同时比自然数集大。这很令人惊讶，因为自然数集合多么离散呀，可是比它的势更大的，就是实数集合的势，就是连续统或实数轴，没有居于这二者之间的。

康托觉得无限集的上述性质，太令人费解，不可思议，具有悖论的性质。他无法摆脱这一由"无限"引起的困境，于是他就给戴德金写了一封私人信函，在那里，他写了这样一句话："God is the absolute infinite"。注意，他使用"绝对无限"（absolute infinite）来刻画上帝。认知者一个层次一个层次地向上建构，最终在这一过程的极限处，认知者必须试图理解"一切集合的集合"，即包含一切层次的层次。有这件事情吗？从哥德尔的论述，今天我们知道，我们不可能无矛盾地描述"一切集合的集合"。对于人类理性和逻辑，这是不可能的。谁可能？上帝。于是，康托证明了上帝的存在性。上帝存在，因为无限集存在而且不可被人类理解。康托由此陷入了精神崩溃。

现在，我们把目光转向20世纪初叶，一位叫做舍勒（Max Scheller）的伟大的现象学家。今天学者们非常尊重他，把他当做20世纪最重要的三位现象学家的第二位，即胡塞尔、舍勒、海德格尔。其余两位的名字，想必你们听说过了。

舍勒论证过这样一件事情，接着我们刚才描述的那个小人儿，舍勒的论证是：你如何知道你在认知呢？你必须建构第二个层级。在第二个层级上，你如何知道你如何在第一个层级上认知呢？于是你必须建构第三个层级。……这样一层一层地建构上去，直到无限，总有一个最高的层次。在那里，舍勒认为，只有上帝在那儿，包容着我们的全部认知层级。

这个上帝，舍勒以大写的"Person"来表达。我们知道，person是"人"或者"人格"，把它大写出来，刘小枫认为，应该翻译成"位格"，即上帝的位置，但是人的神性也在那里。

只有在位格上，才可能包容刚才说的无穷多的层级的历史，也就是康托的"一切集合的集合"。不过，从布劳威尔的直觉主义传统，我们知道，"There is no such thing as the set of all sets"，直译：没有"一切集合的集合"这类事情。为什么没有"一切集合的集合"呢？因为我们的有限理性不可能无矛盾地描述它，因为我们的心灵不可能直观到它。

毕达哥拉斯类型的数学家，相信数是永恒不变的世界秩序的表达，是上帝的语言。不过，今天，从脑科学的证据，我们相信，脑的演化结构以及人类的实践活动，建构了"数"本身。我这样说，目的是要推翻从毕达哥拉斯和柏拉图直到康德和康托的数学观念。

现在我再介绍一位哲学家，也是心理学家，还是教育学家，最后，他还是对中国思想界发生过重大而深远影响的一位学者，他就是杜威（John Dewey）。杜威有一位学生，叫胡适。五四运动发生的时候，杜威恰好在在上海，于是他就不走了，在中国逗留了两年，考察了许多地方。他也来过杭州，来过两次，分别是1919年和1921年。

杜威是非常重要的一位哲学家，美国实用主义哲学的第三代传人。在最近出版的他的一部著作的中译本里，他表达了与我们上面介绍的数学观念十分接近的看法。他认为：数，作为概念，根本就是人类实践的结果，而不是彼岸世界的、康德式的先天综合概念。

他所引述的另一位学者，是库萨的尼古拉（Nicholas of Cusa）。后者生存的时期，比杜威早了将近六百年。库萨是中世纪哲学家，他是这样来表述下面这一数学问题的，因为你们是数学系的学生，我就可以表述得更简单些。用两句话，第一句："概念1和概念2的相互置换，不能够改变这个世界的体验。"意思是说，如果你把概念1和概念2置换，也就是在所有适用场合，用概念2取代概念1。这样，在你世界观的所有场合里，在原来是概念1的位置上，现在都替代以概念2。这是第一句话的前件，或者叫做"假如"。如果你这样做了，而且你对这个世界的体验，不发生任何改变。这就是第一句话的后件，或者叫做"结果"。现在是第二句话：那么这概念1与概念2之间的区分，就是不必要的。现在我们把尼古拉的两句话结合起来，成为：如果两个概念在一切场合的置换不改变我对世界的感受，那么就没有必要区分这两个概念。

尼古拉的看法如何应用于数学呢？假如地球上有两种人：第一种人，他的感觉是"粗线条"的，不妨叫做"粗感觉人"；第二种人，他的神经纤维比较敏锐，不妨叫做"细感觉人"。现在，粗感觉人和细感觉人坐在一块儿。细感觉人说：有必要区分数字1和数字2，因为数字1和数字2的置换对我们细感觉人来说，意味着不同的世界。也就是说，细感觉人的世界会因数字1和数字2之间的置换而有所变化，例如，他得到1只羊和得到2只羊，感觉不一样。细感觉人说：似乎羊肉的数量在急剧增多。但是粗感觉人回答说：不对，我们感觉不到1和2有这么大的差异。他会说：似乎羊肉的数量几乎没有变化呀。于是，按照库萨的尼古拉的看法，对于粗感觉人的世界而言，那里的数学根本就没有必要有"$1 \neq 2$"这样的命题，因为没有对应的感受，没有对应的心灵直观。

在当代，最早提出了与尼古拉上述看法类似的看法的，就是皮尔士

（Charles S. Pierce），实用主义哲学的第一代大师，逻辑学家，也是詹姆士（William James）的老师，后者算是杜威的老师。通常这样说：实用主义哲学，有三代传人，虽然他们的年龄不尽符合这一排列。

皮尔士最早提出了"清晰的概念"的定义。也就是，一个概念，如果让你感觉到有了它，世界将会有所改变，那么这概念就是有用的。什么叫"有用"？你知道了这个概念与你不知道这个概念的时候相比，你对这个世界的看法会有所改变。否则，这概念就没用，就应该用"奥卡姆剃刀"删掉。

皮尔士的私人学生，是詹姆士。虽然后者死得很早，但他是第二代传人。第三代传人，就是杜威了。这样，杜威通过胡适影响了中国思想的方向。当然，还因为实用主义哲学与中国文化传统有暗合之处。在五四运动的时代，中国思想界几乎是在追捧着美国实用主义哲学。

尼古拉的看法，我们从数学角度看，不就是"拓扑"的"粗"和"细"造成的吗？一个拓扑，如果它比另一拓扑更"粗"，那么它就不能区分数字1和数字2的区别。

刚才我提到的杜威著作的那个译本，2004年1月份才正式出版，标题是《确定性的寻求——知和行的关系研究》。让我原文引述杜威在这本书的看法："我们已经十分习惯于把知识与动作分隔开来，以至于我们认识不到这一分隔的情形如何支配了我们对于心灵、意识、反省的探究的想法。"这是什么意思呢？柏拉图的看法：数在天上，我们的实践和我们的数学行为，与天上的数的性质是互不相关的。我们只是用眼睛或心灵去直观天上的数，发现数的秩序，如同发现行星和恒星运行的秩序一样。其实，这是一种"物我两分"的看法。杜威说："关于认识的理论派别繁多，但是它们都有一个共同的假设"——凡不是实用主义的哲学，如唯心的、唯物的、经验的、逻辑实证的，都有一个共同的假设——"它们都主张，在探究自然的或者探究世界的操作中没有任何实践活动的因素进入被知对象的结构"。

也就是说，"物我两分"，我的心灵直观到数的秩序的时候，这种直观、这种数学行为，绝不会影响数的秩序本身。杜威认为，这是一种不正确的看法。这种看法把整个宇宙先定地分成了主体和个体，我和物。这样一种消极的看法，它永久性地把心灵和认知器官的主要特征固定下来了，也就是说，认知过程被假设永远处于被知事物之外，二者之间不发生任何交互作用。这一切见解的根源，杜威说，是为了寻求绝对的确定性。为了追求确定性，我们把理论与实践，把知识与行为，相互割裂开来。这就是杜威阐述的基本主题。人类有这样一种天性，要规避风险，要规避一切不确定性。于是，他们就到天上去找这种绝对的确定性。

杜威说到了爱因斯坦，在这个中译本的第141—145页。他说：牛顿假定，发生于同一观察区域内的事件，它的测量对于发生在另一区域内的事件，具有确定性的意义。爱因斯坦意识到这一"绝对时空"观假定是牛顿体系的致命伤。他要求以实验方法来测量"同时性"这个概念，也就是说，他要求把概念从柏拉图的天上拉到地上来，他要概念依赖于认知者的实验过程。"他质问：实验结果要求我们把概念做何种改变？因此就发生了一场不可逆转的真正的革命。"

我再念几段，希望你们能听下去。在这本书快结尾的时候，杜威说到数学："我们借助于符号，或者是姿态，或者是文字"——注意，语言和文字，都是符号——"或者更精巧的构造"——我们借助于符号，好处就是可以想像动作——"可以不动作而动作"。这是概念的唯一的用途："借助符号进行实验"，所以"专门符号的发明，标志着思维有了这样一种可能性，就是从常识的层次发展到科学的层次"，从现实的层次进入到可能的层次。这是杜威对数学符号的最重要的一种洞见，根据这一洞见，数学让我们把实践的过程变成符号运算的过程。

数学家可能认为，数学，它是人脑随意发明的产物，与实践无关。杜威认为这是一种错误的看法。其实，如果我们仔细考察，我们会发现，所有能够想像出来的数学实体，因为必须服从逻辑定律，如果你同意直觉主义立场的话，你可以不接受排中律，那么就考察服从同一律和无矛盾律的一切数学实体。考察的结果，所有的数学想像，都是关于逻辑可能的世界的想像。因逻辑无矛盾而成为"可能的"，这只是逻辑可能。这是杜威的看法，我没有想清楚，我未必同意。例如，有些数学概念，虽然在逻辑上是可能的，但是我们人类难以体验甚至无法体验它们，例如"无限"这个概念，那么按照上述的社会科学的看法，既然我们在这个世界里根本体验不到这些概念，它们就是多余的，可以用奥卡姆剃刀删去。可是我觉得有些不对头，因为有许多数学概念是不可体验的，但基于这些概念，我们可以推导出一些数学命题，这些命题是可以体验的，并且对这些数学命题的体验改变了我们对世界的看法。于是，那些原初的不可体验的数学概念，未必是多余的，因为它们可以推导出改变我们对世界的看法的命题。

接着讨论"无限"概念。我说，今天我们应该把灯关上，然后谈谈我们和幽灵之间的故事，倾听幽灵叹息。从"无限"概念的可体验性和不可体验性，我们就回到了让康托发疯的理由，那就是所谓"上帝存在的本体论证明"

(ontological proof of God)。

显然，"信仰"是一个可体验的概念，它与"无限"不一样。不过，我可以信仰"无限"，大多数宗教信徒都信仰无限。信仰本身是可体验的，因为信和不信可以导致非常激烈的世界体验的差异。如果你是一个信仰者，如果他是一个不信者，那么你们两人对世界的体验，可以有重大差异，可以是激烈地不一样的。所以，信仰不是一个多余的概念。

我们现在谈谈哥德尔的精神问题。凡是数学家，都容易精神崩溃。为什么呢？因为数学家需要面对数学根本问题，需要努力去理解"无限"概念，并且在这里陷入悖论。所有的数学家，如果他是好的，也就是有灵魂的，我现在看到我周围漂浮着从北京来的幽灵，你们能看见吗？如果哥德尔在这儿，我相信他应该能够看见它们。如果你有灵性的话，你如果是有灵性的数学家，你或许可以走到康托和哥德尔的境地。

哥德尔在1970年给出了一个"上帝存在的本体论证明"。这一证明的基本思路，最早是由莱布尼兹给出来的，后者生活在几百年以前。证明的思路其实很简单，三项基本假设：（1）我心灵所直观的"上帝"，无所不在；（2）我所在的这个世界，只是偶然的，我是"偶在"（解释：我偶然投生到这个地球上，而没有投生在另一个地球上，没有在银河系的另一端，或是在人马座 α 星附近。我不可能知道，我今生今世投生在这个地球上，在中国，在这个教室里坐着，这叫做"偶在"）；（3）我有理性。

地球上，一位有理性的认知者，试图理解他心灵所面对着的上帝，他试图证明上帝存在。怎么证明呢？只能用他的理性去证明。既然如此，从假设（1），上帝无所不在，也就是说，"上帝"在所有可能的世界里，而根据假设（2），我只在一个可能世界里。你们应当记得"模态逻辑"，或"可能世界的逻辑"。注意，我只在一个可能世界里，而上帝在所有的可能世界里。然后，使用康托的论证方式，我证明上帝存在，这里需要假设（3），我承认理性是有限的。

哥德尔使用类似的方式证明了他的"不完备性定理"。不过，哥德尔在1970年给出上面的那一本体论证明之后，他不敢发表它，一直到1987年他去逝。我们知道，他去逝是因为他精神崩溃的时期，只相信他妻子做的饭。他的死亡诊断书上写的是：全身营养不良，死亡。为什么呢？因为他不吃护士送来的饭，不吃任何亲朋好友送来的饭，包括王浩，是唯一能接近他的学生，都不行，他不吃饭。其实，他妻子当时因病住院，一个多月的时间，就把丈夫给饿死了。数学家真可怜！当然了，我指的是有灵魂的数学家。

现在我们回到布劳威尔：凡可描述之事，一定是有限的。可是，有限的

215

数学行为以及数学的内容，却与神圣的位格勾连着。我们不能够通过有限次的描述，理性地理解上帝或无限。我们只能够通过"顿悟"或"直觉"，通过这种特殊的行为，才从有限跨入无限，但不可描述。这就是神秘主义，神秘主义数学观，这里有一种神秘感。其实，如果我们考察思想史，我们会发现，神秘主义贯穿着数学和社会科学的一系列重大发现。每一位出色的社会科学家，我觉得，都应当接受这种关于直觉和判断力的训练。接受这一训练的最便捷的途径，我劝过我在北京大学的学生们，如果他们打算做我的学生，我劝他们到纯数学系，不是应用数学系，去接受这种训练。我并不是看不起应用数学家，而是觉得应用数学，它的专业方式不对，不能够培养直觉主义和神秘感。

1928年，希尔伯特终于意识到布劳威尔声望太高，对公理主义数学学派构成了严重威胁，并且这一威胁与日俱增。于是，他不顾爱因斯坦的反对——爱因斯坦是一位神秘主义物理学家——将布劳威尔从数学年鉴编委会撤职。这一举动遭到布劳威尔的激烈抵抗，因为希尔伯特的行动是违反程序正义的。但是在主流数学界，希尔伯特威望太高，最终他成功了。布劳威尔退出了数学年鉴编委会。一系列的政治斗争，终于摧垮了布劳威尔的心智。他心智耗竭，精神崩溃。

这故事的另一视角，发生在1926年。那一年，布劳威尔已经濒临精神崩溃，独自居住在荷兰的一个乡村里，吃素，或许还做瑜伽，而且不说话。那一年，小门格尔（Karl Menger）离开了布劳威尔，返回维也纳大学教授数学。

谁是小门格尔呢？我们知道，老门格尔（Carl Menger）是奥地利学派经济学的创始人，在经济学，在社会科学，名气太大了，所以这里就不介绍了。他的儿子，小门格尔，是数学家。拿到数学博士学位之后，他就投奔了布劳威尔。但是他在给友人的一封信里写过，他终于无法忍受布劳威尔的神秘主义的生活方式，并且布劳威尔有一次搜查了他的日记。这样，他就离开了那个怪异的老头儿，返回维也纳大学，任数学教授。1930年，小门格尔发表了一篇论文来反对他的老师的直觉主义立场。在这篇论文里，他提出了一种被称为"意向主义"的数学立场。记住，"意向"是今天出现频率相当高的一个词，它是现象学的一个概念。小门格尔的意向主义的数学立场是什么呢？数学公理的意义，小门格尔认为，不在于这些公理本身的内容，而在于它们所意向的内容。那种意向，如果它所意味的那些事情是有意义的，是可以改变我们所感受的世界图景的，那么我们就应当接受这些公理。

小门格尔是维也纳小组最活跃的数学家和思想家。我们知道，中国的洪谦老先生，是从维也纳小组毕业回国的，他现在已经去逝了，他的老师是什里克（Moritz Schlick），数理逻辑学家，什里克的前任，就是小门格尔。这篇论文在维也纳小组宣读的时候，题目是"维特根斯坦、布劳威尔和维也纳小组"，试图代表维也纳小组的立场。但是他宣读了这篇论文之后，遭到了小组的大多数成员的激烈反对。只有一个成员，他一直沉默着。是谁？哥德尔。

哥德尔沉默。为什么呢？1931年，在小门格尔宣读那篇论文的一年之后，哥德尔发表了他的"不完备性定理"。哥德尔保持沉默，从这一事实我们可以看出，在小门格尔的意向主义数学立场里，包含了皮尔士的逻辑立场，即实用主义哲学，把意向当做可体验的这样一种实用主义哲学的看法。

直觉主义与意向主义有什么区别呢？布劳威尔的直觉主义，只承认有限建构的逻辑，把无限留给直觉。最关键的数学事实是什么？我们的脑，从许多有限的表达中，有能力顿悟到无限。这是与数学根本问题密切相关的事实。在这一点上，意向主义继承了直觉主义，它沿着公理所指的意向所作的推演和极限，取代了直觉主义者的顿悟。

让我举一个简单的例子：某一函数 F 在闭区间 [0，1] 上的连续性，怎样表述呢？我们知道，必须以离散方式来表述。我们假设数学分析的"ε-δ"语言是有效的，然后用这一语言所采用的有限的量，来表述无限的连续性概念。具体而言，这一语言这样表述这件事："对任意给定的实数 ε（$\varepsilon > 0$），存在实数 δ（$\delta > 0$），使得当 $F(y)$ 的自变量 y 在点 $x \in [0，1]$ 的 δ 邻域内，就有 $F(y)$ 在 $F(x)$ 的 ε 邻域内。"

这里，没有出现任何无限的集合，故而这一定义是符合数学直觉主义的。但是请注意这里出现的两个"任意给定的实数"。所谓"任意"，就是要借助于我们的数学想像，激活我们的直觉能力，让我们能够想像这两个趋于无穷小的实数的状况。你可以运用直觉，其纯粹形态就是顿悟。你也可以运用意向，沿着这两个实数的无穷小方向，体验它们的含义。前者是布劳威尔的方法，后者是小门格尔的方法。我觉得它们之间的区分不很严重。

数学与社会科学

如果你是数学系的学生，你毕业以后，进入社会科学领域，例如经济学领域，你建构了一个模型，你觉得它非常优美典雅，然后你就把它递交给社会科学家们。我们这些社会科学家怎么对待你这个模型呢？我们要亲自体验它在现实世界里所意味的各种不同含义。如果经过了许多体验之后，我们意识到你这模型完全不能导致任何差异，我们将告诉你，它是多余的。

这一情况，就是数学在中国被滥用的一种最常见的情况。在中国，和在西

217

方一样，滥用数学的最突出的标志就是，由此而建构的数学模型，对我们体验我们自己的世界，毫无差异可言，没有意义，多余。

我们来看看对经济学而言最重要的一个数学建构，就是所谓"偏好"概念。我还是从数学开始讨论它吧：有一个"二元关系"，如果它是完全的，而且它使某一个集合成为半序集，那么我们说，它和这个集合构成一个"完全半序集"。在这一半序集上，以"$\leq$"号来表示半序关系。如果$A \leq B$且$B \leq A$时，我们就说A和B是等价类。在这一半序集上的全体等价类，它们的集合，记做"I"，就是我们经济学家说的"无差异曲线族"。在"X—Y"平面的直角坐标系里，例如，二种商品，X和Y，一个完全半序集上的全体等价类就决定了消费者的一个"偏好"。

无差异曲线族，两两之间是不应该相交的，而且这族曲线应该凸向原点。如果你相信这样一族无差异曲线，那么，你就可以找到具有这一偏好的消费者的行为的均衡点。也就是说，他们的消费行为在这一点上是稳定的。例如，今天你看见那个人喝了二两白干和一两葡萄酒，明天你还可以看见他喝二两白干和一两葡萄酒。只要这两种酒的价格不变，你就可以每天看见他按照这一比例来喝这两种酒。

如果你相信无差异曲线族不是凸向原点而是从原点向外凸的，那么可以证明，你将体验不到具有这一偏好的消费者的稳定的均衡行为。价格稍微变动一些，那位酒客就开始只喝白干，或者只喝葡萄酒。于是，你看见他在两个极端之间跳跃。如果我们都相信这样的无差异曲线族，那么我们就都预期我们每一个人的行为是不稳定的，于是我们的行为就都会从正常的变成疯狂的。

上面的例子说明，数学家建构的"偏好"概念，不是多余的。1930年，另外一个故事。我说过，接近结束的时候，我才可能揭示今天报告的主题。这主题，就是数学的神秘主义感觉。1930年，小门格尔为了说服维也纳小组的其他成员，把华沙学派的领袖塔尔斯基（Alfred Tarski）从波兰请到维也纳，给小组成员作报告。

塔尔斯基是社会科学家最常使用的三个不动点定理中的第三个的发现者，那个定理就叫"塔尔斯基定理"。塔尔斯基报告的主题是"三值逻辑"。哪三个值？真，伪，不确定。记住，不确定。塔尔斯基的报告最终说服了一部分小组成员，并且他的报告几乎就是对布劳威尔的支持。

我现在介绍一下塔尔斯基的重要地位。第二次世界大战刚结束的时候，在普林斯顿高等科学研究院，即爱因斯坦和冯·诺伊曼工作的那个研究院，召开过一次世界数学家大会，可能是第二届，我忘了，总之，是战后的第一届。世界数学家大会的主席，只邀请两个人做主题发言。其中第一个人就是塔尔斯基。当时，有资格作会议记录的人，只有蒯因——你们可以在数理逻辑著作里知道这个大人物——和哥德尔。只有他们两位被允许为会议作记录。

小门格尔在1932年发表了一篇著名的论文，题目很有意思，"逻辑宽容论"，讨论逻辑与宽容。逻辑还需要宽容吗？是的。小门格尔试图说服数学家们容忍非传统的逻辑学，容忍不是双值逻辑的逻辑学，容忍不确定性的逻辑学。

1934年，小门格尔发表伦理学专著，题目是《道德，角色，社会组织》，回应了当时流行的纳粹主义、社会主义、自由主义。在这部专著中，小门格尔用数学方法证明伦理选择的均衡的存在性条件。如果一个社会可以实现伦理选择的均衡，那么该社会就找到了自己的最终基础。不同的伦理判断之间，达成某种均衡，也就是相容性，伦理判断之间的相容性。记住，"相容性"。

当时，小门格尔没有使用机械工程师们和后来经济学家们经常使用的"均衡"概念，他使用了更深刻的概念，"相容性"。或许因为相容性是"希尔伯特第一问题"里出现的术语，当然也出现在希尔伯特第二问题中，那是所谓"皮亚诺问题"——关于自然数的五个公理之间是否相容。

不同社会成员的不同伦理判断之间，只要存在这样一种相容性，社会就是可能的。小门格尔在1934年的这本著作里，回答了西美尔问题，也就是社会科学根本问题，"社会为什么可能"。

小门格尔这本著作激发了另一位重要的社会科学家，也是经济学家，摩根斯顿（Oskar Morgenstern）。他当时是维也纳小组的成员，他读了这本书，听了小门格尔关于这本著作的演说。然后，第二次世界大战以后，他来到美国的普林斯顿大学，与当时最重要的一位数学家冯·诺伊曼——氢弹之父和计算机之父，也是今天脑科学的先驱和谱系学的研究者——一起，在1944年发表了《博弈论与经济行为》，奠定了今天社会科学的理性基础。记住，《博弈论与经济行为》，摩根斯顿是两个合作者当中的社会科学家，冯·诺伊曼则代表合作者当中的数学家。

于是，社会科学与数学，在我们讲述了一个小时之后，可以被置于如下这种描述内：社会科学研究现实的模式，数学研究逻辑可能的模式。所谓"可能"，是指由无矛盾律界定的全部世界，即满足 $A \neq A$。我们不愿意使用排中律。实际上，只要满足 $A \neq A$，数学家就可以建构一个无矛盾的世界。

无矛盾世界里的每一元素，对于社会科学家而言，都是一种可能性，没有实现但是可能的。只要可能，就代表着未来，代表着希望。于是，社会科学的研究范围，是数学研究范围的一个子集。

但是，这样一个看法对社会科学家不很公平。为什么呢？因为我们不能否认人类对矛盾是有所体验的，矛盾是可以体验的。所谓"bitter-sweet"——又苦又甜，所谓"又爱又恨"，所谓"悲喜交集"，都是关于矛盾的体验。

既然我们能体验到矛盾，那么我们就不能轻率地认为矛盾概念没有意义。只不过数学无法描述矛盾，因为数学世界，尽管是可能世界的全体，它是基于无矛盾律的。这样，我们社会科学和人文科学的学者，就有可能超越数学，有可能通过对矛盾的体验来超越形式逻辑。

在这样的超越体验当中，我列举最重要的三种。康德在《纯粹理性批判》的前言里列举的三大永恒问题，就是：灵魂是不朽的吗？上帝是存在的吗？意志是自由的吗？

关于这三大永恒问题，今天，我可以找到的最经典的回答，是维特根斯坦给出的。1965年发表的，那时他已经去世了。那篇文章是维特根斯坦1929—1930年在剑桥大学关于伦理学所作的一次演讲。但是这演讲一直没有发表，直到1965年，发表时的题目是——典型的数学题目——"Ⅰ: A Lecture on Ethics"，直译：第一部分：关于伦理学的一次演说。

奇怪，又是关于伦理学的。我们看到，整个维也纳小组，通过小门格尔，始终与伦理学纠缠着。维特根斯坦这篇演讲词，其中有这样两句话，我替你们概括如下：（1）凡用语言能够表达的，都是没有意义的；（2）凡语言所欲表达的意义，毕竟都在语言之外。[1]

谢谢大家！

（原文刊于《社会科学战线》2004年第5期，小标题为编者所加）

---

[1]   Ludwig Wittgenstein, "Ⅰ: A Lecture on Ethics," *The Philosophical Review*, 1965, 74（1）: 3–12.

计量经济学模型方法论的若干问题

李子奈[*]

计量经济学自20世纪20年代末、30年代初诞生以来，经过40至50年代的发展、60年代的扩张、70年代的批评与反思、80年代以来的新发展，迅速成为经济学中一个最活跃的分支学科。克莱因（R. Klein）称，"计量经济学已经在经济学科中居于最重要的地位"，"在大多数大学和学院中，计量经济学的讲授已经成为经济学课程表中最有权威的一部分"；萨缪尔森（P. Samuelson）认为，"第二次世界大战后的经济学是计量经济学的时代"。有10位经济学家因为对计量经济学发展的贡献而获得诺贝尔经济学奖，居所有经济学分支学科之首。

计量经济学自20世纪70年代末、80年代初进入中国后，迅速为经济学界广泛接受，使得中国的经济学教学与研究发生了迅速而深刻的变化。从80年代中开始，高等院校经济学科相继开设了系统的计量经济学课程。1998年7月，教育部高等学校经济学学科教学指导委员会成立，在第一次会议上，讨论并确定了高等学校经济学门类各专业的八门共同核心课程，其中包括计量经济学。将计量经济学列入经济类专业核心课程，是我国经济学学科教学走向现代化和科学化的重要标志，必将对我国经济学人才培

---

* 李子奈，清华大学经济管理学院教授，曾任清华大学经济系主任。

养质量产生重要影响。

同时，计量经济学模型在经济理论研究和经济问题分析中被迅速广泛采用，已经成为一种主流的实证研究方法。以《经济研究》发表的论文为例，一般认为，《经济研究》的论文反映了中国经济理论研究和学术研究的最高水平。对1984—2006年《经济研究》发表的3 100余篇论文进行统计分析，以计量经济学模型方法作为主要分析方法的论文占全部论文的比例，1984年为0，2005、2006年超过50%；而且研究对象遍及经济的各个领域，所应用的模型方法遍及计量经济学的各个分支。

但是，错用和滥用计量经济学模型的现象也不断发生，甚至是普遍存在。究其原因，对计量经济学模型的方法论基础缺乏深入研究和正确理解是最主要的原因。欲使得计量经济学应用研究不致陷入"庸俗"和"自娱自乐"的境地，并且不使计量经济学被认为是"蹩脚的应用数学"，必须对它的方法论基础开展批判性研究。

计量经济学模型的方法论基础包括逻辑学基础（也可以上升为哲学基础）、经济学基础、数学基础（主要是概率论基础）、统计学基础（主要指数据基础）。本文并不是关于计量经济学方法论的全面研究，只是试图以通俗的语言对计量经济学应用研究中涉及的一些问题进行初步探讨，以期引起关注。

计量经济学模型方法的科学性

任何科学研究，不管是自然科学还是社会科学，甚至人文科学，都遵循以下过程：首先是观察，关于偶然的、个别的、特殊的现象的观察；其次是提出假说，从偶然的、个别的、特殊的现象的观察中，提出假说，或者是理论，或者是模型，这些假说是关于必然的、一般的、普遍的现象而言的；然后需要对假说进行检验，检验方法一般包括实验的方法、预测的方法和回归的方法；最后是发现，发现必然的、一般的、普遍的规律。

在经济研究中，如果假说（理论或者模型）完全依赖于观察而提出，不附加任何价值判断，然后对理论或者模型进行检验，这一研究过程被称为实证研究（positive analysis）。实证研究包括理论实证（theoretical analysis）和经验实证（empirical analysis）。在经济研究的检验阶段，经验实证分析是科学和便捷的。经济问题无法进行实验，人们不可能构建一个与偶然的、个别的、特殊的现象发生时完全相同的实验平台，进行重复的实验，以检验现象发生的必然性和普遍性。根据假说对未来进行预测，然后与真实的"未来"进行比较，以检验假说的正确性，这当然是可行的，但并不便捷。对已经发生的经济活动进行"回归分析"（regression analysis），发现其中的规律，并用以检验假说，是最可行的方法。所以说，回归分析在经济研究中是不可缺少的。而计量经济学，说到底就是回归分析。在认识论范畴上，很难简单地将计量经济学模型方法归为归纳（induction）或者演绎（deduction）。回归分析是一种归纳，是从个别事实走向一般理论、概念的思维方法。但具体到建立模型的每个阶段，又是归纳和演绎交替的。从观察到理论模型（假说）的提出，是一个归纳推理过程；而模型的应用，将归纳得到的一般性规律应用于观察以外的事实，又是一个演绎推理过程。

在方法论范畴上，也很难简单地将计量经济学模型方法说成是"证伪主义"，就像一些计量经济学教科书以及某些计量经济学家公开宣称的那样。利用样本估计和检验理论模型的过程，是一个经验检验的过程，确实充满着证伪主义方法论。但是，计量经济学模型方法体系是由一批经济学家和数学家完成的，它是依据坚实的概率论基础建立的。可以而且应该在科学哲学的层次上对它进行解释和完善，承认"证伪"和"证实"的"不对称性"，但不是绝对的"只能证伪，不能证实"。

理论模型的科学性和正确性取决于归纳推理过程，更取决于"个别事实"的数量和质量。从这里出发，既提出了计量经济学模型的经济学基础问题，也提出了数学基础（主要是概率论基础）和统计学基础（主要指数据基础）问题。而对假说进行检验，得到一个一定概率意义上该假说被证实或证伪的结论，除了数学基础和统计学基础外，逻辑学基础是十分重要的。

20世纪90年代，西方经济学方法论学者有过一场计量经济学是否存在的讨论。Lawson（1997）断言，不管怎样泼洒计量经济学的圣水，我们都没有因此离经济学的天堂更近一点。布劳格（2000）认为，我们已经在计量经济学这个铁锤上投资了许多，但是它却不能敲碎任何比胡桃大的东西。关于计量经济学是否存在的讨论，实际上是20世纪80年代在西方科学哲学界兴起的关于实在论的争论在经济学领域的继续。科学实在论认为：科学研究的对象、状态和过程是真实存在的，微观观察不到的客体也是真实的；认识是外部世界的映象，理论对象只要在认识上有效，它便是实在的；科学理论是似真的、趋近于真理的过程。Hoover（1997）等认为，计量经济学与科学实在论是兼容的，而且科学实在论能够帮助人们更好地理解计量经济学扮演的角色和所获得的成功；同时认为，T. Lawson等先验实在论者反对计量经济学的理由是形而上学的，他们为经济世界提供了一个精确的先验的实在论，而计量经济学与先验的实在论不兼容。

简单地说，计量经济学模型方法，无论是它的归纳阶段还是它的演绎阶段，无论是它的证伪还是证实，都是反映客观经济活动的经济学理论的发现过程所不可缺少的，具有科学性。

模型类型设定对数据的依赖性

从上述关于计量经济学模型方法论的讨论中，从人们从事经验实证研究的实践中，都能清楚地感受到，正确地提出可供证实或证伪的假说，即计量经济学理论模型，是十分重要的。对该理论模型进行检验的依据是表征已经发生的经济活动的数据，那么相对于不同类型的数据，应该设定不同类型的理论模型，该理论模型是可以通过经验数据获得证实或证伪的，即模型类型设定对数据存在依赖性。否则，经验检验的数学基础、统计学基础和逻辑学基础将被破坏。从学术刊物发表的论文中看到，大量的错误皆源于此。

用于宏观和微观计量经济分析的数据可分为三类：截面数据（Cross-sectional Data）、时间序列数据（Time-series Data）和平行数据（Panel Data，也译为面板数据、综列数据）。

对于截面数据，只有当数据是在截面总体中由随机抽样（Stochastic Sampling）得到的样本观测值，并且被解释变量具有连续的随机分布时，才能够将模型类型设定为经典的计量经济学模型。Haavelmo（1943）奠定了它的概率论基础。但是，在实际的经验实证研究中，面对的截面数据经常是非随机抽样得到的，例如截断数据（Truncation Data）、归并数据（Censored Data）、持续时间数据（Duration Data）等；或者是被解释变量不具有连续随机分布的数据，例如离散选择数据（Discrete Choice Data）、计数数据（Count Data）等。对于这样的数据基础，如果仍然采用经典计量经济学的模型设定，错误就不可避免了。20世纪70年代以来，针对这些数据的模型类型已经得到发展并建立了坚实的概率论基础，例如Heckman（1974，1976，1979）和Mcfadden（1974）等所作出的基础性贡献。

对于时间序列数据，经典计量经济学模型只能建立在平稳时间序列（Stationary Time Series）基础之上，但很可惜，实际的时间序列很少是平稳的。由于宏观经济仍然是我国学者进行经验实证研究的主要领域，而宏观时间序列大量是非平稳的，于是出现了大量的错误。Granger和Newbold(1974)、Engle和Granger（1987）等的贡献解决了非平稳时间序列模型设定的数学基础问题。

至于平行数据，截面数据和时间序列数据存在的问题同时存在，并且还提出了模型设定的专门问题，例如变截距和变系数问题、随机影响和固定影响问题等，已经发展形成了一套完整的模型方法体系（Hsiao，2003）。只有依据新的模型方法体系设定理论模型，才能进行可靠的经验实证。

经典模型总体设定的先验理论导向

当模型类型以数据为基础被决定后，首先需要进行模型总体设定。以单方程计量经济学模型为例，给定任何被解释变量，要对其进行完全的解释，需考虑所有对其有直接影响的因素集。按照与被解释变量关联关系的恒常性和显著性两个维度，可以分解为显著的恒常性因素集、显著的偶然性因素集和无数单独影响可以忽略的非显著因素集。这里的"恒常性"，或者覆盖所有的截面个体，或者覆盖时间序列的所有时点。

计量经济学模型的任务是找到被解释变量与恒常的显著性因素之间的关联关系，即所谓的经济规律。对于显著的偶然因素，通过数据诊断发现存在这些因素的"奇异点"，然后通过技术手段消除其影响。但对于非显著因素，无论是恒常性还是偶然性的，尽管它们的单独影响可以忽略不计，却不能简单忽略掉无数非显著因素的影响。Greene（2000）指出，没有什么模型可以期望处理经济现实的无数偶然因素，因此在经验模型中纳入随机要素是必须的，被解释变量的观察值不仅要归于已经清楚了解的变量，也要考虑来自人们并不清楚了解的偶然性和无数微弱因素的影响。

因此，模型总体设定的实际过程将主要包括三个部分：一是围绕被解释变量，界定影响因素集，并进行有效分解，得到显著的恒常性因素集、显著的偶然性因素集与非显著因素集，将显著的恒常性因素作为解释变量；二是确定被解释变量和解释变量的函数形式以及在该函数形式下的关系参数；三是确定随机扰动项的概率分布特性和相应的概率分布参数，最终得到待估总体模型。

经典计量经济学模型是指20世纪30年代至70年代发展的计量经济学理论方法体系，它是基于截面数据建构的。截面数据的关键特征是，数据来自于随机抽样，数据顺序与计量分析无关。随机抽样隐含了待界定的特定总体。在经典的计量经济学模型中，尽管模型的经济理论基础一直被很多计量经济学者给予足够的关注，但是设定经济理论通常被认为是理论经济学的任务，而模型估计和模型检验方法才被认为是计量经济学的主要任务。经济理论可以被认为是嵌入计量经济学的，相对经验数据而言具有先验性，因此经典计量经济学模型通常被认为是先验理论导向的。

以先验理论导向实现的模型总体设定，至少存在以下问题。第一，对于同一个研究对象，不同的研究者依据不同的先验理论，就会设定不同的模型。例如，以居民消费为研究对象，分别依据绝对收入消费理论、相对收入消费理论、持久收入消费理论、生命周期消费理论以及合理预期消费理论，就会选择不同的解释变量和不同的函数形式，设定不同的居民消费总体模型。第二，模型具有结构关系不变性，认为先验的理论具有"覆盖性"，对于所有的截面个体或者时点普遍适用，模型所表现的变量之间的结构关系对于所有的截面个体或者时点都是不变的。第三，破坏了模型随机扰动项的"源生性"，随机扰动项可能违背Gauss-Markov假设和正态性假设，进而建立在这些假设基础上的统计推断不具有可靠性。

经典计量经济学模型在经典Gauss-Markov假设下，可以采用普通最小二乘法（或极大似然法或贝叶斯方法）得到线性模型参数的无偏、有效的估计量。这样，在经典假设下，基于来自总体的一个随机抽样，按照最大可能性或最小偏差的统计法则，对总体原型模型参数进行统计推断，得到估计的总体模型。由于抽样的随机性，统计推断确定的参数和总体模型方程都具有随机性。因此，计量经济学知识是统计推断确定的或然知识。这样确定的或然知识，非常务实地回避了休谟的质疑——人类从经验到的过去、局部、特殊如何推论到没有经验到的未来、整体、一般。计量经济学并没有试图找到绝对知识，只是基于抽样对总体原型进行估计，得到关于总体原型的或然知识。但是，计量经济学并不因为放弃了绝对知识，而转向了不可知论。只要Gauss-Markov假设隐含的总体模型方程足够现实，按照特定的统计法则估计的总体参数将是无偏、有效、一致的；只要样本容量足够大，估计得到的总体模型方程与自在的原型方程的偏差是可以忽略的。因此，按照计量分析规则建立的知识是可资依赖的，这就规避了陷入不可知论的危险。但是，上述先验理论导向的模型总体设定存在的问题，其直接后果正是导致对经典Gauss-Markov假设的违背。

基于随机抽样截面数据建构的经典计量经济学模型被大量地应用于基于时间序列数据的宏观经济分析，并迅速从单方程模型发展到联立方程模型，特别是考利斯委员会（Cowles Commission）的资助，使得联立计量经济学模型的设定、识别和估计问题产生革命性的突破，形成了经典宏观计量经济学模型理论体系。但是，从J. Tinbergen到L. R. Klein，都是以当时占主导地位的宏观经济理论为导向进行模型总体设定的。它所带来的问题除了上述的三条外，还必须加上两条：第四，如果模型总体中包含的时间序列是非平稳的，将导致随机扰动项违背Gauss-Markov假设，进一步导致模型精密的数学基础遭到破坏；第五、时间序列数据的序列相关性破坏了经典模型赖以建立的关键假定——随机抽样假定。

经典模型对20世纪70年代的经济衰退和滞胀的预测和政策分析失效，引来了著名的"卢卡斯批判"。Lucas（1976）指出使用计量经济模型预测未来经济政策的变化所产生的效用是不可信的，提出了结构模型参数是否随时间变化的问题。Sargent（1976）以货币政策为例，重新解析了Lucas批判，认为结构模型对于评价政策似乎是无能为力的。Sims（1980）指出，为使结构方程可以识别而施加了许多约束，而这些约束是不可信的，建议采用向量自回归（VAR）模型而避免结构约束问题。所有这些，从表面上看是对结构模型和模型结构不变性的批判，而实质上是对模型总体设定先验理论导向的批判。卢卡斯批判揭示的经典模型结构参数显著的时变性问题，彰显了先验理论导向的致命症结，这直接导致更多的学者转向数据关系导向。

时间序列分析模型的数据导向

从总体原型的自然属性来看，有两种基本总体原型：一是静态的总体原型，主要是经济因素之间不随时间演变的静态平衡结构，力图揭示经济系统的平衡关系法则，对应的总体是不随时间变化的静态随机分布，通常利用截面数据来估计总体模型参数；二是动态的总体原型，主要是持续演变的经济因素之间的动态平衡结构，力图揭示经济系统的演变法则，对应的总体是在时间维度上持续发生的随机过程，通常利用时间序列数据来估计总体模型参数。

尽管基于截面数据的经典模型同样要面临先验理论与经济现实的脱节，而被迫更多地转而依赖数据关系，但由于时间序列数据的非平稳性和序列相关性，从时间序列的计量分析可以更清楚地看到计量经济学从先验理论导向转向数据关系导向的逻辑和现实需要。

时间序列数据产生于特定的随机过程，即某个或某组随机变量（在任意时点随机取值）随时间随机演变的过程。因此，基于时间序列数据的动态分析与基于截面数据的静态分析具有根本的不同。对时间序列分析而言，需正视下列基本问题（冯燮刚、李子奈，2006a）。第一，时间序列分析的基本假设——时间序列性，过去可以影响未来，而不是相反（Wooldridge，2003）——这似乎是没有多少争议的。但是决定未来的过去的结构究竟是什么呢？勾画过去的结构化框架很大程度上决定了时间序列分析知识的可靠性。至少要包括状态和趋势，才能相对完整地勾画过去的结构化框架：状态是变量在特定因素组合作用的积累，而趋势则由引起状态变化的特定因素组合在当前的状态决定。第二，产生时间序列数据的随机过程的动力学结构的识别。任何一个时间序列数据的数值都将由两部分来组成，一是由经济系统动力学关系导致的决定性部分，二是由经济系统受到的随机扰动导致的随机性部分。这就使对时间序列的计量分析面临与截面分析同样的总体界定问题。第三，数据的时间序列性破坏了计量经济学静态模型的随机抽样假定，取消了样本点之间的独立性，样本点将发生序列相关。如果序列相关性不能足够快地趋于零，在统计推断中发挥关键作用的大数定律、中心极限定理等极限法则将缺乏应用基础。可以证明，对协方差平稳序列，如果满足渐进不相关（两个样本点的相关性随着时间间隔的增加而收敛到零），则不仅适用大数定律，也适用中心极限定理（Hamilton，1994）。因此，对满足渐进不相关的协方差平稳序列，可以适用基于截面数据的统计推断方法，建立时间序列模型。这样，协方差平稳性和渐进不相关性在时间序列分析中扮演了一个非常重要的角色，为时间序列分析适用大数定律和中心极限定理创造了条件，替代了截面数据分析中的随机抽样假定（Wooldridge，2003）。

但是经济现实中的随机过程都很难符合上述标准条件。在不适用大数定律和中心极限定理的情况下，经典模型的计量分析常会产生欺骗性的结论。Hendry（1998）对非平稳随机变量回归的系统分析表明，无论随机变量间是否存在因果关系，这些随机变量的不平稳性越高，回归方程拟合程度就越高，发生谬误回归的可能就越大。这是基于时间序列进行统计推断必须跨越的障碍。对包含非平稳随机变量的模型的谬误回归，引出两个问题：一是是否存在这样的可能，可以统计确定具有恒常关系的非平稳随机变量之间的模型；二是如何处理非平稳随机过程，为适用统计方法建立模型创造条件。对后者，通过差分法可以把不平稳的高阶单整（integration）过程转化为平稳的零阶单整过程。对前者，即是随机过程协整（cointegration）。于是，单位根检验（unit root test）、协整检验和建立误差修正模型（error correction model）成为数据导向模型总体设定的主要任务。

综上可见，对时间序列的非平稳性的识别与处理就构成了数据关系转向的主要内容；在非平稳随机过程之间，建立恒常的数据关系，成为数据关系导向中时间序列分析的主要目标。这样带来的新的问题是，计量分析的理论基础——产生时间序列数据的动力学过程或总体界定反而被忽略了。脱离产生数据的动力学过程谈随机过程的平稳性是没有意义的。就协整关系而言，有几点值得深思：第一，随机过程的数据协整关系是结果，而不是原因；第二，由于经济现实的系统关联性，满足统计协整关系的变量很多，但是可以纳入基于动力学关系建立的动态均衡模型的变量并不多。因此，协整关系检验是确定模型动态相容的必要条件，但却不是充分条件。必须建立在动力学关系分析基础之上，才能有效发挥协整检验的作用。

因此，需要正确认识、对待计量经济学模型的数据关系导向。在充分分析总体原型、正确设定因素组合之后，由于对实体之间的动力学关系认识永远难以达到完备的境界，人们很难准确地确定模型的函数形式。单位根检验和协整检验理论，乃至整个计量经济学方法，给出了探索特定因素组函数关系的有效工具。但是在此过程中，实体之间的动力学关系分析仍然是必要的。

模型总体设定的关系论导向

几千年以来，求是求真的学者们都无法回避休谟诘问：如何从经历到的过去、特殊、局部，推论到没有经历到的未来、一般、整体？如前所述，计量经济学基于统计抽样形成的经验数据，运用随机数学分析工具完成或然知识的建构，并按照统计意义的标准进行评价，在回避了休谟质疑的同时，也规避了陷入不可知论的危险。但计量经济学作为统计推断的知识，像任何其他科学知识一样，应当符合科学的基本原则——独立于研究者、独立于样本、具有超越特定时间和空间的某种程度的必然性和普遍性。统计推断逻辑的严密性，只能尽可能防止在统计推断过程中出现新的错误，但并不足以为计量经济学知识提供依据。对计量经济学知识依据的追问，仍然要溯及统计推断的前提——总体设定。因此，总体设定过程的可靠性，决定了计量经济学知识的可靠性。

对计量经济学模型总体设定的讨论，必须首先回答两个问题：第一，要确定的是经济主体内在的本质意义的属性，还是经济主体之间的关系意义的属性？第二，要确定的是主体之间的动力学关系，还是作为主体经济活动结果的经济变量之间的数据关系？

事实上，无论是先验理论导向，还是数据关系导向，计量经济学模型总体设定所忽视的正是经济主体之间的动力学关系。正统经济学以其臆构的、具有理想化心理结构的经济人为基础完成理论体系建构。由于割裂了经济主体与其所处环境之间的互动关系，经济人实际上是在特定的偏好关系假设下理性计算、理性选择的虚拟主体，正统经济学中并没有完整的、现实的经济主体（冯燮刚、李子奈，2006b）。经济人参与经济世界的动力学过程、经济人之间的相

229

互作用过程被忽略了，而这些被忽略的动力学过程正是各种经济变量变化的根本原因。缺乏对动力学过程的深刻揭示，缺乏对动力学关系的把握，试图仅从这些变量的实际数据中推导出某种一致、稳定的关系，这样的关系必然因为因果关系的混乱而导致模型或理论对现实的严重背离。如果说先验理论导向的计量经济学模型还试图保留虚拟经济主体——经济人——的位置的话，数据关系导向的计量经济学模型则几乎将注意力完全转向了作为经济主体关联互动结果的经济数据，这一点可以从动态计量经济学基于统计相关性的数据关系导向分析范式中清楚地看到。

计量经济学模型分析的目的不是为了确定在主体关系意义上无所指的经济变量之间的关系。经济变量及相关数据是经济主体活动的结果，脱离主体互动关系建构的变量，不过是纯粹的数字。计量经济学模型分析的目的是为了发现塑造整个经济世界的经济主体之间的互动规律。从关系论的角度看，主体的任何行为，都应在主体和其身处的环境之间寻找原因。正像自然科学的动力学研究一样，物体运动状态发生变化的根本原因是物体与环境以及物体之间的作用力。同样地，经济主体发生任何行为，尽管有内省、思维（观察、计算、判断、选择等）的私人性心理过程伴随，但都必然由主体与其身处的环境之间的作用（也可称为力）引起。

这样，经济主体与其身处的环境之间的动力学过程，是真正的数据生成过程。与经济主体的特定动力学过程相关的数据，将为相应动力学规律的描述提供经验基础。以经济主体与环境之间的动力学关系分析为基础、内核和前提，基于该动力学过程生成的数据，以统计相关性为基本准则，验证确定的经济主体与环境的互动关系，正是所要界定的因果关系。只有动力学关系的理论分析，而没有基于统计相关性的经验支持，是无法确认这样的动力学关系的。同样，只有基于统计相关性的、高度易变、多种多样的数据关系，而没有具有良好的、公度性的动力学关系理论框架，也会使统计分析进入迷宫。在关系论导向的计量经济学模型总体设定思路下，关注参数乃是在主体和其身处的环境之间的互动关联中被界定，其本身承载着特定的动力学关系。这就为基于经验数据、以统计相关性为基本法则的随机数学过程，提供了可靠的基础、前提和目标。因此，基于主体行为的动力学关系，可以完成先验理论导向和数据关系导向的综合。

在关系论导向的计量经济学模型总体设定中，中心极限定理仍然居于十分重要的地位。就中心极限定理的适用条件而言，直接要求模型的动力学关系应当充分准确。只有足够准确的模型总体方程，才可以将其他因素归于不显著的动力学关系，而纳入系统源生的随机扰动项，才能适用中心极限定理。

模型变量设定的相对性

完成了计量经济学模型的总体设定，就确定了模型所包含的变量和变量之间的关系，接下来的任务就是基于样本数据对模型的关系参数进行估计。但是在估计之前，一个对估计方法选择和估计结果产生重要影响的问题是关于每个变量的性质的设定，它们是确定的，还是随机的？是内生的，还是外生的？

正如一个动力学系统中包括状态变量和控制变量一样，任何经济系统，大到国家宏观经济系统，小到个人对某种商品的需求行为，都可以将其中的变量分为状态变量和控制变量两类。凡是经济变量，都是状态变量，都是由系统的数据生成过程生成的，因此它们都是随机的和内生的。但是计量经济学精密的数学过程要求，必须在模型变量设定时就将经济变量分为确定和随机、内生和外生，例如经典计量经济学模型的Gauss-Markov假设的第一条，就假设解释变量是确定性变量。

无论从先验理论出发，还是数据出发，都没有将确定和随机、内生和外生作为变量本身的固有特性，即认为模型变量设定具有相对性，相对于研究的经济系统，相对于模型系统中特定的参数，相对于不同的应用目标，给予变量确定和随机、内生和外生的界定。例如，对于一个单方程模型，假定那些不受被解释变量影响的解释变量是外生、确定的；对于一个联立方程模型系统，假定那些只影响系统而不受系统影响的变量是外生、确定的。对于模型系统中的同一个变量，相对于某一个关注参数，它具有外生性，但是相对于另外的参数，就可能不再具有外生性。例如，对于一个粮食供求模型系统，如果关注的参数是需求弹性，即价格与需求量之间的关系，供给量（需求量）具有外生性；如果关注的参数是系统的稳定性，供给量（需求量）不再具有外生性。对于模型系统中的同一个变量，如果将模型用于预测，它具有外生性，但是如果将模型用于政策分析，它可能不再具有外生性。例如，相对于预测的外生性变量被要求不受内生变量滞后量的影响，而作为政策变量的外生变量恰恰是根据内生变量滞后量的变化而改变的。

计量经济学模型的研究范式要求对变量的设定首先作出假定，然后再进行经验检验，也发展了各种统计检验方法。假定是从先验理论出发作出的，统计检验是从数据出发的，二者似乎在这里得到了完美的结合。但是由于统计检验本质上只能证伪，不能证实，实际上，没有被证伪的假定就被接受了，先验的知识世界仍然在变量设定中发挥了主导作用，错误的频频发生就不足为奇了。

更为严重的是，在许多计量经济学应用研究中，随心所欲地设定变量，不进行起码的统计检验，就不能称之为科学研究了。

模型随机扰动项的源生性

随机扰动项在计量经济学模型中占据特别重要的地位，也是计量经济学模型区别于其他经济数学模型的主要特征。如前面所讨论的，将影响被解释变量的因素集进行有效分解，无数非显著因素对被解释变量的影响用一个随机扰动项（stochastic disturbance term）表示，并引入模型。显然，随机扰动项具有源生性。在基于随机抽样的截面数据的经典计量经济学模型中，这个源生的随机扰动项满足Gauss假设和服从正态分布。

Greene（2000）指出，在确定性模型中引入随机扰动，并不是为了掩盖确定性模型的不足之处。因此，如果所谓的"未被解释的随机扰动"并不是真正的不能被解释的因素，模型就是不适当的。牢记这一点对计量经济学是非常重要的。统计推断的理论不像确定性理论那样，会被仅仅一个不符实际的观察否定。引入随机要素后，对预期结果的描述从确切的表述转化为可能性的描述，除非有占优证据（占优本身则是很难清楚界定的），很难否定随机模型。当然，如果未被解释的随机扰动并不是真正的不能被解释的因素，即使这样的模型难以被否定，也是建模者自欺欺人。不幸的是，Greene的担忧在很多情况下成了现实：在很多计量分析中，随机误差项成了确定性模型不足之处的遮羞布。在大部分计量经济学教科书中，在第一次引入随机扰动项的概念时，都将它定义为"被解释变量观测值与它的期望值之间的离差"，并且将它与随机误差项（stochastic error term）等同。一个"源生"的随机扰动项变成了一个"衍生"的误差。而且在解释它的具体内容时，一般都在"无数非显著因素对被解释变量的影响"之外，加上诸如"变量观测值的观测误差的影响"、"模型关系的设定误差的影响"等。

将"源生"的随机扰动变成"衍生"的误差，有许多理由可以为此辩解。如果不对数据生成过程的理论结构作出假定，即进行模型总体设定，就无从开始模型研究。但不幸的是，相对于物理学，经济学家对经济现实所知较少，模型总体被研究者有限的知识所确定，因此误差在所难免，只能将总体原型方程的误差项设定为衍生性的。

问题在于，关于随机扰动项的Gauss假设以及正态性假设，都是基于"源生"的随机扰动而成立的。如果存在模型设定误差、变量观测误差等确定性误差，并将它们归入随机误差项，那么它是否满足这些基本假设？如果不满足，进而进行的统计推断就缺少了基础。对于这个问题，一般的计量经济学教科书没有进行讨论，有的只是进行简单的说明。例如，在 Greene（2000）的教科书中就有以下的说明：鉴于我们对随机误差来源的描述，中心极限定理的条件一般都成立，至少近似成立，因此正态假定在多数情况下也都是合理的。

所谓"设定误差"，是指模型的总体设定不能准确反映所研究的经济系统中的动力学关系。对于单方程模型而言，主要有两种形式的设定误差：一是函数关系设定偏误，例如将实际的非线性关系设定为线性关系；二是变量设定偏误，例如在解释变量中遗漏了显著的变量。所谓"观测误差"，是指变量的样本观测值不能准确反映变量的实际状态。观测误差是普遍存在的，正如 Greene（2000）指出的，在理论上确定变量之间的关系并不难，但要得到这些变量的准确度量则完全是另外一回事。例如，合理度量利润、利率、资本存量或资本存量提供的服务流量的困难，都是经验文献中反复出现的主题；在极端情况下，甚至找不到理论变量的可观测的对应物。观测误差又分为被解释变量的观测误差和解释变量的观测误差两类，它们的影响进入"衍生"的随机误差所带来的问题似乎是不同的。

在上述各种形式的"确定性误差"存在的情况下，随机误差项是否满足关于扰动项的 Gauss 假设和正态性假设，有些是清楚的，有些则需要讨论。

233

假设检验的不对称性

所谓"假设检验"，就是事先对总体参数或总体分布形式作出一个假设，然后利用样本信息来判断原假设是否合理，即判断样本信息与原假设是否有显著差异，从而决定是否接受或否定原假设。假设检验采用的逻辑推理方法是反证法。先假定原假设正确，然后根据样本信息，观察由此假设而导致的结果是否合理，从而判断是否接受原假设。判断结果合理与否，是基于"小概率事件不易发生"这一原理的。在计量经济学模型方法体系中，假设检验是最具经济意义和应用价值的方法之一，因而被广泛应用。正确理解假设检验的不对称性，是十分重要的。假设检验的不对称性包括三个方面：一是证伪和证实的不对称性，属于逻辑学范畴；二是犯第一类错误和犯第二类错误的不对称性，属于统计学范畴；三是统计意义和经济意义的不对称性，属于经济学范畴。

在逻辑学范畴上，经验检验只能证伪，不能证明（证实），这是人们一般认为的，一些计量经济学教科书也是这样写的。但是，波普尔的证伪主义是以"证明"和"证伪"之间的逻辑不对称性为理论起点的：没有什么可以被彻底地证实，但是只要有一个证伪就足够了（布劳格，2000）。这里没有完全否认经验可以证实，只是说证实是有限的和不彻底的，否则就会陷入不可知论。例如，在时间序列平稳性检验中，拒绝"序列是平稳的"假设，只要发现一个观测值不具有相同的均值或方差就足够了，因此它是彻底的；而接受"序列是平稳的"假设，即使所有的经验都已经证实，它仍然是不彻底的，因为随着时间的无限延伸，它可能被新的经验所证伪。但是在这个检验中，"序列是平稳的"假设毕竟经受住了已有经验的检验，尽管没有得到绝对真理，但得到了相对真理。

在统计学范畴上，假设检验犯第一类错误（弃真）的概率 α 小于犯第二类错误（取伪）的概率 β，而且概率 α 是可以准确给出的，而概率 β 不能被准确给出。仍以时间序列平稳性检验为例，如果将"序列是平稳的"设为原假设（0假设），而以"序列是非平稳的"为备择假设，如果检验结果显示在一定概率意义上拒绝"序列是平稳的"原假设，犯错误的概率将小于接受"序列是平稳的"原假设时犯错误的概率。拒绝"序列是平稳的"原假设，就意味着接受"序列是非平稳的"备择假设，那么在统计学意义上，接受"序列是非平稳的"备择假设犯错误的概率将小于接受"序列是平稳的"原假设时犯错误的概率。或者更一般化地说，接受备择假设犯错误的概率将小于接受原假设犯错误的概率。

从这里可以回答一个假设检验应用中的问题：为什么一般将需要检验的命题作为备择假设。例如，在进行变量显著性检验时，原假设为"变量非显著"；在进行因果关系检验时，原假设为"变量之间不存在因果关系"；在进行时间序列平稳性检验时，原假设为"序列是非平稳的"；等等。当然理由是多方面的。从数理统计学出发，原假设必须包含"="，备择假设不能出现"="，而只有将"变量非显著"、"变量之间不存在因果关系"、"序列是非平稳的"等设为原假设，才能满足要求。另外，不可否认，将需要检验的命题作为备择假设，接受该命题时犯错误的概率将小于接受将该命题作为原假设时犯错误的概率。

在经济学范畴上，假设检验的命题具有明确的经济学意义。例如，所谓"变量是显著的"表明该变量对被解释变量具有恒常的显著的影响，它在所研究的经济主体动力学体系中是不可忽略的。而假设检验方法，是基于数据的统计学方法。变量在统计学上显著，在经济学上并不一定显著；而在经济学上显著，在统计学上一定显著。这里也存在着不对称性。经济学命题必须通过统计学检验，通过统计学检验的命题在经济学上并不一定成立。忽视经济主体动力学关系的分析，夸大统计学假设检验的功能，是一类常犯的错误。

计量经济学模型应用的适用性和局限性

翻开国际上的任何一本经济学刊物，计量经济学应用研究论文随处可见。但是，对它的否定甚至攻击也不绝于耳。布劳格（2000）评价，对工业化国家国民生产总值方面的预测的当代成就，可以作如下总结：仅仅比对未来一至两年的粗糙推断做得好一些，至于对经济的下降和上升的精确时刻的预测，正像我们经常做的那样，仍然会犯错误。不管布劳格的本意是什么，这样的批评是符合实际的。

为什么出现如此的矛盾现象？难道真的如有人所说的，所有计量经济学研究论文都是学者们为了获得博士学位或者晋升职称所做的游戏吗？当然不是。这里的关键是：计量经济学能做什么？不能做什么？即计量经济学模型应用的适用性和局限性问题。

所有类型的计量经济学模型，就其应用功能来讲，无非是四个方面：结构分析、经济预测、政策评价和理论检验。结构分析旨在揭示经济主体与环境之间的动力学关系，通俗讲就是揭示变量之间的关系，是通过对模型结构参数的估计实现的。经济预测是利用基于样本建立的模型对样本外的经济主体的状态进行预测，曾经是经典计量经济学模型的主要应用。政策评价是将建立的模型作为"经济政策实验室"，评价各种拟实行的政策的效果。理论检验是在计量经济学模型建立过程中已经完成了的，如果模型总体设定是基于先验理论的，那么当模型通过了一系列检验以后，就认为该先验理论在一定概率意义上经受了样本经验的检验。

不同的应用目的对模型及模型方法论基础有不同的要求，不可能建立一个能够适用于所有应用目的的模型。用于结构分析的模型必须是结构模型，而具有政策评价功能的模型必须是包含政策变量的结构模型。同样是用于预测，基于截面随机抽样数据建立的结构模型，对于截面非样本个体的预测效果一般较好；而基于时间序列数据建立的结构模型，对于样本外时点的预测效果一般较差。同样以时间序列数据为样本建立预测模型，如果政策有效，则必须建立结构模型；如果政策无效，可以建立"无条件预测"的随机时序模型。同一个结构模型，如果仅用于结构分析，解释变量需要具备弱外生性；如果用于预测，解释变量需要具备强外生性；如果用于政策分析，作为解释变量的政策变量必

235

须具备超外生性。凡此种种，不一一列举，但必须切记。

经济预测不应该成为计量经济学模型的主要应用领域。诚然，计量经济学模型作为一类经济数学模型，是从用于经济预测、特别是短期预测而发展起来的。在20世纪50年代与60年代，在西方国家经济预测中不乏成功的实例，成为经济预测的一种主要模型方法。但是进入70年代以来，人们对计量经济学模型的预测功能提出了质疑，起因并不是它未能对发生于1973年和1979年的两次"石油危机"提出预报，而是几乎所有的模型都无法预测"石油危机"对经济造成的影响。对计量经济学模型的预测功能的批评是有道理的，或者说计量经济学模型的预测功能曾经被夸大了。从计量经济学模型的方法论基础可以看到，"计量经济学并不企图发现覆盖性的法则，只是试图寻找不明显的规律"（Hoover，1997），而成功的预测所依赖的必须是"覆盖性的法则"。

相对于具有"绝对性"要求的经济预测，计量经济学模型对于具有"相对性"要求的政策评价，更有用武之地。政策评价，或者称为政策实验，应该成为计量经济学模型的主要应用领域。从前面的讨论中可见，在模型的总体设定、变量设定、数据基础以及统计推断中，稍有不慎，就可能破坏随机扰动项的源生性和正态性，带来系统性的偏差。存在系统性偏差的模型，即使"覆盖性的法则"得到满足，如果用于预测，其系统性偏差是无法消除的，将导致预测失败。但如果用于政策评价，需要的是相对的比较，实行某项政策与不实行该项政策的相对比较，不同的政策力度的相对比较，模型系统性偏差并不出现在比较的结果中。另外，经济政策不能实验，一直是决策者面临的难题，决策失误在所难免。计量经济学模型的"经济政策实验室"的功能所能够产生的效用是巨大的。

应用计量经济学模型只能得到随机性结论。试图得到确定性的结论，是计量经济学模型方法论所不能够的，也是不科学的。目前的计量经济学应用研究论文中，充满着对研究结论的确定性陈述，研究者为自己制造了陷阱，带来了被动，也是没有正确理解计量经济学模型方法论基础的表现。

最后必须重申，计量经济学应用模型的总体设定，即经济系统的主体动力学关系分析，不是理论经济学的任务，而是计量经济学的任务。一项计量经济学应用研究课题，或者一篇计量经济学应用研究论文，必须将大部分工作或者大部分篇幅放在模型的总体设定方面，否则研究课题是不可能成功的，研究论文也是没有人愿意阅读的。

参考文献

布劳格，2000，"为什么我不是一个建构主义者：一个不悔悟的波普尔主义者的自白"，收入罗杰·巴克豪斯编，《经济学方法论的新趋势》，张大宝等译，北京：经济科学出版社，第145—182页。

冯燮刚、李子奈，2006a，"从经济学关系论转向看计量经济学方法论基础"，中国数量经济学会2006年年会论文。

——，2006b，"经济学的关系论转向"，《经济学动态》，第7期。

Engle, R. F. and C. W. J. Granger, 1987, "Co-Integration and Error Correction: Representation, Estimation and Testing," *Econometrica*, 55：251-276.

Granger, C. W. J. and P. Newbold, 1974, "Spurious Regressions in Econometrics," *Journal of Econometrics*, 2：111-120.

Greene, William H., 2000, *Econometric Analysis*, 4th ed., Upper Saddle River: Prentice Hall.

Haavelmo, T., 1943, "The Statistical Implications of a System of Simultaneous Equations," *Econometrica*, 11：1-12.

Hamilton, J. D., 1994, *Time Series Analysis*, Princeton: Princeton University Press.

Heckman, J., 1974, "Shadow Wages, Market Wages and Labor Supply," *Econometrica*, 42：679–693.

——, 1976, "The Common Structure of Statistical Models of Truncation, Sample Selection, and Limited Dependent Variables and a Simple Estimator for Such Models," *Annals of Economic and Social Measurement*, 5：475-492.

——, 1979, "Sample Selection Bias as a Specification Error," *Econometrica*, 47：153-161.

Hoover, K. D., 1997, "Econometrics and Reality," The Working Papers of the Department of Economics, University of California.

Hsiao, Cheng, 2003, *Analysis of Panel Data*, Cambridge: Cambridge University Press.

Lawson, Tony, 1997, *Economics and Reality*, London: Routledge.

Lucas, R. E., 1976, "Econometric Policy Evaluation: A Critique," in K. Brunner and A. M. Meltzer, eds., *The Phillips Curve and Labor Markets*,

Amsterdam:North-Holland Pub. Co.

McFadden，D.，1974，*Conditional Logit Analysis of Qualitative Choice Behavior*，
in P. Zarembka，ed.，*Frontiers of Econometrics*，New York：Academic Press.

Sims，C. A.，1980，"Macroeconomics and Reality,"*Econometrica*，48：1-48.

Wooldridge，Jeffrey M.，2003，*Introductory Econometrics*：*A Modern Approach*，
2nd ed.，Cincinnati：South-Western College Publishing.

（原文刊于《经济学动态》2007年第10期）

经
济
学
之
路

238

经济学理论的数学化

杰拉德·德布鲁[*]　著　孙杰　译

一

当第二次世界大战临近结束的时候，经济学理论研究进入了一个急剧数学化的阶段，这给我们的学科带来了深远的影响。这个阶段的一些主要特征表明，它既是空前的，也是绝后的。对此进行评价需要一种多维度的分析，既要承认数学化对经济学发展所作的贡献，又要看到这种倾向同时也加剧了经济学家之间的紧张关系。

经济学理论数学化在过去半个世纪中的进程可以从该领域重要刊物每年发表的论文总页数中窥见一斑。《计量经济学》（ *Econometrica* ）和《经济研究评论》（ *Review of Economic Studies* ）从1933年创刊到1959年，论文总页数由1935年超过700页的最高点下降到1943—1944年间不足400页的最低点。但是1944年标志着爆炸性增长的开端。除了原来两种主要刊物之外，又陆续新增了：《国际经济学评论》（1960，*International Economic Review* ）、《经济学理论杂志》（1969，*Journal of Economic Theory* ）、《数理经济学杂志》（1974，*Journal of Mathematical Economics* ）。在1977

---

[*]　杰拉德·德布鲁，法国巴黎大学科学博士，因在一般均衡理论的数学论证方面做出杰出贡献而成为1983年诺贝尔经济学奖获得者。

年，上述5种刊物发表的论文的总页数总计超过5 000页。从1944年到1977年，每9年论文总页数就要翻一番。从这个角度来看，1944年是数理经济学发展史上一个显著的转折点。也正是在这一年，约翰·冯·诺伊曼和奥斯卡·摩根斯顿发表了他们的名著《博弈论与经济行为》（von Neumann and Morgenstern，1944）。

就在数理经济学领域的专业刊物以不可持续的快速度增长时，《美国经济评论》（American Economic Review）也在经历一个急剧的转变。在1940年的第30卷中，只有不到3%的篇幅可以勉强算作含有初步的数理表达形式。50年以后，在其第80卷中将近40%的篇幅里出现了更精致的数理表达形式。

与此同时，根据美国最近一次的研究和教学测评（Jones et al.，1982），学术水平被评为"优异"和"较强"的前13个经济学院系中，经济学家的"数学化"表现得尤为明显。计量经济学会（Econometric Society）每年都要通过选举，从他们的国际同行中接纳一些新会员，这个数目由1944年的46人增加到1990年的422人。在上述13个经济学院系中，计量经济学会成员在教授中的比例也由1940年不足1%的水平迅速提高到目前接近50%的程度。在其中被评为学术水平最高的8个经济学院系中的6个院系，这一比例已经达到或超过了50%。因而"数学化的"经济学院系也意味着，它们在录取学生时，会要求学生掌握其认为的基本数学水平，要求具备或强烈推荐具备微积分和线性代数的知识。

一些学术荣誉也额外强调了数学目前在经济学研究中的作用。美国人文与科学院（American Academy of Arts and Sciences）经济学部的152名成员中，有87人是计量经济学会（Econometric Society）会员。美国国家科学院（National Academy of Sciences of the United States）经济学部的40人中有34人是计量经济学会会员。从1969年至1990年，共有30人获得诺贝尔经济学奖，其中25人是计量经济学会会员。从1947年美国经济学会（American Economic Association）授予保罗·萨缪尔森约翰·贝特斯·克拉克奖开始，共有21人荣获这一殊荣，而其中20人是计量经济学会会员。在世的26名前美国经济学会主席中也有13人是计量经济学会会员。

有人或许会怀疑如此统计的意义，也有人或许会质疑对上述数字的解读。但是这一事实为人所共知，而这一迅猛增长也并非模棱两可。这些数字表明，经济学数学化的广度之广，以及相伴随的我们领域在过去50年的变化深度之深。

通过比较在1940年和在1990年为跟上经济学理论各方向的不断发展所需要的数学水平，也可以感知到这种变化的深度。50年以前，本科生基础的数学水平差不多就足够用了；而今天，接受研究生程度的数学训练却是必需的。如果不满足于只是作为追随者，而是希望主动参与某一方向的技术前沿，那就需要更高水平的专业数学知识。在前面提到的13所大学经济学院系中，有几个院系的一些教员就其博士学位而言其实就是数学家。他们当中有4个人在过去25年中还担任过系主任。如果要选出几个数理经济学的精神领袖的话，他们当中最杰出者当首推约翰·冯·诺伊曼，当时最卓越的数学家之一。

在这一发展过程中，数理经济学不断重新定义其研究领域。新的领域不断被开拓，而曾经的前沿话题则成为研究生——如果不是本科生——经济学理论课程的标准内容。

二

在过去50年之前，理论物理学一直是经济学理论试图效仿却无法达到的理想。在过去50年中，这种追求成为推动经济学理论数学化的一大动力。

物理学的卓越理论能以极其经济的方式涵盖极其广阔的现象，詹姆斯·克拉克·麦克斯韦的理论（Maxwell，1865）就是一个很好的例证，他用八个方程就描述了电磁场。那是在19世纪中叶，也正是数理经济学出现和成熟的时期。物理学之所以能够做到这种高度简洁大概要归功于物理学和数学几个世纪以来的特殊关系。物理学给数学提出一些开放性问题，也从数学家那里得到物理学理论问题的现成答案，那是早先数学家在他们的抽象世界中得到的。有时这两个学科研究间的因果关系并不容易说清，偶尔会有科学家的贡献推动两个学科的发展却无法作出明确区分。

物理学和数学之间的特殊关系对双方都益处多多，但物理学并没有完全屈从于数学以致走向僵化的逻辑严密性。实验的结果和对现实世界的观察是物理学的基础，它们不断检验着物理学的理论框架，不时对数学推论得出的教条提出有力的质疑。

在这些方面，经济学理论不可能沿袭物理学理论发展所提供的模式。超导超大型加速器的建造费用估计将达到10^{10}即100亿美元（Hamilton，1990；Science，1990），几乎是最昂贵的物理学科学仪器。相形之下，经济学的实验就显得本小利微。由于缺乏一个充分可靠的实验基础，经济学理论研究就不得不遵循逻辑论证的规则，必须消除任何的内在不一致。如果一个推理允许自相矛盾，那么它就是无用的，因为从中可以确定无疑且快速地推导出任意结论来。

正是在其数学形式中，经济学理论中可能的逻辑错误会被允许详尽检查。由此达到的严密性与20世纪30年代晚期普遍接受的推理分析标准形成鲜明对比。倘若以此来衡量，在30年代发表在《计量经济学》和《经济研究评论》上

241

的文章很少能够通过这一严格测试——剥去所有的经济学阐释，看其数学基础框架是否能够成立。近来经济分析中更强的逻辑性，要归功于现代经济学理论的快速发展。这也使得研究者能够在其前辈的基础上进一步发展他们的成果，同时也促进了这一积累过程。

然而，形成一个大统一的理论体系仍然是经济学力所不及的，尽管这一直吸引着一大批理论家。每个理论家各自处理特定范围内的现象，试图对此进行理解和解释。一旦理论获得某种公理化的形式，其明确的假定就为它划出适用范围，使得任何不当的越界行为显露无遗。这些理论中有些是以一种全面的观点来分析经济系统，为解决一些全局性问题提供了洞见。例如，价格会使资源达到有效利用，平衡商品的供需，防止形成不稳定的联盟。针对上述每一种情况，都必须给出理论上的解释。那些不能满足所有经济观察结果的假定在现实中就逐渐被人们放弃。

一种试图涵盖经济中大量商品、同样大量价格、众多参与者及其相互作用的统一理论，必须借助数学模型的帮助。经济学家已经成功建构起了这样一个模型，这是因为作为核心概念的某种商品的数量具有一种天然的线性结构。因此，可以通过列举每一种商品投入与产出的数量（相反的符号区分投入和产出）来对一个经济参与者的行为进行描述。这种列举也可以看成是一系列在线性商品空间中点的坐标。类似地，一个经济的价格系统可以看做是一系列在线性价格空间中的点，而这个线性价格空间是线性商品空间——其维度是商品的数目——的对偶空间。

在这两个线性空间中，数学令人惊叹的发展便有了用武之地，起先是基础的微分和线性代数，其后是更多数学提供的强力技巧和基础结论。这样，价格的三个作用可以借助于基本的数学定理得到阐述：其一，资源的有效利用是凸分析的结论；其二，平衡商品的供需是不动点理论的结论；其三，防止形成不稳定的联盟是积分理论和非标准分析的结论。在这三个例子中，从发现有关数学定理到应用它们到经济理论中的时间间隔越来越短。非标准分析理论发明与应用的间隔尤其短，20世纪60年代初亚伯拉罕·罗宾斯[1]创立了这种方法，1972年就由唐纳德·布朗和亚伯拉罕·罗宾斯（Brown and Robinson，1972）应用到经济学研究中。

在上述价格的三种作用中，可以以最后一种也是最新发展的为例，略加论述。当每个经济参与者对经济行为结果的影响都是无足轻重时，竞争就是完全

---

[1]　参见Robinson（1966）的前言。

的。然而，这些经济参与者对经济行为结果影响的总和却是举足轻重。正是为了加总这些可以忽略的个体影响以便得到不可忽略的总体影响，人们发明了积分。在这个意义上，把积分应用于对经济竞争的研究是自然而然的。但应用积分的前提是经济参与者集合非常大，大过整数集。在描述经济数据时，把经济参与者集合看做是在实数区间上的一系列点的办法由来已久。在罗伯特·奥曼（Aumann，1964）之后，这种方法也在经济学理论中为人所熟悉。奥曼指出，在由大量无足轻重的个体构成的纯粹交易经济中，当且仅当所有个人都是基于价格系统作出决策时，不稳定的联盟无法形成。

凸集（集合中任意两点之间的直线段都属于这个集合）的概念在1964年以前一直被置于经济学理论的核心位置。在引入积分概念以后，凸集概念在经济竞争的分析中被赋予新的应用：如果一个人在商品空间中与任意一个经济人集合中的每个人相联系，如果他把由此组成的那些子集加以平均，得到的集合就必然是凸性的。[1]于是价格的上述三个作用就都可以通过平均过程导致的集合的凸性得到解释。由这些无足轻重的经济参与者加总得到商品空间是凸集，这一重要而简明的经济学理论洞见正要归功于积分理论。

能得出类似这样洞见的经济学家就属于应用数学家，分享与应用数学家相同的价值取向。对他们而言，数学是一种语言、一种方法，使其能够对高度复杂的经济系统进行有效的研究。同时，数学也是一位要求多多的主人，它一刻不停地要求更弱的假定条件、更强的结论、更广的一般性。一旦采用了数学形式，经济学理论就必然要对这些要求作出回应。因此，经过一个世纪略多的时间之后，当对一般均衡理论（Walras，1874—1877）和经济的核心（Edgeworth，1881：34—38）的系统阐述与新近的相关研究放到一起时，经济学理论在追求一般性上的成就显露无遗。对此，《新帕尔格雷夫经济学大辞典》是个很好的介绍和文献导引（Eatwell et al.，1987—1989）。现在，瓦尔拉斯理论中的消费者和生产者已经放宽了很多限制条件，而艾奇沃思的"两个消费者和两种商品"世界也得到了极大的扩展。

同时，数学也施加了另一个律令——简洁化。它无止息地要求更简短明晰的证明，不断寻求可以投入其中的理论框架。经济学理论在这一努力过程中，有时候被迫同时追求更一般和更简洁，而不是相反。一届又一届，学生们学习消费者理论中两个商品的边际替代率递减的情境以及推广到多种商品时的扩展。一个更一般而又更简洁的例子是，在商品空间中，相较于某个点，偏好的

243

---

[1]　这直接得自利亚普诺夫（A. A. Lyapunov）的一个定理，具体可参见 Vind（1964）。

其他点的集合是凸集。福利经济学则提供了另一个例子。其主要定理之一正是对亚当·斯密（Smith，1776）阐述的原理的公式化，即在一个经济体中，当所有参与者相对于一个价格系统都处于均衡状态时，那么他们对公共资源的运用就达到了最优。这一定理的证明（Arrow，1951）变得如此简洁，都无须使用任何数学符号。同时，它也是极其一般化，将经济学理论的两个基本概念联系起来而没有使用假设条件。

经济学理论在努力实现其众多目标的过程中，也借助了高度抽象化的帮助。在此，偏好理论又是一个很好的例子。曾经有大量努力花费在求解偏好的加总问题上，但其实可以绕过这个问题，通过将视线从商品空间转换到更抽象的由一对对商品点构成的空间，我们可以实现进一步的简洁化。在这一维数是商品数目两倍的空间中，那些相互间无差异的一对商品点被认为是形成了一个光滑的（超）曲面。通过抽象而实现一般性的另一个例子是商品的概念。在尚未被加以具体阐述的时候，它是公理化的经济学理论中的基础概念。但对它的新阐释，可以在无须变动原有理论结构的情况下大大扩展理论的应用范围。比如，通过对商品概念的简单阐述，让商品或服务在任意两个经济参与者之间的交换要取决于交换导致的状况，使得阿罗（Arrow，1953）可以把确定性下的经济学理论扩展为不确定性下的经济学理论。金融市场理论就深受不确定性理论的影响，而且人们在金融市场上的行为也不能不受其影响。最后，又例如一般均衡的存在问题，这被认为是经济学理论中最抽象的问题之一。20世纪50年代早期提出的各种均衡解为赫伯特·斯卡夫的均衡算法（Scarf，1973）以及其他几种应用一般均衡理论分析的进展（Scarf and Shoven，1984）铺平了道路。在这个例子中，经济学理论的抽象不仅导向了对高度一般化的基础问题的研究，而且也导向了在广泛领域的应用。

三

以上列举的经济学理论数学化的益处已经足够多了，从某些方面看其甚至有些冗长。假设其他条件保持不变，人们不会不选择严密而选择疏松，也不会不选择更一般而选择更狭隘，更不会不选择简洁而选择复杂。但事实上其他条件并不会保持不变，我们美国经济学会的很多会员认为数学化带来的成本有时是超过了其带来的收益。有两篇学会主席的发言曾探讨过这个困难的权衡问题，并强调了经济学为增加使用数学而付出的代价。瓦西里·列昂惕夫在1970年的看法（Leontief，1971）是符合事实的，而罗伯特·戈登在1975的评论（Gordon，1976）也是贴切的。即便不是由于身为权威，他们发言的平台也使得其言论至今依然不可忽视。但是尽管他们的批评广为流传，不论是列昂惕夫还是戈登都没能扭转他们所评判的这一发展走向。在过去20年中，经济学理论研究被这股似乎不可阻挡的潮流推得越行越远，这就不能完全归因于经济学理论数学化带来的学术成就。

一个更全面的解释的关键是，经济学家在学习数学时被印刻进去的价值取向。当这样一位经济学理论学者判断其学术工作的价值时，这些价值取向就不会默不作声，而是可能会扮演决定性作用。他挑选问题的选择行为就会受其数学背景的影响。因此，在判断学术工作的价值时，存在的危险是，经济学考量会退居次要位置，即便不是边缘位置的话。

我们学科的奖励体系也强化了人们这种"自我反省"的影响。一位经济学理论学者的职业前景是由他们的同行决定的。不论这些人是杂志的审稿人还是研究机构的评委，也不论他们是面试官还是遴选委员会的成员，他们的评判不可能脱离其价值取向。面对这些人，一个经济学者很少会不投其所好。如果他确信那些人推崇数学的精通，而如果他能够证明自己是一个精通数学的人，那么他会调整自己的表现以赢得赞许。

相同的影响也被出版学术成果的无情压力所放大。在学术出版中的确存在极其克制的例子，其中有些已经成了传奇。黎曼的数学论文集（Riemann，1876）只有506页，而詹姆斯·沃森和弗朗西斯·克里克发表的关于DNA分子结构的论文（Watson and Crick，1953）仅有一页。然而，有意忽略这些例子要比实际遵循这些例子容易得多。学术氛围不断对论文提出需求，而毫不克制地供给论文的诱惑对于某些已经精通此类研究风格的经济学家来说是无法抵抗的。对他们而言，得以尽早精通此术是数学赋予他们的一个比较优势。

经济学理论数学化的深化甚至还得益于它自身深奥小众的特点。由于它们包含的信息不能被那些没有掌握适当工具的经济学家所了解，那么对它们的评价就只能委托给那些可以解读这些密码的人。然而，承认他们的技术专长也就意味着要接受他们的价值取向。经济学深以其独特的学术多样性而自豪，这种多样性最明显的特征之一就是经济史学家作的埃利讲座（Ely lecture）是由计量经济学家主持的。但是随着学会的大多数会员对于大多由其数学家会友做出的工作越来越难以理解，这种多样性就受到了限制。

四

把经济学家维系在一起从事共同事业的纽带，不仅受到来自经济学家之间方法论差异的冲击，也受到他们的意识形态分歧的挑战。在经济学家努力把其学科变成一门科学的过程中，他们必须抛弃一种受偏爱的思维模式——某种一相情愿的想法。他们必须成为公正的观众，即便他们自己在演出中也扮演角色。然而在试图保持这种超脱的态度时，他们又被要求对极其复杂的社会问题迅速给出答案，所以他们不得不放弃那种小心求证因而也就缓慢的科学方法。再加上方法论和意识形态的区分、来自内外部的批评以及席卷我们学科的思潮的影响，使得每一步稳健的进展都难能可贵。而在过去一个半世纪里，经济学理论的数学化正属于这种进展之一；在过去50年中，它已经成为转变经济学的主要推动力之一。经济学理论数学化的程度之深也引发了人们对其影响的异议以及试图改变其走向的尝试。若想对这种异议和尝试的有效性作出评价，仔细考察经济学理论数学化迄今的历史过程是有益处的。

参考文献

Arrow, Kenneth J., 1951, "An Extension of the Basic Theorems of Classical Welfare Economics," in J. Neyman, ed., *Proceedings of the Second Berkeley Symposium on Mathematical Statistics and Probability*, Berkeley: University of California Press, 507-532.

——, 1953, "Le Rôle des Valeurs Boursières pour la Répartition la Meilleure des Risques," *in Econométrie*, Paris: Centre National de la Recherche Scientifique, 41-48.

Aumann, Robert J., 1964, "Markets with a Continuum of Traders," *Econometrica*, January-April, 32：39-50.

Brown, Donald and Abraham Robinson, 1972, "A Limit Theorem on the Cores of Large Standard Exchange Economies," *Proceedings of the National Academy of Sciences USA*, May, 69：1258-1260.

Eatwell, John, Murray Milgate and Peter Newman, eds., 1987-1989, *General Equilibrium*, New York: Macmillan.

Edgeworth, Francis Y., 1881, *Mathematical Psychics*, London: Paul Kegan.

Gordon, Robert A., 1976, "Rigor and Relevance in a Changing Institutional Setting," *American Economic Review*, March, 66：1-14.

Hamilton, David P., 1990, "The SSC Takes On a Life of Its Own," *Science*, 17 August, 249：731-732.

Jones, Lyle V., Gardner Lindzey and Porter E. Coggeshall, eds., 1982, *An*

Assessment of Research–Doctorate Programs in the United States: *Social and Behavioral Sciences*, Washington DC: National Academy of Sciences Press.

Leontief, Wassily, 1971, "Theoretical Assumptions and Non-observed Facts," *American Economic Review*, March, 61 : 1-7.

Maxwell, James C., 1865, "A Dynamical Theory of the Electromagnetic Field," *Philosophical Transactions of the Royal Society of London*, 155 : 459-512.

Riemann, Bernhard, 1876, *Gesammelte Mathematische Werke und Wissenschaftlichen Nachlass*, Leipzig: Teubner.

Robinson, Abraham, 1966, *Non-Standard Analysis*, Amsterdam: North-Holland.

Scarf, Herbert E., (with the collaboration of T. Hansen), 1973, *The Computation of Economic Equilibria*, New Haven: Yale University Press.

—— and John B. Shoven, 1984, *Applied General Equilibrium Analysis*, New York: Cambridge University Press.

Smith, Adam, 1776, *An Inquiry into the Nature and Causes of the Wealth of Nations* (2 volumes), London: W. P. Strahan and T. Cadell.

Vind, Karl, 1964, "Edgeworth Allocations in an Exchange Economy with Many Traders," *International Economic Review*, May, 5 : 165-177.

von Neumann, John and Oskar Morgenstern, 1944, *Theory of Games and Economic Behavior*, Princeton: Princeton University Press.

Walras, Léon, 1874-1877, *Eléments d´Economie Politique Pure*, Lausanne: L.Corbaz.

Watson, James D. and Francis H. C. Crick, 1953, "A Structure for Deoxyribose Nucleic Acid," *Nature*, 25 April, 171 : 737-738.

Science, 1990, 5 October, 250 : 28.

(原文: Gérard Debreu, 1991, "The Mathematization of Economic Theory," *The American Economic Review*, 81 (1) : 1-7)

第五篇

文献阅读

国内经济学者要重视经济学文献

杨小凯[*]

特立独行的张五常

很多人不喜欢张五常的个性。我在1998年访问他曾教书的西雅图大学时，巴泽尔告诉我，张五常在西雅图教书时，巴泽尔和诺斯与张五常有一个小组，经常讨论产权经济学、交易费用，巴泽尔和诺斯都从他那里学到不少原创性思想。但其他教授对他却很有批评，说他不参加研讨会，少有的一次，只听了一半，就站起来说，我们为什么在这里浪费时间，听这种没有一点意思的讲演？说完就离开研讨会。这种不礼貌的举动，使大家十分惊讶。但我可以理解他的感觉，我听了很多新古典边际分析的讲演时，也有同感，觉得是与实际毫无关系的纸上谈兵，但我决不会像他那样拍案而起。

我对张五常的经济学洞察力很佩服，我佩服的人很少。可能他对经济学的边际分析学得不够好，或是数学学得不够，但他根本不理会人家这些东西，完全是从生活中观察到一些他认为关键性的东西。比如他批评外部性效果，评论得很好，说到处都是

＊　杨小凯（1948—2004），原澳大利亚莫纳什大学经济学教授。

外部性——如要完全消除吃橘子的外部性，一个橘子一个价，因为每个橘子味道、大小都与其他橘子略有差别。但实际上橘子顶多分三等或四等价，因为要精确定价格需要费用，所以市场与橘子定价的外部性效果是测量费用和不精确测量造成的外部性之间的最优折中。

他关于合约、企业的观点非常有创见。斯蒂格利茨因他对信息经济学的贡献获得2001年诺贝尔经济学奖，在关于佃租理论的1974年论文[1]中，他指出原创性的思想来自张五常的关于佃租理论的论文[2]。是张五常首先发现传统理论认为分成租佃合约无效率的看法是错误的，并指出佃农努力程度的不易测度和信息费用，使得分成租佃合约在一定条件下成为一种有效的制度安排。

然而，张五常的数学模型不够完满，特别是没有找到一个描述信息费用的好数学方法，反而是后来者斯蒂格利茨利用张五常的发现，用严格的道德风险模型，一般化了张五常的理论观点，并利用模型解释均衡失业、效率工资等经济现象。假如张五常积极跟踪文献的最新进展，而不是"不再读书"，并能用较好的数学模型一般化他的理论，那么他可能就得到诺贝尔经济学奖了。

张五常在一篇文章中谈经历时说："信息经济学我是鼻祖。"这是真的，特别是分成地租中的信息费用。使分成地租成为有效率的制度算是他第一个提出来，他之前的所有经济学家都说分成地租无效率，所以要土改。张五常是第一个来推翻这种支持土改的经济理论的经济学家。

分成地租制度曾被经济学家认为是不利于经济发展的制度，因为佃农没有得到他的努力所产生的全部边际收益，生产积极性会受到打击。但是1970年发展起来的信息经济学证明，当测度农民努力程度的交易费用很高，且生产有不确定性时，我们会有风险分担和提高激励的两难冲突。当低产量出现时，从分担风险出发，地主不应该对佃户有很大惩罚；但从提供激励考虑，产量不高时地主就应惩罚佃户。而当佃农的工作努力很难测度，生产中的风险很高时，分成地租就是这个两难冲突的最有效折中。因此在一个自由契约制度中自发产生的分成地租制度是一种有效率的土地制度。

土地制度的多样化非常符合现代信息经济学和租佃理论的预期。这些理论证明，当生产中风险很高，生产者的努力水平很难测度时，分成地租是最有效的；而当风险很小时，固定地租最有效率；而生产者努力水平测度费用低时，

[1] Joseph E. Stiglitz, "Incentives and Risk Sharing in Sharecropping," *The Review of Economic Studies*, 1974, 41（2）: 219–255.——编者注

[2] Steven N. S. Cheung, *The Theory of Share Tenancy*, Chicago: University of Chicago Press, 1969.——编者注

雇佣关系最有效率；当风险不太大也不太小时，分成地租和固定地租会在合约中同时出现；而分成地租由于地主与佃农分担风险，所以租金水平会高于地主不承担风险的固定地租。

所有这些土地制度都在特定条件下是风险分担和提供激励的两难冲突之间的最优折中，所以不存在一种制度在所有条件下比所有其他制度坏，也不存在一种制度在不同条件下比所有其他制度好的情况。

匿名审稿制度不利于新思想的产生

张五常有一个缺点是不虚心。虽然别人以他的理论为基础，却进一步发展变化了它，而且做得比原来好。他不去虚心地学人家超过他的部分，反而把人家的道德风险模型讲得一钱不值，我觉得这样不好。他早期遇到科斯，很推崇他的理论，特别是诺斯从他那学了很多东西（诺斯曾于1999年在哈佛大学亲口对我承认了这一点）。张五常有外国人的劣势，如果从小在美国长大的人，他们之间会有感情纽带，就像美国人崇拜肯尼迪的儿子，虽然他没有什么显赫的功德，但因为从小一起长大，会有感情因素，这是我们华裔没有的。比如我回国，老一辈的人知道我是杨曦光，马上会有很多回忆，无形中有很多感情。斯蒂格利茨实际是二道贩子，把张五常的理论贩卖，还做了些具体的事情，靠此出名了。张五常却因匿名审稿发表文章不顺利，干脆写些散文。这是中国人和西方人先天条件的差别。另一个是匿名审稿制度的弊端，完全以匿名审稿制度的标准来评判，张五常永远没有出头之日，他早期影响最大的、被引用最多的几篇文章都是未经匿名审稿，由科斯约稿的，包括科斯也是这样。

匿名审稿制度其实对新思想的产生是很不利的，新思想很难经匿名审稿杂志变成主流学派。科斯自己办杂志就是基于这个原因，办了《法律和经济学报》，张五常很多理论就是在那里通过约稿发表的。

哈耶克的理论就是以书的形式先发表。实际上新东西都是在边沿地方产生。另一方面而言，张五常已经很幸运了，类似他这样聪明的中国人虽然不多，但别人哪有机会出头？科斯很器重他，对他的文章基本上不经过审稿就发表。如果他是一个英国人，像科斯，照说他的成就应该更大一些。但也不能抱怨什么。有一些"事业钻营家"，在现有制度下只想把自己的事业做成功，很会写稿，在匿名审稿杂志发表记录很好，但文章内涵不够，原创性不可望张五常的项背。当然事业成功这也是一门功夫。这些人是成功的事业钻营专家，其实他们中很多人的东西不如张五常的思想，但他们总是贬低他。这也可以说是制度演进中的问题，科学演进历史中，一般新东西都在边缘产生，而不在中心产生。从内心来讲，我对张五常学术上的评价还是很高。他的分成地租说，成为信息经济学、交易费用经济学的源头之一；他的内生外部性理论、内生交易费用理论、企业和合约理论，后来都被米尔格罗姆（Paul Milgrom）等人变成正式合约、企业理论模型，成了主流学派的一部分。

1994年我访问斯坦福大学时，米尔格罗姆告诉我，张五常1983年那篇关于合约和计件计时工资的论文[1]对他的企业和合约模型的影响。张五常的企业规模无关论在哈特的企业理论中也成为经典。我和孙广振等人也将其发展为超边际经济学模型。廖柏伟、张永生还找到了支持这一理论的很多经验证据。像他这样成为主流学派三个文献（佃农理论、内生外部性、合约和企业理论）的原创人之一的中国人再找不出第二个了。

我对他的一些观点也有一些保留，一个是他要年轻人不去看文献，我觉得不对。他在这上面是吃了亏的，如果他早把斯蒂格利茨道德风险模型看懂，再发挥和调整，那情况就不同了。不过像张五常这样对文献不重视，自己都能原创这么多新东西，的确是奇才。我也自认为有很多新思想，但综述文献后却发现，不少我想的问题别人早就做过了。我就不能不看文献就能想出像张五常那样有原创性的想法。

现在国内大多数人没读够文献，只是从很少几个杂志上引用文章，不要说拿诺贝尔奖，就是拿到国际上交稿子，人家都会很看不起。中国现在99％的经济学文章拿到外国来发表，都会因为对文献不熟被杀掉。当然有些东西国内看不到，但也有的是根本不去读。中国人总是别人的东西还没看完，自己就要创新，张五常也有这个缺点。

谁在误解张五常

国内误解张五常的有几种情况，一是把张五常一些不重要也不一定正确的说法看得太重。例如他说过没有向上倾斜的需求曲线，但只要了解教科书中的标准结果的人就知道，可能有向上倾斜的需求曲线，对非正常商品即收入效果为负的商品，如价格上升，真实收入下降。由于收入效果为负（收入越低买得越多，例如收入下降，多买劣质商品），若收入效果大于替代效果，增加购买

---

[1] Steven N. S. Cheung, "The Contractual Nature of the Firm," *The Journal of Law and Economics*, 1983, 26（1）: 1–21.——编者注

的收入效果超过减少购买的替代效果，社会就会出现向上倾斜的需求曲线。张五常应该知道这些的，但他说这完全是人造出来的，数学推出来的，现实中不存在。中国可能有些人连教科书都没读过，却说没有向上倾斜的需求曲线，讲得振振有词的样子，这是我很难接受的观点。当然张五常讲得有一定道理，像我们说的这个向上倾斜需求曲线的例子（吉芬商品）没有很多思想在里面，无非是数学推出一个特别的例子。

另一些批评张五常的人不了解西方主流学派的文献，或只了解标准教科书上关于外部性的观点，不知道自张五常、科斯以来，主流学派的前沿已用正式模型否定了外部性概念，而用内生外部性、各种复杂的两难冲突解释制度的复杂特点。

以内生外部性文献而言，米尔格罗姆等人将其发挥用来研究为什么企业内用计时工资，而不用100%的绩效工资。他用张五常的测度费用和不精确测度造成外部性之间的两难冲突的观点做模型，如果完全以绩效定工资，绩效难测度的事就无人做。例如只按学生考试成绩定老师的工资，则老师只教对考试有影响的书本知识，不启发学生的原创性，使学生都成了考试机器。所以西方学校不准以学生考试成绩定老师的工资。所以制度安排中有激励强度与各种活动激励平衡度的两难冲突，有效折中一般会以牺牲一定激励强度以达到各种活动中激励的平衡，也就是说，最强的激励不一定是最优的。这种模型还指出，计时工资必须与合约中的排他条款相结合才能有效折衷上述两难冲突。排他条款一般是限制雇员兼职（一般西方大学限制教授在其他机构兼职，比如一周只能兼职一天及只能假期兼职）。如无排他条款，以计时工资为主（干好干坏都一样）绩效工资为辅，雇员会将大量精力兼职。

这种模型能用来分析政治制度。政府官员是很难拿绩效工资的，这是因为政府服务的绩效极难测度。所以西方政府官员工资一般不与绩效100%挂钩，但也严格禁止官员兼职，做到这一点当然以官员全职工资和福利比其他的职务待遇至少不会差太多为条件。

张五常原创的这种内生外部性理论，现在被主流经济学家（如Bengt Holmstrom）发展成复杂的数理模型，来研究监狱、邮政要不要私有化，哪些政府服务可以私有化等问题。一般结论是，测度绩效费用高的服务，且不能通过私营公司适当将此服务与测度绩效容易的服务捆在一起买卖时，就不宜搞私有化。

国内很多人都对这些前沿研究不熟悉，对张五常的原创地位也不了解（张五常由于不跟踪新的数学模型，他自己对此也不熟悉），加上张五常有时喜欢自我夸耀（大多并不言过其实，虽时有过头的地方），有些人就对他的即使是真实的自我肯定也不相信了。国内学界要改变这一状况，还要老老实实从读现代经济学文献做起。

我认为张五常的长处是他思想的深度。张五常不但直觉特别好，按以往我们做研究的经验，有时候直觉是不可靠的，他不只是靠直觉，还能从复杂的经济现象中抓出关键的问题。他的直觉比传统边际分析更能抓住要害。他有丰富的社会经验，了解真实经济世界，与那些从学校门到学校门、从书上讨生活的人不一样。他的最大缺点是处不好人际关系，包括与政府的关系（例如最近的逃税案）。但我却非常惊讶，在西方制度下，这种特立独行的中国人居然有机会脱颖而出，为世界经济思想史作出突出的贡献。

（原文刊于《南方周末》2004年2月12日第1044期）

文献研究的途径

朱玲[*]

近年来，我在评审多部博士论文时注意到，作者在参考文献目录中罗列的著作，堪称经典文献或专题精品的不多，而学术价值和信息量稀薄的报纸宣传文章不少。还有相当一部分列出的著作，并未在其文献综述和正文中有任何涉及。对此，我特意找了一些博士生询问究竟，方知原因在于，一是作者没有下功夫搜寻和阅读文献，二是可能为了凑字数，就把良莠不齐的发表物一股脑儿地收了进来。更令人诧异的是，有的文献综述通篇提到的几乎都是经典论著，可在论文末尾的目录中却不见这些文献的踪影。大家推测，这种首尾不相顾的情况，极有可能是作者聘用不同的"枪手"分工"捉刀"所致。本文的目的，是与青年经济学人探讨文献研究的基本方法，因此以下讨论撇开"枪手"案例不谈。

我理解，文献综述和参考目录对于其作者，是一种思想形成过程的记录；对于读者，则是一种特定专题研究线路的标识。尤其是学位论文中的文献综述，它既不是用来出示作者读书成绩的证明，也不是展现其博学强记的工具，而是扎扎实实从事学术论著写作的开端。因此，针对经济学博士论文中常见的文献研究问题，本文拟将围绕相关的文献搜寻、鉴别、学习和综述等环节，逐一说明注意事项。有鉴于博士生一般均已掌握文献搜寻的技术手段和应有的阅读技巧，所以我把文章的重点置于辨识、学习和

257

---

[*] 朱玲，中国社会科学院经济研究所研究员。

综述写作方法上。

一、精品文献的特征

形象地说，搜寻文献如同研究者在寻找前人的足迹，以便从他们驻足的地方起步继续前进。不过，只有精品文献才有可能使后人"踩着巨人的肩膀"攀登。发现精品的前提，是把握此类文献的创新特征。二十多年前，我从董辅礽先生那里听到一番与此相关的精辟议论。他认为，能够使博士论文出新的要素有三个，即新思想、新方法和新资料。[1]由此我理解，那些堪称精品的文献或者是具有独到的思想和视角，或者是创造和发展了某种分析工具，抑或是蕴涵着从当时来看前所未有的信息材料。仅以健康投资理论为例，美国经济学家福克斯在他的论文集中，把健康视为经济和社会选择的结果；贝克尔在《家庭经济分析》中明确指出，为了获得良好的健康，居民户和个人必须投资；Phelps在专题论文中进一步讨论，健康还取决于个人行为决策；Grossman则依据人力资本理论，用经济计量模型对健康投资问题作出具体的数理分析。[2]这些文献在拓展经济学研究领域和研究方法方面，具有程度不等的开创性意义。但凡受过经济学专业训练的人，只要仔细研读这几篇文献，就不难理解如何把健康因素引入人力资本研究。作为发展中国家的经济学人，只消稍微动动脑筋，就能借助人力资本理论建立起健康经济学与发展经济学之间的联系，探寻出与此相关的专题研究路径来。

以提供第一手资料为特征的精品文献，很可能超越经济学的范围。然而，只要这些文献能够提供专题研究所需的信息，研究者就大可不必拘泥于学科分野。近年来我参与藏区发展研究，因而不由自主地关注所有与调研地区相关的文献。在我迄今为止浏览过的信息性著作中，任乃强先生所著《西康札记》[3]无疑是一篇浓缩了原始资料的经典之作。任先生是一位开创中国近代康藏研究之先河的历史地理学家[4]，这本只有110个页码的32开小册子，也许只能算是他

---

[1] 参见：朱玲，《伴随发展的脚步》，济南：山东人民出版社，2005，第264页。

[2] 参见：福克斯，《谁将生存？健康、经济学和社会选择》，罗汉、焦艳、朱雪琴译，上海：上海人民出版社，2000，第82–86、94–95、214页；贝克尔，《家庭经济分析》，北京：华夏出版社，1987，第74–85页；C. Phelps, "Illness Prevention and Medical Insurance," *Journal of Human Resources*, 1978, 13：183–207；M. Grossman, "The Human Capital Model of the Demand for Health," NBER Working Paper Series, 1999, No.7078.

[3] 任乃强，《西康札记》，第二版，上海：新亚细亚月刊社，1932。

[4] 四川大学历史文化学院网页：任乃强先生简介，www.scu.edu.cn/home/lishixueyuan/history/older/rnq/01.htm，2006年1月13日下载。

诸多创造性学术劳动的副产品。我之所以视之为精品，是因为任先生以自己的见闻，极为凝炼地刻画出清末民初调研地区的社会、经济、人文和自然环境特征。这从以下几个例子中即可看出来：

其一，"天主堂垦地"篇不仅涉及康定、泸定和巴塘县（时称巴安县）河谷地带的农地所有权，而且还显示出法国教会势力的扩张："泸定最肥美富庶之地……其水田殆全由天主教堂收买开垦。现在每年收租约二千石，除供该县教堂费用外，并供康区各县教堂费用。""康定现在农业区域……半属喇嘛寺与锅庄，半属于天主堂。自康定城至榆林宫长三十余里之河谷，皆天主堂用银三千余两向明正土司收买，招人领垦者。包垦每亩八圆，垦后照播种数量收租，上土加倍，最上熟土有加至十余倍者。现已开垦十之五六，尚在招雇垦户。闻巴安教堂垦地尤多。"

其二，"牛场娃"一篇是对游牧部落社会的记载。其中，寥寥数语便勾勒出游牧组织、家庭财产和人力资源特征："牛场娃生活大高原中，依牛为命。"其部落组织为："数十户为一家，数十家为一村，各有世袭首领以统制之。"各部游牧地域受草场所有权限制："其地无主权者，任意游牧，水草无禁。"至于有主权的地域，则是不能随便放牧的："各村有一定地域，不能互犯，犯则相仇；通常劫其牛马以示罚，他村又必报复之。或有杀人者，则仇至数世不能解。"牧民的财产以牲畜为主："无储蓄，无仓箱，有所需，则负乳酪或驱牛马向都市易之。"就牧民的健康和游牧技能之外的知识状况而言，任先生的描述既具体又形象："人与风露雨雪烈日相习久，体极顽健。妇人产子即自抱往水边浴之……无所谓'月母子'也。""牛场娃无理性，好窃小物，悍者为匪，知有官，知支差徭，知不可越界放牧，知完牲税，此外一无所知。"

其三，以多幅短篇描述不同民族之间、阶层之间以及社会角色之间的关系。例如，"名山木匠"、"农业和蛇"与"王剃头"这几篇，记载了进入川边地区的汉族百姓如何凭借专长技艺谋生，又怎样融入少数民族社会。还有系列个人案例，讲的是从事各种贸易甚至贩卖鸦片的汉族商人。"康定乞丐"和"记泸定张菩萨事"说的是汉族盗抢团伙和骗子的案例。"陈遐龄之罪恶"和"康定团丁"两篇，绘声绘色地描绘了官员腐败、土司贿赂官员以及兵丁敲诈勒索藏族百姓乃至任先生一行的案例。

需要特别指出的是，这本札记中的五十多个短篇，看似山川风物或人物事件白描，实则以标志性原始材料反映作者的研究思路。这种差异，就把访谈记录和案例故事区别开来；把鲜活的、富有立体感的民间历史，与那些近年来日渐刻板笼统的大部头地方志区别开来。2005年我曾带队在康藏地区调研，今读任先生的札记，不禁联想到上述某些社会特征至今还或多或少地留有遗迹。欣赏全篇，更是深切地领悟到任先生综合观察事物和细致记录实地调研信息的方法。从这个意义上可以说，精品的价值还在于日久弥新。不过，这一点只能靠学人自己在阅读中去体会。

二、文献搜寻路径

一个研究者必须善于依据既定的研究方向去搜寻精品文献。以下几条搜寻路径比较常见：

第一，从经济学词典中找线索。不少经济学词典都是延请名家撰写条目而成，那些词条本身就包含着专题文献综述，条目末尾还列有主要参考文献目录，例如德国的 Gabler Wirtschaftslexikon 和英国的 The New Palgrave 系列词典即是如此。这类辞典往往过几年就会修订再版一次，以便尽可能把最近的研究成果吸纳进来。以1987年版的《新帕尔格雷夫经济学大辞典》为例，撰写劳动力过剩词条的是 Gustav Ranis。他仅用了8个页码，就极为简捷地阐明劳动力过剩和二元经济之间的联系。首先，单刀直入地说明李嘉图如何建立静态劳动力过剩经济模型；其次，展示 Lewis、Fei 和他自己的动态劳动力过剩经济模型；最后，在此基础上论述发展中国家实现整个经济现代化转型的条件。在词条末尾，他只列出4篇文献，发表时间最早的是1954年，最晚的是1984年。这几篇文献的作者分别是 H. Binswanger 和 M. Rosenzweig、J. Fei、G. Ranis、S. Kuznets，以及 W. A. Lewis。从那精悍的文献目录中，熟悉发展经济学的人一眼便可看出，篇篇都是名家名著。[1]

对于最初涉足这一领域的经济学人来说，Ranis 创作的词条不啻是茫茫书海中一座烨烨发光的航标。

第二，从经济学专业手册（Handbook）中找线索。例如，发展经济学手册、健康经济学手册和收入分配手册中的文章，大多是精品，篇尾的文献目录一般也不会漏掉特定专题的经典。

第三，浏览相关专著中的文献综述及目录。此外，还可以阅读书评。这与前两种方法相似，目的都好比是"顺藤摸瓜"，减少文献搜寻中的盲目性。

第四，借助期刊数据库或图书馆的目录索引，从名刊中寻名作。我曾有一

---

[1]　拉尼斯，"劳动剩余经济"，收入伊特维尔、米尔盖特、纽曼编，《新帕尔格雷夫经济学大辞典：第三卷》，北京：经济科学出版社，1992，第112–115页。

个博士生，从国家图书馆收藏近50年的几种著名国外经济学期刊中，搜寻到上百篇健康经济学文献。其中有一篇 Arrow 于1963年发表在《美国经济评论》第53卷上的论文："不确定性和医疗服务的福利经济学"（Uncertainty and the Welfare Economics of Medical Care）。这篇论文对经济学的贡献，在于揭示了医疗服务的供求信息不对称和市场失灵。对于我当时带领的"贫困人口健康风险管理研究"课题组，它不仅有广开视野之效，而且还引导我们避开了许多可能遭遇的弯路。需要注意的是，搜寻期刊文章无疑离不开"关键词"这把钥匙，浏览时最好多用几个同义词探查。例如，我们课题组一位成员在寻找药业文献时，用"medicine"上下求索而不得，改用"pharmaceutical"以及与之词根相同的字或词组搜索，则大获丰收。

第五，请专家介绍或借助同事交流获取名家名著信息。这正是借阅前述《西康札记》的路径。我从四川省社科院的专家那里，获悉任乃强先生的康藏考察成就。于是请经济所图书馆的同志用作者姓名搜寻，很快拿到与任先生相关的馆藏书目，然后从他的几部著作中选取了这一本。

有些学生为收集文献之后用不上而苦恼，感到白费了工夫。其实，寻找对自己有用的文献，犹如"淘尽黄沙始见金"的过程。这个比喻并不一定恰当，这一是因为名著未必都对自己有用；二是因为对自己用处不大的文献，很可能对别人就是"金子"。这里只是试图形象地说明，不付出搜寻、浏览和筛选的代价，就不可能获得期望的信息和知识宝藏。进一步讲，找到启发自己思想或对研究有用的文献，还需要文献识别能力。否则很可能会对有用的信息听而不闻，对亟需的文献视而不见。然而这种识别能力正是在大量阅读中培养起来的。这好比古玩行当里的"鉴宝"，哪一个"高手"不是见识过无数的器件，才练就"慧眼识珠"的功力？哪一件宝物不曾经历过千挑万选，才被识货者收入囊中？

此外，与自己需要的精品文献擦肩而过，或者精品到手却还用不上，既可能是因为读者尚未找到联接作者的思想与自己的需要之间的"红线"，也可能是因为读者还没有把自己的思想碎片串联起来形成思路，因而不大清楚自己需要什么。

三、文献研读和综述

这里之所以用"研读"二字来对待文献，主要是想强调，学习文献是一个包含着去粗取精、去伪存真、融会贯通和为我所用诸环节在内的研究阶段。一

261

个研究者在搜集到与自己的专题相关的文献后，必定首先浏览标题、提要、目录、序言、导言和结语，然后决定是否精读全篇或者某个章节。我认为，对筛选出来的文献、特别是精品文献，阅读时最好要在要点处做上记号，或者将自己的归纳、评论、感想和相关页码，写在附有不干胶的纸条上，粘在读物上充当活动书签，以便做笔记或文献综述的时候用。这如同在深山老林里勘探，边走边留下路标，才不至于迷失回返的路程。

专业文献阅读更多的不是为了享受，而是服务于提取精华和推进研究的目的。对此，读书笔记可以说是一种有效的工具。它并无定式。针对单篇/本文献，读者既可写出三言两语的纪要，例如前面对几篇经济学文献的介绍；也可根据个人偏好构建提纲，例如对《西康札记》所做的文摘；还可以写成书评，等等。如果文献对自己用处微小，就对那微小的收获加以简短的记录；如果文献令自己茅塞顿开，那就把其中曾经启发个人心智的"钥匙"绘制出来。无论何种形式的读书笔记，都可作为专题文献综述的构件。针对特定领域的多种读物，还可以写作以专题文献研究为特征的读书笔记。例如我们藏区发展研究课题组的一位成员，从几个外文资料库搜寻到大量文献，阅读后选取国际政治与西藏研究的关系这一角度，写出"西藏研究百年"。虽然它并非是任何一个子课题的文献综述，却也使整个课题组受益匪浅。

文献综述，可谓通往专题研究的桥梁。对于此类写作，有的博士生左右为难，不知从何下手；有的虽在篇首堆积千言万语，但那些综述却与随后展开的专题研究欠缺内在联系。为此，日前我曾求教于赵人伟先生。他提出，一篇成功的文献综述，应当足以使读者从中看出作者即将展开的专题研究逻辑。由此我体会到，要做到这一点，至少需要在文献大海里潜泳几个来回，甚至还必须如制作塑像一般，在完成整个专题研究之后再回头雕琢一番。简单说来，如下几个步骤是必不可少的，当然，步骤之间的排序并无定数。

首先，通过学习已经收集到手的文献，形成自己的专题分析框架。在这一阶段，最低限度应形成一个粗略的提纲，或者制定出路线图，明确自己的研究从哪里来到哪里去。

其次，沿着提纲的脉络进一步搜寻和学习文献，用新增的信息修正、填补或细化已有的思路，反思乃至调整论文题目和所要研究的问题。这一步骤的最低限度，是把学习过的文献分门别类，按照提炼出的问题附加小标题，选择和串联阅读笔记，分别填入不同的标题之下。计算机的使用，无疑为这种写作方式提供了方便。

再次，针对所要研究的问题或领域，说明别人已经完成哪些工作，留下哪些问题。或者说，从现有文献中引申出自己的研究领域，提出即将回答的问题，叙述处理的方法。这就顺理成章地形成专题文献综述的初稿。当注意到别人不曾涉及而自己的研究却不能回避的问题时，那就表明创新的机遇正在来临。

最后，在后续研究过程中阅读补充文献，留下思想记录或随时将所得添加在文献综述中。在完成论文其他部分的写作后，重新审视和修订综述，仅保留那些真正帮助过自己思想形成的材料。如此这般，才有可能借助文献综述，展现整个专题研究的分析框架。

事实上，搜寻、鉴别和阅读精品文献都不难，难的是深入思考，汲取文献的营养，将所学知识用于铺设自己的专题研究轨道。为了克服其中的困难，可以借助团队的智慧和由此而产生的激励。例如，写出提纲式文献简介，向同学、指导教师或课题组报告文献学习心得，在交流中升华自己的思想。当然，如果懒于思考，怯于动笔，那么包括文献综述在内的整个专题研究，则都无从谈起。

（原文刊于《经济研究》2006年第2期）

第六篇

调查、案例研究与真实世界

研究真实世界的经济学——科斯研究经济学的方法及其在中国的实践

周其仁[*]

天则研究所主持的"中国制度变迁的案例研究",现在已经出版了第一批成果。[1] 这批成果的一个显著特点,即系统地将自科斯以来新制度经济学的许多新发展运用于中国近年发生的制度变迁,已经引起了广泛的注意。同时,这项研究也比较系统地在中国实践科斯研究经济学的方法。但是这一点,还没有引起已有评论的注意。因此,这篇读书笔记就侧重讨论这项研究的方法论含义,并借此机会和读者交流学习科斯研究经济学方法的体会。

科斯的经济学研究方法

科斯有一个迷人的特点:他的研究成果好像总也造不成"立竿见影"的"轰动效果"。读者中一定有人知道,科斯在1937年发表的《企业的性质》,要到二三十年后才被世人刮目相看。后来大行其道的"交易费用"概念,据科斯自己回忆,形成之时约为1932年。其时,科斯只是一个中国人所讲的"小年轻",在英

---

* 周其仁,北京大学国家发展研究院院长、教授。
[1] 张曙光主编,《中国制度变迁的案例研究:第一集》,上海:上海人民出版社,1996。——编者注

国一家经济和商业学院里担任"担心备课达不到水平"的助理讲师。五年后，论文发表，师友学长中有人前来道贺，但竟无一人讨论科斯的新见解。当时看好这篇论文对经济学发展异常贡献潜力的，好像只有科斯自己。（他当时写信告友人："我不相信我的一生中还会作出如此重要的工作。"）到50年代，论文被选入美国一本重要的文选；60年代，有人在脚注里加以引证；70年代，开始有人讨论；直到80年代，引证和讨论才突然与日俱增，以致"比前40年的总和还要多"。1991年11月，当科斯在斯德哥尔摩为他在交易费用、产权、企业和社会成本问题上对经济学的贡献而领取诺贝尔奖时，他已经八十多岁的高龄，垂垂老矣。

不过，即使在科斯名扬四海之后，还是少有人谈到他对经济学研究方法的贡献。我们看到，无论行家里手们同意不同意，"科斯定理"已经被广泛"考虑"过了。"交易费用"概念，有人阐述，有人运用，有人批评，也已经广泛地甚至过于广泛地被"考虑"了。"社会成本问题"的理路，对产权、商业纠纷、环保和其他公用品的利用以及一切具有所谓"外部效果"的合约问题的深远影响，更是有目共睹。但是，科斯何以得出这些影响和改变当代经济学的成果来呢？科斯的研究方法究竟有什么过人之处？这些问题就少有人问了。一个原因可能是，在科斯简白的"散文"式论述中，似乎根本就没有什么高深的研究经济学的方法。时代的潮流好像就是宁肯崇拜"高深"而误入歧途。也许需要另一个40年，科斯"研究真实世界"的质朴手法才会引起应有的注意。

其实，科斯1937年的论文恰恰是从研究经济学的方法开篇的。他在一开卷就指出，过去的经济理论"一直因未能清楚地说明其假设而备受困扰"，并批评许多经济家学在建立一种经济理论时，"常常忽略对其赖以成立的基础的考察"。在开篇第一个段落里，科斯中心阐明经济理论赖以成立的前提性假设（assumption），不但应当是"易于处理的"（manageable），而且必须是"真实的"（realistic）。

据科斯自己在1987年的一次讲演中推测，多数读者都忽略了他的这个方法论的意见，以致在阅读时会跳过这个段落（而一位叫Putterman的先生果然在一次选编此文时将这一段落全部删去）。[1]我们当然不得而知，有多少中国读者在阅读此文时跳过了这一段。我自己的经验是，虽然读了这一段，但还是忽略了科斯的独到见地。因为我曾经误认为，科斯的这段话无非是客气地引用并

---

[1]　R. H. Coase, "The Nature of the Firm: Meaning," *Journal of Law, Economics, and Organization*, 1988, 4（1）: 24.——编者注

同意20世纪30年代在伦敦赫赫有名的罗宾逊夫人的论点。后来，当我读了上引科斯在1987年的讲演稿，才知道科斯关于经济学方法论的意见完全与罗氏相左！因为罗宾逊夫人在《经济学是一个严肃的主题》（*Economics is a Serious Subject*）中的主要论点是，经济学的前提性假设必须是易于处理的，如果我们能处理的假设是不现实的，我们也只能别无选择地用这些不真实的假设。而科斯当时就反对经济学的研究可以为了其"易于处理性"而牺牲前提的"真实性"。科斯明言，他的目标是发现一个既真实而又易于处理的前提性假设。

这里所谓"易于处理"，就是指易于运用经济学累积的知识和分析技巧来处理要研究的问题。这一点当然是重要的。因为在一个分工的知识结构中，专门学科的知识和技巧的累积对于提高认知的效率有重大意义。如果每一时代的经济学家，都"创制性地"选择一些完全无法运用经济学已经积累起来的知识技能的前提性假设，并在这些假设下开展研究工作，那么经济学根本不能形成任何可累积的知识，根本不会有自己的传统，也就无法作为一门学科来发展。科斯并不反对假设的"易于处理性"。他反对的只是把"易于处理"作为选择前提性假设的唯一条件，特别是反对为了"易于在经济学上处理"而不惜牺牲前提的"真实性"。在科斯看来，这种为了易于处理而放弃真实的倾向，已经导致如下不良倾向："当经济学家们发现他们不能分析真实世界里发生的事情的时候，他们就用一个他们把握得了的想像世界来替代。"[1] 如果经济学家都如此"经济"地生产论文和著作，他们会有助于我们理解真实世界里的问题和关系吗？

科斯选择的是一个相反的替代：用真实的前提替代想像的世界。他要的是一个"既真实而又易于处理的"前提性假设。科斯自己的工作为此提供了一个范例。在科斯之前，经济学已经累积了关于市场交易和价格机制的大量知识和分析技巧。但是以往的经济学的一个不言自明的前提性假设是，市场交易和价格机制本身的成本为零。在这个不言自明的前提下，人们无从理解真实市场里一些复杂的组织和合约（如企业），甚至对此视而不见。科斯首先修订了"市场交易的零成本"假设，代之以一个"交易费用为正"的真实前提，然后将组织（企业）同（交易）成本分析连接起来。到了这一步，真实世界里的企业和其他复杂合约，就变得在经济学上"易于处理"了，因为经济学以往累积的知识和分析技巧（特别是边际分析），都可能用来分析被以往经济学忽略、但在真实世界里却存在的组织和合约。

269

---

[1]   R. H. Coase, "The Nature of the Firm: Meaning," p.24. ——编者注

如何做到"既真实而又易于处理"？

欣赏科斯贡献的我们不免进一步要问：怎样得到一个"既真实而又易于处理的"前提性假设呢？对此，科斯在1937年可是半点天机也不曾泄露。要到50年后，科斯详尽交代了写作那篇论文的起源、含义和影响[1]，我们才可以从中领悟到科斯所取方法的由来。以下三点是我体会到的关键：

第一，在真实世界里找学问。据科斯自己讲，他的经济学训练主要是在商学院里完成的。商学院的一个特点是注重实例研究（case study），也就是通过真实世界里发生的故事来研究理论。因此科斯一边跟着Plant学习价格机制，一边对英国的公用事业下调查功夫，并且累积了研究真实的企业所必要的知识（如商法、产业组织、金融和会计）。可能正是这种"两线学习法"（一线理论，一线实例），使年轻的科斯一上手就"碰"到问题：如果价格机制可以自动配置资源，为什么还有不同的工业组织？后人可以看得清楚，科斯能够"碰上"这个问题是经济学发展的大幸。当时也许有许多偶然的因素起了作用，但是有一点可以肯定：要是科斯没有对真实的企业下过功夫，他断然"碰"不到问题，或者"碰"上了也会擦肩而过。事实上，科斯的实感使他不但"碰"上问题，而且碰上就抓住不放，尽管当时的"著名经济学家们"根本不讨论这个问题，已有的文献也不把这个问题当做经济学的问题。那么，如何寻找"在价格机制起作用的现实世界里企业存在的原因"？下面这句话我认为可圈可点："我尝试着从工厂和公司的办公室、而不是从经济学家们的著作里找寻企业存在的理由。"[2]这就是科斯的态度。他为此在1932年利用伦敦经济学院提供的旅游奖学金，安排了一次远渡大西洋的游历：考察美国的企业和工业组织。科斯在美国把大部分时间花在访问工厂和公司的主管，通过与"真实家伙们"的交谈来发现他脑中挥之不去的疑问的答案。科斯为此可不吝啬时间，也不怕因为刨根揪底式的收集实际资料而"弄脏了自己的手"。作为年轻学人，科斯当然也访问了美国的学院和书斋，不过他只用"很少的时间去听课"。即便是鼎鼎大名的芝加哥大学经济系奈特先生教授的课程，科斯也不过旁听几次而已。科斯关注的问题不是从先辈学者的著作里找到的，因此他也不指望从现成的著作

---

[1] R. H. Coase, "The Nature of the Firm: Origin," *Journal of Law, Economics, and Organization*, 1988, 4（1）: 3–17; "The Nature of the Firm: Meaning," *Journal of Law, Economics, and Organization*, 4（1）: 19–32; "The Nature of the Firm: Influence," *Journal of Law, Economics, and Organization*, 4（1）: 33–47.——编者注

[2] R. H. Coase, "The Nature of the Firm: Meaning," p.24.——编者注

里找到现成答案。1932年的美国之行，使科斯果然从工厂和公司的办公室里发现了市场里为什么存在企业的理由。回到英国后，科斯在1934年写下了他的草稿。三年后，这篇几乎未经修改就发表的草稿，就是今天举世皆知的《企业的性质》。

第二，重点调查现实的约束条件。真实世界五光十色，因此到真实世界里求学问并非一件易事。科斯的法门是，着重调查问题的现实约束条件。他到美国调查企业时，心中想的是市场里为什么存在企业，但问出口去的却并不是"贵企业为什么存在"这样可能让人摸不着头脑的问题。科斯到处发问："企业在什么条件下购买产品，在什么条件下购买生产这些产品的要素来自己制造？"这其实就是在调查企业存在于市场的约束条件。我们知道，科斯不用"虚例"而偏爱用"实例"。"虚例"是想像世界的简化，比如在经济学著作里屡屡出现的"孤岛上的鲁宾逊"之类，其好处是"易于处理"，用得好可以有助于说明复杂的理论。但虚例的危险性在于可能完全不反映问题的现实条件。试想问题都"虚"掉了，答案怎么可能增加人们对真实世界的理解呢？在这一点上，"实例"的比较优势显而易见。实例是真实世界的简化，因此实例中总是包含着现实约束。不过，在简化真实世界里发生的故事时，也有可能将一部分重要的真实约束简化掉。所以科斯不但偏爱用实例，而且偏爱用经过他本人下工夫调查的实例，比如英国历史上的灯塔究竟是政府还是私人修建的、美国联邦通讯委员会如何通过分配频道资源集中了权力、福特汽车公司与其零配件厂的一体化程度等。在这些著名的问题中，科斯都是一面利用大量一手或二手的材料弄清事实的来龙去脉，一面自己来对事实"简化"，从而得到可用于经济学研究的"够格的"实例。这很好地表明了科斯工作的重点。

第三，把实例一般化。实例包含了回答问题的要素，但是实例本身并不能自动回答问题。从实例的研究到得出对真实世界里经济制度、经济组织和人的经济行为的理解，中间还需完成一个跳跃，这就是把实例一般化。回到科斯的企业研究：他不但调查了一批美国企业"在什么情况下购买，在什么情况下制造"的实例，而且从中把各个不同的现实情况一般化为如下这样一个判定："如果企业为购入要素自己制造而支付的费用低于它直接从事产品买卖的费用，企业就制造；反之，企业则购买。"这个一般性判定是思维上惊险的一跃，因为科斯从中提炼出一个更为一般的经济学概念——交易费用。经此，"企业"和各种复杂合约就如同"产品和劳务"一样，变得"易于处理"了。以往的经济学忽略了交易费用，或者不言自明地"假设"交易费用为零，所以无法分析市场里的各种组织；科斯从实例中一般化出交易费用，扩充而不是抛弃了经济学的分析框架，使之可以"处理"企业问题。因此，当我们读到"企业的组织费用在边际上等于企业支付的市场交易费用"时，我们再也不会吃惊这已经是一个标准的经济学的句子了。这说明，科斯的实例研究可不是满足于那些"可以一把火烧掉的描述性资料"，他要"咀嚼"实例，把实例一般化，直到得出"既真实而又易于处理的"前提性假设。

以上讨论表明，至少有三个关键词在科斯的方法论里占据重要地位：真实世界、实例和（把实例）一般化。这也提供了是否运用科斯方法的几个恰当的"指标"。下面，我们就据此来评论天则所的制度变迁案例研究。我们将看到，天则研究成果的长处和不足，是可以通过这几个关键词的讨论来发现的。

引人入胜的真实世界

天则研究所的这批研究成果首先显示，在真实世界里发生的故事，经过经济学家的精心整理，可以变得如此引人入胜。《中国制度变迁的案例研究：第一集》中九个天则案例，个个精彩，虽然不同的读者可能会觉得它们精彩的程度各不同。

细究起来，使真实故事引人入胜的一个基本要素是，在真实世界里发生的事往往与"大家公认"的逻辑相抵触。在这种场合，"公认"会发生的没有发生，而"公认"决不会有的事却偏偏来了。在这类"与常理不合"的故事中，最引人入胜的恐怕要数那些与"权威"的预言或断言不相一致的真实了。任何一个喜欢探究的人不免要问：为什么"反常"？这样的故事读着就会来精神。

举几个天则提供的例子吧。比如人们曾经公认，社会主义国家的政府是不会（或不应该）允许任何一种计划额度（票证）的买卖合法化的。这种共识的合理性在于，计划额度（票证）乃政府发出的分配凭证，并不是"由劳动创造"，本身"无价值"，要是官方容许计划额度买卖，岂不就是纵容"不劳而获"？迄今为止，上述公认的逻辑在绝大多数场合依然有效，因为官方对为数不少的计划额度（票证）的地下买卖，从来取禁止、打击和取缔的立场。但是有一个却是例外：外汇额度交易。盛洪抓住这个例外细说从头，研究其何以从非法买卖演变成官方许可的合法交易，并且成为我国外汇管理制度改革的一个过渡形式。这样的故事当然引人入胜：政府在什么条件下承认并保护"权利的交易"？又比如，人们公认"重复建设、重复引进"是一种社会资源的浪费。从几十年前宣传计划经济优越性，到近几年批评经济建设中的时弊，"无政府竞争造成的浪费"总是一个基本的论据。但是刘世锦、江小娟深入冰箱行业的调查，却表明恰恰是这种伴随着"浪费"的竞争，推动了冰箱行业的质量进步和规模经济，同时还有效地缩短了满足社会需求的时间。在这个冰箱的故事里更为有趣的是，那些以废除竞争、"计算起来更优"为特征的所谓"产业政策"，不是根本无从实施，就是浪费更为严重。这些事实与"常识"如此不一致，人们总会有兴趣多看一眼"不应该有的"事实吧。

本书中最引人入胜的，恐怕要数成都和上海两地股票市场的案例了。这两个故事堪称"上品"，一方面是因为它们记录了中国90年代改革的一个重要进展；另一方面是因为它们很好地表明，比较复杂的交易形式所需要的那些支持系统，可以怎样"反常地"在中国形成。不少学者相信，应该在初级市场改革（如产品市场放开）的成果稳固之后，应该在企业改制见效之后，应该在一系列法规建立健全之后，特别应该在政府有条不紊的周全安排下，才可以考虑开放比较高级的市场（如股票交易和期货交易）。这或许正是耶鲁大学诺贝尔经济学奖得主托宾警告中国政府在20年内不要开放股市的原因之一（见吴敬琏的转述，1995，P9）。但是杨晓维关于成都"红庙子"股票交易自发成市的出色研究，却表明在某种条件下（一个足够强的盈利预期、政府放宽管制和其他），个人和自愿团体也有可能主导"为完成复杂交易不断界定产权"这样似乎只有政府才能提供的公共品的供应。"红庙子"发生的事的确是一个"倒爬楼梯"的个案：在初级交易还混乱无序的情况下，大体靠自发势力实现了股票这样符号化产品的高级交易。这个故事的引人入胜之处就在于它"不合已有逻辑"的真实。你看，在法规、服务和什么什么都不健全或根本不具备的情况下，这些四川人居然用钱买"纸头"而使交易达到"每天10—30万人、成交额1 000万元"的规模！

相比之下，陈郁提供的上海股市的故事就不像"红庙子"那样大起大落。不过，上海的真实也同样引人入胜：无论政府如何努力"规范"股票的柜台交易和场外交易，这种交易的"私人契约"特性——自由成交——总是无法改变的（改变的只是在"合法"、"非法"或"半非法"条件下实现私人契约的交易费用）。这场"规范"与"（持股人）牟利本性"的博弈，一直到上海证交所——一种把股票自由竞价制度化的组织——成立才算告一段落。陈郁的故事说明，那些试图"消灭"千千百百股民卑微的牟利动机的"规范"根本不会成为"秩序"之源，因为它们总是无法实行。相比之下，上海的公开和私下的股票柜台交易落得了一个比成都"红庙子"自发股票买卖更长远的制度结果。不过这一点不重要。制度演化史并不以成败论英雄。重要的是这两个故事共同揭示了在真实世界里制度和组织变迁的动力机制。伦敦、纽约和香港成为全球的

273

金融中心，有许多因素共同起了作用。但是如果我们仅仅从成文的规范条款里去探查，我们一定会迷失方向。因为在每一条成文规范的底部，都熔铸着深厚的由利益驱动的自发努力、创新尝试、出了格的想像力和"家伙们"的看似疯狂。对自发性毫无理解的人要称懂得市场经济，恐怕只是他在那里自说自话。

引人入胜的故事，得来却不容易。天则所的同人看来直接秉持了科斯的作风："尝试着从工厂和公司的办公室、而不是从经济学家们的著作里找寻"制度变迁的问题和答案（樊纲研究非规范财政，还要走进乡村机构的办公室）。这种工作在哪里都不容易，但由于以下几点更加显得困难：第一，天则所项目确定的研究对象——制度变迁——本身比一般的研究科目更难以观察；第二，几乎任何一个领域、方面或组织的实际情况的累积性报告，在我国好像都特别稀缺，加之有限的一点资料还因为部门、地区分割以及"保密"等等而变得更为零碎；第三，成果评价系统对事实含量高的研究的激励不足。因此回过头去看，天则所组织这么一个立足真实个案的大型研究，没有很大的一股劲要去实践自己选定的方法论，恐怕做不下来。在张曙光关于这个项目的说明和"课题计划书"第310—320页里，我们就可以读出这么一股"气"来："本项研究不仅要补上案例研究的空缺，而且要从中探索中国经济学现代化的道路。"为了多读到引人入胜的故事，我愿意在此高喝一声：此志当贺，愿君能长久。

"看不见的"约束

每一个引人入胜的故事里，至少可以提出一个引人入胜的问题。抓到了问题，如何"打开"呢？上文说过科斯的办法是，侧重调查问题展开和问题解决的现实约束条件。对于制度性约束这样的"社会软件"，科斯从人或组织的经济行为的结果出发，追寻那些"看不见的"制度约束的影响。我们已经看到在天则案例里包含了相当不少一等一的制度变迁问题。紧接而来的，是研究者在多大程度上揭示了这些"似乎不该发生的"真实的现实约束条件，并通过这种揭示，增加人们对真实世界的理解。在这一方面，我对天则首批成果的评论是，一些案例做得比较好，一些还不够好。

比如张宇燕研究的联通公司案例。张的问题极为重要：为什么国家在电信业这样一个重要、敏感、自然垄断特性明显的部门，放松了管制，准许联通公司冲破邮电部的独家垄断？张宇燕的报告，至少在两个方面表现出他具备回答这一重大问题的实力和潜力。第一，张文清楚而简洁地勾勒出电信行业从独家垄断到"双头竞争"的全貌。这极不容易，因为本案例涉及电信业整体、三个相关部委、军队机构和国务院高层决策，调查难度极大。第二，作者的理论修养使他直抓问题要害——国家扩大特许权而弱化了垄断。但是当本项研究展开到要回答"国家在何种约束条件下才'反常'地放松了电信管制"这一中心问题时，张却用"一个基本判断"——"中国电信业的放松管制直接滥觞于财政拮据"（第167页）——代替了进一步的调查。事实上，张的判据并不充分："我们至少可从表面上看到，电信业放松管制与财政困难同时出现这一'巧合'，其背后可能有着某种必然的联系。"（第157页）这其实只是一个猜测，因为两个同时发生的事件并不意味"某种必然的联系"。猜测常常是需要的，因为猜测有可能成为进一步调查（验证）的题目。问题是作者再也没有下功夫调查他猜测到的"某种必然的联系"，而是引用了一番诺斯和希克斯关于17世纪英国国王通过出售特许权增加财政收入的见解，就断然写下了他的"基本判断"。对此，一位看来非常熟知电信行业的评论人秦海，指出张的这一判断"是武断的"（第182页）。本书执行主编张曙光，在介绍张文的理论意义和实践意义之后，也指出"把电信业放松管制归之于财政困难并不确切"（第19页）。但是无论秦海还是张曙光，都没有提供出一个更好的解释。秦海的替代性结论是"中国电信业的放松管制是电信业生产力变化的结果"（第182页），张教授的则是"其直接原因是巨大需求压力下的高额盈利的吸引"（第19页）。不知各位读者以为如何，我读了这两个替代性的结论，反倒觉得还不如张宇燕原来的猜测更有潜在的说服力。不过这无关紧要。重要的是两位评论人都没有从方法论上批评张宇燕，也都没有"咬住"张非要他继续调查否则不放他过马。对此我的批评是，他们和作者一样，把"调查现实约束"这一重点看轻了。"国家在什么情况下放松电信管制"，如同"企业在什么情况下购买，在什么情况下制造"一样，是关键的关键。在这样的关节点上，猜测也罢，大经济学家已有著作的启迪也罢，都有意义，但都代替不了真刀真枪的对真实原因的探查。

有趣的是，当盛洪研究"为什么外汇额度交易被唯一认可"和张曙光研究"中国如何走向放开粮价、取消粮票"这两个案例时，他们的灵感也共同来自诺斯"财政考虑基本左右着政府的决策"的观点。这不奇怪，因为在诺斯之后，要成功地解释政府在制度变迁中的动力机制而无视诺斯的见解，几乎是不可能的了。但是同样的财政补贴压力，为什么在外汇交易上是允许其合法化，在粮票问题上却选择了压缩计划购销、扩大自由粮食市场的路线呢？就这一点而言，把盛、张两例放到一起后反而没有一个清晰的图像。我认为这里的弱点可能是作者在重点调查约束条件时，在取舍方面下的功夫不足。试想当年福特汽车公司决定一部分零部件自己设厂制造、另一部分购买时，一定有许许多多的因素起了作用。科斯在调查时，一定花费工夫对所有因素进行取舍，否则他怎么会最后集中到"工厂组织费用"和"通过市场购买的费用"这个要害的约束条件上来呢？在现实的、诸多的约束条件中，必有一些更一般、更重要、更根本。研究中不仅要通过调查"取"得这些重要的约束条件，而且要经过调查分析"舍"掉那些无关紧要的因素。否则，下一个步骤——"把个案一般化"——是无从入手的。

对照起来，本书关于自发制度创新的约束条件的研究，给人留下的印象简明而清晰。成都"红庙子"案例的中心问题是：自发的股票交易在什么条件下可以达到可观的规模？杨晓维回答这个问题不凭猜测，也不靠灵感，而是把注意力"聚焦"在调查一个物件上——股东身份证的复印件。调查的中心线索是：同时持有记名股票和原始股东的身份证复印件，是否可以过户？可以过户，股票自发交易——一种权利的交易——就有了保障；不可以过户，自发交易图利就没有制度基础。"红庙子"自发股市的"弱小——兴盛——衰竭"三步曲，果然就是与股东身份证的复印件"不被承认——承认（企业承认而地方政府不反对）——不承认（明令禁止）"相对应。我们都知道从权利确立到权利的可交易，是制度变迁中的惊险一跳。新制度经济学对权利界定和权利可交易性的讨论，包含着复杂的内容。但是我们（至少我自己）决不可能想像、推理和设计得出，支撑一项（颇为复杂的）权利交易的最必备的制度条件可以如此"简单"。分散的自发创新过程所拥有的成本最小化能力，实在令人叹为观止。陈郁的调查更进一步，他发现在上海股票的自发交易阶段，"过户专业户"甚至有本事办成那些没有原始股东身份证的"最次品"股票的过户手续，因而那里的大规模的股票私下交易是通过一个"分工结构"来实现的。经济学家通常是通过"价格差"来解释"交易"的。似乎只要差价——买入卖出股票的差价、买卖票证的差价以及诸如此类——足够大，交易就会发生。然而，把差价转化为当事人的收益需要制度——"看不见的制度"——的支撑。杨晓维和陈郁眼力不凡，一个看见了"身份证"，一个看见了"过户专业户"，大大帮助我们理解真实世界里权利交易的约束条件。

把实例一般化

从观察中得出一般化认识的能力，据张五常先生讲，中国人是比较差的。我们也许不一定都同意张教授的"判决"，但是天则所首批成果最薄弱的一个环节，在我看来却正是"把实例一般化"。

这并不是说，天则的案例研究缺乏理论色彩和理论深度。恰恰相反，本书理论要素的密集、新颖和广泛，不但以往许多调查报告集不可比拟，就是相当一些"理论专著"也难以望其项背。比方唐寿宁讨论的"立宪性规则选择缺失条件下的行政性一致同意"（第118—140页），就是交给北京大学经济学博士生班去阅读，也还是可能令人担心其内容过于艰深。从这一点看，本项研究决不是就事论事之作，符合项目设计中"进行经济理论创新"的自我期许。

问题是，"前理论十足，后一般化不够"。此话怎么讲呢？九篇案例研究报告中，至少六篇的引言或导论立足于制度经济学的理论来提出问题。这就是所谓"前理论十足"。提出问题，描述个案，分析讨论，假设检验，一路来到结论，但是读来令人气短：绝大多数的结论里，没有费心把研究过的实例一般化。

口说无凭，有兴趣的读者还是随我快速翻阅一下九篇案例报告的结论部分。樊纲和刘世锦、江小娟两篇，结论用来讨论政策；孔泾源和张曙光则集中展望制度的演化方向（一个正向，一个逆向）。政策和展望当然重要，但它们都不是对实例中的经济行为或制度变迁过程进行抽象而得出的一般化结晶。张宇燕的案例分析理论性很强，但结论部分不知怎么来了一个"中国古典式"的模棱两可："国家垄断的强化和弱化，特许权的扩大与缩小，至少用历史眼光看，恐怕也只能是一件因时而论而定的事情。"唐寿宁越写越实，图书馆的案例被放到附录，全篇以故事和故事的概括收尾，没有为提炼他的故事留下空间。陈郁结论中的"经验总结"部分一样是故事的概括，而"理论总结"部分里的概念，如他的评论人张军先生批评的，"并没有在先前的案例分析中得到相应的体现和运用"（第53页）。换言之，不是自己研究过的实例的一般化，而是搬来的一般化。

在我读来，九篇中只有杨晓维和盛洪两篇的结论用心对实例中的行为和过程抽象。杨晓维的故事一流，已如上述，他的结论也提升了实例中包含的有关"制度创新"的一般道理。但是，杨的结论似乎仍然过多地受到经济学家已有"框架"的束缚。"红庙子"的故事其实已经表明，所谓"自发的"股权交易不仅包含着纯粹"私人和自愿团体"的努力，而且包含着地方政府的默许和中央政府的鞭长莫及或眼开眼闭。"红庙子"的兴盛，是私人和自愿团体在盈利潜能的驱动下，与地方政府利益达成一种默契的结果。后来这个默契瓦解了，股票交易也由盛转衰。因此，这里有可能得出比林毅夫"自发的制度创新和强制的制度创新"范式更为丰富的创新范式。创新可能超出了纯粹私人自发的水平，但却还并不是政府强制性引导的结果。只要私人努力"诱致"政府不反对或默许，制度创新也可能发生。但是杨的结论限于"自发创新"和"强制创新"两个范式的讨论，虽然他对政府强制创新模式留下了深深的怀疑。我自己在研究农村改革的实例中也发现，包产到户合法化，就既不是纯粹的私人努力，也不是政府强制性创新所能实现的，它是在农民和政府（首先是地方政府）之间的互动中达成的。这里正好一并提出来求教于杨晓维、林毅夫和其他读者。

盛洪的结论部分对计划权利的交易在什么条件下可以合法化作了很好的一般化归结。从结论里，我们可以得到对计划体制转型的、超越外汇额度交易个案的更一般的理解。盛洪的结论不是没有再讨论的余地，但在科斯方法论的意义上，我对他的结论没有批评。顺便提一下，这个案例的写法几乎没有"前理论"色彩，盛洪显然把抽象的力气都留到了后部，也就是把实例一般化。在天则的同人当中，只有盛洪一人访问过芝加哥大学法学院，当面得到科斯的指教。也许因此盛洪的研究风格就受到科斯的"传染"。略为遗憾的是，盛洪的"再传染力"好像还不够强。

我们无从知道天则所首批成果在"把实例一般化"方面普遍薄弱的全部原因，只有他们自己的总结才更可靠。但有一个推测我要不揣冒昧地在此提出，这就是研究工作中的资源配置（研究基金和时间）失当。据我观察，现在利用基金、特别是国际基金的研究项目，几乎没有不重视事实调查和数据收集的。但是往往"粗材料"到手之后，精力、钱和时间都不多了，正好匆匆了事，再奔下一个。其结果是，对千辛万苦收集的原材料的加工再加工不足，原料还没有被充分"咀嚼"，就"上市、出口"了。1991年我刚到洛杉矶的时候，南加州大学两位教授研究中国的乡镇企业。我们一起谈过几次，也收集了一批资料。过了不久，他们写出了一份200页的项目书，内容包括背景、问题、已有文献、假设、模型、数据来源说明和初级检验结果。这份项目建议书显然要比国内许多研究成果更像"研究成果"。后来我知道，在美国手里拿着"半成品"或"大半成品"申请研究基金的可不是少数。这种"国际惯例"对科学研究的利弊如何，我没有全面评论的资格。但是这种做法至少有一点好处，一旦得到资源，可有力量对半成品或大半成品施加精加工。有此认识，我才敢斗胆在今年向樊纲建议，希望改革研究基金会向近年利用各种基金做的一些大型研究项目追加资源，专门用于开发潜在的高附加价值。天则的这批成果，花在再加工方面的资源应该说已经不少，从本书中执行主编给许多作者的建议修改信和评论人的评论，可以看出。但即使如此，本项研究中残存的附加价值还是极为可观。福特基金会如果有意，不妨考虑对这批已经对真实世界下过功夫的作者们追加一点资源，专门用于再整理、再提炼和再"咀嚼"，专门用于逼迫他们"静想"和"静写"。如此，大有希望"憋"出一些对中国制度变迁的更高质量的"一般化"认识。

超越"实证经济学"

在利用科斯方法论的几个关键词对天则的制度变迁案例研究作了一番散漫的评论之后，我想回到对科斯方法论的一个"误会"来结束本文。科斯倡导的研究真实世界的经济学，常常被叫做"实证经济学"。更为广泛地，是把一切研究现实的作品，都称之为"实证经济学"。例如，本书执行主编张曙光就把案例研究看成"是进行实证分析的重要方法"（第6页）。

实证经济学（Positive Economics）因为涉及到哲学上实证主义的影响而源远流长。经典的实证经济学强调理论的精确性可以由假设与事实的一致性而得到基本检验。但是自从弗里德曼1953年《论实证经济学的方法》的论文发表之后，此种经济研究方法论变得特色鲜明而影响广远。弗里德曼的中心论点是，各种互相竞争的理论的优劣，应当以它们产生的预言的准确性来衡量。对于弗里德曼来说，可用经验事实检验的预言（prediction）是经济研究的核心。如果经济学家提出一个能与事实"令人惊奇地一致的"预言，那么这个预言有没有现实的基础并不重要。在弗里德曼看来，如果简洁的、想像的预言能被验证，说明理论能用较少的投入解释大量的事物，恰恰是理论"经济性"的表现。简言之，预言的现实性并不重要。弗里德曼自己提出的"永久性收入"假说就是如此。"永久性收入"并不是可以观察的，但是这一想像的假说与居民住户的消费数据之间的一致性却比凯恩斯理论的说明更好。虽然弗氏的这种实证经济学后来受到许多批评，如萨缪尔森指责这是蔑视逻辑法则，但是经济学家试图"猜出"一个同数据一致的预言的方法，还是大行其道。

科斯对以上方法都不满意。对于罗宾斯式的以检验假设与事实一致性为中心的实证经济学，科斯强调假设必须首先是真实的。对于弗里德曼式的，科斯更是斩钉截铁地表示"经济学家不可能、也不应该在预言的准确性的基础上选择他们的理论"[1]。在这一点上，科斯同哈耶克一样，质疑经济学家是否比别人更有本事来提出预言。他不认为经济学家的主要工作是提出预言并检验这些预言。经济学家选择理论限于理解、解释我们所处的真实世界。要选择理论，可

---

[1]   R. H. Coase，"The Nature of the Firm: Meaning，"p.24.——编者注

靠的基础在科斯看来只有一个，那就是"既真实而又易于处理的"前提性假设。科斯毕生的工作，就是在发现、找寻"既真实而又易于处理"的前提。众所周知，他找到了一个，这就是"真实的市场交易费用不为零"。根据这一点，我以为科斯倡导的研究真实世界的经济学是不同于实证经济学的。原则的区别有两点：（1）前提性假设必须既真实而又易于处理；（2）主要使命是发现世界自身的逻辑从而增加我们的理解，而不是预言和检验预言。诚如科斯自己在获诺贝尔奖时所言，他没有给经济学贡献过什么高级的理论，但他的工作——找寻一个更现实的前提性假设——却给经济学的结构带来根本的变化。

研究真实世界的经济学能比实证经济学在后辈学人那里获得更大的回响吗？它能比实证经济学累积起更丰盛的研究成果吗？它真能够弥补实证经济学的方法里还包藏着的"脱离真实"的那些缺陷吗？这些我们都不知道。不过我们也不必为这些终究要由"市场"来决定的问题过于劳神。重要的是，我们知道有了不同于实证经济学的方法，知道有一小批经济学家开始实践研究真实世界的经济学。作为中国读者，我们还格外高兴地知道，研究真实世界的经济学开始了它在中国的实践。天则所的工作远不是完美无缺，但他们比较系统地开始了。这一点十分重要。

（原文刊于《中国社会科学季刊》（香港）1997年总第18、19期）

经济学经典案例与案例研究——"通用收购费雪"案例的研究述评与启示

李婧*

案例研究（case study）是种常用的定性研究方法，这种方法适合对现实中某一复杂和具体的问题进行深入和全面的考察。通过案例研究，人们可以对某些现象、事物进行描述和探索。案例研究还使人们能建立新的理论，或者对现存的理论进行检验、发展或修改。案例研究是找到解决现存问题方法的一个重要途径。[1]

正是因为如此，众多经济学论文中都充斥着生动的案例故事，以证明或支持某些经济学观点或理论。甚至还有一些经典的案例在学术讨论中被屡屡引用，引发不同学派的经济学家进行反复的阐释和辩论，也启发了很多学者对案例研究方法的深入探讨。本文即是对"通用收购费雪"这一经典案例的研究文献进行梳理，再现了围绕这一案例所展开的精彩的争论过程，以期能给予我们有关案例研究方法的启迪，激发我们对相关理论和现实问题的进一步研究。

---

* 李靖，浙江大学经济学博士，现供职于中国民生银行贸易金融事业部。

[1] 孙海法，"案例研究的理论方法与应用"，《科学管理研究》，2004年第2期。

一、通用收购费雪车体的经典案例

通用汽车公司（以下简称通用）是19世纪初期由威廉·杜兰特（William C. Durant）创办的汽车制造公司（今日仍是全球著名的汽车制造业巨头），费雪车体公司（以下简称费雪车体）是19世纪初期由费雪六兄弟创办的汽车车体制造公司，是当时车体行业中最大的企业。1917年，通用与费雪车体签了一份合约，通用将以成本加17.6%的价格购买费雪车体的全部产品。但战后的生产扩张计划使通用确信，确保对最大和最关键的供应商——费雪车体的控制权乃绝对必要。因此，1919年通用与费雪车体签订了一份10年期的供应合同，主要内容是：（1）费雪车体的核准普通股本，在原先20万股的基础上增加到50万股。通用将以每股92美元的价格购买其中的30万股。（2）考虑到费雪兄弟既有的能力，通用汽车继续让费雪车体生产封闭车体。1917年的价格协议继续有效。通用汽车付给费雪车体的价格将基于不同档次的产品，但费雪车体的平均净利润率依然维持在17.6%。合同同时规定，通用所支付的价格必须不高于其向其他生产同类产品的客户所支付的价格。（3）供应车体的合同将持续10年，即到1929年方得终止。（4）双方同意，除通用汽车外，费雪车体可以自由选择与其他客户的合作。

这份协议的结果是，在5年内，尽管通用拥有费雪车体60%的普通股份，但费雪车体实际上还是作为一家独立的企业来运作的。因此为了保证与费雪车体公司更好地沟通和协调，1921年，费雷德·费雪被任命为通用汽车的一名董事，1922年又被任命为通用汽车执行委员会委员；到了1924年，费雪兄弟中又有三位一道进入了通用汽车的董事会及执委会，而费雷德·费雪更被任命为金融委员会委员。1925年，劳伦斯·费雪成为通用汽车最重要的事业部之一卡迪拉克的老总，费雪兄弟在通用汽车组织中都高居要职。但是随着汽车工业的急遽扩张和竞争的日益加剧，通用公司并不满足于原有的合作方式，希望与费雪车体的合作关系更加紧密。通过几轮的谈判，1926年5月，通用汽车公司购买了费雪车体全部的资产，并接受了其所有的债权和债务，费雪车体公司宣告解散。

二、通用—费雪案例的理论争议

半个世纪以来，该故事被经济学家们无休止地重复着。[1]许多研究者和学生受其影响至深，并围绕该案例的描述和解释展开了持久的辩论。

最初对通用—费雪案例进行分析的是合约理论的代表人物之一克莱因（Klein）等，克莱因、克罗福德和阿尔钦安利用该案例来说明"可占用性专用租金"问题。[2]他们认为通用和费雪的纵向一体化，是为了挑战费雪公司在长期合约中的敲竹杠行为（hold up）。[3]威廉姆森在其有关交易费用的经济学著作中，也讨论了这一案例，用以说明资产的专用性和公司治理结构对市场合约的替代。他认为1919年通用与费雪签订的合同是因为新的生产技术需要对相关特殊性实物资产进行投资以使现货契约达到最佳水准，并以此说明合约的机会主义。[4]哈特则引用通用–费雪的故事，来论述企业的产权理论和企业合并物质资产所有权的好处。[5]在哈特看来，对费雪的并购将互补性资产的所有权作了整合，由此会促进相关的专用性投资。[6]以他们三位为代表形成了20世纪80—90年代的有关该案例的流行观点，他们对并购发生原因的描述集中在：通用汽车和费雪车体开始达成了一个10年供销协议，即由后者提供金属的自动车体。但协议执行没多久，汽车需求就超过了预计的增长，而费雪车体通过选择低效率的生产安排（通过成本加定价原则增加了自身利润）和拒绝靠近汽车组装厂建立其车体车间的做法，敲了通用汽车的竹杠。这致使情况变得"不可容忍"，最终在1926年，通用汽车干脆收购了费雪车体。据此得出的主要结论是：通用与费雪的矛盾在于他们签订了一个控制性合约，合约的失灵又使得费雪车体成

283

[1] 丹尼尔·史普博编，《经济学的著名寓言》，余晖、朱彤、张余文译，上海：上海人民出版社，2004。

[2] 可占用性租金是指某项资产最优使用者超过次优使用者的价值。详见：Benjamin Klein, Robert G. Crawford, Armen A. Alchian, "Vertical Integration, Appropriable Rents, and the Competitive Contracting Process," *Journal of Law and Economics*, 1978, 21（2）: 297-326.

[3] Benjamin Klein, "Vertical Integration as Organizational Ownership: The Fisher Body General Motors Relationship Revisited," *Journal of Law, Economics, and Organization*, 1988, 4（1）:199-213.

[4] Oliver E. Williamson, *The Economic Institutions of Capitalism*, New York: The Free Press, 1985.

[5] Oliver Hart, *Firms, Contracts, and Financial Structure*, Oxford: Oxford University Press, 1995.

[6] 丹尼尔·史普博编，《经济学的著名寓言》，余晖、朱彤、张余文译，上海：上海人民出版社，2004，第195页。

功敲了通用公司的竹杠;而企业间的纵向一体化能够解决这种因资产专用性和机会主义倾向导致的控制性合约（contract hold up）失灵问题。

但是，科斯在其论文《通用汽车收购费雪车体公司案》[1]中，毫不客气地反驳了20世纪90年代的流行观点，给这一事件的研究带来了真实而非凡的洞见，拉开了这场跨世纪辩论的序幕。随后雷蒙·卡萨底瑟斯-马萨内尔和丹尼尔·史普博和罗伯特·弗里兰等学者也就流行观点中对通用-费雪并购案的历史描述和解释进行了严厉的批评和热烈的讨论。科斯等人认为前人对该案例的描述是不准确的，是得不到历史记录的支持的。科斯用了一年的时间查阅了二百多份往来信件、公司公文、法庭证词等文本资料，访谈了二十多个当事人，调查了十多家公司，在大量详实的数据基础上，详细描述了该并购案发生的细枝末节，并指出通用和费雪是相互合作信任的关系，流行观点中费雪对通用的敲竹杠行为，以及通用公司对与费雪车体的关系之"不可容忍"的说法根本不存在。最后得出结论，资产专用性问题最好的解决方法是长期合约，而非之前所说的纵向一体化。雷蒙·卡萨底瑟斯-马萨内尔、丹尼尔·史普博在论文《费雪车体的寓言》[2]中，对科斯关于该案例的分析持基本赞成的态度，激烈反驳了流行观点中提出的资产专用性导致纵向一体化，认为通用-费雪并购案与资产专用性或合约失灵毫不搭界。他们在扩展了科斯分析的基础上，证明了通用和费雪的合并是为了更紧密地协调其运作关系。另外，这一兼并行为还受到个人考虑的驱动，因为通用对费雪兄弟的制造和管理才能青睐有加。而罗伯特·弗里兰在其论文《纵向一体化引起的敲竹杠：费雪车体的再思考》[3]中不仅反驳了流行观点，还进一步将分析的视角扩展到考察兼并后两公司的关系上，研究了兼并中的人力资本问题，他认为恰好是费雪兄弟在兼并后占了通用汽车的便宜，他们在通用汽车组织内部犯了机会主义的毛病。总之，他们都认为所谓的合约失灵与该兼并案例本身几乎没有关系，资产专用性问题最好的解决方法是长期合约，通用收购费雪只是在当时特定历史条件和技术约束下的一个特例。

之后克莱因又对科斯等人的批评作了相应的回应。他也认识到，促成这一起兼并的主要经济力量乃协调的需要，但克莱因顺势推出了一个新的故事：弗林特工厂问题——费雪车体拒绝在弗林特建立一个工厂为通用汽车的别克车提

[1] R. H. Coase, "The Acquisition of Fisher Body by General Motors," *Journal of Law and Economics*, 2000, 43（1）: 15–31.

[2] Ramon Casadesus-Masanell, Daniel F. Spulber, "The Fable of Fisher Body," *Journal of Law and Economics*, 2000, 43（1）: 67–104.

[3] Robert F. Freeland, "Creating Holdup through Vertial Integration: Fisher Body Revisited," *Journal of Law and Economics*, 2000, 43（1）: 33–66.

供车体。按照这个新故事，通用汽车和费雪车体在1926年的兼并，乃起因于两家未能就是否必须从底特律搬迁一个工厂到50公里外的弗林特达成协议。克莱因认为，1925年两家的上述合约谈崩，是因为1925—1926年汽车需求量的剧增所导致，并由此使双方的合约无法再"自我执行"，以此来证明所有安排，包括纵向一体化，都是交易者具有有限声誉资本时，为了补充自我实施机制而选择的市场合约形式。

三、通用－费雪案例的文献述评

案例研究在经济学方法论中的确有其独特的魅力。在梳理有关费雪案例的研究文献中，我们惊讶地发现，一个发生在20世纪初期的通用收购费雪车体的故事，能在随后半个多世纪里被经济学家们无休止地重复着，多少研究者和学生受其影响至深。更为令人费解的是，一个误导的和不正确的故事能广泛流行，即便是有学者发表了文章，纠正了故事的错误并澄清历史的真相后，错误的版本却依然流传不辍。这不由得引发了我们对案例研究方法的认真审视。

正如周其仁教授所言："要在真实世界中找学问。"[1]案例研究还原了经济学本身最原始的目的并促进了经济学理论的不断推陈出新，但是案例研究的鼻祖科斯教授也强调案例研究需要做到"既真实而又易于处理"同时要把"实例一般化"[2]才有其经济学上的理论价值。费雪案例的这一跨世纪的辩论历程不仅体现了案例研究方法的不断进步，更让我们认识到案例研究的一般原则——"真实、易于处理和实例一般化"的重要性。

20世纪90年代盛行的克莱因等人的流行观点的致命弱点就在于它的不"真实性"。观点的论据支持虽然来自于真实世界的案例，但他们在运用该案例时，却没有还原它本来的面貌，而是将案例的真实情况扭曲了。为了证明他们的立论基础——"敲竹杠"问题，克莱因刻意扭曲了通用公司与费雪车体间相互信任的事实，只是抽取了对他们控制性合约理论本身有利于解释的部分资料，并用这"部分"覆盖了历史记录的全貌。他们并不是从案例的细枝末节的真实记录中去探求新的理论，而是先凭直觉主观判断出理论，然后再从繁冗的历史资料中寻找一些能支撑其理论的数据来。这正如科斯所批评的："我们之所

285

---

[1]　周其仁，"研究真实世界的经济学"，收入张曙光主编，《中国制度变迁的案例研究：第二集》，北京：中国财政经济出版社，1999。
[2]　周其仁教授在《研究真实世界的经济学》一文中着重强调了在案例研究中"把实例一般化"的问题。

以看到人从帽子里变出兔子不奇怪，是因为我们先已看到兔子被塞进帽子里。"

之后的科斯、丹尼尔·史普博和罗伯特·弗里兰等学者在案例研究的真实性方面有了跨越性的改进，但是在"易于处理"问题上仍存有缺憾。尽管他们将案例描述得非常详细和真实，同时在此基础上也提出了自己全新的理论解释，但是这些论文多数仍停留在文字上的论证，生动却缺乏严密和一般性。以该案例文献中不断提及的"成本"一词为例，几乎是有多少篇论文就会提及多少不同的"成本"概念，如克莱因的"僵化成本"、雷蒙·卡萨底瑟斯-马萨内尔和丹尼尔·史普博的"协调成本"等。既反映出了他们研究中的定义混乱，又体现出了他们的理论"特殊"有余而"一般化"不足，不利于理论的传播与推广。

讲一个生动的故事并不能取代严谨的经济分析，"一般化"的问题是所有费雪案例研究文献共同的不足之处，这也显现了小样本的案例研究在其理论形式上的某些不足。从通用-费雪案例的研究文献中也可以看出，这种大部分依赖于经验性的研究，既有利也有弊。利的方面表现为其理论从来没有失去和现实的联系；而弊端主要表现在：第一，其理论难以传授；其二，难以对错误进行逻辑检验或运用正式分析进行逻辑推理，即较之大样本的计量研究方法，案例研究选取的个案不是随机样本，更难以"一般化"。克莱因等人通过该案例的研究提出了一个基本的假设："一旦资产变成更专用而更多的可占用租金出现（因此来自机会主义行为的利益可能会增加），一般而言，合约的成本将增加并超过纵向一体化的成本。"其结论是，企业间的纵向一体化提供了一个解决控制性合约问题的方法。但这个理论结论并没有超越案例本身而达到更一般的理解，而是在用现象解释现象，在研究的最后并没有搭建起一个经济学意义上的分析框架。科斯通过对美国企业的案例研究，提炼出了一个一般的经济学概念——交易费用，甚至发展出了一门交易费用经济学。但是克莱因等人提出的"可占用租金"概念不是一个经济学意义上的概念，只是一种现象，只是企业间在决定是否纵向一体化的时候考虑的因素之一，不是一个充分条件。威廉姆森提出了机会主义是纵向一体化的决定因素也是由这个特殊个例中得出的特殊解释。正如德姆塞茨所说："来源与法庭案例的分歧通常意味着所谓机会主义的成分……诸如广为讨论的通用-费雪案例扩大了机会主义对纵向一体化的重要性。纵向一体化的随机样本往往更支持其他解释。"之后的丹尼尔·史普博等人通过重新描述这个经典案例指出："通用汽车和费雪车体的合并，是为了达成更好的纵向协调和保证车体的供应，以及引进费雪兄弟的经营管理天赋，事件的发生有着其时代背景的特殊性。"但最终他们也没有脱离案例的特殊性得出更一般的结论。相比较起来，哈特、弗里兰等人的研究在一般性问题上就进步很多：哈特并没有受到已有的研究框架的束缚，而是运用数学方法对影响纵向一体化的各种因素进行了有效的处理，构建数理模型以说明一个企业会在什么时候希望获得另一个企业的资产，为研究纵向一体化问题提供了一个理论框架，方便了后来的学者如蔡洪滨[1]等人在其原有的理论模型上的改进和更深的研究，为新制度经济学融入主流奠定了很好的基础。而弗里兰更是超越了前人将视野扩展到了兼并之后，运用模型对纵向一体化中的人力资本问题作了一般化的归纳，开创了联合所有权中的人力资本问题研究，同时也为这个经典案例赋予了更多的经济学意义。

四、对中国的制度分析与案例研究的启示

案例研究的迷人之处不仅在于故事的趣味性，更在于案例研究是来自真实世界的经济学。理性人不仅具有物质上满足最大化的需求，同时在精神上更是有着探索真理的渴求。案例研究正是为人们提供了绝佳的契机，去寻知来自于真实世界的现象背后所暗含的真理。上世纪初发生的通用－费雪并购案时至今日仍吸引着众多经济学者的讨论和深入研究，也印证了案例研究的魅力所在。对于中国理论界来说，从真实世界出发的案例研究方法在研究中国目前纷繁复杂的制度变迁中具有特殊意义。案例研究方法近几年来在中国也被越来越多的学者运用和发扬光大，代表著作就是《中国制度变迁的案例研究》系列作品集，成功地运用了案例研究方法解释和解决了许多中国改革过程中的实践问题。因此通用－费雪案例的研究文献不仅对纵向一体化理论有着突出的贡献，而且对中国的制度分析和案例研究实践也有着重大的借鉴意义：

（一）案例研究需要更好地重视案例本身的分析意义。案例研究是区别于以往主流经济学中实证研究的一种分析方法，是以经验研究为出发点建立起的认识问题的理论框架。所以成功的案例研究的基本条件之一就是案例本身具备极好的理论分析意义。如同通用－费雪案例之所以被称为经典，就在于这个案例研究具有极强的理论分析意义，克莱因等多位学者能从中挖掘出多个有意义、与一般认识大相径庭的理论结论，既丰富了案例分析的实践价值与理论解释力，更使得纵向一体化的理论体系得以不断地完善与进步。而反观我国的学者在选取案例时就显得一般化不足，特殊化有余，缺乏分析意义，很多案例研

---

[1]　参见：Hongbin Cai，"A Theory of Joint Asset Ownership，"*RAND Journal of Economics*，2003，34（1）：63-77。论文在哈特的所有权模型基础上改进了模型的约束条件，从而得出了更为一般的理论分析框架。

究的分析结果不能上升到有意义的一般化结论、不具有普遍的启示意义，耗费了大量人力和财力的研究成果却无法被继承和传递，后人也就无法总结出具有历史规律性的重要理论，造成了中国的制度分析的经验研究分析体系一直被边缘化，走不进主流。

（二）制度分析的案例研究方法需要强化重视制度事实的界定。制度分析的案例研究方法一般至少要有三个基本要素，首先就是要观察、审视制度问题的事实，进行事实界定，也就是要判断事实的真实性。制度分析的基本方法是经验实证，对制度事实描述得越清楚、准确，理论结论就会越正确；对制度事实刻画得越精炼和深刻，论证起来就越简单，理论结论就越能让人理解和接受。因此对于制度分析而言非常关键的一点就是要从这两个层次来界定好所研究的制度事实。引人入胜的案例会让经济学论文更具有大众吸引力，但是这也使得有些学者为了追求论文的吸引力，扭曲了事实的本质，不是真实地反映案例的全貌，而是截取了极具大众吸引力的部分，或是夸张凸现了案例中的"反常"部分，最终得出了错误的或无意义的研究结论。通用－费雪案例会引起众多学者的争议，首要一点就是之前的克莱因等学者没有正确、恰当地描述其研究的制度事实，这样不管他们之后的理论逻辑证明有多么的严密和完美，其研究结论都是被扭曲的，其理论价值也就大打折扣了。因此我们在进行案例研究时要重视制度事实的界定，避免两个误区：一个是为了案例的趣味性而扭曲了案例事实的真实性；二是为了准确真实地描述制度事实，而将案例的所有要素简单罗列，抓不住重点就会无法看清问题的本质，而让大量繁杂的事实弄晕了头脑。这就需要我们不仅要搜集大量的原材料，更要用积累的理论知识加工原材料，在此基础上才能对制度事实有更好的界定。

（三）制度分析中构造和检验问题时要把握"制度有历史的规定性"这一原则。制度是历史的产物，制度变革则意味着由历史发展特征所决定的制度本质的改变，这就是制度经济学家反复主张的"制度有历史的规定性"[1]，这是我们在制度分析中构造和检验问题的关键原则，在进行案例研究时我们必须对历史背景有足够的敏感度，深入追溯制度在历史进程中的形成与变革历程，才能对制度本质有充分的理解，对制度和制度分析朝什么方向发展有清晰的判断。科斯在研究通用－费雪案例时秉承"制度有历史的规定性"的原则，用了一年的时间查阅了二百多份往来信件、公司公文、法庭证词等文本资料，访谈了

---

[1] 罗仲伟，"经验研究：新制度经济学的基本方法"，《中国社会科学评论》，2004年第1卷，第220页。

二十多个当事人，调查了十多家公司，在大量翔实的数据基础上，详细描述了该并购案发生的细枝末节。更重要的是，科斯还进一步考察了通用汽车乃至美国几家大型汽车公司在随后的半世纪的经济组织和合约安排的变化，深入考察了事件的历史发展背景，才发现了前人发生错误的关键所在，同时总结出了制度发展的历史规律，揭示了制度框架与经济组织和合约安排间的关系，使纵向一体化理论体系又向前迈进了一大步。

（四）案例研究是制度研究的重要分析工具，是在定量度量无法进行的情况下唯一可以采用的分析工具。制度和制度变革通常具有限制数据信息可得性的特性，统计分析受到严重阻碍，这就大大强化了案例研究在制度分析中的重要地位。同时，案例研究往往也是检验制度分析"模型"的最佳工具。围绕通用－费雪事件的几篇重要论文本身就是依赖历史线索和历史记录的经典案例研究，对产业组织理论和交易费用理论的发展都有突出贡献。因此，在制度分析越来越受到学术领域和决策领域关注的今天，我们也要花大力气从事经验研究以验证我们已有的理论，努力发掘足够的案例研究来支持正在从事的研究工作，给我们的制度分析体系的发展提供必要的思路。当然，案例研究方法的基础还不太成熟，体系还未形成，分析工具也还不够丰富、有力。这就需要我们在利用案例研究的成果得出一般化解释时，更加小心翼翼。加大投资进行充分数量的深入的案例研究可能是经验研究能够得到更多理论应用的基本前提。

（五）目前的案例研究还缺乏中心概念的凝练和在此基础上展开分析的逻辑框架。案例研究一般至少有三个基本程序。第一，判断事实的真实性，进行事实界定；第二，找出事实背后的"约束条件"，得出真实又易于处理的假设前提；第三，凝练中心概念，使经验案例上升到一般化理解，在此基础上展开分析的逻辑框架，对事实和现象进行解释、推测。而目前我们很多的案例研究还做得不到位，始终无法突破第三个程序。真实世界本身是多维度、多层次的，经验研究很难捕捉到其全部复杂性。对制度问题和现象予以简化的一个重要方法就是围绕一个或几个中心概念来展开分析，这些概念如代理、价格管制、集体行动等。但是我们的案例研究还缺乏中心概念的凝练，案例故事讲述得面面俱到，精彩纷呈，最后却不知到底要得出什么结论，要分析验证一个什么理论问题。这就使得案例研究变成了就事论事，找不到理论基础点展开分析的逻辑框架，当然也就无法得出一般化、可以继承的理论结论了。

（原文刊于《浙江社会科学》2006年第4期）

经验研究中的关键细节

朱玲[*]

本文论及的经验研究（empirical study），专指那些基于田野调查信息所做的乡村经济发展研究。以下将主要以个人从事此类研究的经验教训为例，从实际操作的角度对研究过程中的关键细节加以提示。这样做的原因在于，研究质量的保障往往靠的是细微之处的功夫。读者若要了解经验研究的一般方法，可以翻阅现有的教科书。

一、明确定义研究主题

我在阅读国内经济学文献的过程中，常常会遇到一些题目宽泛的专著或论文，例如，论国有企业改革、社会保障制度改革、二元社会转型、西部地区开发，等等。读起来感觉作者好像什么都议论了，但似乎什么都没有研究；与题目相关的事情看似都提及了，可就是没有作者独到的贡献。撇开学风因素不谈，这种弊病至少与作者缺乏"问题意识"有关。在我看来，所谓"问题意识"就是研究者基于已有的观察发现并提出问题，而这些问题没有现成的答案或是现有的思想材料尚不足以给出令人满意的解答，这才需要将其作为研究的主题。正因为如此，在确定主题的时候，必须对其加以明确的定义。例如，经济转型期间乡村收入

---

*   朱玲，中国社会科学院经济研究所研究员。

不均等程度加剧的问题、农村儿童辍学率上升的问题、农民因病致贫的现象增多的问题、村庄基础设施和社会服务筹资困难的问题，等等。所有这些现实中存在的问题，都需要确认其现状、追溯其原因、预见其发展，这就分别形成了单项研究内在的逻辑主干。

为了将研究引向深入，还需要尽可能地缩小选定的主题，也就是说，添加更多的限定来明确研究对象。以农村儿童辍学率上升的问题为例，我们首先可以将关注的群体设定为某个特定区域的农村儿童；其次，可以限定进入考察范围的儿童年龄或是学习期限，例如小学1—6年级的儿童；再次，还可以把研究聚焦于某个影响儿童辍学率的重要因素上，例如政府对农村基础教育的支出、学杂费、儿童家庭劳动力规模或收入状况，等等。如此这般，研究者尽可以在研究经费规模、计划期限和研究队伍能力等限制条件下，继续从外延和内涵方面多次定义所选择的主题，一直到它既具体、又明确，而且还足以使研究者按照时间表预定的节奏完成为止。

中国历史上的文人多半有做大题目的传统，动辄即著文纵论天下大事。不过，他们所论及的"天下"往往指的是中央政权附近的地域，所分析的大事牵涉的因素也极为有限，因而这些题目与当今世界面临的问题实则不可同日而语。即便如此，热衷于纵横论的倾向往往也使历代文人容易流于空谈。事实上，定义狭窄的专题与大题目相比反倒容易做得饱满充实。例如，有关儿童辍学原因的研究，可以将经济制度改革、教育筹资方式变化、地域差别、性别不平等、收入限制和教育投资回报等多种因素纳入分析框架，据此收集信息进行统计分析，很可能从不同角度探寻出导致儿童辍学的决定性因素，并由此得出令人信服的结论。这样"小题大做"可以说远比"大题小做"来得实在，至少不会使读者看过研究报告觉得上当受骗或浪费时间。

二、广泛收集和筛选文献信息

在我看来，信息的收集和筛选贯穿于研究过程的始终。只不过研究主题一经确定，信息收集工作就不大会耽于漫天撒网，信息筛选也就有了衡量的尺度。虽说我一贯重视通过田野调查收集第一手资料，但信息收集的起点却是阅读文献。所收集的文献可以分为如下几类：

第一，与研究主题相关的专著、论文和研究报告。如果自己对选择的主题感到完全陌生，我会从阅读教科书起步。例如，刚开始做农村合作医疗制度研究时，我先找来一本健康经济学教科书精读，然后循着教科书提供的参考书目线索寻找该领域的经典论著。在已经具备某项专题研究基础知识的情况下，我会直接从阅读已有的研究报告和经典论文开始。例如，20世纪90年代初我做扶贫信贷政策研究时，先翻阅了一些国际组织发布的有关农业信贷制度的国别研究报告。我在阅读中注意到，Joseph Stiglitz关于借贷双方信息不对称的一篇论文曾多次被引证。因此，随后就精读了这篇文献。读过之后，便明白信贷制度运行的关键在哪里了。

可以说，优秀的文献既能帮助研究者"站在巨人的肩膀上"开阔视野，尽可能避免无效劳动；又能刺激研究者独立思考，注意现有思想资料的不足之处，寻找那些有可能使自己的研究有所突破或者说创造出新意的切入点。值得注意的是，现在查找文献的途径很多，图书馆、书店、互联网都能提供线索，几乎围绕任何一个专题的图书、刊物和其他文字资料都是汗牛充栋。这就对研究者的筛选能力提出了考验，即首先确认阅读范围，然后区分必读文献和选读文献，分别用精读和浏览的方式来处理。只有这样，才有可能在阅读中举一反三，防止自己的思维能力和创新意识被文献所淹没。此外，研究者在感到阅读收获最大的时候，最好及时写出文献回顾或者书评，以便梳理思路，构建专题分析框架。

第二，收集与研究主题相关的国家和地方法规、中央和地方文件、政府部门工作报告、简报，等等。从这些文献中不但能够了解特定专题的社会经济政治环境，而且可以知晓与此有关的组织结构和行为主体，这往往就为田野调查提供了"路标"。举例来讲，我在做"农地分配中的性别不平等"研究时，阅读了建国以来的土地法、婚姻法、继承法和妇女保护法等法规，查找到改革开放以来有关家庭联产承包制的一系列中央文件，还搜集到一些调研省、县政府制定的土地承包和调整方案，以及它们所做的有关农地分配工作的汇报。从中获得的信息，足以用来勾勒农地分配过程的决策程序以及不同参与者所起的作用。根据这条线索，我曾在田野调查中对调研县农委/农工部、村委会、不同性别的农户户主和家庭主要劳动者分别进行访谈，很快就了解到土地承包权在法律上性别平等、在现实中性别并不平等的原因。

第三，为了对考察的地域和事件有一个概括的了解，需要在田野调查的过程中收集地方志、政府部门档案以及其他有关当地人文、地理和经济历史的文献。例如，为了弄清合作医疗制度为什么缺乏可持续性的问题，我翻看过许多调研县的县志，了解到这一制度在人民公社时代就不曾稳固过。这与以往国内的宣传和国外对中国农村医疗制度的历史评价都大相径庭。为此，我在浙江、安徽、吉林、河北等地调查的时候，曾与不少经历过那个时代的农民攀谈，他们的回忆证实了县志资料的准确性。这个结果，便将我们的研究从分析农户参加合作医疗制度的意愿，向探讨其他健康风险管理方式推进了一步。

总之，文献回顾工作不但能够提供进入新领域的理论路径，而且还能引领研究者从现实社会经济生活中收集、筛选和加工新的信息，从而在研究过程中有所发现、有所创造。

三、减少调查误差

研究者从事田野调查的目的，在于围绕研究专题了解现实情况。从这个角度来看，调查误差可以定义为研究者获得的田野调查信息与真实世界的差别。为了尽可能准确地收集信息，从调研设计到田野工作的每一个关键环节都需要采取措施，力求减少调查误差。近20年来，我作田野调查一直采用典型调查和抽样调查相结合的方法，故而以下讨论的调研环节实质上是抽样调查过程的重要组成部分。

首先需要注意的环节，是调研地点的选择。倘若是作政策研究，课题组最好与行政主管机构协商确定调研地点，因为这些机构不仅可以提供必要的文献，而且还可以帮助研究队伍在最短的时间内进入专题信息密集的地域。如果是做非政策性专题研究，也需要通过官方或民间渠道寻找那些调研事件集中发生的地方。当然，对于所有这些机构推荐的地点，研究者还必须根据课题的需要、以往的经验和试调查的结果加以判断和选择。与此相关，抽样调查最好在曾经进行过试调查的地域进行。这点提示，恰恰来自我曾经有过的一次选择失误所留下的教训。

1996年以前，我在选择调研地区时往往避免典型调查和抽样调查的地点相重合，为的是尽可能利用有限的科研资源扩大调研地域。这样做了10年都不曾有过意外，没想到1996—1997年组织的一次抽样调查出了差错。当时，我与农业部农村政策研究中心的同行合作研究劳动力转移对贫困农村妇女地位的影响。此前我们曾在云南、四川、湖南、山东等省的贫困地区作过个案研究，在此基础上设计出问卷并在河北作了试调查。修改定稿后决定在山西省进行抽样调查。这项决策的理由在于：其一，山西是我国最重要的煤炭基地之一，距离京津唐地区又较近，这对农村劳动力转移可谓是得天独厚的条件。其二，农业部农村调查系统在山西11个县设有长期固定观察点，这些观察点均匀分布于全省发展程度不同的区域，其中包括太行山和吕梁山贫困地带。这一带的妇女有参与社会经济活动的传统。其三，当地调查队伍质量可靠。调查队负责人是北京大学图书馆系毕业的老大学生，自农村调查系统开始运转以来，一直承担观察点的数据收集工作，具有丰富的抽样调查经验。尽管一切都看起来近乎完美，到我们对村干部和农民进行访谈的时候才知道，在山西煤矿打工的劳动者大多来自四川、河南和山东，当地农民出外打工的人数反倒很少。他们认为外出前景不确定，在本地下矿井风险太大，所以宁可在家靠种地为生。我们跑了几个县，注意到只是在那些距县城较近的村庄，本地农民从事非农劳动的情况才较为明显。这个结果岂止是令人大跌眼镜，而是抽样数据不能满足项目设计要求的问题。可是，调查已经在11个县展开，想更换抽样地点都来不及了。在生米煮成熟饭的情况下，应变的办法只能是调整研究主题。事情的结局是，原定专题改为"欠发达乡村经济中的性别不平等"。

田野调查的第二个关键环节是问卷设计。当然，并非所有的田野调查都需要问卷，近年来流行的参与式调研法往往以开放式访谈为主。但是在不同地点用这种方法收集到的信息，难以综合处理。因此，我通常只是在问卷设计前的典型调查、问卷设计后的试调查、抽样调查过程中的随机访谈以及个别补充调查中，采用参与式调研法。在可供使用的数据不能满足专题研究需求的情况下，我还是倾向于借助问卷进行抽样调查。抽样调查需要资金和劳动双重因素的密集投入，问卷设计的质量和篇幅将在很大程度上决定科研资源使用效率的高低。设计过程中需要注意的要点如下：

一是要注意问卷篇幅不可太大。问卷访谈最好以1个小时为限，受访者多半在超过这个时限后开始思维涣散，即使有意中断访谈、休息片刻后再接着提问，他们往往也会由于不耐烦而给出不准确的回答。

二是问卷包含的内容不可太复杂，否则就会扰乱受访者的思维逻辑。再说，内容复杂的问卷也不可能不超出正常的篇幅。这个环节在研究队伍较大的情况下尤其不易处理妥当。同一课题组的成员常常具有不同的特殊兴趣，每个人都想使自己提出的问题搭上问卷这趟车，结果就可能产生上述弊病。

三是要用调研地区的常用语简练地提出问题，例如对以工代赈项目中的基本农田建设工程，四川农民称之为改田改土，陕西农民则将其叫做小流域治理。我们在这两个地方抽样时，分别根据当地农民特有的语言改写问卷，而这并不影响每个问题原有的编码和问卷回收后的数据录入程序。又例如，1992年和1996年我在沂蒙山区调查农作物产量时得知，当地许多农民既不用"市斤"也不用"公斤"计量土豆（马铃薯）产量，而是习惯用麻袋数作为计量单位。因此，我们在问明一麻袋土豆的平均重量后，就把问题改为："去年您家收了几麻袋土豆？"显然，到了将数据输入计算机的时候，稍加折算就可知晓样本户的土豆产量。也许，读者会认为每一麻袋的土豆重量都会有误差。然而在明知农民对其收获的作物不做精确称量的情况下，我们只能根据他们印象最深刻的记忆来选择误差较小的信息。

四是既不询问那些迫使受访者经过计算才能回答的问题，也不设计那些经过长久的回忆也难以准确回答的问题，例如对农民提问"前年种植业收入有多少"。如果今年年初询问农民去年的收支状况还不难得到回答，若问前年或更早些年的事情，除非农户存有账本，否则即使说出数字来也难保其准确性。仅就种植业收入的问题而言，最好是分解成几个小问题："去年你家一共种了几亩地？""种的什么庄稼？""收了多少小麦（或其他农作物）？""去年当地市场的小麦（或其他农作物）平均多少钱一斤（公斤）？"等等。只要问明农户一年之内收获的各种农作物产量，产品销售价格，农户花费在种子、化肥、农膜、雇工、机器、水电等项目上的成本，输入计算机作一番处理就可以知道家庭种植业的毛利润（收入），那为什么还要占用宝贵的访谈时间要求农民心算呢？

五是如果要了解同一个村庄的农户所共有的特征，最好设计村级问卷从村委会成员那里采集信息，而不必把这些问题包含在农户问卷中去询问每个样本户，例如，村庄区位、基础设施、社会服务，等等。

六是在同一项专题抽样调查中，最好将同一个问卷母本根据不同地域的特点修改成专用问卷，以便了解特定地域特有的信息，同时省略特定地域受访者根本不可能回答的问题。例如，在近两年的产业结构调整中，四川马边县的农民栽种茶树，陕西丹凤县的农民种植中药材，他们主要的生产和销售活动分别围绕各自的特色农作物展开。因此，我们在当地作过试调查之后，立即在县里修改打印问卷，分别用于两个地域的抽样调查。这两种专用问卷只是在农业生产分支方面的问题不一致，丝毫不妨碍调查结束后的数据处理。然而，这样做可以大大减少调查员和受访者浏览与他们无关的问题时可能产生的疑惑。

田野调查的第三个关键环节，是选择和培训调查员。在仅凭课题组人力难以完成问卷访谈计划的情况下，就需要事先组织调查员队伍。大学生、当地统计局调查员、政府工作人员、村委会成员和村民小组长等，都属于优先考虑的调查员人选。无论从节约调研成本还是从提高信息准确性的角度来看，在调研乡镇和村庄聘请受教育程度相对较高的青壮年做调查员，都是一个理想的选择。一般情况下，挑选调查员的标准可以是性别中性，但若要作性别敏感的专题调查，例如妇女教育和培训、妇女就业、妇女生殖健康等，就必须在选择调查员时持有性别视角。我在组织前述山西农村妇女抽样调查的时候，只考虑到利用现有固定观察点的便利之处，却没有注意到调查员都是男性。结果，不少受访妇女都不大愿意回答问卷中有关自身健康状况和生育决策的问题。看来，做这类调查没有请当地妇联组织帮忙着实是失策。

调查员一旦选定，就要集中培训。培训的目的在于，一是使他们理解调查意图和问卷中的每一个问题以及填写要领；二是告知调查员预期的最优询问对象和抽样规则（最好在问卷上注明特定的询问对象，例如，村会计、农户户主、妇女、老人、村卫生员、村小学教师，等等）；三是借助调研员熟悉当地社会经济生活和民俗语言的优势，把问卷中的问题转化为当地农民容易理解的语言；四是把培训本身当做一次试调查，请调查员质疑问卷，以便在抽样调查开始之前作最后一次修改；五是在与调查员的交流中建立相互信任关系，尽可能激励他们对即将承担的任务产生兴趣，在实地调查中发挥主动性和创造性。

为了确认调研员是否能够正确填写问卷，我和同事们曾经通过研讨会的形式先行讲解问卷，然后请调查员填写，从中发现问题即当场讨论解决。但在实际调查过程中，总有一部分调查员对要求填写代码的问题不知如何是好，或者诱导受访者像学生猜测正确答案一样回答问题。为此，2002年我和几个博士生一起培训调查员的时候，改用示范的办法：在研讨会上随意挑选一个来自样本村的调查员，根据问卷上的问题对他进行访谈，将每一个问题和他的回答都写在黑板上。在示范过程中，其他调查员随时对问题的提法发表评论，或者提出填写建议。有的调查员了解受访者的家庭情况，还情不自禁地和他/她一起提供信息甚至纠正受访者对问题的回答。事实表明，这种方法优于以往所有的培训方式。当我们进村走访已经接受过调查的样本户时，发现户主夫妇都知道问题代码或选择性回答是怎么回事。数据输入和清理结果也显示，问卷填写错误极少。

田野调查的第四个关键环节与前述调查地点的选择相关，但这里着重讨论的是样本的选择。在绝大多数情况下，我们的调查重点是村庄和农户。在选定调研省和调研县后，最好请县里负责农村事务的职能部门，根据专题研究的需要推荐调研村名单，例如，作农民收入调查时，需要能够代表当地不同区位、不同人口规模的村庄；作政策效果评价时，需要特定政策干预行动覆盖的村庄和未覆盖的村庄（对照村），等等。至于从调研村里选择样本户，教科书里介绍的随机抽样方法当然最理想。然而贫困地区的农户通常居住分散，一个聚居点上只有3—5户人家，若用标准的随机抽样法则不能满足所需要的样本户数。此外，调查期间还时常遇到访谈对象不在家的情况。因此，我们只能事先确定农户抽样原则，由调查员根据这些规定选择抽样户。

例如，2002年我和课题组的同事们进行以工代赈项目执行情况调查时，为了保证抽取的农户样本包括足够多的项目参加户和非参加户，决定在每个调研县选择4个规模较大的村庄进行抽样，每个村抽取60个样本户。我们在培训调查员的过程中获知，就一个行政村而言，明显的高收入户和低收入户所占的比率一般分别接近20%，余者尽管相互之间收入有差别，但通常都被视为中等人家。于是我们请样本村所在的乡政府负责人把调查员分成小组，要求每个小组从各自将要调查的村子里选择10个高收入户、10个低收入户和40个中等收入户进行问卷访谈。由于调查员都熟悉村里的农户生活状况，所以在培训期间就讨论决定了抽样户名单，并在组内确定了每个调查员所要访谈的人家。我们在回收问卷时曾询问调查员对访谈户进行分组的依据，她/他们回答说，是先前观察到的家庭房屋、耐用电器、家具、劳动力数量、主要劳力的文化程度、承包地规模、大牲畜饲养量等综合情况。这些不正是反映家庭财产和人力资源状况的指标吗？当我们利用计量模型进行收入统计分析的时候，这些指标几乎都是不可忽视的解释变量。由此我们不能不佩服调查员对社会经济生活敏锐的直觉和出色的判断力。毫不夸张地说，即使我们自己去抽样，也未必会比他们做得更好。

田野调查的第五个关键环节是回收问卷。在这个环节上既节约时间又保证工作质量的办法，是研究人员在调研区域分批回收和检查问卷。我曾委托调查队邮寄问卷，结果遇到两个问题，一是问卷有缺失，二是个别调查员填写的问卷出差错。当在异地发现并试图纠正这些问题的时候，麻烦可就多了。此时打电话常常找不到特定调查员；即使找到人，对方也可能回忆不起来差错是怎样发生的。为此，在调查员培训班结束之前，就需要与每个小组分别约定问卷回收时间和地点。问卷回收时，每个研究人员负责检查一定量的问卷，专门核查容易出错的地方，尤其要留意那些给出非正常回答的问卷。如果发现问题，当下就和调查员讨论。同时，询问调查员在访谈中所遇到的特殊问题或是观察到的特殊现象，并加以记录，因为这些信息对于数据清理、统计分析和研究报告的写作往往至关重要。

田野调查犹如艺术创造，在追求完美的过程中总能发现不完美的地方。就我迄今为止参与的专题研究而言，那些我自认为设计周到、组织严密的田野调查都留有遗憾。因此，总是免不了要在统计分析阶段做些补充调查。有些缺失的信息，可以通过个案调查来回溯。例如，我作农村健康保险需求调查的时候，没有在问卷中包含足够的保险供给问题。不过，在弄清调研地区现有的保险制度安排后，课题组通过几个典型调查获得了必需的信息。然而有些遗憾却在短期内难以弥补。例如，我在上述农户问卷中没有对个人健康状况的主观评价提问，以至于后来不得不放弃对个人健康状况影响因素的计量分析。这种失误，来自我在问卷设计期间专题知识的缺乏。发现这个问题，是在研究走向深入的时候。虽然纠正这个失误只能有待于下一轮抽样调查，但是它足以作为一个警示，时常提醒我在问卷设计前竭尽可能去挖掘专题文献。

还需要强调指出的是，研究者对于乡村社会毕竟是匆匆过客，所作的专题调查只不过是撷取这个社会某个层面的部分特征。正因为如此，调查误差肯定存在。这就要求研究者除了采用技术手段减少误差外，还必须尽可能多地了解数据的背景。为此，需要在田野调查中把视野扩展到经济领域之外，全身心地感受当地的社会经济政治文化特征和风土人情，并及时记录自己的所见所闻。只有这样，才有可能在后期数据处理过程中敏锐地把握数据之间的逻辑关系，在分析过程中明晰地解释计量结果，在研究报告中写出内容丰满的篇章来。

不少研究人员虽然选择了农村经济研究专题，却不屑于作田野调查，厌烦其中包含的那些琐碎细致的工作，甚至根本不愿意到农村去。这或者是因为没有消除自身的城市偏好，或者只是把研究作为实现某种个人目标的手段，或者是由于对单纯计量手段的迷信，等等。无论出于何种原因，敷衍田野工作的行为中都隐涵着一种倾向，那就是认为只要拿到数据，就可以做出论文来。事情确实如此。然而此类缺少田野工作基础的论文，往往充其量徒具学术形式，实质上却难以称得上优秀研究成果，否则为什么不少学术刊物会充斥着隔靴搔痒的文章甚至文字垃圾呢？在现实经济生活中，处于转型期的中国农村充满新事物新现象，其中不乏对现有理论的挑战，这为当代经济学人提供了绝好的思想创造机会。田野调查属于创造的基础，只能从细微之处做起，正所谓"不积跬步，无以至千里"。这对有志于献身农村经济发展研究的人们来说是别无选择的。

四、避免"统计谎言"

"统计谎言"这个概念并不包含对研究者个人品质的价值判断，而是指这样一种现象：统计数字显示出来的事物关系实质上并不存在。记得一篇趣味短文曾提到，经济景气状况与女性的裙长呈负相关关系。这两组数字或许真能形成如此统计结果，然而无论时装生产者还是消费者都未必对其认真。这里之所以要提及这个例子，只不过是为了强调指出，在数据处理过程中研究者必须保持对统计失误的高度警觉。

首先，在将问卷数据录入计算机的时候，需要有意识地避免操作失误，防止由错误的数据引出荒谬的统计结果。关于这一点，曾有人建议将同一套问卷数据由不同的操作员分别录入计算机，形成两套数据文件，然后通过对照比较找出录入错误。这在小样本调查的情况下倒是不难做到，可对于样本量和数据规模较大的调查，就有个预算约束和时间约束的问题了。目前，与数据录入和清理有关的程序越来越先进，降低失误的关键已经不在于技巧，而是取决于录入人员的认真程度和研究人员对数据特征的了解。记得1992年的以工代赈问卷数据是由人民大学两个硕士生输入的。数据盘送来之后，我和熟谙计算机操作的同事用逻辑检验的办法进行数据清理。检验中发现部分农户的肉猪饲养量都在200（头）以上，于是断定录入员把"销售重量"这行数据输进"饲养头数"名下了，因为我们在田野调查的时候就知道样本村没有这样的养猪大户。尽管如此，我们还是拿出原始问卷来查对，事情果然不出所料。问题是采取措施纠正了那些失误后，发现接下来的数据还是不对头。那位同事编了好几个程序才核对出来，另有几块数据张冠李戴。问题出在录入员把A村的部分数据接在了B村数据下面。结果，我们不得不重新输入这两个村的农户数据。

其次，倘若不熟悉中国农村现状，也可能会根据"想当然"的假设进行计量分析，以至于出现常识性的统计失误。例如，将农民家庭是否享有安全饮水作为解释其生育决策的变量之一。这类常识性缺陷不仅需要研究者加强田野调查实践来弥补，而且还需要借助对专题理论分析框架的把握来校正。这与"功夫在诗外"的道理是一致的。

最后，研究者在获得与理论预设相反的统计结果时，最好反思自己的假设条件，而不必非要为了证明自己的设想去摆弄统计游戏。下面的例子可以说明，质疑自己原有的设想，往往会获得预想不到的进展。在我分析农村公共卫生服务状况的决定因素之前，曾从国内学术交流活动和文献中获得这样一些信息：近年来由于疾病预防服务和健康教育经费不足，这些服务的覆盖面降低。这些信息包含的逻辑在于，预防服务和健康教育覆盖面的增大，取决于政府投入的增加。为了证明这一点，我对样本农户获得的单项公共卫生服务分别评分，将加总后的分数作为被解释变量，把县乡政府的预防和健康教育支出、村卫生员获得的补贴以及农户区位等作为解释变量，作了一些回归分析。然而统计结果并没有显示政府投入与公共卫生服务覆盖面有正相关关系。为了解释这种现象，我先是用描述统计和Logistic模型观察单项服务供给状况与这些因素的关系，然后向一些预防医学专家请教，同时翻查田野调查笔记，发现自己的假设没有包含对公共卫生资源使用效率的考虑。事实上，调研地区政府的支出主要用于预防人员工资，开展预防活动的经费极少。而且，这些人员提供医疗性预防服务可以收费，例如注射疫苗；从事非医疗性预防服务却难以收费，例如进行健康教育。结果，免疫服务覆盖率很高，健康教育覆盖率极低。这表明，县乡政府的预防支出和村委会提供的补贴，实质上对卫生人员从事公共卫生服务还没有形成有效的激励。显然，这个结论为我们的研究注入了新意。

总之，数据处理如同连接田野调查和研究报告的桥梁，必须通过严谨细密的数据录入、清理、分析和检验工序构筑基础，容不得半点儿草率。否则，研究人员即使拥有再高超的统计技巧，也难免会不自觉地制造出统计谎言来。

五、读者取向的研究报告

这里所说的研究报告指的是表达研究结果的经济学专著、论文和讨论性文章等多种文字体裁。无论选择何种体裁，研究者在写作之前都需要先确定为谁写作，或者说确定作品未来的读者群。心中有了特定的读者群，就知道用什么样的表达方式与读者对话。例如，本文预期的读者群是经济系专业的大学生、研究生和涉足研究领域不久的青年学者，他们熟悉教科书介绍的理论，欠缺的主要是研究经验。正是基于这种判断，本文才用举例的办法来说明研究过程中需要特别关注的细节。

一般来说，有关农村经济发展问题的经验研究都具有较强的现实性。因此，为了增进不同群体对特定专题的了解，研究者有必要将研究结果送交本专业同行，将特有的发现告知公众，将有政策含义的信息和结论传递给政府部门。以专业研究者为读者对象的研究报告，最好按照学术专著或论文的程式去做。至于具体的程式，经典著作和著名期刊近期发表的论文都可以作为学习的范例，故而无须赘述。这里只针对近年来国内学位论文一些最常见的缺陷提出如下注意事项：

第一，文献回顾没有紧扣主题。有相当一部分作者回顾的并非是对特定专题作出贡献的文献，而是与专题相关的整个领域的发展，以至于文献回顾曲曲折折占用不少篇幅，而真正进入正题的文字却不多。这可能还是由于研究主题失于宽泛，或者说作者缺乏问题意识。如果在回顾文献的过程中始终尝试从理论上说明研究主题的来龙去脉，同时为自己的分析框架作好铺垫，至少不会离题太远。

第二，分析方法复杂却不得当。有些作者欠缺对论文思想深度的开掘，而只是偏好追求流行的高难度计量方法；有些论文罗列一堆复杂公式并非是为了将其用于数据分析，而只是用于表达简单的逻辑关系，以至于研究结论与计量分析脱节。这些做法的目的也许仅仅在于表现论文难度，而不是为了解决研究伊始提出的问题。对于分析方法的选择，物理学家丁肇中先生有过一席精辟的议论：最重要的不在于是否选择复杂的方法而在于是否选择适当的方法。如何判断方法是否适当呢？还是要视研究什么问题而定。进一步讲，最好用简单的方法解决复杂的问题，而不是反其道而行之。这对于作者来说，可以节约科研资源、提高科研效率；对于读者而言，也便于理解作者的意图、节省阅读时间。

第三，语言晦涩、用词生僻其至文理不通。这类语言弊病产生的原因可谓多种多样，或是由于作者对自己所研究的问题缺乏透彻的理解，或是出于汉语功底薄弱，或是因为生搬硬套外语词汇，或是为了标新立异创造另类提法，等等。不过结果却是一致的，那就是降低论文的可读性。论文写出来就是为了让别人读的，即使是专为学术圈而做，也要对新概念或论文专用范畴加以注解，并力求通篇论述文字凝练、语言流畅，使同行读者在了解专业信息的同时获得阅读的享受。

为了做到这一点，最简单的办法就是与同行讨论写作提纲，向非专业人士叙述自己的思想。经验研究专题往往需要课题组成员通力合作，尽管写作是单个人的劳动，但是课题组成员之间通过讨论所引发的思想碰撞，却足以将集体智慧注入单个论文，不仅提高它的质量而且改善它的可读性。从白居易把诗句写得街上的老太太都可朗朗上口的例子推想开来，如果我们把自己的研究结果讲述得令非专业人士感兴趣，那么写出来的文字必定简明易懂。

若要向公众普及研究成果，那就除了需要采用简洁明快的语言外，还必须省略专业性较强的计量分析。在我看来，这类文字相当于科普作品。它不同于实际部门的调查报告，研究者最好把专题研究涉及的基础知识、研究中观察到的事实、分析过程所依从的逻辑和结论，在文章中通俗地表述出来。此外，这类通俗的研究性文章也区别于新闻报道。它叙述的事件必须以研究为基础，以冷静的观察为前提。如果想把研究结论传递给决策群体，那就必须从整个研究结果中抽出关键的脉络，用三千字左右的篇幅提纲挈领地把事情讲清楚，因为这个群体通常没有时间阅读长篇大论。

研究报告的写作是专题研究过程的最后一环，可是有相当一部分研究人员到了这个收获思想成果的时节，却对所做的课题兴趣大减，这与经验研究需要的时间较长有关。如果研究者以特定的读者群为对象去回顾所经历的研究过程，将写出的章节请同行批评，与志趣相投的朋友谈论未完成的篇章，就可能重新燃起写作欲望并保持创造激情，从而为整个研究项目奏出雄壮昂扬的尾声来。

（原文刊于《经济研究》2002年第11期）

经济学家"农转非"

本力

"农转非"是一个具有中国特色的词汇。1958年，全国人大常委会颁布了《中华人民共和国户口登记条例》，明确了城镇人口和农村人口之分。由户口政策的实行，随之也产生了"农转非"（即农村人口转为非农业人口户籍）的概念。随着改革的日益深入，"农转非"政策逐渐宽松，这一曾经影响无数人命运的名词早已失去了往日的焦点地位。建国后成长起来的经济学家中，也有许多曾通过考试、招工等"农转非"方式进入城市学习、从事研究工作的经历。但本文"农转非"并非实指，其中"农"指农业经济学或农村经济领域，"非"则为农业经济学之外的其他经济研究领域。

回顾和梳理中国经济学的发展历史和活跃在各领域的经济学家，可以清晰地观察到一个"农转非"的群体，他们或主修农业经济学专业，或从农业经济研究、农村调查乃至制定农业政策（或称"农口"）入手进入研究、决策部门，然而最终在其他各领域也作出了突出贡献。这与"农转非"政策变迁背后的现代化、城市化相互呼应，成为了解中国经济学发展历史的一条重要线索。更引人注目的是，许多优秀的经济学家"农转非"后往往亦非常出色——在各自领域即使不拔得头筹，也堪称出类拔萃，形成了一个群星璀璨的"农转非"经济学群体。

"双子星"异曲同工

经济学家的"农转非"比中国的"农转非"政策出现还要早，老一辈经济学家薛暮桥即是早期"农转非"经济学家最具代表性的人物之一。他从农业经济起步，成为建国后相当长一段时间内对中国经济理论与实践都最具影响的经济学家之一，他主持创立了新中国的统计体系，主持建立了我国的物价管理制度，通过他的人生经历我们可以看到一个经济学家"农转非"的历程。上个世纪30年代初，薛暮桥在陈翰笙先生的指引下，逐步开始了农业经济研究和农村经济调查工作，与陈翰笙先生等人共同成立了中国农村经济研究会，创办公开发行的《中国农村》月刊，组织、参与农村调查，成为中国农村经济研究的核心人物之一。而他在抗日战争全面爆发后，投笔从戎，加入了新四军。后来，薛暮桥在延安经过一段时间学习后，又赴山东根据地任中共中央山东分局政策研究室主任并主持山东省工商局的工作，这段工作使其经济实践工作领域有所扩展，尤其在当时就已经开始运用控制货币流通数量的方式来稳定物价，抑制通货膨胀，这比弗里德曼的货币主义学派的有关理论早了30年。此后，薛暮桥先后在华北财经办事处、中央财经部工作，他的研究和工作逐渐离开了农村经济转而进入财政金融领域，尤其是货币、物价方面，在1949年为稳定物价、平抑通货膨胀起到了关键性作用，为迅速改变国民党统治下连续12年的恶性通货膨胀和物价猛烈上涨起到了汗马功劳。建国后，薛暮桥在政府经济部门重要的领导岗位上，直接参与了国民经济计划方案的制定、调整和实施，并撰写了后来被认为是本土经典经济学著作的《中国社会主义经济问题研究》。在1979年以后的经济体制改革的实践中和理论突破上，薛暮桥都起到了重要的推动作用，他深刻论述了我国必须实行商品经济，并系统地提出了财税、金融、价格、外贸以及国有企业等体制改革方案。中国经济体制改革研究会副会长石小敏回忆说，上个世纪80年代之后，在极力主张社会主义市场经济的阵营中，薛老的声音一经出现，就像是开出了一辆重型坦克。

另一位在理论上不断探索，成为当时中国经济学理论界领军人物的"农转非"经济学家同样令人瞩目。至今以他名字命名的经济学研究奖项是国内经济学学术研究的最高荣誉，这个人就是孙冶方。虽然孙冶方也是以实际经济工作和理论经济学家双重身份进行研究，但如果说薛暮桥的影响力与其政府高级官员角色不无关系，从而在实践中产生了举足轻重的作用，那么孙冶方更多地表现在对中国社会主义政治经济学史上作出的杰出贡献，比如批判"唯意志论"和"自然经济论"，强调价值规律在社会主义经济中的作用等。薛暮桥和孙冶方被人们称为老一代经济学家的"双子星"。

薛暮桥和孙冶方在经济实践和经济理论上的贡献在同时代人中极为突出，虽然各有侧重，但他们这两位经济学家能够脱颖而出和"农转非"的经历脱不了干系。薛暮桥和孙冶方皆曾为中国农村经济研究会的核心成员，都追随陈翰笙先生作过多年的农村经济调查。说到这里不得不讲讲陈翰笙先生的功绩。陈翰笙是中国农业经济学的先驱，他于1924年获得柏林大学博士学位，1927—1928年在莫斯科第三国际农民研究所工作一年后回国，进行农村调查和研究。陈博士的身边聚集了一大批青年知识分子进行农村调查和农村经济研究，如薛暮桥、孙冶方、钱俊瑞、骆耕漠、吴大琨、徐雪寒、王寅生、张稼夫、姜君辰、狄超白、孙晓、冯和法、石西民、吴觉民、宦乡、千家驹等。据薛暮桥回忆，在陈翰笙主持的以华北、华东、华南为主的农村调查中，除了以社会科学研究所的人为骨干，每次调查，还在当地吸收几十个进步青年，组成调查队，边调查，边学习，在各地培养了几百人的中国农村经济的骨干队伍。在陈翰笙先生的带动下，出现了一个农村调查和农村经济研究的群体，这也成为一个经济学家的摇篮，其中有许多人在他培养下开始研究农村经济，进而"农转非"研究其他经济问题，成为贡献突出的经济学家。

"80 年代"风气又开

无独有偶，改革开放以来尤其是以北京大学中国经济研究中心成立为标志的10年来，"农转非"经济学家又一次异军突起，林毅夫、周其仁、宋国青等农业经济背景的经济学家，虽然后来他们在学术研究领域有所拓展、转向，分别在发展经济学、国有经济转型、产业组织、宏观经济研究等方面精进，但几乎都代表了该领域或某一具体问题的国内最高研究水平，这堪称奇迹。更令人感叹的是，这一群体中许多人也都有农村调查的经历，他们或先或后，或多或少参与过上个世纪80年代的农村调查和农村经济改革的实践，而其中也同样有类似陈翰笙先生这样的重要推动者，这个人就是中共的资深农村问题专家杜润生。杜润生上世纪50年代初就担任中共中央农村工作部秘书长的重要职务，80年代初，为了推动农村经济改革，摸清当时农村的状况成了一个紧迫的任务，时任国家农委副主任的杜润生大力支持了一批有热情的大学生开展农村调查。1981年7月中旬，一个20多人的民间调查队伍，浩浩荡荡开到安徽滁县地区。

8月底，他们带着调查成果回到北京，为国庆节后召开的中央农村工作会议准备了一份系统全面的农村调查资料。段应碧、周其仁、陈锡文、杜鹰、卢迈、宋国青、白南丰、白若冰、俞家宝、詹玉容、张晓山、蒋中一、朱守银、王小鲁、张照新、白南生、罗小朋、邓英淘皆是在这个过程中涌现出来的，而其中又以人民大学78级经济系的居多。他们后来又参与了中央几个一号文件的制定，对农村形势的好转和农村改革起到了极为重要的作用。加州大学经济学博士、香港大学副教授肖耿曾对笔者高度评价这一事件，他说："农村的改革是工业发展、城市化的基础，意义重大而深远。在当时比较不明朗的制度环境下，能把制度变革的方向搞得非常清楚，并在政治上可以一步一步推得动，这非常不容易。经济学对经济政策作出了如此贡献，这在人类历史上几乎没有先例。"

农村调查何以开花？

"农转非"的前提是"务农"，而在"务农"过程中，运用科学的方法，在现代的组织方式下进行的农村调查对这些日后"崛起"的经济学家们起到了关键作用。

令人深思的首先是认识农村对了解中国国情和指导实践的重要性。与马克思将法国村落比作"马铃薯"相比，孙中山更是认为中国的农村是一盘散沙，事实上中国农村的问题原比人们想像得复杂。毛泽东说中国最大的问题是农民的问题，他为了了解中国国情曾经作了大量的农村调查，包括《湖南农民运动调查报告》、《长冈乡调查》等，这为毛泽东以后的革命工作打下了不可或缺的坚实基础。在上个世纪30年代、80年代分别以陈翰笙、杜润生为代表的两次大规模的农村调查均是在对农村经济状况需要重新认识的基础上产生的。陈翰笙先生在共产国际工作期间不同意当时主流的"亚西亚生产方式"以及"江南无封建"的观点，从而促成了其为研究中国社会性质进行的广泛深入的调查。杜润生着力推动大规模的农村调查则主要是为摸清农村的实际情况，为农村经济改革重大突破做准备。而对参与两次农村调查的青年人们而言，对农村问题的深刻认识对了解中国社会经济，对以后理论上的学习和研究，均大有裨益。

其次是需要对调查的重要性进行再认识。陈翰笙当时在苏联共产国际农村运动研究所工作，对该所工作人员只注意引经据典而不研究农民问题的实际情况感到不满，体会到研究农村问题必须从农村经济调查开始，这才毅然回国。另一位亦有海外留学背景由"佃农理论"登堂入室的"农转非"经济学家张五常也是调查的行家里手，在蜂场、油田、玉石市场这些在别人看似无甚新奇的地方，张五常却能发现玄机。他选择价格急剧变化的除夕夜在香港街头卖橘分析"价格分歧"，至今仍然被人们传为佳话，《卖橘者言》一书更是成为华文经济学随笔的经典之作。关于调查的重要性，周其仁在《真实世界的经济学》一书的序言中如此写道，经济调查所需要的资料并不是在建好的实验室中产生的。社会本身就是一个"实验室"，事实必须从中挖掘出来。但是，挖掘本身是一件很辛苦的工作。周其仁大概是当年那批搞农村调查的人中最为坚定并且最能坚持的一个，他在国外求学回国后即抓住机会参加调查，从他的回忆中也可以看出农村调查如何对"农转非"研究领域起到的积极推动作用："润生先生要我到山西参加研究一项大型供水工程。水工历来是中国经济史上的一个重点，多年之前我就有过兴趣。在当代，水成为'国家所有的公共资源'，产权界定的模糊外加背离价格机制——结果只能是到处叫喊'水的危机'，且不能指望靠任何调水之策可以解决问题——是产权经济学不能放过的一个题材。""回国之后，我和老友宋国青教授带着几位学生，直奔黄土高原而去。从1996年秋季开始，这项研究差不多持续了三年。虽然至今我们没有为此公开发表过一个字，但是借着这项研究，我们对水权、水价、水市场、'国家工程'的决策和执行以及工程建设体制，等等，有了透彻的理解。对于竞争、垄断、自然垄断，还有那著名的'平均成本曲线陡峭地向右下方倾斜'情景下的'定价悖论'——这是经济学提出的老大难题，上世纪40年代科斯对此有过重要的提点——我们可是像张五常讲过的一样，因为对一个实例下过足够的功夫，盲拳可以打倒老师傅。"现在学习经济学的青年人对调查研究工作的认识和投入都远远不够，除了陈翰笙、杜润生二位先生这样既有深厚理论功底，又有如此强大组织能力，并尽其所能提携后人的学者难得一见之外，青年人在学习现代经济学中对调查研究的偏见也是一个重要的原因。经济学是讲究假设前提的，"厚模型而轻调查，重工具而轻案例"往往会导致在假设前提上的认识不足，从而影响其技术上的发挥，对于身在转轨中的中国经济学人而言，这一点尤其重要。我想，这也是林毅夫教授提出经济学要"本土化、规范化、国际化"，将"本土化"放在首要位置的原因。

其三，是对青年人理想和热情的认识。梁启超说，少年强则国强，"老年人常思既往，少年人常思将来。惟思既往也，故生留恋心；惟思将来也，故生希望心。惟留恋也，故保守；惟希望也，故进取。惟保守也，故永旧；惟进取也，故日新。惟思既往也，事事皆其所已经者，故惟知照例；惟思将来也，事事皆其所未经者，故常敢破格"。青年走到一条正确的路上是何等重要，可以说有更多的青年人富有理想，而且理想能得以正确的方式表达，这个国家就越有希望。当年邓小平提出的"四有新人"，第一条即是"有理想"。无论是在上世纪30年代，还是在上世纪80年代，在当时看来，从事农村调查还是农村经济研究，在现实的回报上都是微不足道的，都是相当费力不讨好的事情，而大批有才学的青年人却投入其中，这种理想主义的情怀令人憧憬。周其仁在书中回忆当年农村调查的经历，言语间能看到当年的那种热情和青春元气："我还是分外怀念那时的生活方式：背上一书兜文献到农村调查，观察、访问、座谈之余，就是阅读和讨论；车马途中，则是思想神游的最好时光。"

经济学家"农转非"的历史也不是说现在需要在经济学做出成绩就一定要到农村，更重要的意义在于是运用现代科学方法调查的实践经验和观察中国实际问题的能力。但经济学家"农转非"的成绩并不意味着经济学家一定要"农转非"才能成功，比如现任中央财经领导小组副主任的陈锡文和发改委副主任的杜鹰都在当年农村调查后，一直沿着农村经济研究和农村政策制定的路子走下来。但是，经济学家"农转非"历程中，两次大规模的农村调查中，富有理想和才学的青年人的投入却是一定的，青年人影响着、决定着未来，这是一定的。

（原文刊于《经济学家茶座》第23辑）

第七篇

论文写作

经济学论文的写作规范

陈志俊　张昕竹[*]

经济学作为一门科学，具有其独特的方法论。经济学发展至今，它的几十个分支学科之间不断地分化与融合使其形成了一个十分庞杂的学科体系。虽然每一个分支学科都有各自独特的研究方法，但总体上，经济学的方法论是建立在一般均衡和纳什均衡两个核心概念上的一系列公理化的研究方法。而作为经济学研究成果的最终形式，经济学论文[1]亦充分体现了这种独特的方法论。

经历了近50年的发展与变革，经济学的研究论文，无论是理论研究还是应用研究的论文，都已形成了一个相对统一和严格的写作规范。这种规范并不是任何一个或几个经济学家所拟就的规定，而是按照经济学研究方法论的要求，并随着它的发展而逐渐演变的产物。

一般地，我们可以将经济学的研究论文分为两类：第一类是总结介绍在某一领域的前人研究成果的综述性论文，第二类是提出并解决一个理论或现实问题的创新性论文。我们下面分别介绍这两类论文的写作规范。

---

[*]　陈志俊，浙江大学经济学院副教授。张昕竹，中国社会科学院数量经济与技术经济研究所研究员。

[1]　必须强调指出的是，我们这里所指的经济学研究论文并不包括项目研究报告或政策研究报告之类所谓的研究论文。

一、综述性论文的写作规范

关于综述性论文，它的写作规范相对灵活，作者可以按照一个自己认为合理的主线将该领域的研究成果串联在一起。这条主线可以是一个简化的分析框架或模型，也可以是一个理论发展或分化的线索。一般地，综述性论文由四大部分组成：

第一部分，导言。主要介绍该理论的起源和简要的发展史、现实的应用和理论发展的前沿等。

第二部分，主要成果总结。将该领域的主要研究成果以命题或定理的形式，沿着主线展开。一般地，作者应将该上述命题或定理的出处加以标注，以示对原创者的尊重，如"定理1（Maskin，1977）：一个社会选择规则是可以纳什实施的，则它必然是单调的"。通常，在综述性论文中，对于定理或命题都不加以证明，只标注出处。

第三部分，理论前沿和存在的问题。在这一部分，作者在介绍当前研究前沿的同时，应当着重指出理论本身存在的不足之处，包括基本假设、分析框架及应用前景等方面值得进一步深入研究的问题。

第四部分，参考文献。综述性论文的参考文献尤其重要，因为它是读者进一步深入研究的依据。因而作者应当尽可能详尽地列出这一领域重要的参考文献。

在主流经济学的期刊中，*Journal of Economic Literature* 和 *Journal of Economic Perspectives* 是两种最为权威的综述性论文期刊。它们主要为读者提供经济学的各个领域的综述性论文，这些论文一般由在该领域作出过突出贡献的学者撰写，因而具有相当的权威性。这些论文可以成为新来的学者进入这一研究领域的"路线图"，它的重要性不言而喻。

二、创新性论文的写作规范

同任何一门科学一样，创新是经济学的生命之源。经济学的研究一般都是问题导向的，即一个研究计划一般都始于发现或提出一个问题。经济学的问题无外乎理论问题和实际问题两大类。理论问题的提出并解决在经济学的发展历程中具有极其重要的意义，一个重大的理论问题的提出并解决往往会带来方法论上的创新并导致一个新的分支学科的产生。因而这样的经济学论文也就成为经济学发展的一个重要里程碑。我们仅以微观经济学理论体系的创新为例，来说明经济学理论创新的过程。

经济学理论体系经历了两百多年的发展，尤其是始于20世纪40—60年代的公理化革命所建立的一般均衡理论体系，使得经济学形成了一个统一的方法论和分析框架。诚如经济学大师Jean Jacques Laffont教授所言："Arrow-Debreu的一般均衡理论是如此之美，以至于每一个经济学家都无法抗拒她的魅力。可以这么说，任何一个经济学的研究者，如果不懂一般均衡理论，那么他就不可能成为一个真正的经济学家。"主流经济学的任何一个分支都是建立在一般均衡理论之上，这是一个不争的事实。

然而这样一个充满理性之魅力的一般均衡理论却是建立在两个非常严格而且限制性的假设之上：完全竞争和完备信息。完全竞争假设保证了每个参与者都是价格接受者，无法操纵市场价格。而在完备信息假设下，一个万能的瓦尔拉斯拍卖人才能制定出一组均衡的市场价格，并使得市场出清。显然在现实中并不存在完全竞争和完备信息的市场经济，因而当我们将一般均衡理论应用于具体的经济环境中时，必须根据现实的经济环境和所要研究问题的本质对上述假设进行修正。这种修正如果导致了原有的基本框架无法继续使用以及原有的基本结论不再成立，则理论的创新就是不可避免的。

当完全竞争和完全信息的假设被打破时，导致了产业组织理论、信息经济学和激励机制设计理论的诞生（20世纪70年代）与发展（20世纪80—90年代）。对策论的发展为上述诸领域提供了新的方法论，因而纳什均衡也就成为了这些理论的核心概念。上述诸领域的发展构成了当代经济学最为活跃的前沿，并且为其他经济学理论和应用提供了新的方法论。

当然，导致根本性理论变革与方法论创新的论文毕竟是少数，大部分理论创新的论文是对原有理论框架的修正和完善，包括对原有理论结果的一般性推广、对部分限制性假设的放松，以及将其应用于某一具体研究领域等。例如，Maskin的一篇开创性的论文[1]提出并证明了一个社会选择规则可以纳什实施的必要条件（单调性）和充分条件（单调性加无否决权性质），但是没能找到一个既充分又必要的纳什实施条件。而Moore和Repullo[2]通过对纳什实施性质的

313

---

[1] Eric Maskin, "Nash Equilibrium and Welfare Optimality," *The Review of Economic Studies*, 1977/1999, 66（1）: 23–38.

[2] John Moore and Rafael Repullo, "Nash Implementation: A Full Characterization," *Econometria*, 1990, 58（5）: 1083–1099.

深入分析，找到了一个称为"条件 μ"的充要条件，从而完善了 Maskin 的基本框架，这篇重要的论文因而发表在最为权威的 *Econometrica* 上。但是 Moore 和 Repullo 的"条件 μ"表述形式过于复杂而显得不够美观，其后 Danilov[1] 提出了"本性单调性"的概念，并证明了它是纳什实施的充要条件。"本性单调性"在表述上非常简洁优美，因而这篇论文也发表在了 *Econometrica* 上。

实际问题的发现并解决也是经济学创新的一个重要方式，因为经济学在本质上是一门应用科学，运用经济学理论来解决经济运行中的具体问题是经济学的根本任务。同时，在解释或解决现实问题的过程中，如果发现原有的理论框架无法适用，就有可能导致理论的创新。例如，Akerlof[2] 在考察旧车市场的交易过程中发现了不对称信息会导致效率的损失，而这一现象却无法在一般均衡的框架内加以解释。当他试图用一个新的方法来解释这一现象时，导致了信息经济学的诞生。

经济学研究的第二步则是解决问题。一般来说，对于发现或提出的问题，研究者应当提出自己的观点（basic idea），并寻找一个合适的框架或模型进行论证。进一步地，如果是一个实际问题，则应当根据所得到的基本结论提出解决问题的可行的政策性建议。

根据上面提到的发现问题 – 解决问题的基本研究范式，我们可以将经济学研究论文的写作规范归纳如下。一般地，一篇标准的创新性经济学论文由以下几个部分组成：

1. 导言（introduction）

导言是一篇论文精华的浓缩，因而它是论文中最为重要的部分。导言虽然放在论文的第一部分，但它的写作却往往放在最后。对于作者来说，导言是陈述自己观点的喉舌；而对于读者来说，导言是他们了解一篇论文的窗口。事实上，一篇论文能否发表，很大程度上取决于导言的质量，而审稿人则往往通过导言来了解论文的质量和作者的功底。Laffont 教授曾经对我们说过："我每个月要审几百篇论文，对于大部分论文，阅读都不会超过四页就把它丢到垃圾堆里。我很难想像一个作者如果连导言都写不好，他能写出什么好论文。"

[1] Vladimir Danilov, "Implementation via Nash Equilibria," *Econometrica*, 1992, 60（1）: 43–56.

[2] George Akerlof, "The Market for 'Lemons': Quality Uncertainty and the Market Mechanism," *Quarterly Journal of Economics*, 1970, 84（3）: 488–500.

对于年轻的学者而言，在建立他们的学术声誉之前，尤其应该注意论文导言的写作，否则的话，他们的论文就永远难见天日。事实上，即使是著名的经济学家，也十分注意论文导言的写作。Tirole告诉我们，他写论文的导言一般都要花费一个多星期时间仔细推敲。由于主流经济学的期刊都采用匿名审稿制，他们也担心自己的论文被一流的期刊拒绝，"这是一件很丢人的事"，Tirole一脸严肃地告诉我们。

一般来说，论文的导言应该包括以下几个部分：

（1）问题的提出。开门见山地，作者应该在论文的开头用尽可能简洁的语言陈述他所发现或提出的问题，并进一步阐明该问题对于经济学理论和实际应用的重要性。如果这并不是一个新的问题，那么作者应该进一步阐述他重新提出该问题的原因所在：或者前人没有很好地解决，或者作者发现了一种新的思路和解决方法。

（2）解决问题的基本思路和基本方法（basic idea）。这是一篇论文的核心。经济学论文非常重视解决问题的基本思路和方法是否具有原创性。在这一部分中，作者应当充分而又简明地阐述自己对于解决所提出问题的新的思路或新的方法，以及作者所使用的分析框架或模型。一般地，如果作者所使用的基本框架是该领域的一个新框架，则作者应当阐明使用该框架的理由和它的基本假设。无论是思想上的创新还是方法或模型上的创新，作者都应该恰如其分地表述这种创新对于经济学理论和应用的意义，以及它的限制性。

（3）参考文献的回顾性评论。任何一篇论文的产生都是建立在前人贡献的基础上，作者应当对这一领域的前人所作的贡献作一个回顾性的评论。这不仅是对前人贡献的尊重，同时也是通过比较阐述本论文创新之处的一种方法。这种评论绝对不是将参考文献简单地罗列，而是一种批判性的回顾：对于作者所提出的问题，前人有没有作过相关的或相近的研究，他们的成果和主要结论什么，他们的工作存在的局限性，以及相比之下作者所作的创新。

（4）论文的结构安排。在导言的最后部分，必须简要地介绍一下论文的结构安排，包括除导言之外的各章节及其主要内容。这些内容的介绍大多可用一两句话简要概括。

2. 基本框架或基本模型 (basic framework or basic model)

论文的第二部分一般是阐述论文所使用的基本框架或基本模型。基本框架或基本模型是用来论证作者所提出的解决问题的基本思路和方法，因而模型的选择和分析的技巧直接决定了作者对于这一问题的论证的可信性，以及所得到的基本结论的普遍性。这一部分往往是研究工作和论文写作的关键，同时也直接显示了作者的经济学功底。一个好的模型不仅可以使作者清晰而透彻地阐明和论证自己的基本观点，并得到非常优美的结论，而且它本身也往往会成为一个广为借鉴的分析工具。例如，Myerson 和 Satterthwaite[1] 提出并证明了不完全信息下的双边交易是帕累托无效率的，而他们所采用的基本模型也成为了连续分布的逆向选择问题的一个标准分析模型。

一般地，在主流经济学的任何一个领域都有一些较为成熟的、被普遍接受的模型，他们是前人贡献的结晶。当学者进入这一领域的研究时，必须首先熟练掌握这些模型的基本方法，包括基本假设、基本技巧和基本结论，这就是所谓的基本功训练。严格的基本功训练是任何一个学者做研究工作的首要前提，因为它是学者解决问题的工具，所谓"工欲善其事，必先利其器"。比如在微观经济学领域，对策论和机制设计理论是两个最为基本的工具，任何一个在激励理论（及其应用）和产业组织理论作出突出贡献的学者，如 Laffont、Tirole 和 Maskin 等，首先就是对策论和机制设计理论的大师。对于一般从事微观经济领域研究的学者来说，当然无法达到他们的境界，但是无论如何，必须熟练掌握对策论最为基本的方法，以及激励理论的一般方法。

对于经过严格的基本功训练并掌握了该领域的基本研究方法的学者，如何选择一个适当的模型往往是他们面临的一个难题。尤其是对于微观经济学领域，由于可供选择的工具太多而往往使得初入该领域的学者无所适从。例如，有位学者希望解释"银行的信贷配给"问题，他的基本观点是：信贷配给是银行和企业之间的不对称信息造成的一种效率损失。为了支持他的基本观点，他希望运用信息经济学和激励理论的基本模型。一般地，他有两个可供选择的基本框架：逆向选择模型和道德风险模型。如果他认为企业所投资项目的实际回报率是企业的私人信息，那么他就会选择逆向选择模型。另一方面，如果他认为不对称信息主要来自于企业经理的道德风险行为——即经理故意选择一个高风险的投资项目，因为他本人可以从中获得私人利益——则作者应当选择道德风险模型。

假如这位学者选择了道德风险模型来解释银行的信贷配给问题，则接下来的问题是，选择静态的还是动态的模型？选择离散的还是连续的模型？这个问

[1]　Rober Myerson and Mark Satterthwaite，"Efficient Mechanism for Bilateral Trading," *Journal of Economic Theory*，1983，29（2）：265–281.

题没有标准答案。一般地，如果能用一个动态的连续模型得到优美的显式解当然是最好的，因为它符合学者们所一致推崇的形而上的价值标准。但是很遗憾地，迄今为止还没有任何一个学者在动态的连续道德风险模型（指代理人的行为和最终结果都是连续分布的）中得到有用的显式解。此外，选择什么样的模型取决于作者希望解释什么样的问题，解释到什么程度。诚如Laffont教授所言："如果我能够用一个离散模型解释连续模型90%以上的结论，那我为什么不用离散模型呢？"

因而我们在激励理论的应用中所看到的道德风险模型大多是离散的和静态的，如公司金融理论和微观银行学等。事实上，关于上述信贷配给问题的最为权威的研究，可以参阅Tirole的文章"Corporate Governance"[1]。读者可以从中发现经济学大师们是如何运用一个极其简洁的模型解释复杂的经济学现象，并得到令人信服的结论。

一旦作者选定了一个合适的基本模型，那么应当在论文的第二部分对于基本模型进行必要的描述，对它的基本假设进行必要的交代。如果为了解释的需要不得不施加限制性的假设，则必须交代施加该假设的理由（合理性）、它对模型应用的限制性以及对结论的影响。

3. 主要结论 (main results)

主要结论是论文的主体部分。当作者选定了一个模型解释一个经济学理论问题或现象时，通过计算和证明所得到的基本结论就是作者的论点（基本观点）是否能获得支持并被学术界接受的直接依据。一般地，作者应当将他所得到的重要结论以命题或定理的形式陈述出来，并用适当的结构或顺序加以排列。这不仅是为了读者阅读论文的方便，而且也是对作者归纳能力的一种锻炼。一般来说，杂乱无章堆砌的结果是不可能被学术界承认的。

每一个定理或命题都必须加以证明，这是任何一门科学最基本的要求，这也是科学的结论可以信赖的根本。证明的过程就是作者运用演绎或归纳的方法从假设或前提中得到基本结论的过程，一个正确的证明至少保证了建立在模型假设之上的结论是逻辑上可信的。很难想像，在当代经济学界，一个不加证明的结论能够被学术界所接受。

为了论文结构的简洁美观，当定理或命题的证明较为冗长时，学者们一般

---

[1]　Jean Tirole，"Corporate Governance，" *Econometrica*，2001，69（1）：1-35.

将其放在附录中，这同时也是为了论文可读性的需要，一般的读者没有兴趣仔细阅读定理的证明过程，除非这是一篇经典论文，并且它的证明具有方法论上的开创性。无论是否将定理的证明放在附录中，当定理的证明较为冗长时，作者最好将其分成若干部分，并将中间过程的结论用引理的形式表示出来，这样就使得证明过程结构清晰，便于阅读。

4. 模型的扩展 (extension)

在许多经济学论文中，作者一般先用一个较为简单的模型进行论证，以得到简洁优美的结论；然后再将基本模型扩展到更为一般的理论框架中，并验证基本结论是否成立。这种循序渐进的方法使得论文的可读性较强。这种扩展一般包括两个方面：第一，基本模型的扩展，如将离散的模型扩展为连续的模型，将静态的扩展为动态的模型；第二，基本假设的修正，如将某些限制性较强的基本假设放松，使得基本结论的适用范围更广。

5. 实证分析 (positive analysis)

对于宏观和金融领域的学术论文，大多要求运用统计数据进行实证分析，以验证或支持作者所得到的结论。在实证分析中，数据的选取和计量模型的选择是两个最重要的方面，所以从事宏观或金融领域研究的学者要求有很好的计量经济学功底。

对于诸如产业组织理论和规制经济学等微观经济学领域来说，实证分析往往以案例分析为主，这是因为在微观领域很难获得大样本的数据。然而近来出现了一种新的实证分析的趋势，即用小样本数据进行计量分析。而关于小样本的统计理论的发展以及企业数据库的逐渐完善使得这种计量分析变得日益可行。

实证分析对于经济学的重要性不言而喻。因为从根本上说，任何一种经济学理论，无论从形而上的价值观判断是多么完美，如果无法在现实应用中找到自身的价值，那么它的生命力就不会持久。

6. 结论 (concluding remarks)

任何一篇完整的论文都必须有一个结论。经济学论文的结论通常包括以下两个部分：第一部分，用凝练的语言将论文所得到的基本结论及其意义作一个归纳总结，这种总结应当尽可能简短，以节省篇幅并且避免不必要的重复；第二部分，对于本论文所未能解决的问题以及模型和结论的局限性作简短的说明。提出这些开放性的问题有助于后继的研究者进一步深入研究，这是任何一个学科的繁荣所必需的，也许作者本身就是从其他学术论文的开放性问题得到启示。而指出模型和结论的局限性不仅是学者的一种科学态度，而且有助于其他的研究者对该模型加以改进，从而获得一种更好的分析工具。

7. 附录（appendix）

前面已经提到，对于较为冗长的定理的证明，一般将其放在附录中。

8. 参考文献（references）

参考文献是作者研究和写作的依据。任何一种研究都是建立在前人贡献的基础上，正确地引述参考文献不仅是为了尊重前人的贡献，同时也是为后来者提供一个研究的参考，因而参考文献实际上起着一种学术研究承前启后的作用。参考文献的引述必须恰当，既要避免遗漏重要的文献，从而给后人的研究带来不便，又要避免过多罗列并不直接相关的文献。一般地，参考文献中所列的论文或著作应当是作者在论文中提及过的文献。

三、几点建议

上述讨论的经济学论文的写作规范并非给予经济学的研究论文施加类似"八股文"的条条框框。相反地，上述规范是许多经济学家在长期的研究和写作过程中总结出来的、最有利于表达经济学的基本思想并使其形成一个学术体系的方法，并且在演化中逐渐为学术共同体所接受。对于经院派的学者来说，在严格的经济学基本功的训练过程中早已潜移默化地接受了这种规范，因而再谈论经济学论文的写作规范似属多余。然而对于中国学者来说，尤其是年轻的学者，由于客观条件的限制，往往缺乏严格的基本功训练，并且对主流经济学的研究方法和学术规范了解较少，写出来的论文往往很不规范。另有不少学者，由于受到某些非主流思潮的影响，写出来的论文更是有散文化的倾向，随心所欲，恣意发挥。毕竟经济学是一门科学，严谨和规范是科学论文的基本要求。所以我们认为介绍经济学论文的写作规范并非多此一举，而是具有重要意义。

　　了解并掌握经济学论文的写作规范只是写出高质量研究论文的第一步，而且是相对容易的一步。从根本上说，研究论文的水平取决于作者的经济学功底。事实上，没有五年以上的经济学基础知识和基本技能的严格训练，要想写出一篇高质量的具有原创性的学术论文只是天方夜谭式的空想。而不管从事哪一个领域的研究，在经济学各个分支学科高度分化而又相互交叉的时代，微观、宏观、金融和计量各个学科的基本训练，对于任何一个希望在经济学领域有所成就的学者来说都是必不可少的。因而我们认为年轻的学者必须要有耐得住寂寞和坐得住冷板凳的决心，只有这样才能成为一个真正的经济学者——毕竟研究经济学的机会成本是很高的。

（原文刊于《数量经济技术经济研究》2003年第8期）

实地调查基础之上的研究报告写作

朱玲[*]

如今，经过大学本科训练的青年经济学人，一般已具备良好的专业基础知识。在研究生学习期间，又浸泡于各类高级课程，专注学业的人多半还曾博览群书，或者阅读过不少经典文献。可是，到了写作学位论文的时候，有相当数量的学生非但难以做到学以致用，反倒惶惶然不知如何入手。这是我从不同高校的博士生来信和他们的开题报告中注意到的现象。此外，在科研项目评审的过程中也时常看到，不少已经取得硕士博士学位的青年学者虽然掌握了一些写文章的"套路"，却难以写出厚重扎实的研究报告。在国内最近20多年来的经济学科研成果类别中，以专题调研为基础的研究报告日益普及。事实上，越来越多的经济系研究生选择中国某个特定经济问题为研究对象，采用经验研究方法加以探讨，逐步写出系列专题研究报告，然后将其顺理成章地编辑成学位论文。从这个角度来看，研究报告写作中的困难和学位论文写作中的障碍是相通的。为了帮助青年学者克服这些困难，我曾多次求教于周围的科研人员，逐渐认识到，专业写作困难的根源，在于基本功欠缺、专业训练不足、写作不得要领。出于这种理解，以下拟将依据众人的智慧和自己的经验，借助案例分析，着重讨

*　朱玲，中国社会科学院经济研究所研究员。

论实地调查基础之上的研究报告写作能力培养。首先从自学的角度探讨，如何在基本功训练方面"补课"。其次从教学的角度说明，怎样有效地组织专题研究培训。最后，从寻找写作入门路径的角度，对构建研究报告的要领加以扼要提示。

一、基本功训练

实地调查基础之上的研究报告写作，牵涉到整个研究过程，而并非仅限于组织文字，因而需要作者至少具备基本的研究能力。在能力薄弱或者欠缺的情况下，只能靠基本功训练来弥补。我们经济研究所的赵人伟教授曾将中国现实经济问题研究所必需的基本功表述为六个要点，这恰好可以用来探讨本文的主题。于是我试图依据自己的认识，从最熟悉的情境中顺手拈来一些案例，将这些要点逐一阐释如下。

（一）奠定坚实的理论功底。经济学理论首先能够为研究者提供观察和认识现实问题的思维工具，舍此无以构建分析框架。其次，它好比高效的"搜索引擎"，有助于研究者针对特定问题，探寻可行的研究路径和选择恰当的切入点。有鉴于此，研究者即使面临不同于自己原有专业方向的任务，也有可能借助缜密的经济学逻辑这个"导航仪"，尽快进入相对陌生的专题领域。在这个意义上，具有深厚理论素养的研究者多半具有良好的可塑性和创造性。那些经历了本科经济学基础理论学习和研究生特定专业理论训练的人，倘若作起研究来依然找不到头绪，或者落笔之时不知所云，写出的作品了无新意甚至不着边际，很可能是欠缺运用经济理论思考的能力。如此看来，在理论学习中不仅仅是要吸收知识，或者说知道所学的理论"是什么"；更要学会思考，弄清楚理论的内在逻辑，或者说领会理论"为什么"如此构造；还要尽可能透彻地理解和分析，所学的理论是"怎样"构建和演化而来的。这样，就有可能把理论的学习和方法的把握结合起来，把知识的吸纳和思维能力的培养结合起来。

对此，这里列举余永定教授和杨春学教授的学习方法供读者借鉴。余教授20多年前学习再生产理论时写过几篇论文[1]，其中有一篇把马克思再生产模式表达成一个差分方程，通过求解和分析来演绎其中包含的内容；还有一篇则用数字表达式概括列宁的再生产理论，揭示计划经济国家优先发展重工业的经济政策与这一理论之间的逻辑联系。这种做法，可以说是用研究的方式学习理

---

[1] 余永定，《一个学者的思想轨迹》，北京：中信出版社，2005，第34—74页。

论。杨春学教授的做法，更接近于在学习中研究理论。杨教授1995年完成的博士论文专门分析"经济人"与社会秩序的关系。[1]围绕这一主题，他阅读了400多篇经典文献。在论文中，从经济理论史的角度把"经济人"归纳为三种类型，又将这三种类型的发展与微观经济学的三次重大发现联系起来，具体考察"经济人"假说在经济理论发展史中的作用，同时探讨个人利己的本性与公共利益的关系。需要说明的是，杨教授的专业是经济思想史，其他经济学专业的学生虽然未必需要如此深入地钻研这个领域，但是这种把学习和研究结合起来的办法，无疑有助于个人把握理论真谛和积淀理论功底。

（二）选择适当的研究方法、研究路径和分析技术。研究方法可分为规范（nominative）和实证（positive）两大类。前者用于研究事物"应当是什么"，后者用来分析事物"是什么"。改革开放前，中国经济学界有不少争论是围绕着"应当是什么"之类的问题展开的，争论的焦点主要集中在概念理解差异上，各方的立论往往都缺少事实和数据的支持。最近20多年来，虽然类似的争论依然存在，但关于现实经济问题"是什么"的研究已日益增多，所用的方法和技术也逐渐多元化。在这一背景下，赵人伟老师又把实证研究细分为理论实证（theoritical positive）和经验实证（empirical positive）研究。划分的标准，是研究中主要采用"抽象事实"还是"真实数据"展开分析。"用事实"的一个典型是科尔奈的短缺经济研究[2]，"用数据"的案例在世界银行发展报告和联合国开发计划署的人类发展报告中比比皆是。至于研究者经常提到的定性研究与定量研究，实质上是从分析技术的角度来对研究方法作区分的。时下在一些以现实经济问题为对象的课题设计和研究报告中，常会看到作者对所使用的方法做如下表述："将规范研究和实证研究相结合、定性研究与定量研究相结合。"至于怎样用这其中的任何一种方法研究选定的专题，作者并不交代。这很可能是因为作者原本就不大清楚，怎样针对特定问题选择可行的研究路径，并借助恰当的分析工具来"解剖"观察到的事实，因而只好采用笼统的术语来搪塞。还有一些作者并未忽略研究步骤的设计，但也许由于分析技术有限，虽然选择了新的研究领域，却仅仅是"坐而论道"，缺少扎实深入的分析，结果还是"唱着那古老的歌谣"。

研究路径（research approach）是一个多义的外来词，它既接近于"研究思路"的概念，又有具体分析方法的含义。研究路径和分析工具的关系，可用

---

[1] 杨春学，《经济人与社会秩序分析》，上海：上海三联书店、上海人民出版社，1998。
[2] 科尔奈，《短缺经济学》，张晓光等译，北京：经济科学出版社，1985。

"庖丁解牛"的比喻来形象地解释：解牛的套路如同研究路径，解牛的利刃好比分析工具。进一步讲，我把经济研究的路径，理解为连接研究对象、理论基础、分析技术和经济现象等环节的纽带或者"通道"。为了便于说明这些环节之间的关系，这里特将 Heckman 等人一篇题为"Fifty Years of Mincer Earnings Regressions"[1]的研究报告作为案例加以赏析。Mincer 方程（工资函数）堪称劳动经济学中的一项经典分析工具，至今依然应用广泛。Heckman 等人的研究报告主题，实质上是质疑 Mincer 方程的适用范围，并构建更接近于经济现实的教育投资政策分析工具，因而可以说是一篇探讨专题研究方法的报告，其研究步骤可以粗略地表述如下：

第一步，通过文献回顾，介绍 Mincer 方程的由来，并在评点其缺陷的同时，提出新的教育投资决策行为分析框架。Heckman 等人指出，Jacob Mincer 于 1958 年和 1974 年分别构建了两个工资模型，虽然二者的数学表达式相似，但模型所依据的理论框架却大相径庭。1958 年的模型基于工资补偿理论，1974 年的模型则基于人力资本形成理论，从 Becker 和 Chiswick 构建的一个恒等式发展而来。其共同之处在于模型蕴涵的经济思想：其一，诸如教育和工作经验这类生产性的个人特征，均可从劳动市场获得报酬；其二，通过与利率的比较，可以计算出教育收益率，从而使人力资本投资最优化。Mincer 运用 1974 年的模型，采用 1960 年的美国人口普查数据，对就业者的技能价格和人力资本投资回报率进行了估算。从那时起，Mincer 方程成为这一领域经验研究的奠基石。数量众多的经济学家或者用这一分析工具估算教育收益率，或者用它测度工作经验对性别工资差距的影响，或用不同国家和不同时期的数据，对发展中国家的教育做经济学研究。2000 年以来的一些论著，还用 Mincer 模型分析不同国家平均教育水平与经济增长的关系。

对此，Heckman 等人强调，1990 年以来的一些研究表明，教育导致的工资差别在个人生命周期中并非一成不变，工资、工作经验和教育之间的关系相应地也在变动之中。以 Mincer 方程为基础构建模型乃至简单套用 Mincer 方程的经验研究，大都忽略了该模型的限制条件，即它仅适用于静态经济环境。事实上，人们的教育决策并非一生只作一次，而是根据教育的直接和间接成本、税收、生命周期中的工作期间长短以及未来收益的不确定性等因素，在不同时段分期作出的。

[1]   J. J. Heckman, L. J. Lochner, and P. E. Todd, "Fifty Years of Mincer Earnings Regressions," NBER Working Papers No.w9732, 2003.

第二步，采用1940—1990年的人口普查数据检验Mincer方程。计算结果表明，Mincer方程包含的假设大多被拒绝，即使是采用Mincer使用的1960年数据，依据检测结果，也仅有部分假设可接受，可见Mincer方程只对个别特殊情境适用。

第三步，在一个以Mincer方程为基础的教育收益率估算模型中，增加学费、税收、工作周期等变量，回归计算出来的教育变量系数与内部收益率不再相等，由此进一步确认Mincer方程的狭窄使用界限。

第四步，构建一个不依赖于Mincer方程的非参数模型，用以审视Mincer方程的三项限制条件。在逐一放松这些线性假设的前提下，把1940—1990年的人口普查数据代入新构建的模型，分别估算与高中和大学相联系的教育的内部收益率。将计算结果与采用Mincer方程计算出来的收益率相比较，表明Mincer方程低估了实际的教育收益率，这其中对高中教育收益的低估程度尤甚。Heckman等人以此论证，Mincer对个人的教育决策行为和工作周期的线性假设以及对教育收益和工作经验收益的完全分割，已经远远脱离了现实。

第五步，探究Mincer有关经济环境的静态假设。Mincer的内部收益率计算方法意味着，个人根据当期收入或者固定不变的收入预期作出教育投资决策，或新工人根据老工人当前的工资设置自己的收入预期，因而可使用横截面数据估计教育收益和工作经验收益，在这种情境下对样本人口进行分组可称为当期分组。然而在现实中，人们不断根据技能价格的变化调整对收入的预期，从而也不断调整教育决策。由于这种自选择机制的作用，进入不同教育阶段的群体的质量也相应发生变化，这就使不同年代的群体在个人生命周期中有着不同的工资——教育——工作经验情境。为了表达这种异质性和动态情境，就需要面板数据并对样本人口按时序分组。由于人口普查数据不能满足研究的需要，Heckman等人采用了1964—2000年期间的美国抽样人口调查数据作为补充。利用这一数据集，他们分别计算出当期分组条件下和时序分组条件下的生命周期教育收益率。然后用二者之间的显著差异，揭示采用Mincer方程估算教育收益率所产生的偏误。

第六步，出于信息更新和传递不完全的考虑，在教育收益率估算中添加预期收入不确定性因素，这就使Mincer的内部收益率计算完全派不上用场。有鉴于此，Heckman等人构建两个动态模型，纳入个人对教育投资的"序贯决策"条件以及预期收入的不确定性，引入教育选择值（option value of schooling）这一分析工具，并作出模拟计算。"序贯决策"反映的现实在于，个人完成高中教育后才产生是否上大学的选择，上大学后便产生是否完成学业的选择，大学毕业则又产生是否继续攻读学位的选择，等等。这一决策过程的条件如同抽签一样是外生的，因为是否能够继续上学取决于入学申请是否得到批准。而且，每一次"中签"之后，才会有下一次"抽签"的机会，每一次未中签的人则进入劳动市场。在这样的概率条件下得出的选择值有如下含义：完成高中教育的部分经济收益，包括着对增加未来收益机会的回报，即对升学潜力的回报，以及对保障完成更高一级学业和获取学位的回报。

第七步，综合讨论和解释上述分析结果并做出谨慎的结论：在人力资本理论形成的年代，不确定条件下的动态决策分析工具尚未得以充分发展。在技术迅速进步的现代经济环境中，序贯决策和选择值分析工具应运而生，Mincer 的内部收益率计算不再适用于评估教育决策。但新生的动态分析工具不仅需要更多的经验研究支持，而且还需要进一步扩展，以便在考虑预期收入不确定、非线性教育决策、工作经验与教育不可分、学费和税收等因素的条件下分析教育的经济收益。

纵观 Heckman 等人的研究，从提出问题到归纳结论的过程，便构成他们的研究路径；此间使用的计量模型，就是他们的分析工具；构建新模型依据的现代资本理论即为其思想基础；引用人口普查和抽样调查数据，实质上是为构建新的分析框架寻求经验支持。整个研究过程中的模型审视、统计检验、限制放松和逐步添加因素等步骤，都体现着作者的分析技术。可以说，几乎每一步都隐含着强大的逻辑张力和炉火纯青的计量技巧。如此高超的研究水平虽然不易达到，但研究者只要目标始终专一，长期不懈勤奋努力，即使当下望尘莫及，来日也绝非可望而不可即。对于初学者而言，逻辑推理能力不但需要从学哲学的过程中培养，而且需要在专业文献学习中通过追逐作者的思维逻辑来强化，更要在研究活动中反复练习才能提高。至于计算能力，也只能从数学和统计知识的学习及应用中获得。台湾的管中闵教授从对数学和经济学懵懂不解的新人，到精通特定领域分析技术的计量经济学家，用了整整七年时间。[1]这恰好相当于大学和硕士研究生学年的总和，从而也最恰当不过地说明，"世上无难事，只怕有心人"。

（三）收集和处理中国数据。近年来国内外出版的教科书，几乎都引用真实的统计数据讲述经济学原理。Heckman 等人的研究报告从头至尾都离不开美国 50 年统计数据的支持。在我看来，这显示出经济学日益靠近现实的一种趋

---

[1]　管中闵，"迈向梦想的国度：我的计量经济学研究之路"，http://idv.sinica.edu.tw/ckuan/others/xin02.pdf

势。研究中国经济问题，必然离不开中国数据。这里之所以把收集数据作为一项基本功来看待，一方面，是因为处于转型期的中国经济变化剧烈，需要研究者在各自的专业方向上，对变化趋势有深切的"量"的把握；另一方面，国内统计系统尚未向研究者完全开放原始调查数据，因而社会科学研究队伍也不得不做这项工作。至于如何收集居民户和个人数据，我在《经验研究中的关键细节》[1]一文中曾经多有涉及，故而不再赘述。

（四）积累对中国经济问题的实感。"实感"这个术语很难确切定义，然而又真切地存在。农村政策研究的前辈杜润生先生就是一位"实感"丰富的人。对于改革开放前的农村缺粮状况，他并未作过统计。然而谈及这一问题，他非常清楚："国家不得不每年调运救济粮，因贫困地区交通不便要靠农民长途背运，路上就吃掉多半，国家耗费很大，农民所得不多。"因此建议："在贫困地区搞包产到户，让农民自己包生产、包肚子，两头有利。"[2]另一位典型人物是薛暮桥先生，虽然他没有对城乡居民收入分配作具体研究，但是从他对城市职工工资制度的讨论中可以看出，他洞悉当时分配制度的特点："国家对职工的物价补贴和房租补贴，合起来与职工的工资数额大体相等。因此实际上中国实行的是半工资、半供给制。"[3]这一判断，后来在我们经济所的收入分配数据分析中得到了经验支持。

我理解，两位前辈这种敏锐的实感一方面来自于他们以往的调查研究，另一方面出自于他们在经济政策部门工作中获得的浓厚信息"熏陶"。我等后学纵使难以"修炼"到如此境界，然则"高山仰止，心向往之"。只要认真关注经济信息，主动从事实地调查（即经验研究中的田野工作），定然也能逐渐细心地感受到现实经济的脉搏。我在担任审稿人时，常会看到一些分析工具先进但与现实中的关键变量无缘的作品。这些文章，充其量可以算作数理统计练习，而绝非经济研究成果。余永定教授将此类做法斥为"伪回归"、"假检验"[4]，我则宁可推测，也许这只是作者缺少专题调查、经济实感薄弱和社会阅历稀少的一个后果。

（五）顺畅的汉语表达能力。汉语是中国大多数人使用的语言，然而即便是汉族当中那些发起议论口若悬河的人，也未必能文从字顺。据赵人伟老师分

---

[1]　朱玲，"经验研究中的关键细节"，《经济研究》，2002年第11期。

[2]　杜润生，《杜润生自述：中国农村体制变革重大决策纪实》，北京：人民出版社，2005，第113—116页。

[3]　薛暮桥，"谈谈劳动工资制度的改革"，收入中国劳动学会编，《中国社会主义劳动工资问题》，北京：劳动人事出版社，1989，第11—12页。

[4]　余永定，《一个学者的思想轨迹》，北京：中信出版社，2005，第xvi页。

析，有的论文和专著文理不通，多半是因为作者上大学之前没有打下牢靠的作文基础。我能想到的一个补救措施，就是每天都写，习惯成自然。比较实用的练习方式，是围绕正在研究的问题，写出自己的思考，记下自己的发言，及时整理、细化，以便集腋成裘。发言和写作是有距离的，精彩的发言可以跳跃逻辑，可是若想写成优秀的研究报告，就既不可欠缺思维环节，也不能短少文章所必需的零件。所以，把所想所说变成文字并非简单的口述实录，而是创造性的劳动。写出来之后最好请文字功底深厚的同行"指点迷津"，自己再仔细推敲、反复修改。曾任《经济研究》杂志常务副主编的唐宗焜教授不仅对学术作品有独到的鉴赏力，而且非常讲究用词精准。记得17年前我将一篇调研报告投给《经济研究》，不久即得到他的指教：一处别字、一处标点符号使用不当。直到今天，我仍然会在完成文稿后请他批评（唐老师也把自己的作品发过来征求意见）。虽说我从未到过"下笔如有神"的境界，目前依旧在遣词造句上颇费踌躇，但经历了"笔耕不辍"的训练，总不至于无法用文字来表达自己的思想。当然，并非所有的青年学者都能幸运地遇到唐老师这样的"文字高手"，但是只要用心与同学和同行乃至非学术圈的人交流思想和文字，注意总结经验、勤学多练，总会逐渐改善口头和文字表达能力。

（六）良好的英文应用能力。在这里，强调这个语种主要是出于文献回顾的需要。当前国际学术组织的出版物和国际会议往往把英语作为工作语言，因此，掌握这门语言就如同获得一把打开国际学术交流之门的钥匙。就第一外语并非英语的中国学者而言，即使在英语听力、口语表达和写作方面不熟练，如果能迅速浏览英文专业文献和精读经典原著，对于把握学术动态，了解新理论和新方法，自然不无裨益。经济系的研究生如果在掌握基础英语之后，认真研读那些与自己的学位论文相关的英文文献，即可使文献回顾和专业英语学习相结合，取得较高的学习效率。至于已经进入教研机构的青年学者，如果注意参与国际学术交流活动，多听多说多写，必然有助于全面提高英文水平。

上述要点并未涵盖一名经济学人应有的基本功的全部内容，也不意味着未具备上述功力就不可动笔。绝大多数学者的写作，都会经历从粗糙到精谨、从普通到杰出的过程。基本功的训练是无止境的，学生在校期间就要树立起终身学习的理念。研究报告的写作，本身也是"从研究中学习、从学习中研究"的一种方式。报告本身是作者综合能力的体现，厚重的作品需要广博的一般知识、扎实的基础经济学知识和优良的专业经济学知识结构为基础。这就要求单个学者时常检视自己的知识结构，纵然不必"日三省吾身"，也要根据研究任务需求和个人知识缺陷补课。至于资深研究人员，更需要扬长补短，继续学习。看看前辈京剧艺术家生命不息练功不止的案例[1]，研究生导师没有理由以为基本功训练只是学生的事情。在此，我推崇的是中国文化中"朝闻道，夕死可矣"的精神传统，而绝少考虑人力资本投资的回报率。

二、专题调研能力培养

基于终身学习的理念，基本功训练和专题调研能力培养并不能截然分开。不过从专业研究的角度来看，两个阶段的侧重点毕竟不同，后者更加强调"实战能力"。一般说来，教师的责任不外乎"传道、授业、解惑"。具体到我们经济所这样的科研机构，我认为学术带头人或研究生导师的责任，除了必须将职业操守传授给新人以外，主要还在于引导研究方向，创造研习氛围，培养后生的思考和动手能力，激发研究所、研究室或课题组的科研热情，采用"干中学"的办法，为执行科研项目而强化团队专题研究能力。这里对团队能力建设的偏重，一是因为采用小组学习的方式有利于成员之间取长补短；二是因为做学问就意味着又学又问，为此至少需要维护一个学术社群，在学者的相互交流中碰撞出思想的火花；三是重大科研项目的质量取决于团队的整体科研能力，而非个别"明星"成员。所以，本节主要从教研的角度，探讨专题调研能力培养方法。

第一，选择研究题目。这对经济学新人是一个困难的门槛，最好由"师傅引进门"。在我审阅过的博士论文中，有些选题缺乏新意，有些选题大而无当，有些选题冷僻高深而作者学力不逮。我猜想，这或许是源于欠缺有效引导之故。我在斯图加特读书期间，研究所的教授和助手们时常设计一些小题目，专门交给本科生做毕业论文，同时也会为博士生提供选题建议。在研究所读学位的便利之处，在于新人可以分享现有课题组选择研究方向和支配调研资源的规模效益；导师可以在执行研究项目的同时，培养研究生的问题意识，根据他们的个人特长和兴趣因材施教，并引导其选择具有创新前景而又通过努力能够如期完成的论文题目。

第二，明确专业经济学研究领域。每一项研究专题实质上都有特定学科或交叉学科背景，若要使课题组成员具有通用的专业"语言"，或者预防科研新人在起步阶段不着边际，就需要在项目执行期间对课题组进行学科培训。为此，简便易行的办法就是"参与式学习"，参加者轮流讲授并结合小组讨论。

329

---

[1]　章诒和，《伶人往事：写给不看戏的人看》，长沙：湖南文艺出版社，2006。

自 2006 年秋季始，我旁听了本所发展经济学研究室组织的劳动经济学讲座。无论是研究人员还是博士生或硕士生，利用同一教材及与之相关的幻灯片[1]，每人讲解一章。作为"搭便车者"，我观察到这样做的明显效果在于，既能刺激每位授课人的积极性，又可使所有成员享受分工合作的好处。

第三，专题理论框架和分析技术培训。常言道，"工欲善其事，必先利其器"，这也是本文上一节重点讨论理论学习和方法训练的原因之一。如今的经济系研究生往往了解现成的乃至前沿的理论，多半也不乏计算能力，尤其是利用已有统计软件和计算程序的能力，其"软肋"不但出在对中国经济现实的观察和理解上，而且也常常显露在"串联技术"即研究路径选择和逻辑推理方面。强化这一环节的办法，一是精读和浏览相结合，大量研读专题文献。[2]前面提到的劳动经济学讲座团队从网上搜寻了 200 篇左右的文献，我虽尚未浏览许多，然而已从精读 Heckman 等人的研究报告中受益匪浅。二是运用学到的分析工具和真实数据作练习。2006 年，我们农村医疗救助课题组派去参加国际扶贫中心培训的学员，都曾用培训专家 Nanak Kakwani 先生讲授的分析工具和带来的巴西数据作练习。从他们回所后转而培训课题组其他成员的情况来看，上述练习不失为效率较高的培训方法。三是激励研究生创造性地做作业。出于我们"和谐社会理论"课题组衡量收入不均等程度的需要，我找到 Anthony F. Shorrocks 一篇关于"Shapley 分解"的论文[3]，交给一位数学基础坚实的博士生阅读。他钻研数日后在课题组作讲座，不但梳理了其中的数学逻辑，而且阐明了数学公式中的经济学含义，还用自己选择的数学工具对原著作者表达含混的地方作出改进。更可喜的是，这种讲座方式除了促使作业者深入掌握分析技术外，还能通过主讲人的出色表现，激励其他课题组成员跟进，可以说是产生了专业培训中的"激励乘数"作用。

第四，实地调查准备。以实地调查为基础的研究报告写作，必然以深入的现场观察、访问和辅助资料收集为前提。为此，需要调研人员在进入现场前尽可能做好案头准备工作。最简单的途径首先是邀请熟悉特定专题和调查地点的人士做讲座，从而获得专题背景信息。其次，阅读专题文献，提出调查问题。再次，设计调查方法和调查提纲。最后，尽管调查提纲或问卷经课题组讨论产

---

[1] 坎贝尔、麦克南、布鲁等，《当代劳动经济学》，刘英等译，刘文校，北京：人民邮电出版社，2004。教材网址：www.contemporarylabor.com。

[2] 朱玲，"文献研究的途径"，《经济研究》，2006 年第 2 期。

[3] Anthony F. Shorrocks，"Decomposition Procedures for Distributional Analysis: A Unified Framework Based on the Shapley Value,"University of Essex and Institute for Fiscal Studies, First Draft, 1999, http://www.komkon.org/~tacik/science/shapley.pdf

生，有鉴于新手进入现场屡次不知所措，还是有必要为整个调查队伍设置"规定动作"并提供实现"自选动作"的可能性。例如，农村医疗救助课题组下乡调查之前，我们经济所和农业部农研中心的研究人员一对一搭配分成四组。在准备阶段，由课题主持人对走访机构、调查对象、交谈问题等作出统一规定。之后每个小组分赴两个县调查，在获得规定信息后均可酌情收集附加信息。这样，在调查结束时，各小组之间既有共同的话题交流，又能在满足整个课题组基本信息需求的前提下，写出各具特色的调查报告来。

第五，现场调研培训和"单兵教练"。在课题组成员的调查主题各不相同的情况下，有必要组织课题组现场培训。从召集成员和及时解决问题的角度看，这是一种能够有效节约组织成本的方式。一方面，针对每一个调查现场的特殊性组织即时交流，有利于借助集体的智慧处理单个成员遇到的难题；另一方面，这种培训有助于每个成员把握总体研究框架，明了各自承担的题目在框架中的位置，以及不同题目之间的关系。这样，整个课题组才有可能在分工合作的基础上，写出逻辑一致的系列研究报告来。至于"单兵教练"，是指为每一位新手配备"师傅"，随时在现场指导新手设计和调整调查方案，并帮助解决具体困难。

即使在实地调查结束之后，课题组也有必要在共同研讨每一位成员的写作提纲和研究报告的基础上，保持"单兵教练"的做法。研究队伍实行老中青相结合，既能促使教学相长，也有可能调动不同成员的知识或经验特长，通过优势互补强化队伍的"合力"。在我领导的课题组中，每位研究生都有一位博士作为联系人。这样做的原因主要在于，科研机构的研究生遇到的情况与我留学的时候有些相似：没有或者缺少同学。如果有个年龄相近的过来人给予指点和联系，就不至于刚入门就"找不到北"，或者遇到种种小麻烦没处说话。对于跟研究生保持联系的博士而言，一方面这将有助于他们尽早取得指导学生的经验；另一方面，培养和维护一项专题研究"品牌"，需要一支相对稳定的科研队伍"长期作战"，故而有必要在课题组内部做好不同年龄梯队顺畅过渡的准备。当然，在这样的组织结构中，对于研究生学位论文题目的选择、提纲的架构和研究路径的确定等方向性事务，导师决不可放任自流。

三、写作提示

基于实地调查的研究报告类型多样，从写作目的来看，既有政策取向的，也有学术取向的，还有两种取向混合的种类。就混合型而言，初学者可以先从主题单一的调查报告写起。这一体裁容易掌握，写出的文章可形成经验研究的初步成果。此类报告的读者对象，多为政策研究机构的研究人员、政府职能部门的官员以及对特定领域感兴趣的公众。为此需要作者至少把握三个要点：第一，集中一个问题，抓住一条线索，讲清报告主题的来龙去脉；第二，用实地调查获得的信息来突出调研地区的特色；第三，有故事、有分析、有基于调查信息分析得出的结论，避免空泛议论。

依据"先易后难"的原则，新手在写作调查报告的基础上，即可尝试写作题目具有延伸性的研究报告。它与学术刊物论文的明显区别，首先在于读者对象略为广泛，除了特定专业的教研人员和学生，还有政策研究者。其次在于篇幅限制稍显宽松，若不考虑发表于特定刊物，甚至可以恣意挥洒写成专著。这样，它既可作为研究项目最终成果的组成部分，又有可能改写成学位论文。这里强调"改写"，是因为学位论文的读者多来自学术圈，作者必须以此接受答辩委员会对研究生学业的"综合检阅"。因此，以实地调查为基础的学位论文还需要体现作者在基础理论和分析方法方面的基本功，并且能够展示新发现和创造性。我理解，研究报告的写作并无固定程式，因而以下只是根据个人的经验，针对常见的研究报告缺陷以及研究生学位论文写作中遇到的困难，扼要讨论进入写作之门的办法，而非探究"写作入门"本身。

1. 总体设计和导言

研究报告的导言虽然位于篇首，却并不一定是写作过程的开端。它必不可少的组成部分一是说明研究对象，二是介绍研究路径，三是简述篇章安排。恰恰是研究路径，往往会在研究过程中发生变化，因而即使作者从这一章节起步，很可能在完成报告后还需回头来改写。所以，研究报告的实际起点是总体设计的写作，这一部分最终将构成导言的主体。就总体设计框架而言，Heckman 等人的研究报告仍不失其典型意义。它始终紧扣既定的研究主题，不仅在分析现存研究路径的基础上清晰地展示新的路径，而且还以高屋建瓴的气势，在对近50年美国经济现实的观察中引申出自己的创见，运用丰富的数据、严密的逻辑和娴熟的计量技巧来论证这些发现，然后以抽丝剥茧般的功力对分析结果作出缜密的解释，末了又在讨论和归纳研究结果的同时点明其中的政策含义。这些步骤，恰好都是研究报告必不可少的构件，即使添加了实际调查这一因素，报告的一般框架也大抵如此。基于这一理解，我把框架构建的学习要领提示如下：

　　研究报告的框架实质上取决于研究项目的设计。对于博士生，这个设计就是开题报告。此类设计通常会使尚无研究经历的学生焦虑不安。其实，最简单的入门方案就是找到既定研究领域中处于领先地位的论著，钻研其中的导言或绪论。例如，若是选择了与农民工有关的研究问题，可以在写作前参阅蔡昉教授为《中国转轨时期劳动力流动》[1]一书所写的绪论。其中，第一节"劳动力流动研究面临的任务"，可以视为对研究背景的陈述；第二节"在研究上我们究竟走了多远"，显然是在文献回顾中展开这本书的内在逻辑框架；第三节，"劳动力流动的发展和制度变革眼光"以及末尾的"结语"，则着重表明作者的研究视角和对该领域研究趋势的展望。

　　还有一个课题设计的"路线图"可供初学者参考，那就是基金会的研究项目申请表。只消顺序回答其中的问题，就能水到渠成地完成项目设计。例如：研究主题（做什么？），目的（为什么做？），研究路径（在同一领域或主题上前人已经做了哪些工作？还有哪些留待进一步研究？注意：把研究主题分解为逐步回答的问题，说明采用何种研究方法与分析工具回答每一个问题），预期研究结果（outcome，对研究问题将会给出怎样的答案），预期产出（output，即成果形式），预期影响（impact，即研究结果和产出的作用）。如果项目设计书或者研究报告的导言没有阐明作者想干什么、怎么做，就意味着作者思路不清楚，或者未能建立一个清晰的分析框架。

333

　　此外，"模仿"也许对任何一位新手都是可行的入门办法。21年前，我在做博士论文设计的过程中，曾多次求教于来自德国北部Kiel大学的新科博士Beatrice Knerr。虽然我与她的专业方向不同，但是因为原本就带了一脑子中国问题去留学，所以不难选择研究题目，难的是不知道项目设计的套路。因此，借鉴她的学位论文结构，我便很快写出研究对象一节，并提炼出一个标题："中国农村改革对农民收入的影响"。然后，根据导师Erwin Reisch教授的建议，选择经验研究方法。接着，找到一本刚刚出版的博士论文当参考书，因为作者与我同校同系同专业而且以一项经验研究获得学位。我就参照他的抽样调查规模和分析步骤，照葫芦画瓢地设计了一个包括实地调查方案在内的研究路径。最后，把这些部件用三页纸的篇幅组装在一起，请Beatrice对德语表达作了修改，又跟导师手下的博士Litzka先生逐段讨论，改进调查方案。结果是，导师找我面谈一次就顺利通过项目设计书。事实上，学者作研究颇似京剧演员学戏，先是简单模仿师傅，寻求唱念做打皆"形似"；后是循序渐进，"化有形于无形"，

[1]　　蔡昉、白南生，《中国转轨时期劳动力流动》，北京：社会科学文献出版社，2006。

向"神似"接近；末了，在持续不断的探索过程中"渐入佳境"，形成自己的风格和特色。不过，这并不意味着研究者在初学阶段就放弃对创新的追求。为了能写出新意，在论文设计之时就要琢磨如何使自己的研究与模仿对象不一样。我做学位论文时的想法，就是尽可能采用第一手资料，分析选定的中国经济问题，全篇突出中国特色。这样，即使不采用前沿方法，只要能从实地调查中采集新资料，就能保证论文"有所发现"。

导言中的篇章安排，一般与研究报告的目录相对应。如今国内有不少专著和学位论文，似乎都在依照教科书的体裁编排章节。问题是，这些著作的章节仅仅是在形式上有关联，相互之间却几乎在逻辑上无涉。这很可能是因为作者并未以研究主题为"红线"，提纲挈领地抓住一条贯穿于全文各个部分的逻辑通道。我认为，每一个研究主题都由一系列逻辑环节组成，章节的安排就是由这些环节决定的。倘若脱离了这一内在的逻辑关系，即使排列了许多章节，那也就是罗列了一堆文字而已。

2. 描述和分析

导言好似戏剧的序幕，此后剧情即正式展开，那就是围绕主题，按照研究路径的设计，逐步探究从主题分解而来的次一级问题。首先，需要描述问题是什么。描述手段既可以是文字，也可以是统计，还可以是二者组合的图表。总之，只有通过描述，才可能在文章初始阶段即刻画出问题的历史和现状。Heckman等人在研究报告中的第一步，即对Mincer方程来龙去脉的表述，做的就是这项工作。其次，必须说明现状为什么如此，这就构成了分析过程。仍以Heckman等人的报告为例，从第二到第五步，即模型审视、统计检验、限制放松和逐步添加因素，就构成主题的分析部分。

有些青年学者也许是看惯了学术刊物上那些极为浓缩的论文，即使作过实地调查，写起研究报告来一上手还是引入数学模型，推演计算一番，得出结果后却无话可说。因此，写出文章要么缺靴少帽两头单薄，要么有骨架无血肉了无生机。还有一种情况，就是把收集来的资料几乎不加取舍地陈列出来，洋洋数千言，然则离题几万里。对于遭遇"文字表述瓶颈"的人，建议回顾项目设计书，写作时不断问自己，正在做的事情与研究主题有什么关系，可以使用哪些数据和非数字资料说明问题，为何要设计公式，为什么而计算。如果计算之后不能揭示数据背后的关系，那数据仅仅是数据。有了对数据含义和计算结果的理解，数据才能变成加工过的信息。作者一旦站在读者的角度上考虑，可能就会沿着人类认识事物的一般轨道，一步步揭示研究对象的内在逻辑，用写作的形式描绘个人思考的轨迹，传递用自己的思维逻辑串联起来的信息。

对于使用资料"跑题"的人，建议在写作之前根据提纲把文献和调查资料分类做上标记，引用时问问自己，从文献资料中发现了什么，为什么要选择这一份而不是另一份资料，如何用它说明问题，怎样用它支持自己的判断。总之，作者必须明了如何用研究主题"统领"文献资料，而不是任凭自己的思维被文献资料牵着走。对此，一个可供观摩的范例是《18世纪中国的官僚制度与荒政》[1]一书。作者 Pierre-Étienne Will（汉名：魏丕信）写作此书时，拥有明清以降甚至宋代的救济救灾文献，然而他仅仅选取那些足以说明国家救灾能力的资料，例如当事官员的奏折、皇帝的批示、官员幕僚的日记和专著等，以极其简洁的文字，重点勾勒出雍正乾隆时期以政府为组织中心的救灾救济制度，以及这一制度运行中皇帝、官员、乡绅、灾民等利益相关者之间的社会关系。可以说，当一个作者面对汗牛充栋的资料不知如何取舍时，也许浏览一下优秀的历史学著作，就能看见"隧道尽头的亮光"。

3. 解释讨论及总结

对分析结果进行解释（interpretation）和讨论，阐明这些结果的含义，往往是研究报告中展现创新见解的地方。在 Heckman 等人的报告中，第六到第七步便是如此。如果既未交代清楚研究主题的来龙去脉，作完描述和分析又缺少解释和讨论，那么无论在动笔之前已经完成了多么富有创造性的工作，也难以被读者所认识，而且研究报告的结论还会因此而黯淡无光。对于不知如何解释和讨论分析结果的新手，建议阅读李实教授撰写的西藏地方财政考察报告[2]。他在分析中发现，近年来中央财政补助不断增加并未使县际财力差异显著缩小。对此，李教授用地方政府对中央政府的讨价还价、地区内部的"软预算"财政制度以及财政补助在县际之间的分配机制，来解释这些发现。可见，解释和讨论靠的是计算以外的功夫，这在本文第一部分已详加提示。

从研究报告的分析、解释和讨论中引申结论，乃至最终写出论文提要，是对作者的归纳能力和毅力的考验，因为到了这个时候，多数人的精力和体力几乎都堕入"强弩之末"的状态。可是结论和全文总结对整个研究报告是如此重

[1] 魏丕信，《18世纪中国的官僚制度与荒政》，徐建青译，南京：江苏人民出版社，2003。
[2] 李实，"地方财政考察报告"，收入王洛林、朱玲，《市场化与基层公共服务：西藏案例研究》，北京：民族出版社，2005，第115—146页。

要，以至于研究者稍加松懈就可能功亏一篑。因此，只能坚持到底，倾心尽力
"画龙点睛"。一个能够减轻最终写作压力的办法，是在写作过程中分段总结。
这就如同登山，可以一路看风景，同时在不同的阶段歇一会儿做个小结。到了
全篇文章的结束阶段，作者就不难用同一逻辑把它们串联起来，并基于对所有
小结的综合而更上层楼，在文章末尾抵达"会当凌绝顶，一览众山小"的境
地。在此，马克思的《资本论》第一卷堪称典范。

研究报告初稿完成后，最好送给同行批评。作者则不仅要反复揣摩立论、
描述、分析、解释和结论等构件是否布局得当，以及各组成部分是否有重大缺
陷纰漏，而且还应静心审视分析手段的局限、计算结果的偏误、资料出处的忽
略、文字表述中的病句和错别字等细节。在遵守交稿期限的条件下，纵然做不
到对作品千锤百炼，也应反复修改，力求从内容到形式都尽善尽美。研究生即
使不打算毕业后做科研，对学位论文的写作也必须全身心投入，尽可能在自己
现有的能力水平上把它做到极致。这是一种生活态度，对于日后从事任何工作
都有益。况且，研究生也只有付出百分之百的努力，迸发不屈不挠的实践精
神，才可能写出质量优良的作品来。至于立志终生投身于经济研究的人，那是
要一辈子如此的。

四、结语

本文之所以重点讨论经济学调研和写作能力的培养，而不是开列写作方法
"指南"，一是因为经济学领域宽广无垠，我作为科研人员，眼界和经验必然限
于特定专业方向，必须尽可能避免用一孔之见误导读者；二是因为研究和写作
并无固定程式，我作为教师，不应用"八股文"一般的套路来束缚学生的创造
力；三是因为研究方法的掌握蕴涵在能力培养的过程之中，从教研管理者的角
度来看，任何一个经济学新人，只要获得了基本的研究能力，就不至于在面临
写作障碍时感到遭遇的困难无法逾越。

（原文刊于《经济研究》2007年第1期）

现实·理论·证据——谈如何作研究和写论文

陆铭[*]

今天这个题目，如果由一个研究比我做得更好的人来讲可能更有好处。但是现在来讲这样题目的人太少了，所以我愿意来把一些不是很成熟的想法与大家分享，也非常感谢大家来听我的讲座。我今天讲座的题目是《现实·理论·证据》，这三个词摆放的位置基本上概括了今天晚上所有要讲的东西。如果你们听完之后明白了我为什么这样摆放三个词的位置，我想你们就听明白我所讲的意思了。我这样安排今天要说的内容：首先简单讲一下关于如何作研究；然后具体讲写论文的过程中应该注意的问题，穿插一些例子。

一、如何作研究

1．选题（topic）

作研究碰到的第一个问题是选题。我们首先要区分选题和问题的差异。经常会有学生来问我怎样作一个研究，我就问他想要

---

* 陆铭，复旦大学经济学博士，现为复旦大学经济学院教授。

研究什么问题。同学就会列出一些关键词，比如教育、农业，等等。这些关键词严格说来不是你要研究的问题。关键词只是你研究的话题（topic），距离你研究的具体问题（question）还非常远。走完了从topic到question的距离，你才迈出了研究的第一步，可以真正地开始一项研究了。选题要注意以下三个方面：

第一，你对什么感兴趣。如果对一个问题不感兴趣，你很难作出出色的研究。曾有一个硕士生跟我说："陆老师，您有很多想法，随便给我一个我来做。"我对他说，我没有办法帮你，在你对这个问题感兴趣之前，你是做不好的。同学们在学习的过程中，一定会对某些问题感兴趣。有的时候你会有这样的体验，看到一篇文章时有激动的感觉，有时则不会，这就是兴趣的差别。一个人的兴趣与他的积累、阅读和个人经历都有关系。

在来的路上，王永钦老师跟我讲了一句话，我非常赞同："大爱才能有大智慧。"怎么理解这句话？你在作一项研究的时候，一定要去论证自己的研究是重要的。怎么去论证研究的问题的重要性？就是这个问题的研究能改进人类社会，能为人类带来福利。接着问下去，这样的问题从何而来？那就要看我们能不能超越个人的喜恶、得失去关注整个社会的前途和命运。这就是兴趣的来源。一个好的经济学家应该有强烈的人文关怀和社会责任感。好的研究的起点是好的问题，这是成功的一大半。从这个意义上讲，做人和做学问是一致的。如果你不去关注对社会大众重要的问题，你十有八九做不成出色的学问；如果每天都想着争名夺利，就做不成出色的研究，因为你关注的问题对大多数人不重要。

第二，你要对这个问题有所理解，去选取你觉得重要的方面。数学不能告诉你什么是重要的，什么重要取决于你自己的理解。确定研究的方向后，要根据自己的理解去关注更小的方面。比如在涉及"三农"问题的方方面面里，如果你觉得土地问题是最关键的，你已经往前走了一步。再接下来，你又认为关注"在工业化和城市化进程中，农村劳动力流向城市后，怎样使他们失去土地而获得社会保障"是重要的研究课题。如果你从"三农"问题出发，缩小到土地问题，再缩小到"如何用土地换保障"的时候，你已经从topic过渡到question了。

我举这个例子是特别想说明，中国的很多问题是现有的经济学理论无法告诉你的。比如，在城市化的过程中，农村居民失去土地，这是在全世界范围内大多数国家都有社会保障体制的背景下发生的。所以中国不可能像西方的圈地运动一样，圈走农民的土地，把农民往城里一赶就不管了。从国家的现代化和政治文明来讲，都不可能这样做了。这就牵涉到"土地换社会保障"的问题。

那么土地如何作价？农民拥有的土地权力是什么权力？价格制定好后，多少钱是现金支付，多少钱放到社会保障体系里？现成的经济学理论没有告诉我们。美国和西欧在历史上走过这个阶段时，这不是一个经济学问题，是社会、政治问题。因此，我们需要一个新的理论去思考中国的现代化和城市化过程。

第三，你关心的问题为什么重要？主要体现在两个方面：理论上的重要和实践上的重要。最好的研究是两者兼有。我不能排除有些杰出的文章，是在理论上重要而实践上不重要，或者实践上重要但理论上不重要的研究，特别是经济学里那些在方法论上有开创性意义的研究，往往有学术和理论的价值，而没有直接的社会实践意义。

以上三方面，在你作一个研究或写一篇论文时需要一一加以说明。我们很多同学把作研究理解为构建一个数学或计量模型，非常不重视"写"。你把数学的工作完成了，计量工作完成了，我要提醒你，可能你的研究工作只完成了30%，至多30%，因为你还没有告诉我们为什么重要。

现在的社会科学分工，特别是经济学的分工，是非常非常细的。所以你拿到100篇文章你可能对99篇的内容根本不了解，那么这剩下的99篇你看哪些呢？我们在平时看文章时先看摘要，它会告诉你他研究了些什么东西、作出了什么贡献；然后再看引言（introduction），它会比较详细地回答前面的问题；接着看结论，看这个研究得到什么有创见的内容；最后才看文章的主体部分，理论和实证的模型。如果你的摘要和引言写得不好，别人看到500字的时候，就不看你的文章了。如果你不重视这些，你的研究可能就产生不了它应该有的社会价值，所以一定要重视，甚至可能需要用70%的时间来写引言。

一旦找到了你觉得有趣、有创新、有意义的问题，接下来你需要判断它是否可行。理论上是否可行，首先要看起点到底对不对。数学不能告诉你起点对不对。对于一个问题的研究，你既可以采用静态的模型也可以采用动态的模型，你可以采取跨期的模型也可以采取单期的模型，你可以采取有政府的模型也可以采取没有政府的模型，这取决于你对这个问题的理解。

一个更常见的问题是实证。也许你想到很好的一个想法（idea），首先要考虑有没有数据，是否有足够的经济能力去获得支撑这个研究的数据；其次要考虑研究需要的变量是否是可度量的，至少在理论上是不是有人提出过度量的方法；还要考虑数据的样本是否足够大，比如时序数据至少需要30个观察点，但中国的改革开放从1978年开始算也只有30年，用年度的数据只能是不是办法的办法。这些问题都要事先想过。

我特别要提醒大家注意中国问题的重要性。为什么要去研究中国经济的问题？我们作为中国人，也许并不太知道什么问题对于美国而言重要，但是我们很了解中国的情况。我们生在中国，对于中国的了解决定了我们知识的禀赋，从而决定了我们的比较优势。在国外学习经济的中国研究生主要进行三方面的研究：（1）理论计量，因为其抹去了经济学研究中对历史和人文知识禀赋的要求；（2）跟大牌教授研究美国问题；（3）充分发挥自己的比较优势，做从中国经验出发的实证和理论问题。随着中国问题受到越来越多的关注，越来越多的留学生（也许绝对比例仍然不高）会选择第三个方向，我希望大家能重视这个选择。

要让别人来接受一个基于中国或者亚洲经济的研究，你必须让别人相信你的研究具有足够的重要性和一般性。这里指的重要性不是指中国问题本身有多重要，而是指中国经济的一般性经验可以提供给其他国家作为参照。我们研究的中国问题既要产生于中国的经验和历史，又要有一般性意义。就像刚才提到的"土地换保障"问题，其他国家并没有为中国提供前车之鉴，但是我们可以为一些比中国更落后的国家提供经验。

如果发现了一个用现有的理论无法解释或不能很好解释的现象，那么这个时候你去发展一个理论就是必要的而且是创新和有贡献的。恰恰是因为如此，现在做理论研究越来越难。为什么？因为经济学的发展经过200多年特别是现代化的半个世纪以后，理论已经相当成熟了，现在你要找到一个不能用现有理论解释的现象越来越难，所以现在经济学的研究越来越多注重应用。什么时候需要理论创新呢？有一个现象无法用现有的理论解释，那么理论创新的机会就来了，这样的机会越来越少，但在中国还很多。

2．问题（question）

如何提出问题？一定要注重去观察现实生活中的variance。variance这个词对于经济学的理论和实证研究都非常重要。对于实证研究，数据里的variance构成了计量经济学的基础。因为如果没有variance，数据就没有变化，没有变化就没有办法看清两个变量之间的关系。换句话说，一个变量动了以后，另一个变量跟着动还是不跟着动。如果一起变动，往哪个方向变化，这在统计上就是variance所包含的信息。

这在理论上也非常重要，要想看出事物与事物的联系，就要去比较两个观察对象，发现它们之间有差别，比如它们存在制度的差别。然后你又观察到它们另外还有差别，比如经济增长的绩效不同。然后你要去思考这两个差别之间是否有关系。比如，印度是一个民主的社会，但是她这个民主的社会是一个混乱的民主社会。在经济学家里有人称印度的民主是坏民主。而中国不那么民主，中国有一个政治集权的结构。但是中国的增长率很快，印度的增长率比中国慢。这在实证上是什么？当你看到一个制度变成另一个制度的时候，作为经济增长的另一个变量是否跟着变了，这是实证的基础。从理论上讲，你要解释的就是增长绩效的差异与制度差异是否有关。

所以，理论和实证只是研究现实规律的两种方式而已，本质上都是在找差异。差异存在于空间和时间两个维度上。理论上找差异的方法和实证研究中对空间截面数据、时间序列数据的分析正好对应起来。理论和实证研究只不过是识别两种variance之间关系的方法而已，本质思想都来源于现实世界。提高经济学修养，就是要不断从现实世界中找差异，不断地思考这个差异和那个差异之间有没有什么关系。如果你发现的关系是一个在理论上没有被提出来的关系，这就是你的理论发展创新的机会。如果你发现的这个关系是在实证上没有用数据来说明的关系，这就是你实证研究的基础。

下面我们谈谈创新。理论和实证的创新没有什么太大的本质差别。

理论上的创新，第一要解释新的现象，第二要提出新的思想。在经济学的研究里，你会发现第一种"解释新的现象"很像从实践到问题的思维方式。先去看现实，当现实出现一个新的现象不能被理论解释时，你就找到了一个问题。还有一种研究思路是从文献到问题，纯粹从文献角度来看它有什么问题没有解决，我们就去解决，跟实践关系不大。第一种研究路径是经济学作为一门社会科学，由它的研究对象所决定的，是经济学研究的主要路径。对大家而言，你们应该避免自己过早进入第二个路径。如果你过早走向这条路径，你可能根本搞不清楚自己研究的东西到底重要不重要。而且在很多情况下，你看到一个作者讲，他在文献的基础上作了修改，然后发展出一种新的理论。这类文章特别容易让大家以为这些作者的研究都是从文献到文献、从文献到问题的。其实并不是这样。我们应该思考一下，这些作者在研究这个问题之前为什么会选这些问题。通常来讲，很少有人是从文献开始找到这个研究路径的。这是学生们非常容易犯的错误，很多同学只是把自己关在家里读书，不去关注现实世界，这是不行的。

接下来谈一谈实证上的创新。实证上的创新我列举了三个方面。第一是要发现新现象。注意，对于实证研究来讲，发现一个新的现象本身就是一个思想的创新。比如，你在关注现实的过程中，发现两件事情有关，你就应该思考，这在实证上有没有证据。如果没有，那么机会就来了。给大家举个例子，比如我和陈钊、万广华作收入差距和经济增长（inequality and growth）的实证研究。这个关系为什么在最近十年经济学的研究中成为了一个热门话题呢？就是因为在亚洲发展模式和拉美发展模式的比较中，经济学家发现，亚洲和拉美有收入差距的差异。拉美收入差距比较大，而亚洲的收入差距比较小。另外的一个差异是，拉美的经济增长慢而亚洲的经济增长快。经济学家就猜想：有没有可能不平等加剧会导致经济增长放缓？文献没有讲过。在发展经济学里，文献只讨论在经济发展过程中经济发展对于收入差距有什么影响，而没有人去讨论收入差距如何影响经济发展。大家知道在1993、1994年以后的几年里，国际上顶尖的经济学杂志上连着出了几篇文章——现在被认为是这个领域研究的经典文献——就是用一些跨国家的数据，发现收入差距果然对经济增长有影响。这就是重大发现。

前面我们提到过，理论创新来自于解释新的现象，你会发现这些文章中有些有实证也有理论，有些只有实证。实证对于理论的发展也有帮助，其重要性在于可以为理论研究开拓新的空间。我本人认为，如果可以给实证研究的创新划分一个档次的话，第一流的实证研究是去发现新的现象，因为这是重大的思想成就。比这个稍微低一点的是使用新的方法，因为那些有重大思想突破的实证研究往往在研究的方法上不尽完善。比如刚才提到的inequality and growth的研究，早期的研究往往都是使用OLS回归。OLS回归存在很大的内生性问题，后来有很多经济学家就专门去研究怎么去处理inequality and growth的内生性问题，包括我本人的研究。第三个是使用新的数据或新的案例。

比如在我们作的inequality and growth的研究里，首先我们提出了跟既有文献不同的问题——大家都研究inequality和growth有什么关系，我们研究这种关系在长期和短期有什么不同——这是一个文献里没有被研究过的问题；其次，我们使用了新的方法；最后，我们使用的是中国的数据。[1]

3. 文献（literature）

确定了问题之后，你已经对它有了一定的了解。接下来你要去阅读别人的文献，去了解别人做了什么，这样你才能知道你的边际上的贡献可能是什么。

---

[1] 陆铭、陈钊、万广华，"因患寡，而患不均——中国的收入差距、投资和增长的相互影响"，《经济研究》，2005年第12期，第4—14页。Guanghua Wan, Ming Lu, and Zhao Chen, "The Inequality-Growth Nexus in the Short and Long Runs:Empirical Evidence from China," *Journal of Comparative Economics*,2006，34（4）：654–667.

但是我们很多老师和同学却不够重视这一点，以为作完了研究就行了，却不知道自己的贡献在哪里。要知道自己研究的贡献在哪里，你就要去比较，去比较你的工作与别人的不同之处，必须要对文献有足够的了解。这才是研究的完整过程。

怎么样去找文献？首先要学会合理地利用网络，学会利用关键词。关键词的选取取决于你对这个问题的理解是怎样的，取决于你想做的东西是什么。关键词太多搜出来的文献太少，关键词太少则搜出来的文献太多，所以一定要选取三到五个合适的关键词。另外，大家要从经典的相关文献或者同一问题的综述论文去找文献。当你找到文献的时候，你就会发现，你评论什么文献、如何评论实际上取决于你对问题的理解，而这种理解是你的工具本身不能告诉你的。比如我刚才提到的"土地换保障"，既涉及中国的土地问题，也涉及社会保障问题和发展模式问题。你这个文章怎么写呢？你是把它当作是一个土地问题来写，或是当作一个社会保障问题来写，或是当作一个发展的模式的问题来写呢？要知道同一个问题有不同的写法。你在综述文章的时候，在把自己的工作去跟别人的工作比较的时候，要知道你要跟哪些文章去作比较。这实际上就取决于你对要研究的问题理解的程度。比如同样是"土地换保障"的问题，你站在一个发展中国家的城市化进程和土地制度的高度来看问题，就显然比你把这个问题仅仅看做是一个如何解决失地农民就业和社会保障的问题要深刻得多。你在综述文献的时候，在把你的贡献和别人的文章作比较的时候，就要考虑到这点。

接下来我要讲的是，要看好而相关的论文。我想借此机会回答同学经常问的另一个问题。很多同学问我，陆老师，就算我用你讲的三到五个关键词，我也大概能搜出1 000篇文献；就算1 000篇没有，100篇总是有的。怎么办？怎么看得完？我建议大家把文献根据它的相关程度分成三类。第一类的文章，在100篇里面至少占五六成。这类文章相关性不强，你只要看摘要就可以了。它们大概能够帮你知道你的研究在文献中所处的位置。有些文章里面有一个表格，有一个数据，能够在你的文章里有所引用，或者支持你的论点。这些文章你可以看得很快。

第二类文章就是跟你的文章相关，但从它的技术路线、所关注的问题来讲，与你的文章又不是直接相关的。我们做inequality and growth这项研究的时候，我们是要做一篇实证文章。那这里面就涉及一大块的关于inequality and growth理论文章。对于我作的研究来讲，我可能对这些理论文章不需要每篇都从第一个字看到最后一个字。我要知道这些理论是什么样的逻辑、它们怎么做、模型的起点是什么、它们得到了一个什么样的结论。在100篇里面，这些文章大概占了20篇左右。这类文章一定要看，但是不必要从第一个字看到最后一个字。

第三类文章，大概100篇里面是5到10篇。这几篇文章就是对你的研究来讲最最相关的，因为它们几乎研究的是同一个问题。你的研究跟这些文章相比较，你的贡献是边际上的。对这几篇文章，你不仅要从第一个字看到最后一个字，而且你要看很多遍。

另外我想提醒各位，如果你去作一个研究，你发现跟你最相关的——我刚才讲的第三类文章——没有，或者你发现跟自己相关的文章有30篇甚至50篇，这本身就是个非常坏的信号。相关的文献没有，就说明你很可能研究了一个大家都觉得不重要的问题，所以没有人研究。除非你是天才，天才有可能一篇参考文献也没有，我的理论体系跟谁的都不一样，我不要参考文献。我想大多数人肯定不是天才，所以这种可能性是极低的。反过来讲，如果你发现篇篇文章都跟你的研究有关，你很可能研究了一个大家已经研究烂了的问题，或者是你对自己在什么方面有可能构成贡献仍然不清楚。那什么时候是最优规模呢？就是我刚刚讲的，5到10篇。如果你发现有5到10篇是值得你反复读的、读透的，等把这些文章里面用了什么样的模型、用了什么样的数据、相关的变量怎么度量都读得非常清楚的时候，你就找到好的起点了，可以往下做了。而且，当你做完这个题目以后，你会发现你就是这个小领域的专家。接下来的问题就是，看什么样的文章呢？首先你要看好的杂志。比如中文的杂志，我列了几本[1]，包括我们复旦的《世界经济文汇》，都是很好的杂志。英文杂志什么是好的就不用我说了。

这里我特别要提醒大家的是，少看书，多看论文。经济学和别的社会科学最大的不同，就是经济学是一个不断在发展的学科。它特别跟政治学和哲学不一样。政治学和哲学是要读经典的，关于重大的政治理念和哲学思想，很可能最经典的著作，就是两三千年以前的古书。很多人就一辈子去读古书和经典。但经济学不是这样。我们刚刚讲过，经济学是研究人类社会的，而人类社会是在不断发生变化的。每一天都很有可能产生新的现象和新的问题。那么你读书意味着什么呢？很可能说明你关注的是一个老问题。而且大家知道，经济学家的书就是把自己已经发表的论文结集成书，它跟政治学不一样。政治学和哲学的学者，很可能一辈子就写一本书。比如像约翰·罗尔斯（John Rawls）的

---

[1]　中文权威期刊:《经济研究》、《经济学（季刊）》、《世界经济》、《世界经济文汇》等。

《正义论》，这一本书就奠定了他在学术界的地位。经济学是不行的，特别是当代，已经很少有人靠一本书在经济学界立足了。通常是论文发表完以后，结集成书。但你要知道，国外，特别是在美国的经济学界，一篇论文从写出来到发表，前后经历五年时间是非常正常的。从论文结集到出版，又有两年时间，也非常正常。所以当你看到书的时候，你可能看到的是七八年前的研究了，还怎么站在学术前沿？我们的很多学生，特别是本科生在写论文的时候，参考文献从马克思的《资本论》开始列举，斯密的，马歇尔的，有时还列上我写的《劳动经济学》，这样你就已经发送了非常坏的信号，你不可能作出好的研究。我自己做《世界经济文汇》的编辑，我们现在收到的很多投稿，一秒钟我就可以判断这是不是值得我往下看的文章。先看它的参考文献，如果它全列的是马克思、斯密、马歇尔，这文章就不用看了，因为它不可能是一个好的研究，除非他真的是研究思想史的。所以，我们在作研究的时候就得特别注意这个问题。

二、如何写论文

刚才我从三个方面讲了如何去作研究。我接下来要讲的问题是，如何去写论文。我认为，在中国我们可以作的研究分成了这么几类。第一类，我认为是中国首先要作的研究，就是要去搞清一个或者几个相关的事实，尤其是具有一般意义的事实。因为中国的社会处在一个大转型时期，我们所处的经济发展阶段，从经济成长的历史、文化、制度、政治的各个方面的背景来讲，可能跟在世界上所看到的、唯一成功的西方式的现代性有非常大的差异。这就意味着在我们中国，很多事实都不清楚。

讲到事实，我举一个小小的例子，今天下午，我在从北京回来的飞机上看到一份刚出版的《上海证券报》。《上海证券报》上有一篇很长的文章，讲住房、教育和医疗的价格高，导致了中国居民不敢花钱。这个说法现在很流行。现在有很多人说中国这几年消费低迷，需要理论来解释。有人就解释说，因为大家收入的风险增加了，失业、工作不稳定，收入的波动就变大了，风险增加后居民消费就会下降。我刚才提到的是另外一种解释：因为在我们生活当中非常重要的三项支出价格很高，居民在这三项支出上的消费的增长速度非常快，就挤出了别的消费。这是颇流行的解释。文章里提供了三张表，列出了大概从2000年到最近这几年的四个数据，分别是人均消费增长率、人均教育支出增长率、人均医疗支出增长率、人均住房支出增长率。可是看到这些数据，我并没觉得这个数据告诉我：人均的消费增长率明显低于其他三个的增长率。如果人均消费的增长率显著低于其他三个增长率的话，那我可以说，由于这三块增长太快了，人均消费支出没那么快，所以必然使其他部分的消费下降。可是我在数据上没有明显发现这一点。所以我觉得很诧异，写这么长的整版的评论文章的这位作者，是怎么得到文章的结论的。我想问一个问题，关于中国的很多事实到底清楚不清楚？我很怀疑，我们很多人都在基于一些并不清楚的事实而道听途说。我虽然举的是一个报纸上的例子，但我讲的"把事实弄清楚"的工作对于中国的经济学家来说仍然是做得非常不够的。

在中国经济里面，有太多太多事实不清楚的地方，所以我一直强调，在中国作经济学研究，第一件事是什么？就是我们要把真正属于中国经济的事实给搞清楚。特别是在我们的教科书上、在西方经济学已经成熟的理论里面，所描述的那些事实——每一个事实——都足以拿到中国来重新反思一下，这个事实是不是在中国同样也成立。我们可以大量地去运用实证和案例的方法。我特别要强调的是，你把中国的事实搞清楚了，实际上就为经济学理论和知识的发展作出了贡献。

我再举两个例子。第一个例子就是我跟张爽合作的研究社会资本和市场化之间关系的文章[1]。大家知道，社会资本（social capital）这个概念，是由社会学引入到经济学的，它是 -种非市场的力量。那么这种非市场的力量在市场经济里起着什么样的作用呢？它跟市场力量之间是互补的，还是互替的呢？在美国找不到这个问题的答案，中国就提供了一个很好的机会，因为中国处在转型的过程当中。比如我们生活在沿海地区，内地的市场化程度要比沿海低多了。从这样大的空间差异里面去看，在具有不同的市场化程度的地方，社会资本是不是在发挥着不同的作用？这是对于中国非常重要的事实。在搞清楚事实的同时，实际上就可以帮助我们去发现社会资本这个非市场的力量与市场有什么样的关系，这本身在学术上就是一个大家不知道的问题。

我要举的另外一个例子是市场分割。市场分割这个问题为什么要借助中国来进行研究？因为在数据质量好的国家，市场不分割；而市场分割的国家，数据质量不好。那么中国是个什么样的国家呢？中国的市场存在分割，同时中国又有足够大的时间和空间的维度去研究这个问题。于是我们作的另外一个研究[2]，想要知道市场分割在开放的过程当中发生着什么样的变化。因为在理论和

---

[1] 张爽、陆铭、章元，"社会资本的作用随市场化进程减弱还是加强？——来自中国农村贫困的实证研究"，《经济学（季刊）》，2007年第2期，第539—560页。

[2] 桂琦寒、陈敏、陆铭、陈钊，"中国国内商品市场趋于分割还是整合？——基于相对价格法的分析"，《世界经济》，2006年第2期，第20—30页。

实证的文献里面，有的经济学家认为，开放有利于市场整合，有的经济学家则持相反观点。到底什么是真实的？当你把这个关系给搞清楚的时候，一方面，你研究了中国的情形是怎么回事，同时，你对于这个具有一般意义的问题也作出了贡献。

第二类我觉得可以做的工作就是你要用一个理论来解释中国的现象，而且是到目前为止既有理论没办法提供解释的现象。如果既有理论已经提供了解释，那这就是接下来我要讲的第三类文章了。这里我举一个例子。比如说地区性的市场分割和战略性分工，这是我们作的另一个研究[1]。大家知道，经济学理论里有所谓比较优势理论和分工理论，那么按照社会最优的这个概念来讲，具有不同比较优势的地方就应该具有不同的分工。既然有不同的分工，一个国家的不同地区，在追求社会最优的情况下，应该生产不同的东西，对不对？在解释分工的时候，我们主要借助的理论就是这个比较优势理论，可是在现实生活当中你会发现，中国不同的各个省份之间，包括同一个省的不同市之间的市场是分割的。为什么？林毅夫老师认为，这是因为计划经济时代遗留下的资源配置低效率，在改革开放后又体现为企业低效率，于是地方政府就要通过分割市场来保护低效率的企业。这只解释了由计划经济时代所造成的市场分割，可是我们发现很多重复建设和市场分割是在改革开放以后产生的。到现在为止，中国已经出现了三轮的重复建设，第一轮以家用电器为代表，第二轮以汽车产业为代表，第三轮以光电产业为代表。为什么在改革开放后，已经市场化了，已经没有中央计划了，我们仍然在搞重复建设呢？仍然在重复建设的基础上造成了投资的低效率，最后又造成了地方和地方之间的分割呢？这不仅是既有理论里没有被解释的现象，而且是林毅夫老师提供的比较优势理论也无法解释的现象，因为在市场经济的情况下，标准的经济学理论告诉我们，大家应该分工才对。

这就促使我跟陈钊老师从战略性的分工角度来解释这样的现象。我们要讲的一个故事就是，对于一个弱的地区来讲，它通过构建一个完整的工业体系，至少可以达到两种目的，只要实现其中一个，对它来讲就是划算的，从而使得分割市场和重复建设成为理性的。第一个目的是赶超。落后地区发展一些暂时没有比较优势的产业，如果学习的速度足够快就可以赶上那些比较发达的地区。赶不上也不要紧，还有第二个好处，我有了一个足够的经济独立性后，

[1] 陆铭、陈钊、杨真真，"平等与增长携手并进——收益递增、策略性行为和分工的效率损失"，《经济学（季刊）》，2007年第2期，第443—468页。

bargaining power就增加了。在争取中央财政政府投资的时候，就可以跟沿海地区有相近的谈判能力，中央政府就得投资。如果不给，我不会摆到台面上说，但私下里可以跟你闹，而大家知道，中央现在最怕的就是地方政府与中央政府的对立。即便没有哪一个省长跟我们说他就是这么想的，但是从理论上解释它的时候，实际上可以找到一个解释这种问题的方式。而这个问题的解释，其理论上的贡献在于，既有的分工理论没有很好地解释在一个国家内部可以观察到的分工的低效率现象。而我们想做的，就是基于中国的现实，提供一个理论上的创新。

接下来我要讲的第三类文章，我觉得现在我们关注得不够，我们过于迷恋前两类研究。当然前两个研究贡献非常之大，但是我建议大家，特别是经济学教师们，有的时候要做一做第三类文章。这第三类文章是什么呢？就是文章本身从学术上来说没有多少贡献，但是你可以用既有的理论来表达对于中国现实和政策的认识。

比如说关于中国的市场化改革，最近这几年来，有一个对于中国的市场化改革进行反思的潮流。其实我前面讲到的《上海证券报》的文章，也是充满了火药味。什么意思？居民的消费低就是因为你房价太高，教育价格太高，医疗价格太高啊！于是，现在在实践层次，包括老百姓，就有这样的情绪，觉得这些事情就是公共品提供，就应该政府扛下来。可是我们在理论上问的是，这些东西都是公共品么？就算它是公共品，既有的理论里面有没有一个理论告诉我们，公共品就一定要由政府来提供？有没有一个理论告诉我们，不仅政府应该提供，而且政府应该提供直接生产？请注意，provision和production是不一样的概念。

大家会发现，在很多现实问题上，经济学是一个"庸俗的"学科，因为经济学研究的这些话题每个人都认为自己很懂。不仅我们的哲学家懂，我们的政治学家、社会学家都懂。我们的政府官员也懂，我们的老百姓也懂。我要说的是，经济学者不敢说我们比他们更懂，但我们至少可以基于他们不了解的理论来提供一些不同的看法。我想，在这个世界上对同一个问题有不同的声音总是好事。

我们搞经济学研究的人现在特别需要做这些事情。比如教育的问题，在中国的经济学研究里面，几乎可以说是空白。但是在这些重大的问题上，我们其实已经有非常多——不能说足够多——的经济学理论研究和实证研究，可以帮助我们思考很多关于中国的问题。我们不敢说这些已有的理论研究、实证研究可以照搬到中国来，但是当中国的研究没有的时候，凭空想像，拍着脑袋说瞎话，总不如我们先去看看已经有了什么理论和实证研究吧？所以我觉得，现在中国的经济学家真的应该静下心来作一些这样的公益性的研究。这些研究不能让你去拿奖，也不能让你把这样的文章发在很好的英文杂志上，但是它对于中国社会进步的贡献和推动作用非常巨大。这就是本土的学生和经济学家，在经济学研究里可以作的三类研究，三类非常重要的研究。

其实你在中国也可以作另外一种研究：基于其他国家理论和经验的实证。我要说的是，我们不具有作这类研究的比较优势。不具有比较优势是什么意思呢？比如说你要去研究一个美国的问题，其实你对于美国的问题的理解是不可能超过美国人的。你的知识禀赋，决定了你的比较优势不在这里。另外，美国人有美国的数据，我们可能在获取美国的数据方面没有那么容易。第三，可能大家往往会忽视的，学术是一个市场，在这个市场上，最重要的就是交流。当一个人生活在中国的时候，其实不管中国开放到一个什么样的程度，即便哪一天我们像日本一样开放，像欧洲一样开放，地理障碍仍然是一个天然的障碍。它就一定会减少你与国际学术圈的交流，换个更准确的词就是，一定会阻碍你跟美国经济学界的交流，就会使得你在如何去做一个对于美国经济学界来说的好的研究方面不具有优势。

讲到这里，我顺便举一个很有意思的例子：香港。大家知道香港有两个做经济学非常好的大学，香港中文大学和香港科技大学。香港科技大学曾经在20世纪90年代的时候辉煌一时。为什么呢？很简单，香港政府有钱，于是香港政府用钱在世界范围之内聘请了一大批具有国际前沿研究水平的经济学家到香港科技大学，这曾经一度使香港科技大学可以成为亚洲经济学研究水平最高的地方。但最近这几年，香港科技大学也面临很多问题。为什么？因为香港科技大学请来的经济学家很多是在做国际主流和美国经济学界所关心的一些问题。于是就会发生什么问题呢？它的学术圈在美国，它就有一个很大的成本进入这个圈子。后来，香港科技大学的很多人走了。相比之下，香港中文大学有几位做得非常好的经济学家是以研究中国问题为主的经济学家。实际上，这就是我刚刚强调的一个作研究的比较优势的问题。地理上的优势、数据的优势，很多问题没办法详细展开讨论，但是这个案例我觉得是值得大家去思考的。

1. 起一个好题目

下面我就讲些很具体的问题了，这些问题可能就比较琐碎。我觉得，首先我要讲的是，在一篇论文的写作过程当中，你首先要起一个好的题目。这个好的题目要小，要简洁，而且要突出你的创新之处。一个题目能否引起别人的阅读兴趣，是很重要的，你可以适当地考虑趣味性。我举几个例子，都是我们自己作的研究。我借助这样的例子来告诉大家，一个题目怎么能突出刚刚讲的几点。

我举的第一个例子就是我们《经济研究》上的一篇文章，叫"中国的地区工业集聚——经济地理、新经济地理与经济政策"[1]。这个题目要传达出来一个什么样的信息呢？首先，这是一个中国的研究。其次，它是一个实证研究。因为如果不是一个实证研究，就无所谓中国的地区工业集聚。我们副标题突出了三个关键词。如果你熟悉文献的话就知道，新经济地理学或者空间经济学的发展，现在正处在一个已经有足够多的理论但实践研究不足的阶段。所以这样的一个题目，你一看就知道，这是一篇做空间经济学的实证文章。实证研究的基础在哪里？就是我们副标题的三个词，经济地理、新经济地理和经济政策。你一看就知道，这篇文章是要给新经济地理学提供实证依据，而且是在同时考虑了经济地理和经济政策的作用下。

第二个题目就是我刚刚讲到的市场整合问题了："中国国内商品市场趋于分割还是整合？——基于相对价格法的分析"。主标题提问题，副标题讲方法。熟悉文献的人一看就知道，这个问题在研究中是有争论的，而我们使用的方法是跟别人不同的方法。

第三个例子的正标题叫"因患寡，而患不均"。什么意思呢？大家知道中国古话里面有一句话叫"不患寡，而患不均"，所以我们在这篇文章的开头就讲："古话说：'不患寡，而患不均。'这句话暗含的前提是，收入不均与经济的增长之间没有关系，而我们在这篇文章里想说的恰恰是，收入不均对经济增长不利，如果忽视收入差距，那么收入不均就可能通过影响增长而对社会的每一个成员（包括富人）不利。"为什么要关注不平等？就是因为担心经济增长会受到阻碍。这句话翻成古文，我们改一个字，就叫"因患寡，而患不均"。这个题目就很好地传达了这篇文章想说的思想。副标题是"中国的收入差距、投资、教育和增长的相互影响"，你看了就知道，这个文章的贡献在于这样几个方面：第一，我们用了特定国家的数据（country specific data），我刚刚提到，这个在增长研究里是潮流；第二，我们看了收入差距、投资、教育和增长这四个变量的内生性问题，因为在既有的文献里面，至少教育这个变量没有当成内

---

[1] 金煜、陈钊、陆铭，"中国的地区工业集聚——经济地理、新经济地理与经济政策"，《经济研究》，2006年第4期，第79—89页。

生的变量来作处理；另外，我们考虑的是相互影响，懂计量的人一看就知道，我们要用联立方程了。所以一个很短的标题把文章要说的故事和我们的三方面贡献全部容纳在里面。

下面一个题目"教育的公平与效率是鱼和熊掌吗？——基础教育财政的一般均衡分析"[1]也是同样的道理。正标题基本上是突出思想的趣味性，我们用鱼和熊掌的这个关系来打比方，解释教育的公平和效率的关系，两者并不是不可兼得的。我们的副标题点明了我们文章的方法。

接下来的一篇文章也关系到教育。我们把题目叫做"反思教育产业化的反思"[2]。第一个反思是我们的反思，第二个反思是既有的反思，就是我们要对这场反思来作一场反思。我们副标题就是这篇文章的内容，我们要讨论"有效利用教育资源的理论与政策"。这实际上也突出了经济学的思想，教育是一种稀缺资源，而我们要讨论的是如何有效地利用它。

2. 写一个好的摘要（最后写！）

接下来，我要说的是怎么样写一个好的摘要。而且我特别强调摘要最后写，尤其当你还是个初学者的时候。尽管我刚才强调，在作研究前你必须清楚自己要说什么，但是大家以后会发现，当你还是个初学者的时候，这是非常困难的。可能你要改到第20遍，才会体会到原来自己要写的是这个。所以我建议大家，摘要最后写。当然，当你有了一定经验以后，你可以先写摘要。为什么呢？因为当你写好摘要后，你会发现在你接下来的写作中，在你写文献综述，在你进行模型构造，在你选取变量时，谁多写点谁少写点，谁放前面谁放后面，你心里就有把握了。为什么一篇文章要改20遍？就是因为你不清楚要写什么，只有当你写下去，才会发现有些地方要多写点，有些地方要少写点，有些内容要放前面，有些内容要放后面。我想，各位作为初学者往往难以避免这个阶段。

对于一个好的摘要，我提出这么几点要求：

一是要有概括性。要有主题，有创新点，要简要地指出自己的结论和发现，要讲到政策含义，但政策含义对于一篇学术文章来讲，不是必要的。要简

[1] 丁维莉、陆铭，"教育的公平与效率是鱼和熊掌吗？——基础教育财政的一般均衡分析"，《中国社会科学》，2005年第6期，第47—57页。
[2] 陆铭、蒋仕卿，"反思教育产业化的反思——有效利用教育资源的理论与政策"，《世界经济》，2007年第5期，第44—51页。

洁，100到200字。1 000字的摘要是不可取的。一个好的摘要200字就能把问题讲清楚，如果你的文章非常复杂，那么400到500字也一定能把问题讲清楚了，讲不清楚那么你只能再思考。有时候我和学生交流，说到要写文章，我便和学生说，你把你要写的意思用500字写下来。当你想清楚一个问题时，500字足以表达清楚；你写不清楚就说明你还没想清楚，你想不清楚你就一定作不好研究。最后是关键词，一定要切中要害。接下来我们举个例子。这篇文章是我和我学生合作的"反思教育产业化的反思——有效利用教育资源的理论与政策"。

首先给大家看一个我改过的摘要，然后再看一个学生写的。

稀缺的教育资源应得到有效利用，而教育财政的分权、学校间的竞争和合理的价格机制能够提高基础教育资源的配置效率和组织效率。在一定程度上，通过教育券、奖学金和财政转移等机制向低收入人群和地区提供补贴，不仅有利于公平，也有利于效率。但过度地、不科学地追求公平，却可能损害教育资源的有效利用，甚至与追求公平的初衷相违背。本文对如何有效利用教育资源进行了理论分析，并对中国基础教育产业化的反思进行了反思。

关键词：基础教育、教育产业化、同群效应、效率、公平

有效利用资源是经济学的核心问题，这是文章的主要观点。我们把效率拆成了两个：配置效率和组织效率。这段话中我们讲了两个道理、三个方法。这段话的意思是效率和公平是可以兼顾的，这是我们很重要的一个观点。我稍微要强调的是，这篇文章是我刚才讲过的第三类，本身在理论上是没有多少贡献的，但这是在思考中国重大的政策问题。所以在这里面没有突出这篇文章在学术上的贡献。

下面是学生写的：

在本文中，我们构造了一个有效利用教育资源的理论模型。我们认为，通过地方政府提供基础教育、允许私立学校的竞争以及政府设计合理的教育补贴制度，是能够同时实现教育资源的利用效率和教育公平的。在模型基础上，我们分析了目前教育改革内的一些认识误区和操作失当，并提出我们的合理建议。

第一句话写得不错，我要批评的是最后一句话，这句话没有让人知道你要说什么。前面那篇摘要把我们的文章要说什么、机制和目标是什么都说清楚了，而后面这个摘要则没有。

3. 引言（最后反复改！要高度重视）

我特别强调要高度重视引言。前不久，研究中国经济十分著名的John Giles在复旦做报告时说到，他初学时也不知道引言怎么写。我的观点是，大原则是要吸引人。那么如何做到呢？一定要非常清楚地在引言中交代如下几个问题：

第一，本文研究了什么问题。我现在越来越喜欢直接在文章开头写：本文研究了什么什么问题，显得很清楚，开门见山。你会发现很多作者，包括发在很好的中文刊物上的作者，通常是写到第二页，读者仍然不知道他在讲什么，这是很失败的。如果你是读者，已经读了一页多，还不明白他要说什么，肯定会糊涂的。人们看你文章的第一个目的就是发现你的文章为什么重要。

第二，当你提出问题以后，你要去告诉别人这为什么重要，这里面你就需要说明创新，这时你就要把你的文章和既有的文献作比较，这就涉及了文献评论。如果文献评论不是非常长时，你可以把它简单地放在引言部分。如果比较长，可以把最主要的、最经典的、最有意义的放在这里，突出你研究的重要性和创新，其余放在第二部分文献综述中再去说。

第三，就是概括你的工作，很清楚地告诉大家你解决了什么问题，千万不要只说本文研究了什么。问题这么多，你需要告诉大家你解决了什么问题、运用了什么方法，你要不厌其烦地告诉大家你的贡献与创新。接下来要交代论文的结构，通常是八股文的写法，比如本文第二部分写了什么，第三部分写了什么。

接下来我们再举个例子，是我和张爽的一篇文章[1]。我们研究了公共信任与劳动力流动的关系：

353

---

[1] 陆铭、张爽，"离开了土地，却未离开家乡——中国农村的公共信托与劳动力流动"，复旦大学暨上海市劳动和社会保障局就业与社会保障研究中心工作论文，No.49，2006-12-28。

中国社会在传统上属于低信任度的社会（Fukuyama，1995），正是因为如此，公共信任作为在一种长期互动中形成的社会资本是弥足珍贵的。在中国农村由传统社会走向现代化的过程中，劳动力的大规模流动对中国农村社会形成了巨大的冲击。那么，劳动力的流动会不会影响到农村社会中的公共信任？反过来，中国农村居民在农村社会中形成的公共信任是否会影响到他们的劳动力流动？对以上问题的思考和实证研究，不仅能让我们观察到农村公共信任在转型过程中的变化趋势，还能够为公共信任的影响机制提供证据，并以此为理解当代中国农村社会的变迁提供一个新的视角。

这是第一段，第一句话我就讲了我们的研究为什么重要：因为中国本身信任度就不高，所以这个研究就特别重要。第二段我特别在括号中用黑体字标注了本文讲了哪些问题。我们基本上讲到了这项研究的新意、思想贡献和方法贡献：

一项针对波兰的社会学研究（Sztompka，1999）发现，在经济转型中，人们的公共信任经历了一个先下降再上升的过程。在转型前期，公共信任下降的重要原因在于，人们在新旧体制的交替过程中面临着巨大的不确定性；而当转型取得了较为显著的成效时，人们对于公共机构的信任又会明显提高。在中国的转型过程中，公共信任会经历与波兰经验相同的变化吗？市场化又是如何引起公共信任的变化的？以上问题非常重要，但还没有得到研究者的足够重视。（**问题的新意**）从理论上来说，市场化是中国农村传统社会所受到的一切冲击的根源，市场化将通过三个层面的作用机制来引起信任的变化，分别是：家庭层面的劳动力流动、社区层面的收入差距以及宏观层面的市场化政策等机制。（**思想的贡献**）

接下来我们讲的是研究方法：

本文将重点研究市场化在家庭层面的作用机制：劳动力流动对于公共信任的影响。与此同时，我们还将研究公共信任对于劳动力流动的影响机制，由此来清楚地解释劳动力流动与公共信任之间的相互影响，而这种双向的相互影响可能导致的估计偏误恰恰是文献中没有被充分重视的问题。（**方法的贡献**）

这便是我们在方法上的贡献。然后再概括一下结论：

> 我们发现，在中国农村的市场化转型过程中，社区层面的劳动力流动会增加对农村当地的公共信任，而社区层面的公共信任又会减少劳动力流动。而且我们还发现，社区层面的收入差距会减少公共信任，省级层面的市场化对于公共信任的影响则显示出和波兰的经验一致的 U 型曲线。（**主要发现**）

由于得到的这些结论十分有趣，很容易让人了解这项研究的价值和贡献。

4. 文献综述（评论）

接下来是文献综述，如果你在引言中没有很好的引述，那么你在文献综述中应该做到以下几点：（1）简要回顾相关研究的发展。（2）要对既有文献作适当的"批评"（不能简单罗列，一定要结合自己的问题和工作进行比较）。评论既不要太过火也不要不够，不够说明你没贡献，太过火则不中肯，更不要为了批评别人，把你在自己的文章中也没解决的问题提出来。最好只评论你解决了的问题。你没解决的问题可能谁都解决不了，不要去show，不要以为只有你知道，实际上很多人都知道。

文献评论的写法万千，要根据你自己的研究来。比如我刚才提到的收入差距和经济增长的文章，我们讲了这样几方面的贡献：（1）数据用了国别数据；（2）处理了内生性问题；（3）我们区分了长期短期。我们要区分哪些是最重要的，正如我前面所说，最重要的贡献是思想上的，其次是方法上的，最后才是数据上的。因此，我们的写法是首先论证我们的思想与众不同，我们研究的是收入差距对于经济增长的影响在长短期的不同，这是在既有文献中没有很好解决的。第二，我们的研究中处理了内生性的问题，我们要指出既有文献中没考虑教育的内生性，而我们考虑了，这也是要指出的。第三是数据方面的贡献，我们运用的是中国的数据，而既有文献中使用的大多数是跨国数据，而这些数据的不同可能导致结论的不同。在考虑增长问题时，国别数据是潮流，因为跨国数据十分难以处理数据的异质性，所以我们用中国的数据来研究这个问题。当你知道你做的工作是什么的时候，文献综述十分好写。我们同学觉得文献评论难写，是因为你们没有思考。当你思考后，你便知道一个问题什么重要什么不重要，什么是老问题什么是新问题。不理解就写不出来，理解了就十分容易。

5. 理论与实证

接下来，我们来看理论怎么做，实证怎么做。在此我讲的不是数学，而是起点问题。

先讲理论。无论数学模型也好，用文字表述的理论也好，你首先要界定问题是什么、你要揭示的现象是什么，界定哪些行为人对这个问题是重要的。比如我们最近研究的国有企业改制中资产流失的问题[1]，其中职工是不重要的，因为他们对资产定价及利益分配起不了作用，而只有企业管理和政府是重要的。

随后是你如何去理解行为人的目标函数的问题，你放什么变量，什么是内生的，什么是外生的。在企业转制中，是采取拍卖还是协议转让，这个变量肯定十分重要。有种我认为错误的看法是，拍卖可以避免国有资产流失，这个错误的本质是认为国有企业的转制方式是外生的。我们假设这世界上有个好人，设计了公平公正的拍卖机制，当然这个机制可以提高拍品价格。但是我要问，拍卖是外生的吗？转制的形式其实是被选择的，是内生变量。于是你会发现，真正外生的是我们在历史上遗留下来的权力结构，在这种结构下，是拍卖还是协议转制并不那么重要。我们可以看到，拍卖并没有避免国有资产的流失。在很多拍卖中，你会发现只有一个"竞拍者"，在表面上看似有个拍卖机制，但其实拍给谁已经决定了。中国还有个词叫"陪标"，拍给谁是定了的，只不过走一个形式，最后返还点好处给陪标者。而控制拍卖的人还可以通过制定规则的方式排除其他竞拍者。因此，在拍卖中也会产生资产流失，这不是在教科书的理论中可以解决的问题。这个例子很好地说明了，你把什么变量设成内生、什么设成外生对你理解一个问题是十分重要的，而这也是数学不能告诉你的。

接下来的问题是，约束条件是什么。在每一个决策行为中，约束无非就是预算约束、资源约束，但在中国你要特别考虑制度约束，因为很多中国的问题受制度约束。

你还要考虑结构性问题。我们刚才讲了行为人，你要考虑不同人是通过什么发生联系的，它是一个市场机制吗？如果是，又是个什么样的是市场呢？完全竞争还是垄断？这些会成为你模型的起点。因为在不同市场上内生和外生

---

[1]　陆铭、陈钊、张爽，"公有制理想的代价——腐败与企业转制的中国案例"，《南京大学学报（哲学·人文科学·社会科学）》，2009年第2期，第49—60页；陈钊，"非对称信息下的国有资产流失——从拍卖引申开去"，《探索与争鸣》，2009年第2期，第39—42页。

变量是不同的，比如在完全竞争中，价格是外生的；而在垄断结构中却是内生的，是可以被企业控制的。你如何设定这个市场，是竞争还是垄断，这也是数学本身无法告诉你的。实际上当你在把价格设定为内生还是外生的时候，已经表明了你对市场结构的一个判断。

此外，在行为人之间是否有可能存在非市场互动？这已经成为经济学研究的一个前沿课题。

再接下来，研究的背景是什么样的社会政治制度结构。比如我们最近研究的城乡分割还是城乡融合的问题[1]，在中国是由城市的政府最大化城市居民利益来决定劳动力市场分割的政策，这个结构在我们的模型中是一个非常重要的条件和制度背景。

随后，用经济学静态的、动态的或比较静态的方法得出你的结论。复杂的数学有利有弊。一个数学方法复杂时，求解的难度就会增加。经济学研究总是希望模型和数据是可以处理的，而有一个办法就是减小变量的数量或者变量间的作用机制。运用复杂的数学方法，在边际上舍去一个变量或变量间的作用机制时，很可能这恰恰是十分重要的变量和机制；但当它被放进来，模型可能就解不出来了。在我们做城乡分割到融合的动态模型时，我们原先想放进城乡差距扩大对资本积累的直接的负面影响，但是我们发现模型解不出来，于是只能忍痛割爱。虽然我们在这篇文章中放弃了这个变量，但在接下来的工作中，我们可能会用静态的方法研究这种影响。

这里我要说明的问题是，一个问题好不好，不是由数学决定的。我经常会在拿到学生论文时问他们，这地方为什么要这样假设，为什么要放非线性函数而不放线性函数。他们答不上来。我指出这里可以放线性函数，他们的反应会是："这样会不会太简单？"可是，如果用一个简单的方法可以得到一个与用复杂数学方法同样的结论，为什么要舍易求难？唯一的理由是"show your ability"。你无非想让大家知道你数学很厉害，OK，我知道你的数学厉害了，但然后呢？复杂数学方法的意义是可能会帮你搞清楚少数几个变量间的作用机制。在经济学发展的早期，经济学家的工作可能的确是去抓住最为重要的几个变量，但是在现实中有很多变量都是非常重要的，这时候为了让模型更贴近现实，有时候可能需要放弃复杂的数学方法。大家会发现，现在越来越多的文章倾向于简单的数学方法，因为比复杂的数学方法更重要的是你想讲什么故事。

357

---

[1]　陈钊、陆铭，"从分割到融合——城乡经济增长与社会和谐的政治经济学"，《经济研究》，2008年第1期，第21—32页。

现在经济学发展的情况是基础的理论构建已经逐渐完善，对我们来说，更重要的是解释现实问题。而如同我刚才提到的，并不是说只有复杂的数学才能告诉你一个真实的世界是什么样的。

接下来我们讲实证。你首先要知道你想看什么、你模型背后的理论基础是什么，这些决定了你放什么变量。因为在不同的理论机制下，可以有不同的解释变量，这完全取决于你想看什么。我特别强调，要注意阅读文献，了解文献中的变量是怎么设置的、怎么度量的，这十分重要。千万不要不知所以地往模型塞变量。接着是数据，数据可以截面的，可以是面板的；数据来源可以是公开的，可以是调查的。

实证模型的设定要跟着理论走。在实证研究里，经常被大家提到的问题就是内生性问题，这主要就是说你观察到的一个变量对另一个变量的影响并不一定完全是它对另一个变量的影响。比如，教育程度高的人收入水平也高，但收入水平高是不是因为受教育程度高？不一定。因为教育程度高的人能力也高，所以这里面就存在一个估计偏误问题，属于遗失变量的内生性问题。我前面讲到的劳动力流动和公共信任之间的双向关系，就是联立性的内生性问题。两个实际变量有共同时间趋势，放在一起看来是相关的，但这只是因为它们有共同时间趋势而已，这是伪回归问题。再接下来是不显著变量的处理问题，很多人喜欢把不显著变量扔掉，但如果这个不显著的变量是应该控制的，那么把它扔到了残差项里的话，就可能导致遗漏变量偏误。

那么最后一个问题是，R平方高不高是不是问题？很多同学在做实证文章的时候常常问，我的R平方只有0.08到0.09，也就是说我的模型只能解释数据的8%到9%。我说恭喜你，已经不错了，因为在实证文章里有时R平方只有0.05。R平方是什么意思？这是说，我们的模型能解释数据的variance的多少。可能对于绝大部分的variance的解释，经济学家是不知道的。

6. 案例

我要特别强调案例研究，案例研究被经济学家忽略得太多了。有的时候去研究一个问题，你会发现对某些特定问题而言，它的事实可能是不清楚的。它的机制是什么，也不清楚。计量结果里，到底是什么样的机制在起作用，也不知道。那么，为什么选择的案例能解决我们问的问题呢？这也需要我们仔细考虑。

有时有的研究者做的案例跟他的理论逻辑不一致。比如说我在一次硕士论文答辩的时候发现，有位同学用案例研究的方式研究浙江中小企业集群创新的例子。在他的文章里列举了大量数据说明浙江的中小企业如何集群，而他要说明的是中小企业之间有一种在创新过程中的相互作用和外部性，导致了集聚效应。他列举再多产业集聚的例子、数据，都没办法说明在现实中存在着由于企业集聚在一起就可以在创新活动中存在正效应。所以我就建议他去看浙江的中小企业是不是一直在联合开发课题，是不是这些科研人员在一起进行培训，这些说明企业聚集的机制在何处。在我们作的研究中，我们就通过铜陵的案例说明过度的教育均等化可能得不偿失。我们在企业转制和腐败的案例里，说明了被内生选择的拍卖并不能防止企业转制过程的资产流失问题。

我再来讲讲在研究"结束"以后的事。注意，我在"结束"上打了引号，很多同学认为做完理论模型和实证模型就结束了。我要说的是，你在所谓的研究"结束"以后，你要对研究和发现有特别充分的解释，特别是数学模型中的经济学机制。换句话说，我们除了在数学上证明一个变量与另一个变量的关系以外，你还要告诉我这个变量的关系代表了什么样的经济学机制。对于实证研究而言，同样也要注意，一个好的实证研究蕴涵着一个故事。比方说农村劳动力流动和公共信任的问题，我们要说明的是，农村劳动力流动进城以后，他人进城了，但他的精神上实际上还依赖着原来的农村社区。

经济学正在回归，因为经过了一个长时期的发展，特别是第二次世界大战以后，经济学理论的发展已日趋成熟，大家越来越不去做放之四海而皆准的理论了，因为放之四海而皆准的理论讲完了，然后就要研究现实中的细节问题了。如果大家去回顾最近几届克拉克奖得主的研究，基本上都是应用微观的研究。而应用微观的主要研究方法就是微观计量经济学。所以，注重事实本身越来越重要。

7. 结论与政策建议

在论文的结论部分，我建议大家的是，要准确，不能夸大。你不能总结出一个你的模型没有说明的结论。政策含义最好有，但不一定必要。如果有，一定要是严格基于理论发现的结论。不基于理论发现的结论，哪怕是正确的也不要说。因为你是在做科学的论文，而不是政策建议的报告。如果是后者，没问题，你可以基于别人的理论。有一个误区就是我们很多作者写文章，写了一大堆的政策结论，每一句话都对，但真正跟他有关系的没多少。

最后也可以提出若干未解决的问题，这在写文章时起到的作用有两个：

（1）在自己写完以后告诉读者这篇文章什么问题没解决；（2）如果你的文章里存在缺陷，自己讲出来要比审稿人讲好，与其让审稿人讲，不如主动交代。此外，不要迷信别人在文章中提到的没有解决的问题，道理很简单，如果这个问题是可以解决的，作者早就解决了。不要因为别人提到这是个有待研究的方向你就去做，因为作者这样写，可能是解决不了审稿人认为应该解决的问题，就跟审稿人讲：您说的是对的，但这个问题已超出了本文研究的范围，我已经在文章的结尾将这个问题作为未来研究的方向提出来了。我想经济学家都是这么做的。你在理解别人提出的未来研究方向时，一定要小心，听听在这个领域专家的看法非常重要，那些专家可以告诉你这些问题是否真的可以做。下面我再举一个结论的例子：

> 本文利用一个我们自己收集的包括社会资本信息的中国农村家庭调查数据库，研究了公共信任与劳动力流动之间的关系，以及收入差距和市场化进程对信任的影响。我们发现：（1）社区层面的劳动力流动将增加农村社会的公共信任，而农村社区层面的公共信任会减少劳动力流动的倾向；（2）收入差距的扩大对于公共信任有负面影响（但这一结果对不同的收入差距指标并不稳健）；（3）省级的市场化进程与公共信任之间是 U 型的关系。

你可以看到，结论里提到了我们自己搜集的数据，包括我们发现了什么，有三个结论。这段把我们研究什么、发现什么讲清楚了。接下来看我们教育文章的例子：

> 中国出现的教育不均等的现象，本质上不是因为中国采取了教育市场化改革的方向，而是因为教育市场化改革的方式没有经过科学的设计。本文的理论研究说明，教育财政的分权、地区间和学校间的竞争以及合理的价格机制是有效利用教育资源的必要条件。但是，简单的教育市场化并不能保证教育资源的有效利用，政府通过政策的干预或者机制的设计进行适度的均等化能够实现教育公平和效率兼得。因此，中国进行的教育市场化改革，不是方向的问题，而是方式的问题。

我们也作了简单的总结：中国的教育市场化改革不是方向问题，而是方式问题。观点鲜明。

8. 参考文献

参考文献的通常写法如下，要注明作者、年份、题目、杂志（或出版社）、期号、页码。参考文献的列法一定要规范，一定要注意你的参考文献的格式要统一。按照姓名来排序，把姓放在前面；正文里有的文献全要列，正文里没有的文献全都不要列。

例如：

Blanchard，O.and L.Summers，1987，"Hysteresis in Unemployment，" *European Economic Review*，31，288-295.

Fudenberg，D. and J. Tirole，1992，*Game Theory*，Cambridge，Mass.：MIT Press.

Sen，A.，1999，"The Possibility of Social Choice，" *American Economic Review*，89，3，349-378.

克鲁格曼，1999，《萧条经济学的回归》，朱文辉等译，北京：中国人民大学出版社。

张军，1994，《社会主义的政府与企业：从"退出"角度的分析》，《经济研究》第 9 期，第 72—80 页。

9. 其他

注意你文章的注释、附录和图表的格式，其中特别要强调的是图表。图表不要用阴影和颜色，因为绝大多数学术杂志是黑白印刷的，没有一个编辑会愿意去帮你处理图表的问题，除非你的文章特别出色。文章投出去前，把你的图表做得漂亮些，有些杂志的约稿信会说明，希望你提供的图表直接可以用来印刷。数据处理和有些推导过程放在附录里，不要进正文，否则会影响读者的理解和阅读，分散读者的注意力。在适当的地方可以注明感谢谁，如果文章曾经给相关领域的著名学者批评过，不妨注明。

在语言上，要科学而准确地表达你的意思。大家写文章时会经常用一些不够准确不够科学的表达。举几个例子。其一，缺乏严密的逻辑。改文章时一定要注意自己每一句话是不是有逻辑。比如，"中国的比较优势是劳动密集型产业，所以政府应推动劳动密集型产业的发展"，这两者之间没有任何逻辑联系。经济学理论告诉我们，有比较优势，市场的选择就是发展这个，不需要政府去推动它也会发展。再如，"外来民工与上海本地居民形成了就业的竞争，所以要控制外来民工的就业，来为本地居民创造就业岗位"，三句话全错，虽然看起来蛮对的。首先，外来民工与上海本地居民有没有构成就业竞争？可能没有。其次，就算构成了竞争，也不一定要控制；第三，就算控制了，也不一定能为本地居民创造就业岗位。这三句话本身就是有待推敲的，这段话你就要仔细考虑。

其二，缺乏准确的用词。大家喜欢用一些词，比如"非理性"。经济学的基础就是理性假设，人们通常所理解的非理性行为是可以基于理性的假设来解释的。"信息不对称"也是被大家滥用的一个词，在经济学里是它有严格定义的。"必由之路"这个词如果你要用，你一定要告诉我，为什么别的路走不通。"因为……所以……导致了……"这种词都不要轻易使用，因为这种因果关系在经济学里是非常难确定的，比较保险的是"……与……有关"。

其三，缺乏明确的表述。"在收益递增的情况下，技术落后的地区会选择暂时不加入分工体系，力图提高在未来谈判中的'威胁点'，进而分享到更大的分工收益（陆铭、陈钊等，2004）。"这个例子来源于别人引我们的文章，引的是我们的文章，我自己都看不明白。写文章一定要写大白话，我曾在我的博客上说，一个人如果真的热爱知识，一定要重视多少人获得他的知识超过多少人认为他很厉害。请记住这句话，文章写到每个人都看得懂，就是你的本事。

在今天讲座结尾，我要提醒各位，当你对一个问题的理解达到一定程度，觉得文章可以往下写的时候，停一下，问自己几个问题：你是否清楚地知道自己的贡献是什么？为什么去写这篇文章？我们应该为自己的兴趣去作研究，为人类的福利去作研究，为学术和知识的进步去作研究。谢谢大家。

（本文原为作者2006年11月13日在复旦大学的演讲，由徐轶青、薛萌等根据录音整理）

博士学位论文写作：从何处开始？

唐纳德·R.戴维斯[*] 著　　吴建祖　译

如果你是下一个保罗·萨缪尔森，打算像他那样全面改造经济学，你不必在意这篇短文。如果你是下一个肯·阿罗，打算像他那样创造新的经济学分支，那么这篇短文也不是为你写的。本文的目标要谦虚得多：为上述两类天才之外的吾辈提供确定令人心动的博士论文选题的策略。

当然，并不存在产生令人心动的选题的灵丹妙药。然而，尽管确定选题更多地是靠你的活力和想像力，还是或多或少存在一些有效的尝试性的方法。我试图说明，至少从我的审美观来看，有趣的研究应该是怎样的。这些观点在经济学的不同领域以及不同的经济学家之间可能会有所不同，你当然可以采纳别人的观点。因此，你可以选择忽略这些建议——但是一定要有充分的理由。

如何发现"正确的选题"？

首先，并不存在"正确的选题"。今天热门的选题或许在你面临求职时，会变成冷门。你并不一定非要使自己的论文成为有关热门话题的那些论文中最好的之一。

---

* 　唐纳德·R.戴维斯（Donald R. Davis），哥伦比亚大学经济学教授。

更为关键的是找到真正让你感兴趣且重要的选题。几乎所有的领域都能写出优秀的论文。你必须确定一个你十分喜欢而不惜付出一定代价的领域，因为这些努力不只是为你的博士论文做准备，而且也是为你下一步作为助教发表论文而做准备。

我再次强调：你应该关注重要的问题。经济学研究中有所谓"萨默斯定律"（由劳伦斯·萨默斯提出），它说的是：写一篇不重要的论文所花的时间与写一篇重要的论文一样多。因此，你不如就做一些重要的选题。（注意：这不应该成为诱惑你去从事那些宽泛而含糊选题的借口！）

重要的选题并不是一出现就显而易见的。让我们注意第一个事实：大多数经济学是沉闷的。我的意思与公众所理解的不同，相反，我认为经济学可以做到美丽而迷人。我的意思是说，大多数经济学论文是沉闷的，因为：（1）它没有提出有趣的问题；（2）对本身重要的问题没有增加什么新东西；或者（3）即便研究者事实上的确发现了创新的、重要的问题，但是由于他的表达能力很糟，以致读者很少理解他所说的东西。

如何知道自己的选题是否有趣？

首先，必须明白，"有趣"不可避免是主观的、带有审美偏好的。因此，我们不能期望发现有趣选题的充分必要条件。但还是有几个指标可供参考。

当你承担一项研究项目时，有一个检验是否有趣的有用的技巧：设想一位很爱怀疑的专业人士不断地逼问你"我为什么要关心这个"，那么你如何说服这个怀疑论者让他关心你的研究？

答案之一是，我正在提出和回答的问题具有现实意义，而且我也能够论证这个问题是重要的。因此，现实世界的例子是有意义的、重要的。在试图说服自己的过程中，你应该尽可能具体地列举出应用该问题的例子以及问题的重要程度。

问题有趣的一个指标（注意不是证据）是，许多有好头脑的人已经在花时间思考这些问题。我提出这个观点，是因为大多数经济学家同意这样一个假设：如果某一领域的领头人致力于某个问题，则一定程度上可以说该问题是一个重要的问题。（也就是说，如果他们花时间研究的是一些不重要的问题，则他们不可能成为所在领域的领头人！）但是，你只能将其作为该问题重要性的一个指标，你应该对这个问题为什么是重要的给出自己的理由。而且，在一个被领头人探索过的领域从事研究也有许多缺点，关于这一点下面将深入讨论。

假设现在你自信所提出的问题的确是我们所关心的，即这个问题具有非常重要的现实意义，那么你如何说服你的读者，认同你提出了一些有关这个问题的创新的、重要的观点？注意，我们同时强调创新性和重要性。

与其他领域一样，在经济学中，你将按你的边际贡献而非平均贡献得到回报。索罗的经济增长模型为他赢得了MIT的教授职位和诺贝尔奖，但是如果你将此再写一遍，你很难成功。你或许使我们相信这是一个重要的问题，但是你所做的没有任何创新的东西。

如何知道你所做的是否创新？一个回答是，回顾并且通读你所在领域的全部历史文献。这是一个诱人的选择，因为它能够使你自己和你的导师相信你是一个勤奋的人。不幸的是，这也是一个非常低效的方法，很可能使你陷入困境：它为你提供了陈旧的、不值得留恋的前人的争论，却没有为你展示向前的道路。我们的建议是，首先，要确保与那些真正研究这一领域的人（或者至少是熟悉这一领域的人）沟通，以了解是否已经有人回答了你正在思考的问题。（你的导师是一个不错的起点。）其次，你可以阅读与选题直接相关的最近的文献或者工作论文的综述，以对该领域前人已经做了些什么提供"充分统计量"。这非常有用，但同时至少应该意识到，即便是严肃的学术著作也经常带有某种"扭曲"：相对于最近的文献（特别是那些作者自己有所贡献的文献），他们倾向于低估较早文献的价值。最后，EconLit和SSCI对于确定相关工作当然是非常有益的，你应该仔细地阅读它们。如果你对这二者都不熟悉，你应该立即停止阅读本文，等到明白如何使用它们后再继续读下去！

假设你已经使我们相信你正在研究一个有现实意义的重要问题，而且你对此问题的研究方法是创新的，那么你如何使我们相信你为此所做的工作是重要的？我们都知道海量文献中的那些重要论文，但是许多发表在三流期刊上的（如果能够发表的话）研究成果很快就销声匿迹了。即便如此，一篇论文有时也会从众多的文献中脱颖而出。为什么结果会如此不同？

我认为，关键是要让你的读者确信你的论文的创新点的确是重要的。如何做到这一点？最基本的就是，熟悉该领域文献的专家能从你的论文中看出不同于以往的一些东西。做到这一点的途径，会因你的论文是理论性的还是实证性的有所不同。如果是理论性的，第一个可能的途径就是：是否有一个大家公认很重要但却不知如何解决的问题？如果你能在此类前沿问题上有所作为，你的论文一定会令人印象深刻。第二个可能的途径是：你取得了大家认为在正常的条件下不可能得到的成果。如果你能证明该结果的确是可能的，这也会非常引人注目。然而，要特别注意状语"在正常的条件下"！重要的一点是，你必须确保你所做的假设的确比先前文献中所做的假设更合理（或者至少不比它们差）。

如果你的论文是实证性的，同样，仅有创新是不够的，你必须使我们确信你的创新是重要的。将别人的回归模型拿过来，加进一些新的能够得出统计显著性的变量，这对于计量经济学练习而言是可以的，但是它会使你的文章发表在顶级期刊上吗？首先，我们必须确认你已经回答了我们前面提出的问题，即：你所提出的所有问题都是重要的，而且你所做的是创新的。然后，对于一篇实证论文，我们必须问，包含新的变量有何理论上的支持？我们将其加进回归方程合适吗？除了统计显著性，有经济显著性吗？也就是说，这些统计上重要的东西在经济上也是重要的吗？最后，我们面临与理论性论文同样的问题：看过你的研究后，本领域主要的研究者对这一领域会有不同于以往的看法吗？如果回答是肯定的，你的论文是篇好论文，可以将它投给顶级的期刊。如果不是，你或许应该重新考虑一下你的研究的价值。

假如你所用的实证框架不同寻常，类似的问题必须回答：你所选择的实证框架与理论的联系紧密吗？所采用的框架是否有充足的理论和计量经济学基本规范的支持，从而研究结果可能改变人们对丁该问题经济重要性的先验看法吗？虽然学界会给予那些试图为问题寻找新框架的研究者更大的研究空间，部分出于相信后继研究可以增强框架的强健性，但是基础框架必须具有足够的说服力，使得得出的结论能够影响人们的先验看法。也就是说，结论必须是令人信服的。

在转到更实际的问题之前，我们概述一下前面所讲的：你必须选择一个确实很重要的选题，该选题本身应该包含一些创新的和重要的要素，而且研究结果应该是合理的和令人信服的。对此可以概括成一个问题：如果研究进展顺利，我有理由期望顶级期刊（AER，JPE，QJE 等）接受我的研究成果吗？如果回答是否定的，则你应该多花一些时间来寻找回答会是肯定的选题。虽然你认为非常合适的选题有可能最终无法说服学界，让其发表在顶级期刊上，但是如果你在一开始的时候都没有提出这个问题，那么想在顶级期刊发表几乎毫无可能。

从何处开始：一些研究策略

前面谈了确定好的研究项目的一些指标，以及当你开始你的论文时应该回答的几个问题。但是，关于如何确定好的研究项目以及如何规划你的时间，还有一些更为实际的问题。

确定好的研究项目的途径并非只此一条。有人可能从亚当·斯密那儿得到灵感，有人可能从卡通片《摩登原始人》的主角那儿得到灵感。所以，下面我们将集中于我认为大多数人可能关注的领域。

1. 如果你要写理论性文章，理解实证的工作

我的观点是，大多数有趣的经济学研究都是理论和实证的紧密结合。可以使用的具有内在一致性的理论经济学模型不可计数，但是哪一个是有趣的？哪些是可以写成论文投往顶级期刊的？如果你是杰拉德·德布鲁，你当然可以写出一些非常抽象的模型，但是作为整个经济学而言，人们已经可以毫无问题地理解竞争均衡存在条件的一致性的观点。对那些打算研究更实用的理论的人而言，问题是否有趣很大程度上取决于是否能在实现中找到相应的经验事实。有趣的应用理论不只是在可能的假设组合中找到尚未讨论过的空白，同样这些空白之处也是不可计数的；相反，关键是要给出理由，使读者相信填补某一空白是有趣的。指出现有的理论很难解释的经验事实，是说服读者相信你的论文有必要而非添堵的非常重要的方法。这些事实越重要，理论的贡献就越重要（假设当中令人惊叹的技术贡献保持不变）。

2. 如果你要写实证性文章，理解理论

如果你打算写实证性论文，也有许多理由让你必须了解理论。这样做的第一个理由是，你的实证研究将检验某些智识资本。基于你的实证研究，现实世界的哪些观点将被肯定或舍弃（加强或削弱）？如果你无法回答这个问题，你的实证研究将不会非常激动人心。的确，有时我们仅想估计一个弹性，为此我们也会给出理由。这时如果估计的方法包含某些创新和重要的因素，这可以算作实证研究的理由。如果不是这一理由，则实证研究的激动人心之处应该是：使人们怀疑或者丢弃他们原本对于现实世界的看法。这样做的第二个理由很简单，你的实证研究与背后的理论结合越紧密，你的实证结果就越有说服力。

3. 你的工作是发现"研究前沿"

本领域的有些问题已经被回答过了，或者有些方法已经被完全地探索过

了，所以不可能从中找出能够带你到前沿的选题或问题。相反，还有一些问题是这一领域的专家正在努力攻关的，他们或许离最后的答案还十分遥远。如果能够参与其中并提出新的洞见（而不是挑些老旧的选题）将是关键一步。因此，你大部分的工作内容是"发现前沿"。

4. 参加你所研究领域的每周院系研讨会

这或许是研究想法的直接来源。毕竟，演讲者都是从该领域中选出的领头人，他们通常在工作论文阶段进行演讲。而且，观察这些成功者如何组织他们的问题非常重要。他们是否能够说服你：所讨论的话题足够重要，所作出的贡献是创新且重要的，所使用的方法是合理而有效的？答案经常会是否定的！明白为什么会这样，不足之处在哪儿，这一点非常重要。当你进行自己的研究时，这些都是非常重要的经验教训。

5. 参加你所在学校助教候选人的研讨会

他们正处于你在未来一两年或几年内将要面临的位置。何不留意他们中谁将一飞冲天，谁又将一败涂地，并弄明白其中原因？而且，如果他们碰巧与你感兴趣的领域一样，他们很有可能正处于研究前沿。

6. 阅读你聚焦的研究领域的领头人的工作论文

这包括两方面的含义。一方面，在任何范围限定适度的经济学领域，通常只有很少的一部分人始终在推进研究前沿。你前期的功课之一就是明确这样的研究团体，并发现他们目前所攻关的问题是什么，谁在做这些工作。（当然，要小心，有时这些带头人看起来处在不太显眼的位置！）当然，互联网的兴起使这项工作比几年前简单了许多，可以浏览他们的网页、NBER 或 CEPR。另一方面，这样做的前提是他们的当前工作是其先前工作的延续。总之，好好利用这一点吧。

7. 有选择地阅读顶级期刊

这里要注意几个问题。首先，顶级期刊上的文章不可避免地是陈旧的。

实证性项目可能包括的步骤有：问题的概念化，等待项目审批，收集和整理数据，软件编制和调试，首次分析数据，撰写论文，以工作论文的形式发表论文，将论文投给期刊，被拒绝，进行修改，提交修订稿，等待最后的发表。因此，今天期刊上的论文或许反映的是五年前的思考状态！其次，你应该接触比你自身研究领域宽广些的论文。这样做有两个原因。第一，其他领域的工作与你研究的问题之间可能存在意想不到的互补。许多经济学家正是通过探索一种或几种跨领域的协同效应而取得事业上的成功。第二，通过阅读一些顶级研究并带着适当的问题考察这些研究，你可以具体理解学界认可的杰出研究应该是怎样的。

8．不停地讲，不断地写！

与你的教授和学友互动是许多想法的来源，而且这不应是被动的过程。通常，正是在此期间，你试图清楚地说明你所思考和理解的问题，以及你所发现的以前工作中的逻辑薄弱点，这会指引你迈向激动人心的方向。试着清楚地说明你的工作，包括口头的和书面的，是论文写作过程中很重要的部分。

9．质疑权威！

经济学或者更一般的学术研究不是一个崇拜权威的地方！阅读你所研究领域的文献，承认前人文献中的贡献，但是不能敬畏它！怀疑一切，试着用你的语言陈述这些论据。你认为论据令人信服吗？这些论据在得出一般化的结论时是否存在不足？这通常是通向创新而有趣的论文的途径。我们应该尊重前人的工作，因为它们使该领域的研究达到现在的水平，而且每一次进步都是始于认识到前人工作的局限。如果你过分虔诚地看待前人的工作，那么将很难从中找到进一步发展的可能性。

10．不要上课！

到了博士项目的第三年，你的工作是研究，而不是上更多的课！你（当然）可以上更多的课，但是你应该有一个这样做的合理理由。可以接受的理由包括：（1）该课可以带你到你计划研究领域的前沿；（2）该课可以在短期内提高你计划使用的数学或计量经济学技术。之所以建议你不上课，是因为这是一种方便、舒适而且合理的方式来避免那一更为艰苦、更感挫败但又必须进行的从研究消费者向研究生产者的转换。专注于你的首要任务——进行你自己的研究项目。

11. 不要教学！

除非万不得已，不要教学！对于大多数的博士生，教学是与生活津贴或者其他不可避免的经济原因联系在一起的。在此情形下，做你必须做的！而且，从几个学期的助教经验中你可以得到理论上和实践上的好处：向别人解释清楚概念对于你自身巩固这些概念非常有用。但除此之外，毫无益处。你的工作是研究，所有将你从这方面引开的事情都是成本巨大的。最直接的成本是可能延迟一年或几年完成论文，而这在你决定做助教工作时，往往看得不是非常清楚。如果这些工作挤占了你写一篇优秀论文的宝贵时间，则这样做的成本更大。作为一名博士研究生，你的时间非常宝贵，好好珍惜它。

12. 与导师相处

370

每个导师都希望你成功。我们都希望哈佛或者MIT聘走我们所有的学生。用你的想法吸引你的导师。不要害怕说出你的想法——什么也不说的风险远超过偶尔说些愚蠢的东西的成本（只要你偶尔也说一些有趣的东西！）。与导师的沟通非常重要，它可以使你的导师在你毕业找工作时，能够有充分的信心推荐你。而且，不要等到撰写完整的论文时，才与你的导师交换你的想法。通过提出尖锐的问题，他们或许能够为你节省许多时间。你不一定要接受他们所说的，但是这样做时一定要有合理理由。

13. 你的导师可能对你太友好！

不管你信不信，你的导师喜欢你！不管是作为年轻的同事还是作为一个个人，他们都喜欢你。你的导师或许对你太友好了！与此相比，人才市场是残酷的。潜在的雇主，比如其他学校的教授，不会有与你的导师同样的热心和偏袒的感情。因为他们将为产品（你）付大价钱，而且一旦如此，不论好坏，不论患病还是健康，他们都不得不在未来的岁月里与你相处。这种不对称的结果是，无论怎么认真的导师，或许都不会就你的论文提出棘手或尖锐的问题，而这在人才市场上是不可避免的。那么你该如何处理呢？首先，直接告诉你的导师，让他尽可能坦率和批判地评论你的工作。让喜欢你并且希望你成功的人这样做，比让那些只是给你就业机会的人做会更好。其次，要尽可能多地与导师或教授沟通。如果你发现只有一两个教授认为你所做的工作是有趣而重要的，那么你或许应该重新考虑你的选题。

14．在任何可能的时候介绍你的论文

参加学术研讨会，介绍你的论文。最后期限可以帮助你集中精力，了解在这种情况下什么是可行的什么是不可行的。可以询问正在求职的同学：临近毕业时的研讨会比开学时的研讨会效果好吗？几乎所有的答案都是肯定的，而且好上不少。经验很重要。

15．考虑与别人合作撰写第一篇论文

万事开头难，撰写博士论文的最大障碍之一是写作第一篇论文。使这第一步变得简单的方法之一是与别人合写论文。这样做有几个好处。首先，与别人合写论文不容易使写作项目延迟，没有人愿意看起来像一个懒鬼。其次，一起写可能比分开写更容易写出好论文，因为你们带来了不同的技巧。再次，这样做或许可以使你在毕业求职时，恰好开始发表你的论文。最后，合写论文非常有趣。那么，和谁合作？与另外一位博士研究生合写将是一个不错的选择。你们的起点相同，能够分享项目的各个方面，而且通常可以投入大块时间。另一个选择是与你的其中一位导师合作。这样做有许多额外的好处，但是也有潜在的不利因素。如何平衡取决于你所处的特定情形。

与导师合写论文的好处是，导师往往在判断某一特定方向的研究是否会有成果、何种方法适合、如何以能吸引期刊注意的方式写作等方面经验丰富。毕竟，这些正是他们最初得到教授职位时获得的技巧！最大的收益也许是有机会直接了解在研究项目的各个阶段这些有成功研究记录的教授的选择和决策。但是，也有一些潜在的不利因素。在通常的情况下，学界倾向于将论文中的主要贡献归功于教授，即使教授发誓说这是一个完全平等的项目（而且即使现实的情况是，研究生或许做了大部分工作！）。这也是为什么你不应该与你的教授合写你的求职论文的理由（而且也是你为什么不应该与任何人合写你的求职论文的理由）。但是，无论如何，完成你的第一篇论文并使它在你正好撰写求职

论文时有可能被期刊接受，将使你受益匪浅。

16．写作很重要

作为研究者，你的工作不只是创造新知识，还要有效地传播它们。如果读者无法理解你所做的或者你为什么认为它们重要，你将无法使他们相信你所做的是重要的。糟糕的写作往往伴随着混乱的思维。清楚而准确地表述你的观点，你才有可能了解哪些空白需要去填补。如果你的选题是乏味的，那么即使清晰的写作也无法挽救它。但是沉闷的表达将使读者放弃一篇论文，即便假使论文写得更清晰和准确些，读者原本可以从中发现相当有趣的内容。而且，特别是在你事业的早期，读者不可能投入过多的精力阅读你的论文。如果你将阅读变得讨厌，读者将马上放弃阅读。让你的读者感到舒畅，并帮助他们简单而准确地找到你论文的贡献所在。

17．演讲很重要

相同的经验适用于研讨会演讲——或许更为重要。你应能够概述你提出的问题是什么，它为什么重要，有何创新，以及如何用几句话说服与会者。如果你不能用清晰易解的英文做到这一点，则你对你的选题理解得还不够深入。演讲内容的其他版本都应该被看做是这些核心想法的细化。为什么？因为专业人士只会记住你论文中令人难忘的内容。后续的细化则说明在不同的讨论场合（面对面交流、求职面试、求职研讨会等），你需要陈述同样的内容并加以丰富和完善。这一点在你求职时将尤为重要，那时，你将面对不同领域的经济学家，而不仅是你所在领域的专家。

18．发现你自己的灵感

这一部分或许可以作为本文的免责申明。说到底，不存在找到论文选题的固定规则，因为它不是一项机械的工作，更多地要靠你的创造性和灵感、你的洞见和活力，有时也需要一点点“魔力时刻”。如果你的导师要求你停止做这个选题并回到你曾经做过的某个问题，他们很可能知道自己在说什么，但是，必须重申，他们也有可能是错的。你应该聆听他们的教诲，但也应该准备好对他们犯错的可能性作出独立的判断。你如何发现你的“魔力时刻”？有些人说他们最好的想法得自于他们淋浴时，或者玩壁球时，或者……我当然不是建议你多多地淋浴！你必须发现你自己的缪斯女神。说到底，成败皆由己定。

（原文：Donald R. Davis，"Ph. D. Thesis Research：Where do I Start?" www.columbia.edu/~drd28/Thesis%20Research.pdf）

怎样利用业余时间建立经济模型?

H.R.范里安[*] 著　　江术元 译

我的多数经济学研究都涉及构建理论模型。多年以来，我已经形成了一些方法，或许值得向有志于实践这项技能的人说明一番。实际的过程比我的描述所建议的更为复杂多变——我的描述只是对现实的一种理想化描述，恰似我建立的经济模型。好在我的描述与现实联系颇多，尚有用武之地，而我希望我的经济模型也能如此。

1. 获取想法

第一步，得有一个想法。这不太难做到，难的是找到一个好的想法。你要做的就是准备很多很多的想法，然后摒除那些不好的。

不过问题是到哪得到想法呢？大多数研究生认为需要通过阅读期刊论文来获得想法。但我的经验是，从期刊论文中很难找到原创性的想法。你能够从期刊论文中获得很多东西——技巧、观点甚至真知灼见——但是大多数时候你只能得到别人的想法。诚然，论文作者会在结尾留下了不少值得进一步研究的话题，但它们之所以没有解决很可能是作者思索之后不知如何处理，或是研

*　　H.R.范里安，加州大学伯克利分校经济学博士，曾任加州大学伯克利分校经济学教授，现为谷歌公司首席经济学家。

究它们太乏味了。也就是说，如果研究这些话题，你也可能陷入同样的境地。

因此，我的建议截然不同：你应该从学术期刊之外去寻找想法，到报纸、杂志、谈话、电视和电台节目中去找。当你读报的时候，先找找和经济学相关的文章，再看看和经济学无关的文章，很多时候这些文章最终还是和经济学相关。杂志通常比报纸更好，因为它们讨论问题更加深入。但另一方面，浅显一些的分析可能更令人兴奋：没有什么比谬论更能激发研究兴趣了。

谈话，尤其是和商业人士的对话，通常令人获益良多。商业运作有各种方式，大多还从未经过严格的经济分析。当然，你得小心，不要把听到的都信以为真，商业人士通常对运营自己企业的整套规则了然于胸，但他们不知道这些规则从何而来或为何有效，而这正是经济学家感兴趣的地方。

很多情况下，你的想法来自你自己的生活和经历。我自己工作中最满意的论文之一是《一个销售的模型》[1]。我想买台新电视机，于是我就去翻看报纸广告，看看得花多少钱。我注意到电视机价格每周都在大幅浮动。我突然意识到，经济学家面对的挑战不是解释为什么商品价格有时候会低（例如，促销的时候），而是为什么价格总是居高不下。既然大家都知道过几周就会有减价活动谁又会那么愚蠢在现在以高价购入呢？但是现实中就是有这样的人，否则商店定高价就无利可图了。利用这个想法，我建立了一个销售模型，其中有两类消费者：读了广告的知情消费者和没有读广告的不知情消费者。商店的定价就是为了在知情和不知情的消费者中进行价格歧视。

我建立了这个模型之后，让一个研究助理收集了过去几年中在《安阿伯时报》上刊出的彩色电视机价格。令我欣慰的是，实际价格变动的一般模式与模型的预测类似。当然，最终我也以一个好价格买到了电视机。

2．你的想法值得跟进吗？

假设（这是经济学家最爱用的词）你现在有一个想法，你怎么知道它好不好呢？首先要做的测试就是把它用非经济学家能理解的方式表达出来。如果你做不到这一点，恐怕你的想法就没那么妙。假使你能用非经济学家能够理解的方式表达出你的想法，虽然它仍有可能是个糟糕的想法，但至少还有点希望。

在你试图决定你的想法是否正确之前，你应当停下来先问问它是否有趣。

---

[1] H. R. Varian, "A Model of Sales," *The American Economic Review*, 1980, 70（4）: 651–659. ——编者注

如果无趣，那它的对错就没人关心了。所以先找几个人试探一下——看看他们是否认为值得继续研究。如果这个想法是对的，那么能从中得到什么推论呢？它会带来很多推论还是个死胡同？切记，研究某个特定想法是有机会成本的——这些时间本可以用来研究别的想法，所以要确保你的预期收益能弥补机会成本。经济理论的主要目的之一就是激发洞见。你能得到的最大的褒奖莫过于，"哈，这样就解释得通了"。这就是你应该追求的东西——忘掉所谓"精致而坚实的研究"吧，努力成为带来"哈"的奇才。

3．不要急于阅读文献

多数研究生总是急于阅读文献，看看别人是不是已经发表过自己的想法。然而，我的建议是等待一段时间再看文献。当然，你肯定还是要作彻底的文献回顾，但是我认为如果你在做系统的文献检索之前先花几个星期研究自己的观点，你会做得更好。这里有几个推迟阅读文献的原因。

首先，你需要练习自己建立模型。即便你最终发现只是完全重复文献里已有的观点，你的练习也不无裨益——要知道你独立研究出一个已经发表的观点，你会感觉绝佳的！（即使你无法发表你的观点……）

其次，你很可能另辟蹊径，找到与已有文献不同的方法。如果你盯住别人的研究，你的想法就会太多受到他们观点的影响——如果你潜心研究自己的想法，你获得原创观点的可能性就大多了。

最后，你的观点需要时间来酝酿成熟，因此你要尽早开始建模。等你读到别人的贡献，将他们的观点和你的相结合，很可能会涌现出新奇有趣的想法。

4．建立你的模型

现在让我们跳过文献部分，开始建模工作。幸运的是，所有的经济学模型大同小异，都是一些经济主体，为实现各自的目标进行选择。这些选择必须满足各种约束，因此必须调整某些变量以确保选择的一致性。这样的基本结构提供了一个研究路径：谁在作选择？他们面临的约束是什么？他们之间怎么相互影响？当选择不能相互一致时，什么因素必须调整？

问这些问题有助于你确定模型的组成部分。一旦你对模型的各个部分有了良好的认识，你就可以进入下一步骤了。多数学生认为下一步是证明一个定理或运算一个回归分析。这可不对！下一步是研究一个例子。举个最简单的例子——比如单期、两种商品、两个人、线性效用，怎么都行，只要足够简单——然后看能得出什么。

如果你完成了一个例子，那就试试另一个例子，然后再试一个。看看这些例子有什么共同点，看这其中会有什么有趣的地方。当你从例子中窥出一些端倪，你就可以写下模型。这里关键的忠告就是KISS原则：保持其简洁易懂（Keep it simple, stupid）。写下你能想到的最简洁的模型，看它是否还能描绘有趣的行为。如果能做到，那就让它更简洁。

几年前我在一个研讨会上分享我的研究，开始我用了一个非常简单的例子。一位教师打断了我，说他几年前就做了跟我类似的工作，但他的模型"复杂得多"。我回答说："我开始的模型也很复杂，但我一直在改进直到它变得简单！"

这也是你们应当做的：持续努力地简化模型。模型的关键完全在于用简化的方式表达现实。爱因斯坦说过："一切皆应从简，直到简无可简。"模型应该揭示事物的本质，你的模型应该简化到只剩下不可或缺的部分。

这花费的时间长得惊人——经常有不利的开局、令人沮丧的歧途和跌跌撞撞的摸索。但是要坚持住！如果建模能轻易做到的话，别人早就做完了你要做的工作了。

377

5．将你的模型一般化

假设你终于构建出了尽可能简洁的模型，这时你的模型可能太简单，索然无趣，就像个特例或个案。但是如果你的模型已经尽可能简化，现在要将它一般化就容易得多，因为你知道哪些是模型成立的关键成分。

现在你受过的教育就有用武之地了，你终于可以用上研究生院里学来的所有技巧。你做学生时的大部分时间可能都用来学习各种规范模型，例如消费者选择、生产者选择、一般均衡、博弈论，等等。教授可能会告诉你这些都是非常普适的模型，涵盖了许多特殊情况。

事实正是如此。过去50年间经济学家建立了一些非常一般化的理论和模型。你的模型很可能只是一般化模型的一个特例。如果是这样，你可以迅速将一般化模型的结论运用到你的特例上，你学到的技巧也将有助于分析你自己的模型。

6．犯错

这个过程——通过简化来得到结果，通过复杂化来评价其一般性——是理解你的模型的良好途径。我在建模中的多数时间都花在了像这样的反复进退过程中，在其中也犯了很多错误。正如皮亚特·海恩[1]所说：

> 怎样变得明智？说起来平白简单
>
> 犯错，
>
> 犯错，
>
> 再犯错；
>
> 但错误减少，
>
> 减少，
>
> 再减少。

建模的反复进退就像是在雕刻，你在这里敲掉一片，那里凿掉一块，希望能揭开顽石下掩藏的真实面目。我有意选择雕刻来做类比，是因为建模的主要工作与雕刻类似：不需要添加，只需要删减。

这是建模工作最有趣的部分，当概念的框架真正开始呈现出来时，的确激动人心。到这一步，尽管通常头晕目眩，四下踟蹰，我也不会远离草稿本。最终，如果你的运气不错，模型的内在机理将浮现眼前：你不仅能发现刻画现象的简单内核，也能理解现象的一般性究竟如何。

7. 检索文献

现在你可以开始你的文献检索工作。先把你的发现告诉你的教授——十有八九他们会叫你参阅"1983年的《美国经济评论》"、"《计量经济学》第77期"或是一些教科书（甚至是我的著作）。多数情况下，他们是正确的。你会在那些地方找到"你的"模型——只不过被做得更好，发展得更完善，论证得更清楚。

嘿，没人说过研究工作是轻而易举的。但你从中可以学到东西——认真阅读这些文章，问问自己"我怎么没想到"。如果有人与你出发点一样却做得更深入，你应该试图弄清楚自己忽略了什么。

---

[1] 皮亚特·海恩（Piet Hein，1905—1996），丹麦科学家、数学家、发明家、设计师、作家和诗人。他创作了7 000多首短小的格言诗，下面引用的是其中一首：The Road to Wisdom？——编者注

另外一方面，如果你听从了我上文的建议，保持模型简洁，那么你有可能会得出比现有文献提到的更清晰的处理方法，或者你会发现更具一般性的东西。如果是这样，你就获得了有价值的观点。回头再去找你的指导教授，把你的发现告诉他或她。也许你就从旧观点中发现了一个值得探索的新角度，这样的话，祝贺你。而如果仓促去做文献检索的话，你或许不可能有这样的发现。

你的模型也可能在现有文献中找不到，那很有可能是你误入歧途了。可能你的分析不正确，也可能你的观点不着边际。这时你的导师就能起到重要作用。如果你的分析已经尽可能简单，那么它不太可能有错，即便有错也将很容易找出来。

这就让我想起另一个常见问题。当你在一个方向上耕耘了数月或数周，你会丧失很多视角。你太过沉浸于自己的工作中而看不见整体图像。这种视角残缺会表现为两种形式：一种可能是，你会认为有些问题不言而喻，但实际却并非如此。有些东西可能对你来说是显而易见的，因为你已经思索这个问题数月之久，但是如果别人没有类似经历，就不会有同样的想法了。另一种可能是你会把显而易见的情况考虑得无比复杂——就像你在林中的曲径上徘徊，而一条清晰的道路仅在咫尺之遥却被你完全忽视。

这时你必须寻找一些对你工作的外部判断。去跟你的导师谈谈，跟你的同学谈谈，跟你妻子、丈夫、女友、男友、邻居甚至宠物——任何你能找到的倾听对象——谈谈。你会发现，他们不知道你在谈论什么（特别是你的宠物）。因此，你得反思，努力弄清自己究竟在谈论什么：你的模型的基本观点是什么？

8. 作研讨会报告

当你快烦死你的朋友、亲戚和宠物时，你该作个研讨会报告了。这是个非常重要的步骤：你对你的工作谈得越多，你的最终论文就会越好，因为报告会迫使你做到这一点。如果你希望听众倾听你的报告，你必须把你的观点表达得清晰精确，有条不紊，从中获得的经验对你写作论文极其有用。

我听过很多愚蠢的观点——当然这是我作为教师的职责。许多人也从我这里听过愚蠢的观点：我的同事是履行职责，学生则是从中经受考验。但多数人并不是非听不可，他们也不必读你的论文。如非必要，他们都不用瞥一眼你的论文摘要。

多数研究生对此倍感打击。他们认为既然自己已经在论文上投入了大量努力和思考，那么所有人都应当给予注意。唉，并非如此啊。赫伯特·西蒙

379

（Herbert Simon）曾说过，当今世界最根本的稀缺是注意力的稀缺。诚哉斯言。每个人的注意力都可待价而沽，如果你要别人注意你，那得给他们一个理由。研讨会是吸引注意力的一个机会，那就要确保利用这个机会让别人倾听你。

研讨会的优势之一在于你能从听众那里获得直接回馈。听众无法忍受很多你试图写入论文的东西，诸如繁冗的文字、复杂的记号和沉闷的细节。信不信由你，读者也不能容忍这些东西。你需要掌握的诀窍是，利用研讨会把那些东西全都从你的论文中剔除——那样，你的文章才会真的有人研读。

控制听众

据说大多数人最怕的事情之一就是在公众面前演讲。我能想像多数助理教授会有这个问题，但在几百个学生面前讲习多年之后，这个恐惧就会不翼而飞。

其实，讲习令人彻底上瘾（这是我家人时常提醒我的）。数学家宾（R. H. Bing）曾说过："当我年轻的时候，我宁可作一个数学报告也不愿听一个报告。现在我已年长，更加成熟，我宁可作两个数学报告也不愿意听一个。"作报告有点像吃牡蛎，吃第一个要鼓足勇气，但你品尝到滋味以后，你就很难停下。

研讨会报告有三个部分：导论、正文和结论。我对导论部分的建议很简单：砍掉它。我目睹过很多研讨会报告毁于冗长、做作、空洞的导论。我主张对整体说几句就直奔主题：说明你的发现是什么，以及它为什么重要。迅速切入主旨的主要原因在于，听众只能记住约20分钟长短的报告，而且通常是开始的前20分钟，所以要确保你在刚开场的20分钟内传递一些有用的信息。

至于结论部分，最常见的问题是让研讨会陷入沉寂，这会毁掉一个好报告。我总是利用这最后几分钟来总结我做了哪些工作，以及为什么听众要关注这些工作。毕竟，这是他们将要带走的收获，与其让他们自己琢磨，不如由你来告诉他们哪些需要记住。

现在大家都在报告中使用投影机。这样做的坏处是研讨会显得不是那么流畅自如，好处则是研讨会通常组织更有方。我建议你限制自己在导论部分用一到两张幻灯片，而结论仅用一张。这样你就不得不尽早讲到你的贡献。把投影放大些，使用大号字体，别在每张上面讲得太多。

你在报告中要避免两件事情：别让你的听众昏昏欲睡，也别让他们过分情绪激昂。你要的是让听众听到你讲的内容。如果他们睡着了就听不到你的信息，但是他们如果讲得比你还多就还是听不进你的信息。所以别让你的研讨会失控。

控制现场的关键是尽早树立可信度。要做到这一点，你陈述中的第一个结果——定理、回归分析、图表或任何东西——就要尽量详尽。你要一丝不苟地讲清楚结果的每一个方面，确保没人会发生误解。当你做到这一点，就会被问到"这可以推广到 n 个主体的情形吗"或者"你修正异方差性了吗"诸如此类的问题。

如果你知道问题的答案，那就回答。如果你不知道答案——或者问题离题太远——那就说，"这是个好问题，我们到报告结束再来回顾它"。（当然你不会这么做。）不要偏离主题，我们详尽地讨论第一个的结果目的是为了树立可信度。

一旦你提出结果，并且看到听众理解你的要点——他们在点头同意而不是在打盹儿——你就可以接着推广和展开讨论。如果你一开始时成功地树立了可信度，现在你将看到听众对你所说的都深信不疑。当然你不应滥用这种信任，但善加利用会有助于完成余下的陈述。报告开头力求简单的根本原因就是，如果你一上来就是高妙的论证，听众很难理解，你也无从建立信任。

完成你的报告后，你应花几分钟作一些笔记：哪些部分听众感觉难以理解？他们问了什么问题？他们给出了什么建议？他们给了你什么参考意见？你可能觉得你能记住这些要点，但经常并非如此。听众是帮你澄清思路的有益资源，一定要物尽其用。

381

9. 规划论文

现在大家都在计算机上写作。我知道计算机可以节约大量时间：我使用计算机这几年完成的工作几乎和使用计算机以前的总和同样多。[1]

我想再花点时间讲讲我是怎么使用计算机的，这并不是因为它多么重要，而是因为几乎没有人会讨论这样的琐事。因为大家都知道我痴迷计算机技术，他们总问我在用什么，我觉得为省事起见，可以让他们过目这篇文章。毫无疑问，本文内容几年之后就会显得非常过时，但这是追随尖端技术的代价。

我现在使用安装了 Unix 系统的计算机，但我的大多数说法也同样适用于其他系统。我的计算机里有一个名为"论文"的目录，如果我开始研究一个新课题，我就在它下面创建一个子目录。（例如，本文就在一个"论文/我如何作研究"的目录下。）我创建目录时，同时创建一个名为"注释"的文本文件，其中包括了我最初的想法、一个粗略的大纲，等等。例如，为本文创建的"注释"文件最初有这样一些内容：

---

[1] 如果火车在火车站停站，那么工作在工作站（计算机）会发生什么呢？

＊读报纸

＊简化

＊写作并谈论

＊如果你在第一页不能吸引读者，那就没人会读你的文章

当我开始研究一个课题，我就创建类似这样的"注释"文件——我会粗略记下我开始的想法，通常都很不完善。接下来的几天或几周，我会间或看一眼这个大纲，调整内容，添加材料，等等。我很少完全删除里面的内容，而是把相应的资料移动到文件末尾，毕竟我可能还会再次用到。

经过几周甚至几个月的观点组织，我就准备写作论文的初稿了。为确保新鲜感，我通常在一两天内就完成。通常我在一个窗口中打开"注释"，在另一个窗口中写作论文，这样我在写作中就可以参照并更新"注释"，保持它们与论文同步。

一旦论文写完，我就先把它搁置几个星期。论文就像好的奶酪那样需要岁月沉淀——或许会有霉菌生长出来，但口感通常更香浓。更重要的是，你的潜意识也得到思考问题的机会——或许一些你的意识忽略掉的想法会浮现出来。

当再回到论文时，我会试图带着全新的心态来读，就好像以前从未读过那样。一旦人到中年，这就更容易做到。少数情况下，我喜欢我读到的东西，但通常我都会有很多批评意见。每当我需要停下来思考"这什么意思"时，我就会重写这部分——加上更多解释，改变一些符号，或采取任何必要措施来使论文更清楚。完成这个过程后，我就获得了初稿。

接下来我的初稿进入修改控制系统。这是个保留论文修改记录的软件，它储存了你做的所有变动，还允许你恢复到论文的任何早先版本。我用的是Unix系统的rcs功能，但我知道还有很多其他软件可以做类似的工作。当你同论文合作者工作的时候，修改控制系统的价值尤能体现，因为它记录了何人何时做了何种改动。

然后我重复这个过程：把论文搁置几周甚至几月，然后回来以全新的心态来阅读，再作出相应的修改。

在做完学术报告后立即进行修改会特别有效果。还记得我让你在报告结束时做的笔记吗？带着论文坐下来，回顾听众提出的问题和给出的建议。你能在论文中回答这些问题吗？你能吸收他们的建议吗？当你采纳了他们的建议，记住也要修改你报告中用到的注释、大纲和幻灯片。

文献管理软件

文献管理软件是种有用的计算机工具，它可以用来管理参考文献。你的计算机里存储了参考文献的主数据库。你可以给每篇文章分配一个域，比如 Arrow70 或 ArrowRisk。当你要引用一篇文章，你可以使用域，比如输入\cite{Arrow70}。文献管理软件就会在你的数据库中查询相应的文章，并把它加入到你论文结尾的参考文献列表中去。

我用的软件叫做 BibTeX，它与 TeX 软件配合良好。然而，还有很多其他软件可以用在其他文字处理软件中。使用这样的软件是个好习惯，将令你获益匪浅。假以时日，你就会为你研究的领域建立起广泛的文献库。

但一开始时你从何获得参考文献呢？一个途径是问人：你的导师、同事、朋友，等等。这迄今仍不失为最可靠的方法之一。但现在出现了不少在线数据库或光盘，可以方便你检索。你可以打开《经济学文献期刊》的光盘，输入几个词，比如"价格歧视"，你就能获得过去10年中发表的包含关键词"价格歧视"的文章摘要。当你浏览这些文章，你会发现一些被频繁引用的"经典"论文。找到这些经典论文之后，到社会科学索引目录（Social Science Citation Index）里检索引用了这些论文的新近发表文章。这个过程就给你快速带来最新的参考文献。一般你可以将这些引文直接下载，导入到你的文献管理软件中。

10. 论文的结构

关于学术论文，有个古老的笑话。论文应该包括三个部分：第一个部分，人人都能理解；第二个部分，只有少数读者能够理解；第三个部分则没人能懂——这样读者才能了解这是项多么严肃的研究。

现在作者们所犯的大问题是略去第一个部分，也就是人人能懂的部分，但其实导论是论文最重要的部分。你必须在第一页就吸引住读者。无论论文的其余部分多么才华横溢，如果没有人读也只能被埋没。只要你无法在开头几段引起他们的兴趣，那就没人会读下去。如果你确实明白论文的主旨，用几段话向读者解释清楚应该是易如反掌。

我的简单建议是，让你的论文看起来像在讲话。开门见山。多用例子。保持简洁。告诉人们你的工作为何如此重要。把乏味的部分放到附录中去。结尾概述你的贡献。如果你确实写出了精彩的文章，人们不必到研讨会上去听你完成了什么工作——他们可以从你的文章里读出来。

11. 何时止步

你可以从研讨会上听众的反应判断何时你的研究可以提交发表了：人们不再有问题。（或者至少是读过你论文的人不再提问了。）如果你遵循了我的建议，你已经在你的论文中提出并解答了他们的问题。

一旦阐明了你的观点，你就可以收手了。大量的文章都拖得太久了。我早先提过人们只能记住你报告的20分钟内容（如果你走运的话），同样他们也只能记住大约10页你的论文。这个长度应当能让你说出你想说的大部分内容。

论文写完，你就可以提交给期刊。对此我毋庸赘言，丹尼尔·哈默梅什（Daniel Hamermesh）写过一篇精彩的文章[1]，比我更好地描述了这个程序。我要说的是附议他的这一建议：寄出论文之前要仔细梳理你的文章。最可能令编辑或审稿人拒掉稿件的事情莫过于在文章中发现打字错误、文献缺失或排版草率。

12. 撰写教科书

384

到目前为止我讨论的主要内容都是关于论文写作，但我认为有必要稍费笔墨谈一下我的另一种写作：撰写教科书。[2]

我的第一本教科书《微观经济分析》并非计划之中的产物，而是无心插柳之作。1973年，我在麻省理工学院开始职业生涯，被安排讲授一年级研究生的微观课程。当时的教材包括大约20页鲍勃·哈尔（Bob Hall）的讲义、大约40页丹·麦克法登和希德·温特（Dan McFadden and Sid Winter）的讲义，再加上一些期刊文章。这些讲义都特别粗略，而期刊文章对一年级学生来说又太艰深，于是我不得不为学生撰写自己的讲义。

第一年我写了大约50页，第二年又写了50多页，接下来的一年又写了50来页。使用这些讲义的有不少出色的学生。他们认真研读，告诉我哪里有问题，包括哪里比较晦涩，哪里有错误，哪里太难了，哪里又太简单了。该书的成功得益于它受到了高度挑剔的读者的课堂检验。

这时候我碰巧遇到了理查德·汉明（Richard Hamming），他是位出版了数

---

[1] Daniel S. Hamermesh, "The Young Economist's Guide to Professional Etiqutte," *Journal of Economic Perspectives*, 6：1,169–180.
[2] 不过请留心本杰明·迪斯雷利的警告："作者说到他自己的书，几乎跟母亲谈及她自己的孩子时一样糟糕。"

本教科书的电气工程师。他给了我一个非常关键的建议："你先整理好你希望学生学完你的教材后能够解决的问题，然后再写这本教科书教给他们解题方法。"

这个建议非常奏效。我在撰写研究生教科书的时候只是部分采纳了这个建议，但到后来我再撰写本科生教材的时候，我就对这个建议笃信无疑了。[1] 对此，下面我还会谈到。

有天一个出版商闯进我办公室，问道（他们经常这么做）："你在写书吗？"我回答说，尽管助理教授撰写教材是自不量力之举，不过实际上，我有些使用了多年的课堂讲义。

接下来的事情就是，好几个出版商表示对我的讲义感兴趣。1977年我在伯克利度过了一个学期，借此机会我把讲义修订成型。我始料不及的是这些讲义最终成为一本教科书，并得到广泛使用。1983年我修订了第二版，1987年前后我本应该再次修订，但我决定撰写一本本科生教科书。

我想要写本科生教材是因为我对使用过的那些教科书感到厌倦。我已经试了好几本不同的教科书，但都没遇到令我满意的。我记得有一个学期我在案前准备期中试卷，但当时使用的那本教科书太索然无趣了，我都找不到问题可以让学生用书里讲过的方法解决。那时我觉得我可以写本更好的教科书。

差不多同时，我有个学生使用玛莎·斯蒂格姆（Marcia Stigum）的学习手册，我记得是《微观经济学中的问题》。这个学生说它对理解经济学中的概念极为有用，而我也想起来汉明告诉过我的撰写教科书的方法。于是我问我的同事泰德·伯格斯特罗姆（Ted Bergstrom）是否愿意与我合写一本严肃的学习手册。[2] 泰德编写习题，我则确保正文里包含求解他的习题必需的一切内容。我也编写一些习题，但它们与正文太过配套；相比之下，泰德的习题所提供的外部刺激对于该书内容成型的影响则重要得多。如果学生不能解出问题，我就得在书里增加说明直到学生能够解出问题。如果我们不能编写出一个问题来说明某个要点，那么这个要点恐怕就不那么重要，不值得放入教材中。

遗憾的是，多数学习手册都是事后写作的。而按照汉明的建议，准备学习手册应当是教科书写作过程中不可或缺的一个部分。如果你希望学生能够运用你教给他们的材料，那么首要的事情是确定你想要他们掌握什么。最近教育学

385

---

[1] 我一直以来对研究生教科书的要求是，它们应该教会学生阅读《美国经济评论》上的微观经济学论文所需要的知识。我也会时不时翻阅《美国经济评论》，寻找一些修订新版时可能用到的话题。

[2] 结果是，该书并没有我想像的那么严肃。事实上，我认为书很有趣，但这应归功于泰德独特的幽默感，而非我有意如此。

中流行"干中学"，对我而言，这一直是唯一的途径。

本科生教材最后也非常成功，我们的学习手册销量是竞争对手的两到三倍，这说明在教科书市场中高质量的产品大有可为。

13. 总结

我讲过每个报告都应该有个总结，所以我想我也得听从自己的建议。以下是你需要记住的要点：

· 从现实世界而不是期刊里寻找想法

· 首先尽可能简化你的模型，然后再将它一般化

· 晚点查阅文献，不要过早研读

· 在你的研讨会之后修改论文

· 当你说清观点之后就此打住

现在，我已经说完我的观点，我应该止步于此了。努力去构造模型吧！

（原文：H. R. Varian，"How to Build an Economic Model in Your Spare Time，"
http://people.ischool.berkeley.edu/~hal/Papers/how.pdf）

如何发表经济学论文?

何帆[*]

不发表，就发臭

也许是因为在经济学界出了几位像科斯和莫里斯这样的传奇人物的缘故，使得人们相信：在经济学研究中，发表的数量并不是一件很重要的事情。少发文章，多出精品，才是经济学家的风范。像科斯那样有两篇论文就能够获得诺贝尔经济学奖，就是因为已经修炼成旷世高手了。可是，我越来越觉得，像科斯这样的人物，只能在统计中作为异常数据忽略掉。经济学家的成才之道，仍然应该是"不发表，就发臭"（publish or perish）。而且我相信，经济学论文的数量和质量，在正常的情况下应该是呈正相关的。

我有四个理由支持这一观点：

第一，经济学论文的写作需要技巧，而这种技巧是"心照不宣的知识"（tacit knowledge），是需要从"干中学"的。经济学论文是为了阐述作者的观点，所以至少应该写得准确、明白。这听起来像是在初中的作文课上就应该具备的基本技能，但是从我近年来做经济学刊物编辑的经验来看，我发现至少超过一半的作者

---

* 何帆，中国社会科学院经济学博士，现为中国社会科学院世界经济与政治研究所研究员，国际金融研究中心副主任。

似乎都不会受到他们中学语文老师的喜爱。如何选择题目，如何谋篇布局，如何区分主次观点，甚至如何使用标点符号——不动笔永远也不会知道写论文是一件多么痛苦的事情。更何况，经济学有自己的行规和行情，比如行文的规范化、选题的前沿性，等等，只有写得多，发表得多，才能逐渐摸索出个中诀窍。

第二，通过阅读作研究和通过写作作研究是两种风格迥异的方法，但是仅仅靠其中的一种方法是作不出好的经济学研究的。正如《论语》里说的，"学而不思则罔，思而不学则殆"。通过阅读能够不断地刺激研究者的观点，但这些观点是发散性的，只有坐下来，确定了要写作的论文的题目，才能使作者的思维集中，并有一个引导思考的方向。有一位名叫莱德（Ladd）的经济学家建议，应该自我训练写下自己的思想，因为"当我在写作的时候，很多直觉就会产生。有一个事实常常是真实的，即直到我写作的时候，才对我所思考的东西有所认识"。

第三，我个人觉得，能否持续不断地发表有影响力的作品是区分才气高低的重要标准。才气意味着旺盛的精力和创造力，才气意味着不断地对自我提出挑战、不断尝试新的风格和主题。研究生涯是马拉松比赛，起跑时的爆发力对最后的成功并没有太大的帮助。仅仅靠写出一本自传体的小说轰动文坛的作家多半不会是伟大的作家。

第四，只要你是重要的经济学家，在其他条件给定的情况下，一定会比别的经济学家发表的数量更多。因为重要经济学家的课题和研究项目比别的经济学家更多，约稿也比别的经济学家更多，名气大则往往论文发表的概率更大，所以成就和发表的数量是相辅相成的。

在什么刊物上发表论文

全中国有多少能够发表经济学论文的刊物？数百种，甚至上千种？反正是多如牛毛。中国社会科学院和各地的社科院、许多大学的经济学院、一些国家机关、金融机构等都有自己的刊物，这还不算也刊登理论文章的报纸。应该说，最近20年来，中国的经济学和经济学期刊都有了很大的进步，但是我们还要看到，存在的问题仍然不少：

（1）综合性的期刊太多，专业性的期刊太少。在国外，除了为数不多的几本综合性经济学期刊之外，具有国际性声誉的主要是各种专业性期刊，比如金融有《金融学》杂志，比较经济学有《比较经济学》杂志等。国内的各个经济学期刊并没有明确的专业分工，内容重叠，使得读者想要了解一个领域的最新进展往往无从入手。

（2）对刊物的评价缺乏科学标准。目前流行的刊物分类方法是根据刊物主办单位的级别进行评级，或是根据国家有关行政单位的评比，这使得学术期刊的评级缺乏学术界公认的科学标准。

学术期刊多而质量参差不齐，对于研究人员和学生发表论文来说，既是一件好事，也是一件坏事。说它是好事是因为从目前的情况来看，一个聪明的研究生随随便便挑几份刊物，登数十篇论文，根本就不是件难事。说它是坏事，是因为发表论文如此容易，会很容易地毁掉刚出道的学子，让他们觉得科学研究原来是这样一件稀松平常的事情。所以我的建议是，青年学子们在投稿的时候一定要确立自己的目标，就是不满足于在平庸杂志上发表论文的数量，而是一定要登上好的经济学刊物的"大雅之堂"。

那么，什么是好的经济学刊物？学术期刊上的论文往往充斥着难懂的术语、复杂的推理和烦琐的数据，很难让普通读者读懂，并因此会让门外汉感到"阳春白雪"、"敬而远之"。事实上，学术期刊与大众媒体的功能是不同的。大众媒体面向的是普通公众，读者只需要受过中级的教育程度并有基本的理解力，而不必受过某个学科的专门训练。学术期刊的作者和读者则基本上局限在一个狭窄的小圈子里，即受过某个学科的训练并且仍然在从事这个学科的研究和教学的人员。大众媒体上的文章是为了影响读者，而学术期刊上的论文是为了同行交流。所以，如果用所传递的信息量或是思想的深刻程度来衡量文章的质量，学术期刊上的论文并不一定要比大众媒体上的文章质量更高。比如《经济学人》、《商业周刊》在专业经济学家那里赢得了很高的荣誉，不少一流的经济学家都承认他们经常从这些杂志上找到灵感，而在国际关系领域，《外交》杂志的水平不亚于任何一份最好的学术期刊，但是这些杂志并不能被称为学术期刊。在《经济学人》或是《外交》上发表文章能够提高作者的知名度但对他在大学里评职称却是一点也帮不上忙。衡量学术期刊的标准首先不在于其内容而在于其形式。

公认的学术期刊必须满足：

（1）论文写作的规范化。论文写作的规范化包括内容提要、关键词、参考文献等。尤其重要的是，参考文献的标注必须相当严格。凡是论文中提到的前人的研究都必须一一注明出处。这不仅是为了方便读者查阅，而且是为了保护其他研究者的知识产权，杜绝抄袭现象。匿名审稿制度的作用在于：（a）编辑不可能在各个领域内都是专家，从专业的角度来看，作者的水平要高于编辑。"外行"审"内行"，怎么能够保证公正地挑选出在学术研究上是具有真正见地的论文呢？实行匿名审稿制度，需要在编辑部成员之外组织一支后备的专家队伍，借助专家的"外脑"提高编辑水平。（b）目前在国内的某些学术期刊中存在着发"关系稿"、"人情稿"的现象，在社会科学领域尤为突出。匿名审稿制度有助于净化学术空气。因为是匿名审稿，审稿专家和作者之间相互都不知道真实的身份，所以判断论文能否采用的唯一标准只能是通过论文的质量而非作者的地位和身份。编辑通过把是否采用稿件的决定权主动让渡给审稿专家，能够从制度安排上彻底杜绝发"关系稿"的现象。（c）过去，国内发表论文往往是一审通过，很少经过修改，但是实行审稿制度之后，绝大多数稿件要按照审稿专家的意见经过修改之后才能发表，这对于加强学者间的批评和交流、不断改进学术研究的质量很有帮助。

（2）实行匿名审稿制度。

提倡"学术八股"

写论文和写其他文体有极大的差异。如果是写小说，会要求作者写得情节曲折，内容感人；如果是写随笔，至少要文笔流畅，观点新颖；论文则要语言平实、简练，而且应该有一个固定的套路。一篇典型的学术论文应该包括：（1）提出问题，（2）文献回顾，（3）模型，（4）检验，以及（5）结论等部分。从某种意义上来说，这个套路非常像过去科举时的八股文。学术论文要按照这种固定的甚至多少显得僵化的格式来写作是有其道理的。首先，这种格式实际上反映了科学研究的过程，即：先确定选题，作者应该清晰而简明地介绍自己所要研究的问题以及为什么选择这一问题；然后，作者需要介绍对这个问题以往的研究已经进行到了什么程度、现有的研究还有哪些不足、作者打算在现有的基础上作出哪些方面的创新；在模型部分，作者应该陈述自己所作分析的前提假设，然后按照清晰的逻辑一步步进行推导，最后得出若干可供检验的命题；在检验部分，作者应该用数据或案例对自己所提出的命题作出检验；结论部分将主要介绍现有研究的不足，提供进一步研究的方向，或是根据自己的分析得出若干政策建议。其次，"学术八股"能够有效地降低学者间相互交流的交易成本。作者对自己思想的清晰表述能够减少读者的误解，有着各种偏好的读者也能很方便地各取所需：关心文献的读者可以直接参阅文献综述和参考文献，对理论推导感兴趣的读者可以专注于模型部分，对政策建议感兴趣的读者或许只需要读读内容简介就可以直接跳到结论部分。最后，有些才华横溢的学生可能会觉得这样枯燥的写作会掩盖自己的灵性。其实大可不必担心。诗歌应该是最无拘无束的吧，可是艾略特说过，"诗歌不是放纵感情，而是掩饰感情"。闻一多也曾经把他的创作比作"戴着枷锁跳舞"。等到你读学术论文能够读到如醉如痴的时候，你的学问就算真做成了。

在写论文之前，首先要确定自己的选题。好的选题至少是成功的一半。选题的基本原则是：

（1）选择自己感兴趣的问题。对于没有学术兴趣的学生来说，科学研究将是一件非常痛苦的事情，而且将对他们的身心健康不利。我建议每个学生在找选题的时候首先要找自己真正感兴趣的问题，因为推动学术研究的原动力正是好奇心，是解出猜谜游戏时的那种纯粹的智力上的愉悦。有的学生可能功利心较重，希望选择对自己的事业发展有帮助的题目，这常常导致他们的选题雷同化，或是过于空洞。前些年，可能有80%以上的经济学专业的研究生都选择做金融或证券方面的论文。可是，就算是从个人收益最大化的角度来看，这也不能算是一种最优选择，因为这在完全竞争的市场上是不可能获得额外利润的，想要获得稳定且超额的利润，最好的办法是使得自己的产品差异化。

（2）选择你所掌握的理论工具能够解决的问题。中国学生的另外一个特点是总想选择最有意义的题目。这当然无可厚非，但也存在一定的误区。有意义的题目太多了，但是我们只能在现有的约束条件内选择自己的题目。这个约束条件就是我们工具箱里的分析工具。许多有意义的问题是我们的分析工具暂时无法把握的，所以也就只能抱憾地放弃。比如说，人生怎样才能得到幸福，这可以说是一个最有意义的题目，但是你能够用什么分析工具去研究这个问题呢？钱颖一教授曾经谈到，到美国留学的女学生和男学生相比上路更快，因为男学生总是想做中国经济体制改革总体思路这样的大问题，而女学生则比较踏实地按照导师的意见搜集数据、做模型、调参数，结果更容易出成果。

（3）尽量使问题细化，不要选大而空的问题。大而空的问题只能够说明你还没有把一个问题想得很清楚。比如，如果你的选题是"中国国际收支问题研究"，读者根本无法判断你真正想研究的问题，实际上，这可能跟更适合作为一门课的题目而不是一篇论文的题目。比较可取的题目，比如说，可能是"为什么中国会同时出现经常项目和资本项目的双顺差"。

（4）在满足前三个条件的前提下，尽可能选择别人也会感兴趣的问题。每个人都希望自己的文章被更多的读者阅读，这在写作经济学论文的时候可能带来一个"两难选择"，从本质上说，经济学论文的读者是不可能很多的。一份一流的经济学刊物可能只是500个人写，500个人看。但是，例外的情况也不是没有。我记得《政治经济学杂志》上有一篇讲童话故事《绿野仙踪》中的政治经济学的文章，据作者考证，这篇童话实际上是一个政治寓言，反映的是围绕美国货币制度改革的争议。这篇文章得到了弗里德曼的高度推崇。其实它根本不是那种技术性非常强的学术论文，它的高明之处就在于找到了一个很好的分析角度。张五常的《蜜蜂的寓言》也有异曲同工之妙。设想一下在春光明媚的农场，飘散着浓郁的花香，蜜蜂在花丛中忙忙碌碌，而经济学家在旁边思考着产权问题。这是多么浪漫而又有诗意，又怎能不让人争着一睹为快？

提高论文命中率的小诀窍

下面是我从做编辑的角度给作者提出的若干建议，这些建议可能显得非常琐碎甚至愚蠢，但是，相信我，它们非常有用。

（1）投稿之前一定要读过所要投稿的杂志。也许你会觉得很奇怪，但是确实有很多向我们投稿的作者其实并没有读过我们的杂志，否则我想他们是不会向我们投稿的。有很多稿件根本就不适合在我们杂志上刊登，比如有的稿件只是人物传记，还有些是属于其他经济学分支比如会计理论的。也许你为这篇稿件花了很多工夫，但是你没有花最多1个小时的时间浏览一下我们的杂志，判断这本杂志的主要内容、风格和体例，结果是在30秒的时间内，你的论文就被丢进了废纸篓。

（2）用点心思写内容提要。内容提要就像是你的论文的简历。如果你找工作要投寄简历，我可以告诉你一个30秒法则，如果你的简历不能够在30秒之内引起雇主的注意，那么你必定失败。几乎所有的作者都不重视论文的内容提要，认为这是画蛇添足。但是我可以从编辑的角度告诉你，内容提要非常重要，尤其是在一流的学术期刊那里。比如说，《世界经济》每天大约收到10篇稿件，但每期最多能刊登15篇论文，所以我们的录用率在5%以下。尽管我们尽最大的可能不让任何一篇优秀的论文漏网，但是考虑到时间和人力的约束，发生遗漏的可能性是不可避免的。怎样避免这种情况，这在很大程度上取决于你的论文的题目、内容结构、论文的格式是否规范，还有，就是内容提要。内容提要应该用最简练的语言说服编辑和读者阅读你的论文，清楚地表述你想要研究的问题、你的方法、你的结论、你在哪些方面作出了创新，等等。

（3）当第一篇论文投稿之后，马上准备下一篇论文。在实行匿名审稿制度之后，论文的发表周期将会随之拉长。实际上，如果你在国外的杂志上发表论文，一般的发表周期会是2—3年。国内的发表周期要短得多，但是也至少要有半年到1年。因为审稿人提出审稿意见之后，作者还需要修改，像原来那种作者寄来的稿件不经过修改直接刊登的情况越来越少了。研究生在校时间只有3年，如果你二年级才动手写论文，寄出后用情专一地痴心等待这篇论文发表，而万一发表不了，马上又要毕业了，再想另起炉灶就太晚了。

（4）不要在论文中对别人的工作妄加批评，因为你所批评的那个人很可能就是你的审稿人。

（5）试图激怒审稿人对你没有任何好处。当你遭到退稿的时候，你可能会很自然地责怪编辑和审稿人没有理解你的论文的价值。这是完全可能的，我们并不排除有的审稿人只花15分钟读你的论文就匆忙作出结论的可能性。但从另一个方面来看，这恰恰对你的论文提出了更高的要求。如果你能够使自己的论文表述得更为清楚、问题更有趣、结论更鲜明，能够在15分钟之内给审稿人留下深刻的印象，那么你成功的可能性就会大大提高。更多的情况是，绝大多数审稿人会认真地花费数个小时甚至数天时间阅读你的论文，而且他们都是在这一领域内的一流的专家。如果这些专家还是理解不了你的思想，那么几乎可以肯定的是，你的论文存在着这样那样的问题。

（6）不妨在一开始向平庸的杂志投稿。什么？你在前面不是劝告我们不要往平庸杂志投稿吗？别误会，我说的这两点并不矛盾。如果你只往平庸杂志投稿，会很快消磨掉你的才华，你写得太多，写得太手顺，最后就会沦为只能在平庸杂志上发论文。但是，如果你一开始就直接向一流杂志投稿，遭到退稿的概率会很大，一次又一次的失败可能会消磨掉你的锐气。失败并不是成功之母，不断有小的成功才能够激发更大的成功。所以，你的确需要一点小小的成就感。

（7）千万不要抄袭。在国外读书的时候，每个入学的新生都会领到一本写作手册，其中的第一条就是：千万不要抄袭。这是学生能够犯下的最严重的罪过，比你考试不及格严重多了，如果发现抄袭，马上勒令退学。

（8）千万不要一稿多投。我们有一个黑名单，所有一稿多投的作者将永不录用。其实，如果你在一个月之内没有收到我们的通知，就可以视作稿件未被采用，可以另投其他刊物。其他的刊物也都有类似的声明。如果你连这点耐心也没有，请参照第3条。

（9）记住在寄出稿件之前检查公式和图表的错误，改正错别字。

（10）记住写清楚自己的名字、单位和联系方式。

（原文刊于《经济学家茶座》第9辑）

编后记

    《经济学之路》终于出版了，这既是中国经济学年会秘书处出版的第一本图书，也在一定程度上是对以中国经济学年会理事长、北京大学副校长海闻教授为代表的一代经济学者为推动现代经济学在中国的传播和发展做出历史性贡献的点滴记录和致敬。

    1992年，党确定了建立社会主义市场经济体制的改革目标后，社会科学尤其是经济学对市场经济的启蒙和支撑作用迅速体现。从社会上到校园内，对现代社会科学理论有益成分的学习、引进、吸收已形成热潮。而在当时，与经济学"显学"地位极不相称的是，中国经济学教育和科研的整体状况相对其他学科反而更为滞后。可以说，当时社会日益增长的对经济学的需求与相对落后的经济学教育的矛盾尤为突出。在这一关键时刻，林毅夫、海闻、张维迎、周其仁、邹恒甫等陆续从欧美发达国家学成归国的经济学家以令人钦佩的勇气和热忱，在各种争议乃至非难中，不遗余力地致力于中国经济学的进步和发展。他们不仅注重对国外先进理论的引进，更是直接推动了经济学教育体制的改革和创新，恰逢其时地掀起了中国经济学与国际接轨从而日益规范化、现代化的一个高潮。21世纪初，田国强、钱颖一、李稻葵、白重恩、洪永淼等一大批经济学家也纷纷回国投身于国内的经济学教育工作，这一群体的力量更为强大，所努力的成果有目共睹。

    到今天，中国经济学的整体水平虽然与发达国家相比仍有不小差距，但面貌已全然一新，与20年前宛若云泥之别。最重要的是，中国经济学不但走出了一条令人喜悦的进步之路，更走上了一条规范正确的发展之路。这代经济学家所做的贡献是划时代的！

    "师者，所谓传道、授业、解惑也。"教书育人，传道是首要的。经济学年会秘书处策划出版的这本事关规范、方法和态度的书，正是对海闻教授等经济学家开拓出的"经济学之路"的一个诠释。

    《经济学之路》并不可能完全解决经济学子们的技术焦虑抑或方法困惑，

但无疑展现出了朝着规范化的现代经济学方向上努力的基本路径，通过多位具有声望的经济学家及颇有心得的经济学者以文"传道"，相信一定会对致力于经济学乃至有志以经济学为业的读者们以正确的启示和指导。

十年来，我们有幸长期服务于中国经济学年会及其中国经济学教育科研网，积极参与并见证了这些年中国经济学的发展历程，一直有着一种强烈的使命感和责任感。编辑出版《经济学之路》的具体工作对我们既是一种荣幸，也有着特殊的纪念意义。其中，本力主要负责全书的总体框架和文章的选取以及审校工作；曹毅承担了大量的具体编辑工作，推荐了多篇文章，并负责全部文章的版权联系及与作者、出版方的沟通协调。

本书的出版基于书中十多位作者的一系列精彩文章，首先要感谢他们的慷慨授权，要特别感谢吴小娟女士对杨小凯先生文章的修订。感谢海闻教授、巫和懋教授、田国强教授、汪丁丁教授、黄益平教授在出版过程中我们编辑工作的指导，他们的关心以及对书稿提出的宝贵意见对本书起到了至关重要的作用，更使我们得到了莫大的鼓励。并向江术元、骆楠、吴建祖、孙杰等对书中部分英文文章的精彩翻译表示致谢。遗憾的是，由于篇幅所限，一些十分精彩的文章最终未能收录，对这些作者表示感谢的同时，也要致以歉意。

也感谢北京大学国家发展研究院的邢惠清、陈曦、李志义给予本书编辑工作的关注和支持。感谢中国经济学教育科研网邓林、马光荣等同人及诸位网友给予的帮助。

本书的出版还要感谢浙江大学出版社及启真馆文化传播公司的王志毅先生，本书的最初设想即来自他，也感谢责任编辑楼伟珊、叶敏的精心工作和与我们的愉快合作。

最后要感谢我们的家人，各自幸福的家庭给了我们生活和工作更多的激情。

我们欢迎读者朋友对本书提出宝贵意见，同时，中国经济学年会系列计划还将陆续出版关于经济学教学、教育改革等方面的图书，如有建议或推荐的内容也请联系我们。

编者